suhrkamp taschenbuch 3453

Die *Süddeutsche Zeitung* urteilte nach Erscheinen des ersten Bandes von *Berühmte Frauen. 300 Porträts* (st 3398): »Luise Pusch verspricht, Lesergunst vorausgesetzt, eine Fortsetzung. Da es eine Datenbank mit 30 000 Biographien gibt und das Werk Schmöker- und Schaulust befriedigt, ist mir darum nicht bang.«
Die Gunst der Leserinnen war groß und mit *Berühmte Frauen 2* liegt ein zweiter Band mit weiteren dreihundert Porträts vor. Das biographische Nachschlagewerk mit Lexikoncharakter informiert exakt, abwechslungsreich und unterhaltsam über große Frauen aller Epochen und Länder. Mit Porträts von Hannah Arendt, Bettine von Arnim, Emmy Ball-Hennings, Josephine Baker, Karola Bloch, Kate Chopin, Lady Di, Elizabeth I., Gisèle Freund, Jeanne d'Arc, Rosa Mayreder, Irmtraud Morgner, Franziska Nietzsche, Romy Schneider, Elsa Triolet und vielen anderen.

Berühmte Frauen

Dreihundert Porträts

Herausgegeben
von Susanne Gretter
und Luise F. Pusch

Suhrkamp

Umschlagfoto:
Romy Schneider.
Giancarlo Botti/Stills/Studio X

suhrkamp taschenbuch 3453
Erste Auflage 2003

Lizenzausgabe mit freundlicher Genehmigung
des Insel Verlags Frankfurt am Main und Leipzig
Suhrkamp Taschenbuch Verlag

Druck: Pustet, Regensburg
Printed in Germany
Umschlaggestaltung nach Entwürfen von
Willy Fleckhaus und Rolf Staudt
ISBN 3-518-39953-5

1 2 3 4 5 6 – 08 07 06 05 04 03

Vorwort

Das Lexikon *Berühmte Frauen*, dessen ersten Band mit 300 Porträts wir vor zwei Jahren präsentierten, wird dank lebhafter Nachfrage nun mit einem zweiten Band und 300 weiteren Porträts fortgesetzt. Das erste Lexikon bedeutender Frauen aller Epochen und Länder auf dem heutigen Stand der Forschung in deutscher Sprache wächst und gedeiht – mit dem dritten Band werden wir wohl in Kürze beginnen können, wenn das Interesse weiter anhält ...

Alle reden vom Internet – wir auch. Das Internet ermöglicht denen, die Zugang dazu haben, raschen und bequemen Zugriff auf Informationen aller Art. Wie wir wissen, machen Pornographie und Neonazi-Propaganda wenn nicht den größten, so doch den beliebtesten Teil dieser Informationen aus, aber so besorgniserregend das ist – es ist nicht etwa unsere einzige Sorge.

Über das Internet verbreitet sich Wissen mit nie gekannter Geschwindigkeit – auch seriöses Wissen. Was wäre z.B. seriöser als die altehrwürdige *Encyclopedia Britannica*, die größte und angesehenste Enzyklopädie der Welt? Wenn Sie deren Webseite www.eb.com besuchen, finden Sie nach zwei Clicks (auf »sample search« und »People: browse biographies by birthday«) jene Seite, auf der Sie abfragen können, welche bedeutenden Persönlichkeiten an einem bestimmten Tag Geburtstag haben. Für den 4. Mai bekommen Sie beispielsweise folgende kostenlose Lektion in seriöser patriarchalischer Geschichtsschreibung: Es werden mit Kürzestbiographien die Namen von 49 Personen aufgelistet, geboren in den Jahren 1622 bis 1949. Sechs Siebtel dieser Personen sind Männer, ein Siebtel sind Frauen. Von den 42 angelieferten Männern waren uns nur sechs bekannt, von den sieben Frauen drei.

Eine Recherche in Luise F. Puschs Datenbank »Berühmte Frauen International«, der Grundlage des Kalenders *Berühmte Frauen* und dieses Lexikons, lieferte uns für den 4. Mai ebenfalls genau 49 Personen, alle garantiert weiblich. Von diesen 49 sind uns 15 recht vertraut. Bis auf zwei fehlen sie alle in der Liste der *Encyclopedia Britannica*! Nicht einmal Audrey Hepburn und Ulrike Meyfarth fand mann erwähnenswert – und wie viele Frauen wären vergnügt bis begeistert, sie als ihre »Geburtstagsgefährtinnen« verbuchen zu können. Übrigens: Sie finden in diesem wie in dem ersten Band der *Berühmten Frauen* ein Geburtstagsregister, damit Sie ihre Geburtstagsgefährtinnen schneller finden können.

Wenn also sowieso die meisten der von der *Encyclopedia Britannica* als erwähnenswert auserwählten Männer relativ unbekannt sind – warum dann diese Männerlastigkeit oder (zeitgemäß ausgedrückt) gendermäßige Unausgewogenheit? Wäre es nicht besser, die Hälfte der unbekannten Männer durch bekanntere bzw. genauso unbekannte Frauen zu ersetzen und damit der allgemeinen Botschaft unserer Herrenkultur, daß Frauen nicht der Rede und der Erinnerung wert sind, mit Nachdruck entgegenzuwirken?

Nun, wir wissen wohl, daß das fromme Wünsche sind, Zukunftsmusik. Bis sich unsere Ansichten durchgesetzt haben, dürfen wir dankbar sein, daß die *Encyclopedia Britannica* immerhin pro sieben Männer eine Frau erwähnenswert gefunden hat. Ein Siebtel bzw. zwölf Prozent ist jedenfalls gegenüber den vier Prozent in *Meyers Enzyklopädischem Lexikon in 25 Bänden* von 1971 bis 1979 oder dem *Literaturbrockhaus* von 1995 mit sieben Prozent Frauenanteil eine rasante Steigerung.

Es ist übrigens sehr aufschlußreich, *welche* Frauen aus der Vielzahl der möglichen Frauen auserwählt wurden: Eine US-amerikanische Golferin (Rawls), eine US-amerikanische Ichthyologin (Clark), eine kanadische Stadtplanerin (Jacobs), zwei US-amerikanische Offizierinnen (Hancock und Hallaren), eine US-amerikanische First Lady (Tyler) und eine englische Schriftstellerin (Smith). Um Eingang in die *Encyclopedia Britannica* zu finden, sollte frau also nach Möglichkeit einen Männerberuf ausüben oder First Lady sein. Außerdem scheint es für Frauen *und* für Männer nahezu obligatorisch, dem anglo-amerikanischen Kulturkreis anzugehören ...

Es ist also angesichts der Möglichkeiten, den Globus per Internet mit patriarchal oder anglozentrisch verzerrtem »seriösem Wissen« zu überziehen, weiterhin ein ganz dringendes Anliegen, das Wissen über bedeutende *Frauen* der Geschichte (nicht nur der anglo-amerikanischen) möglichst weit zu verbreiten. Diesem Zweck vor allem dienen die beiden Bände *Berühmte Frauen: 300 Porträts*, der erste (1999) und dieser zweite – und alle, die noch kommen werden.

Wäre es nun nicht nützlich, praktisch und frauenpolitisch wünschenswert, wenn die in diesen Bänden erarbeiteten Informationen über das Internet noch weiter aufgeschlüsselt und abgefragt werden könnten? Etwa so: Welche Schriftstellerinnen wurden um 1750/1900 in Berlin/Leipzig/Riga geboren? Welche berühmten Malerinnen sind in Athen/Paris/Rom/Kopenhagen usw. geboren oder gestorben? Welche berühmten Frauen heißen mit Vornamen Eva? Maria? Rachel? Lotte? Welche berühmten Frauen hatten Liebesbeziehungen mit anderen Frauen – sind an Krebs/im Kindbett gestorben? – waren das älteste/jüngste/einzige Kind ihrer Eltern? – mußten emigrieren? – lebten mit einem jüngeren Mann zusammen? – sind früh verwaist? – wurden über 90 Jahre alt?

Das von Luise F. Pusch geleitete Institut für feministische Biographieforschung führt eine Webseite mit einer frauenbiographischen Datenbank, die diese und viele andere Fragen beantworten kann. Zu erreichen unter der Adresse www.fembio.org

Frankfurt/Main, im Dezember 2000
Susanne Gretter und Luise F. Pusch

Berühmte Frauen

geb. 26. September 1876 in Grand Island, Neb.
gest. 28. Juli 1957 in Grand Island
amerikanische Sozialwissenschaftlerin
Lit. 126, 205, 685, 719, 785

Edith Abbott gehörte mit ihrer zwei Jahre jüngeren Schwester Grace zu den führenden Sozialreformerinnen ihrer Zeit. Sie studierte Ökonomie an der Universität von Chicago und promovierte 1905. Danach wurde sie in Boston Gewerkschaftssekretärin.
Eine Wende in ihrem Leben trat ein, als sie an der London School of Economics die SozialreformerInnen Beatrice und Sidney Webb kennenlernte. Sie stimmte mit ihnen überein, daß nicht nur die erniedrigenden Armengesetze, sondern die Armut selbst abgeschafft werden müßte.
1908 wurde Abbott Assistentin von Sophonisba Breckinridge, die damals die Abteilung Sozialforschung an der Chicago School of Civics and Philanthropy leitete. Sie zog ins Hull House – eine anspruchsvolle, komplexe und hocheffiziente Wohlfahrts-Einrichtung in einem der vielen Armenviertel Chicagos, die die spätere Friedensnobelpreisträgerin Jane Addams in den 80er Jahren gegründet hatte. Dort arbeitete auch ihre Schwester Grace, und es begann eine lebenslange fruchtbare Zusammenarbeit. Die beiden ergänzten sich hervorragend: Edith war die Wissenschaftlerin, Grace die Aktivistin, die Ediths Erkenntnisse in politisches Handeln umsetzte.
Nach 1920 wurde die School of Civics and Philanthropy Teil der Universität von Chicago und hieß nun »School of Social Service Administration«. Von 1924 bis 1942 war Abbott Dekanin. Sie lehnte die herkömmliche, rein praktische Ausbildung der SozialarbeiterInnen in Wohltätigkeitseinrichtungen ab; ihrer Meinung nach brauchten SozialarbeiterInnen eine Universitätsausbildung, um die Grundstrukturen sozialer Probleme intellektuell erfassen zu können. Zusammen mit Breckinridge entwickelte sie einen Studienplan, der u.a. Kenntnisse über politische Wissenschaft, Wirtschaftswissenschaft, Jura, Medizin, Immigrationsstudien, Arbeitsprobleme und Regierungsverfahren vermittelte. Die Studierenden wurden hinausgeschickt zu den sozialen Brennpunkten und hatten ihre Verbesserungsvorschläge jeweils wissenschaftlich zu untermauern.

1927 gründeten Breckinridge und Abbott die Zeitschrift *Social Service Review*, die ein höchst angesehenes und einflußreiches Organ innerhalb der Profession wurde.
Bis zu ihrer Pensionierung 1953 (mit 76 Jahren!) lehrte Edith Abbott und gab weiter die Zeitschrift heraus. 1957 starb sie – nach einem halben Jahrhundert unermüdlichen Einsatzes für sozialwissenschaftlich fundierte soziale Gerechtigkeit – mit 80 Jahren an einer Lungenentzündung. L.F.P.

geb. 19. Januar 399 in Konstantinopel
gest. 18. Februar 453 ebenda
Kaiserin des oströmischen Reichs
Lit. 404, 499, 651

Aelia Pulcheria bekam den Rang einer »Augusta« im Jahre 414 von ihrem jüngeren Bruder, dem Kaiser Theodosius II., verliehen und setzte damit die lange Tradition mächtiger römischer Herrscherinnen seit Livia fort. Als »Augusta« standen Pulcheria kaiserliche Würden zu, die sie nur mit dem Kaiser teilte: Ihr Abbild erschien in der offiziellen Ikonographie, d.h. auf Münzen und auf Porträts im Senat. Andere Augustae, wie etwa ihre Mutter Aelia Eudoxia, hatten diese Würde und Macht auf dem üblichen Wege des Gebärens kaiserlicher Nachkommen und sonstiger Familienbande erworben. Pulcheria jedoch definierte für sich die Rolle einer Kaiserin neu. Als »jungfräuliche Prinzessin« leitete und beeinflußte sie ihren Bruder während seiner gesamten Herrschaftszeit und übernahm das Ruder nach seinem Tode im Jahre 450.

Als der Kaiser Arcadius, der Vater Aelia Pulcherias, ihrer beiden Schwestern Arcadia und Marina und des Thronfolgers Theodosius II., im Jahre 408 gestorben war, blieben die Kinder in der Obhut eines kaiserlichen Beamten. Aelia Pulcheria überredete ihren Bruder im Alter von 13 Jahren, diesen Beamten zu entlassen. Sie übernahm selbst die Leitung des Haushalts und machte großen Eindruck auf ihre Familie und die Untertanen als »Beschützerin« des Kaisers.

Nach dem Tod des Bruders übernahm Aelia Pulcheria 450 die Herrschaft über das oströmische Reich.

Pulcherias Führungsstil vereinte soziales Engagement mit christlichem Eifer bis hin zu extremer Intoleranz. Es heißt, daß sie Gesetze befürwortete, die zur Gewalt gegen HeidInnen und JüdInnen anstifteten; sie betrieb auch den Ausschluß von Heiden aus der kaiserlichen Armee und Verwaltung. Andererseits gewann die Kaiserin weithin Anerkennung und Liebe ihrer Untertanen für ihre Großzügigkeit gegenüber den Armen und ihre Fürsorge für den Klerus und die Mönche.

Nach ihrem Tod im Jahre 453 wurde sie von ihren Nachfolgern als Vorbild hochgehalten, besonders wegen ihrer Fähigkeit, kaiserlichen Führungsanspruch mit tiefer Frömmigkeit zu vereinen und so die Gunst des Volkes zu gewinnen. K.E.H.

Anna Barbara Aemisegger

geb. 29. Mai 1831 in Kappel, St. Gallen
gest. 18. Oktober 1905 in Hemberg, St. Gallen
Schweizer Malerin
Lit. 314, 971, 1124

Ein gewisser Wohlstand der Eltern gibt der vom Vater geförderten Lehrerstochter und Drittältesten von neun Geschwistern wohl etwas Unabhängigkeit, doch mit 30 heiratet sie den vier Jahre jüngeren Ulrich Aemisegger, der als Schuhmacher auf fremden Höfen arbeitet. Anna muß nun mit einem Knecht die gesamte Haus- und Landarbeit bewältigen. 1873 verunglückt der Mann tödlich. Drei Jahre kann die Witwe den ungeliebten Hof halten, dann muß sie verkaufen, und Armut bestimmt den weiteren Lebensweg: Johannes (12) und Jakob (9) müssen in fremde Dienste. Neben Aushilfen, Kindbettpflege und harter Lohnweberei beginnt Anna auch wieder zu malen: nicht primär in künstlerischer Absicht, sondern wie die anderen Toggenburger Tafelbildmaler der Zeit zum Broterwerb. Auftrags-»Portraits« von Höfen weiten den Lebensradius der Witwe, vielverbreitet sind später ihre lithographierten Ansichten von Ortschaften, Viehschauen und Alpauffahrten. Als Geschenke bestellt man bei ihr Albumblätter, sie verfaßt und verziert Gedichte, bemalt Ziffernblätter und die Schauböden von Melkeimern. Ihre persönliche Gedankenwelt ließe sich wohl am ehesten aus den vielen Gedenktafeln, die zur Erinnerung an Verstorbene, an Taufen und Hochzeiten in der Stube aufgehängt wurden, ablesen. Thematisch sind Anna Barbaras Bilder traditionell. Persönlich aber ist z.B. der lebendige, schwungvolle Strich ihrer Zeichnungen, der unter der differenzierten Kolorierung durchscheint – ebenso die räumlich tiefe Darstellung der kleingekammerten Toggenburger Landschaft und vor allem, wie sie gelegentlich die vordere Gebäudewand fortläßt, um auch das Geschehen *in* einer Sennerei oder einem Stall zu zeigen.

Reich ist sie nicht geworden. Trotz ihrer Bekanntheit war das »muntere Bergfröüili« eben doch nur's Babeli, das sich mit 3-5 Franken pro Bild zufriedengeben mußte. – 1904 will sie »nicht mehr zur Last fallen« und zieht ins Armenhaus zu Hemberg, wo sie auch stirbt. S.K.-K.

geb. 29. November 1832 in Germantown, Penn.
gest. 6. März 1888 in Roxbury, Mass.
amerikanische Schriftstellerin
Lit. 674, 931, 1018

Louisa May Alcott, die »Freundin der Kinder«, ist berühmt geworden durch ihre *Little-Women*-Bücher über die sympathischen, lebhaften March-Schwestern (Jo, Beth, Meg und Amy), gestaltet nach Vorbildern in ihrer eigenen Familie. Ursprünglich nicht auf Mädchenbücher festgelegt, schrieb sie *Little Women* auf Anraten eines Verlegers, um Geld zu verdienen. Aber Alcott hatte mit diesem Genre sofort durchschlagenden Erfolg: Die Trilogie *Little Women* (1868), *Little Men* (1871) und *Jo's Boys* (1886) wurde in 27 Sprachen übersetzt und bis heute in ununterbrochener Folge immer wieder aufgelegt. Literatur für heranwachsende Mädchen hatte es bis dahin nicht gegeben. Außer ihren vielen Kinderbüchern und -geschichten schrieb Alcott auch Schauer- und sonstige Unterhaltungsromane für Erwachsene, Gedichte und Zeitungsartikel. Alcotts liberale Einstellung und ihr Streben nach Unabhängigkeit und sinnvoller Tätigkeit spiegeln sich in ihren Werken wider, die einfühlsam ein realistisches Bild der Möglichkeiten und Konflikte von Mädchen und Frauen in der zweiten Hälfte des vorigen Jahrhunderts zeichnen. Obwohl sie das Familienleben und weibliche Wünsche nach Erfüllung im Heim glorifiziert, zeigt sie doch auch – etwa in *Work: A Story of Experience* (1873) – die objektiven Bedingungen, die Frauen daran hinderten, ihren Lebensunterhalt selbst zu verdienen. Auch kritisiert sie die engstirnige Sexualmoral ihrer Zeit. Und in ihrem letzten Buch, *Jo's Boys*, drückt sie ihre feministischen Überzeugung deutlich aus: Drei der Frauen sind erfolgreich in ihrem Beruf (Medizin, Kunst, Theater), und Alcott verteidigt ausdrücklich die Möglichkeit, *nicht* zu heiraten, da »die Frau kein halber, sondern ein ganzer Mensch ist und allein stehen kann«.

Alcotts Vater war ein Idealist, hatte aber mit seinen Projekten wenig Erfolg, und so mußte seine Frau die Familie ernähren. Louisa, damals 12 Jahre alt, beschloß, für ihre drei Schwestern und die Eltern zu sorgen. Sie blieb unverheiratet und versuchte sich in verschiedenen Berufen, u.a. als Lehrerin, Haushälterin, Schauspielerin, Näherin und eben Schriftstellerin. Während des Bürgerkriegs war sie als Krankenschwester im Einsatz; ihre genau beobachteten *Hospital Sketches* (1863) begründeten ihren Ruf als ernst zu nehmende Autorin. J.H.

geb. 25. April 1843 in London, Buckingham Palace
gest. 14. Dezember 1878 in Darmstadt
englisch-deutsche Philanthropin
Lit. 6, 293, 805, 808, 851, 955, 1090

Die zweite Tochter der Queen Victoria von England erhielt eine sorgfältige Erziehung im liberalen Geiste. Noch vor der Liebesheirat mit Ludwig von Hessen-Darmstadt 1862 stirbt der über alles geliebte Vater, Prinzgemahl Albert. Alice fügt sich in die bescheidenen Verhältnisse des Darmstädter Hofs. In elf Jahren bringt sie sieben Kinder zur Welt – eine vorbildliche Ehefrau und Mutter. Trotzdem kümmert sie sich schon ab 1863 um die Verbesserung der hygienischen Bedingungen für arme Wöchnerinnen und fördert die öffentliche Gesundheitspflege.
1866 eröffnet sie in ihrem neuen Palais den »Alice-Bazar«, aus dessen Gewinn sie eine – erstmals ärztlich geleitete – »Idiotenanstalt« gründen kann. Sie nimmt, sehr zum Mißfallen des Hofs, diese und andere humanitäre Einrichtungen aus der Obhut der Kirche. 1867 betraut sie Luise Büchner, der sie freundschaftlich verbunden ist, mit der Gründung des »Alice-Frauenvereins«, der Krankenpflege zum bezahlten Beruf mit Kranken- und Altersversorgung machen und sich für Bildung und Erwerbstätigkeit der Frau einsetzen soll.
Ab 1870 bildet Alice mit ihrem Gatten am Darmstädter Hof den Sammelpunkt der deutschen Einigungsbestrebungen und setzt sich damit in scharfen Gegensatz zu konservativen Kreisen.
Im Krieg 1870/71 übernehmen ausgebildete Pflegerinnen die Betreuung der Verwundeten, der Alice-Verein kümmert sich um Witwen und Waisen. Ebenfalls 1870 wird das »Alice-Lyzeum« unter der Leitung von Luise Büchner gegründet.
1872 tagt in Darmstadt die erste Generalversammlung des Verbandes deutscher Frauen- und Erwerbsvereine, dem die Alice-Vereine angehören. Es wird u.a. über den Eintritt von Frauen in den Post-, Eisenbahn- und Telegraphendienst verhandelt.
Nach dem Unfalltod des jüngsten Sohnes 1873 klagt Alice vermehrt über Schwäche und Erschöpfung, aber sie läßt in ihrem Einsatz nicht nach. So übersetzt sie Octavia Hills Abhandlung *On the Homes of the London Poor* ins Deutsche.
Im November 1878 bricht in der Familie Diphterie aus, an der Alice und ihre jüngste Tochter sterben. A.ST.

geb. 24. November 1886 in Indianapolis, Ind.
gest. 19. Oktober 1973 in Cannes
amerikanische Schriftstellerin
Lit. 13-15, 69, 244, 786

Für die männliche Literaturgeschichtsschreibung ist Margaret Anderson jene exaltierte Amerikanerin, die es als erste wagte, Auszüge aus Joyce' *Ulysses* zu publizieren. Für diese verlegerische Großtat der Jahre 1918 bis 1921 wurde ihr kleines Unternehmen, das ohnehin meist am Rande des Konkurses laborierte, zunächst hart bestraft. Vier Nummern der von Anderson im Jahre 1914 gegründeten Literaturzeitschrift *Little Review* wurden konfisziert und verbrannt. 1920 machte man Anderson den Prozeß wegen Verbreitung obszöner Schriften und verurteilte sie 1921 zu einer Geldstrafe. Ihre historische Leistung – so die männliche Literaturgeschichtsschreibung weiter – sei aber eigentlich nicht ihr zuzuschreiben, sondern ihrem Auslands-Mitarbeiter Ezra Pound. Er nämlich habe der bis dahin chaotisch geführten kleinen Literaturzeitschrift Profil und Richtung gegeben.

Aus weiblicher und feministischer Sicht sieht die Sache allerdings anders aus. Anderson hatte die Zeitschrift gegründet, um Menschen mit Ideen anzusprechen, nicht um anderen ihre eigenen Ideen aufzuzwingen. Shari Benstock bringt es auf den Punkt: »Während andere Zeitschriften der frühen Moderne die literarische Revolution proklamieren, war ihre Zeitschrift ein Bekenntnis zur Anarchie.«

Und im übrigen war Margaret Anderson vernarrt in die geniale Konversation ihrer Geliebten Jane Heap, die in ihrer Zeitschrift ein Forum fand.

Die beiden hatten sich in Chicago kennengelernt und gingen 1922 gemeinsam nach Paris. Ihre Liebesbeziehung war da bereits beendet, denn Margaret Anderson hatte kurz zuvor ihre große Liebe Georgette Leblanc kennengelernt, eine französische Sängerin. Margaret überließ Jane – wie zum Trost – die Leitung der *Little Review* und lebte mit Georgette bis zu deren Tod im Jahre 1941.

1942 kehrte Anderson in die Staaten zurück; ihre nächste Lebensgefährtin wurde Dorothy Caruso, die Witwe des Tenors Enrico Caruso. Nach Dorothys Tod 1955 ging Margaret Anderson wieder nach Frankreich und arbeitete weiter an ihren autobiographischen Werken. Ihre Lebensbilanz: »Ich finde, das Leben war gut zu mir. Sogar die Verluste durch den Tod wurden zu Verwandlungen.« Margaret Anderson starb 1973 im Alter von fast 87 Jahren und wurde in Cannes neben Georgette Leblanc begraben. L.F.P.

geb. 23. September 1901 in Berlin
gest. 17. September 1977 in München
deutsche Schriftstellerin und Journalistin
Lit. 16, 344

Geboren wurde sie 1901 in Berlin als Tochter des »Wirklichen Geheimen Kriegsrats« Max Behrens und seiner Frau Margarete, geb. von Drewitz. Nach einer Staatsprüfung als Wohlfahrtspflegerin und einer Buchhändlerinnenlehre heiratete sie 1924 den späteren Fabrikdirektor und Arbeitgeberpräsidenten Otto A. Friedrich. Nach sechs Ehejahren und der Geburt ihrer Tochter Karin 1925 läßt sie sich 1930 scheiden und beginnt zu schreiben, Artikel für Frauenzeitschriften, Buchbesprechungen und Feuilletons. Über »Greta Garbos Debüt vor der Kamera« zum Beispiel. Zum Schreiben animiert hatte sie Fritz Landshoff, der wie sie selbst zu den Stammgästen des berühmten Romanischen Cafés zählte.

1931 lernte Ruth Andreas-Friedrich den Dirigenten Leo Borchard kennen. Der in Moskau geborene Sohn deutscher Eltern bekam bereits 1933 in Deutschland Auftrittsverbot. Er ziehe die jüdischen Musiker seines Orchesters vor und sei »politisch unzuverlässig«. Spätestens diese Begebenheit hatte Andreas-Friedrichs politisches Bewußtsein geweckt, und als 1938 in Deutschland die Synagogen brannten, faßte sie einen Entschluß: »Tag für Tag schrieb ich auf, was ich hörte, sah, erlebte«, denn es war ihr klar, »wie schwer es einmal sein würde, denen von draußen zu beweisen, daß nicht jeder, der in Deutschland blieb, ein Nazi sei. Ihnen verständlich zu machen, warum wir blieben und nicht gingen.« Sie und ihre Freunde blieben und gründeten die Widerstandsgruppe »Onkel Emil«. Sie begingen Werksabotage, rissen Naziaufrufe von den Wänden, retteten Kriegsgegner durch ärztliche Atteste vor dem Wehrdienst, versorgten politische Flüchtlinge und jüdische Mitbürger mit Ausweispapieren, beherbergten sie, beschafften Lebensmittel. (Ruth Andreas-Friedrich: *Der Schattenmann*).

Nach dem Krieg war Ruth Andreas-Friedrich als Herausgeberin zweier Frauenzeitschriften tätig. Im Blockadewinter 1948 verläßt sie den »Schauplatz Berlin« und zieht nach München. Sie heiratet – 1945 war Borchard gestorben – Walter Seitz, den Direktor der Münchner Universitäts-Klinik. Sie wird als Autorin von Lebenshilfebüchern bekannt, 1957 z.B. erscheint ihr Aufklärungsbuch *Woher kommen die kleinen Kinder?*

In ihrem Abschiedsbrief vor ihrem selbst gewählten Tod schreibt sie: »Viele sterben zu spät – manche sterben zu früh ... Mir scheint für mich jetzt eine gute Zeit gekommen, um zu sterben.« S.G.

geb. 1530 in Cremona
gest. 1625 in Palermo
italienische Malerin
Lit. 166, 233, 311, 824, 837

1995 war in Wien das Werk der Renaissance-Malerin Sofonisba Anguissola zu sehen, der erfolgreichsten unter den Künstlerinnen jener Epoche, aus der erstmalig in der Kunstgeschichte Namen, Biographien und Werke von Frauen überliefert und bekannt sind. Sofonisba Anguissola war die Älteste von sechs Schwestern, die alle eine humanistische Erziehung und eine gute künstlerische Ausbildung erhielten. Vier Jahre lang gingen die beiden ältesten Schwestern bei dem lombardischen Maler Campi in die Lehre – sehr ungewöhnlich für junge Damen von adligem Stand. Sofonisba gab das Erlernte an ihre jüngeren Schwestern weiter, und ihr Beispiel machte Schule. Auch andere Frauen erhielten jetzt eine künstlerische Ausbildung, bis heute sind die Namen von etwa 40 Frauen bekannt, die zu dieser Zeit in Italien im Bereich der bildenden Künste gearbeitet haben.
Hamilcare Anguissola war Förderer und Manager seiner Tochter, er korrespondierte mit potentiellen Auftraggebern und Künstlern, zu denen auch Michelangelo zählte. Sofonisba spezialisierte sich auf die Portraitmalerei, aber auch ihre Gruppenbilder und Alltagsszenen wurden von den Zeitgenossen wegen ihrer Lebendigkeit und ihres Einfallsreichtums bewundert. Ihr bekanntestes Gruppenbild ist das Gemälde »Drei Schwestern beim Schachspiel« – die erste Darstellung einer Alltagsszene in der italienischen Malerei. Anguissolas Werke hatten bereits Eingang in die Sammlungen des Papstes und der führenden Adelsfamilien Italiens gefunden, als sie 1559 einer Einladung an den spanischen Hof folgte. Dort malte sie die Portraits der königlichen Familie und als höchste Auszeichnung Philipp II. selbst. Etwa zehn Jahre blieb sie in Spanien und wurde mit Aufträgen überhäuft. Nach dem Tod der jungen Königin verließ sie das Land. Zuvor hatte der König ihr, wozu er sich verpflichtet hatte, einen Ehemann vermittelt. Der Hof richtete ihr eine festliche Hochzeit aus und versah sie mit einer angemessenen Mitgift. Sie lebte einige Jahre in Sizilien und erhielt nach dem Tod ihres Mannes erneut einen Ruf nach Spanien. Auf dem Weg dorthin verliebte sie sich aber in den Kapitän ihres Schiffes, heiratete ihn und lebte und malte in den folgenden 35 Jahren in Genua. In dieser Zeit wandte sie sich mehr religiösen Motiven zu. Ihr Lebensende verbrachte sie in Palermo, wo der junge flämische Maler van Dyck seine berühmte Kollegin besuchte. Er skizzierte sie und notierte ihre Ratschläge zur Malerei. Anguissola starb fast erblindet mit 95 Jahren. R.R.

Anna von Österreich

geb. 22. September 1601 in Valladolid
gest. 20. Januar 1666 in Paris
französische Regentin
Lit. 9, 268, 565, 640

Die Trivalliteratur des 19. und die Filme des 20. Jahrhunderts haben Anna von Österreich, Königin von Frankreich, zu einer Ikone stilisiert: schön, edel, leidend, entsagend; von machtgierigen Männern wie Kardinal Richelieu verfolgt und gedemütigt; von ihrem einfältigen Ehemann vernachlässigt; von edlen Rittern wie den vier Musketieren verehrt und beschützt.

Ja, sie war schön und edel und wurde von ihrem Gemahl, Ludwig XIII. von Frankreich, mißtrauisch beäugt. Ja, sie wurde von seinem Ersten Minister, Richelieu, bespitzelt. Beider Verhalten war jedoch die Folge von Annas politischem Auftrag. 14jährig wurde sie von ihrem Vater, Philipp III. von Spanien, mit dem gleichaltrigen Ludwig verheiratet. Ihr Einfluß sollte garantieren, daß Frankreich politisch im Schlepptau der europäischen Hegemonialmacht Spanien verblieb. Die zu erwartenden Kinder aus dieser Ehe sollten diese Haltung weitertragen.

Doch Anna, politisch ungebildet, konnte trotz ihres guten Willens diesen Auftrag nicht erfüllen. Ihre Ehe blieb mehr als zwei Jahrzehnte kinderlos, ihre politisch einflußreiche Schwiegermutter lehnte sie ab, die Hofgesellschaft verwickelte sie in Intrigen.

Die Geburt des Thronfolgers Ludwig XIV. 1638 befestigte jedoch schlagartig Annas Stellung als politischer Faktor, zumal ihr Ehemann schon schon bald nach der Geburt des zweiten Sohnes, Philipp, starb.

Nach französischer Tradition zur Regentin bestimmt, definierte Anna ihre Politik neu: Die Stärkung der königlichen Macht nach innen und außen sollte ihrem Sohn eine glänzende Zukunft sichern. Das führte sofort zur Auseinandersetzung mit Spanien und sehr bald zur Fronde, dem Aufstand französischer Adels- und Bürgeropposition. Gemeinsam mit Kardinal Mazarin, dem engsten Mitarbeiter ihres verstorbenen Gegners Richelieu, kämpfte sie alle Widerstände erfolgreich nieder.

Ihren Söhnen war sie eine liebevolle Mutter, auf die Hofgesellschaft wirkte sie stilbildend, in Mazarin besaß sie einen gefühlvollen Partner.

Die politische Erziehung ihres Sohnes überließ sie Mazarin. Als Ludwig nach dem Tod des Ersten Ministers die Herrschaft antrat, zog Anna sich zufrieden aus der Politik zurück.

1666 starb sie nach monatelangem Leiden an Brustkrebs. M.G.

Herzogin von Sachsen-Weimar-Eisenach
geb. 24. Oktober 1739 in Wolfenbüttel
gest. 10. April 1807 in Weimar
deutsche Komponistin
Lit. 115, 483, 528, 795, 898

Die Tochter des Herzogs Karl I. von Braunschweig und Nichte Friedrichs des Großen heiratete als Sechzehnjährige den zwei Jahre älteren Herzog Ernst August Konstantin von Sachsen-Weimar; sie gebar zwei Söhne. Als ihr Mann nach drei Jahren stirbt, verwaltet Anna Amalie die Regentschaft für ihren unmündigen Sohn. Sie leitet das Herzogtum mit menschlichem und wirtschaftlichem Geschick. Während der Hungersnot 1771-1772, der unzählige Menschen und Tiere zum Opfer fielen, ließ sie Lebensmittel, die sie selber nur unter Mühen heranschaffen konnte, sofort verteilen.

Trotz der belastenden offiziellen Pflichten pflegte sie die Künste, besonders die Musik. Sie nahm Unterricht in Komposition und Klavier bei dem damals führenden Musiker in Weimar, Ernst Wilhelm Wolf, und sammelte einen Kreis von Musikern um sich. Der Komponist Christian F. D. Schubart schreibt: »Personen von allererstem Rang treten in öffentlichen Konzerten auf und wetteifern mit Virtuosen.« 1775 aller Amtspflichten ledig, widmete sie sich ganz ihren künstlerischen und wissenschaftlichen Neigungen. Sie begründete das Deutsche Schauspiel in Weimar und kann auch als eigentliche Initiatorin der Weimarer Museen bezeichnet werden. Herder, Wieland und seit 1775 Goethe, dem sie freundschaftlich verbunden war, trugen zum Ruhm des kleinen Herzogtums bei. 1788-1790 verließ sie Weimar, um in Italien die bildenden Künste wie auch die Musik zu studieren. 1799 verfaßte sie eine Schrift über Musik, die leider verschollen ist. Der Musik gehörte wohl ihre größte Liebe. Anna Amalie erhielt die sorgfältige Ausbildung vornehmer DilettantInnen des 18. Jahrhunderts. Sie hätte sich nie als Komponistin im heutigen Sinn betrachtet; dennoch zeugen ihre Kompositionen von einem soliden Können, weitreichender Kenntnis der Musik ihrer Zeit und musikalischem Stilgefühl. E.R.

Anna Amalie, Prinzessin von Preußen

geb. 9. November 1723 in Berlin
gest. 30. September 1787 in Berlin
deutsche Komponistin
Lit. 94, 116, 213, 916

Als vor 20 Jahren die ersten Schallplatten mit Werken von Frauen erschienen, enthielt die erste Kassette *Woman's Work* aus den USA von 1975 auch vier Märsche einer gewissen Anna Amalie, Prinzessin von Preußen. Die jüngste Schwester Friedrichs des Großen verbrachte fast ihr gesamtes Leben im Berliner Schloß – die Musik blieb ihre (vielleicht) einzige Liebe und beherrschte ihren Alltag. Als 17jährige nahm sie Cembalo- und Klavierunterricht, mit 21 begann sie zu komponieren. Der Wunsch, sich weiterzubilden, blieb, und sie lernte noch das Orgel- und Geigenspiel. Mit 35 Jahren studierte sie Kontrapunkttechnik bei dem Bach-Schüler Johann Philipp Kirnberger. Mangels anderer Impulse wurde der Einfluß des konservativen Kirnberger so bestimmend, daß sie sich vorrangig mit älteren Komponisten befaßte. Es ist jedoch ein Irrtum, sie als eine ausschließliche Verfechterin des Alten zu bezeichnen. So schrieb sie ihrem Lehrer 1783: »In allen Sachen ist eine edle Simplizität weit schwerer und dauerhafter als das aufgehäufte Schulwissen.« Damit gibt sie sich als Anhängerin der vorklassischen Richtung zu erkennen, die die Barockmusik ablöste. Nach längerer Krankheit starb sie fast erblindet und mit gelähmten Händen.

Die HistorikerInnen streiten sich darüber, ob Anna Amalie eine Liebesaffäre mit dem Baron Friedrich von Trenck hatte, einem Jugendfreund Friedrichs des Großen. Vieles spricht dafür. Trenck, der in seinen Memoiren von einer »hohen Dame aus Berlin« spricht, die ihn liebte, wurde vom Monarchen jahrelang eingekerkert. Nach Aussagen der Zeitgenossin Gräfin Voss wurde Amalie nach der Affäre mit Trenck »von Kummer und frühzeitiger Kränklichkeit verdüstert«.

Anna Amalie komponierte eine Kantate, Choräle, Lieder und Kammermusik. Die Märsche sind eher als eine kompositorische Übung denn als gezielte Militärmusik anzusehen (man hatte gerade den Gleichschritt eingeführt).

Anna Amalie bewunderte die Musik J. S. Bachs und sammelte im großen Stil seine Manuskripte. Ihre wertvolle Sammlung wurde zum Ausgangspunkt der beginnenden Bachpflege im Zeitalter der Aufklärung. Anna Amalies Ruhm beruht heute mehr auf der Musiksammlung als auf ihren Kompositionen. Wäre sie als Bruder Friedrichs des Großen statt als Schwester geboren worden, hätten ihr weitaus mehr Freiräume zur künstlerischen Entfaltung zur Verfügung gestanden. E.R.

geb. 14. Oktober 1906 in Hannover
gest. 4. Dezember 1975 in New York
deutsch-amerikanische Philosophin
Lit. 22, 23, 464, 515, 954, 1150

Mit ihrer Berichterstattung über den Eichmannprozeß in Jerusalem erregte Hannah Arendt 1961 großes Aufsehen. Ihr Buch *Eichmann in Jerusalem: Ein Bericht von der Banalität des Bösen* bricht mit der Vorstellung, daß hinter dem Bösen eine dämonische Willenskraft stünde. Eichmann ist ein Bürokrat, der als Rädchen in einer Vernichtungsmaschinerie funktioniert hat.

Hannah Arendt wächst behütet in Königsberg auf, studiert in Marburg, Freiburg und Heidelberg bei Heidegger, Husserl und Jaspers Philosophie und promoviert bei Jaspers über das Thema »Der Liebesbegriff bei Augustin«. Die für sie unglücklich endende Liebesbeziehung mit Heidegger führt zu einer heftigen Auseinandersetzung mit ihrer deutsch-jüdischen Identität. 1929 flüchtet sie in eine Ehe mit Günther Stern (Pseudonym: Günther Anders) und zieht mit ihm nach Berlin. Dort entsteht ihr Buch über Rahel Varnhagen, mit der sie sich stark identifiziert. Nach Hitlers Machtergreifung wird die Wohnung von Arendt und Stern zur Durchgangsstelle für Verfolgte. Stern emigriert nach Paris, bald folgt Arendt nach, trennt sich aber kurz darauf von Stern. Ihre Zugehörigkeit zum Judentum, ihre praktische Arbeit für jüdische Hilfsorganisationen politisieren ihr Bewußtsein. Die Bekanntschaft mit ihrem späteren Mann Heinrich Blücher, Emigrant, in Deutschland verfolgter Journalist und KPD-Mitglied, regt sie an, sich mit politischer Theorie und Marxismus auseinanderzusetzen. Die Summe ihres Nachdenkens legt sie in dem dreibändigen Werk *Elemente und Ursprünge totaler Herrschaft* nieder – ein Klassiker politischer Philosophie.

1940 wird Arendt in das berüchtigte Internierungslager von Gurs, nahe den Pyrenäen, verschleppt. In letzter Minute kann sie der Deportation entkommen. Gemeinsam mit ihrer Mutter, die sie mit Hilfe einer Freundin noch 1939 aus Königsberg nach Paris holen konnte (ihr Vater war früh verstorben), und ihrem Ehemann Heinrich Blücher reist sie 1941 über Lissabon nach New York. Nach großen Anfangsschwierigkeiten arbeitet sie als Journalistin und wird Cheflektorin in einem großen Verlag. Sie schreibt polemische Artikel, um die Öffentlichkeit über die Judenverfolgung zu informieren und aufzurütteln. Bald macht sich Hannah Arendt als politische Philosophin in den USA einen Namen, wirkt als Professorin und Gastprofessorin an zahlreichen Universitäten, u.a. in Princeton, Harvard und Berkeley, wird zu Vorträgen und Seminaren ins Ausland eingeladen, bekommt zahlreiche Auszeichnungen und zehn Ehrendoktorate.
S.D.

Sawako Ariyoshi

geb. 20. Januar 1931 in Wakayama
gest. 30. August 1984 in Tokio
japanische Schriftstellerin
Lit. 24-26, 291, 422

Sawako Ariyoshi gilt als eine der modernsten und emanzipiertesten Frauen in Japan.
Ihr Vater Shinji Ariyoshi war in der New Yorker Filiale einer renommierten japanischen Bank tätig, als seine Ehefrau Akitsu bei ihren Eltern in Wakayama ihr zweites Kind, Sawako, zur Welt brachte.
Mit knapp sechs Jahren siedelte Sawako mit der Familie nach Indonesien über. Die Eltern gehörten zur jüngeren liberalen Generation Japans und erzogen ihre Kinder ungewöhnlich frei, was Ariyoshis Einstellung nachhaltig prägte.
Schon früh wurde ihr Interesse für das klassische japanische Theater geweckt, und sie beschloß, Kritikerin zu werden.
Nach Abschluß ihres Anglistikstudiums in Tokio arbeitete sie als Lektorin in einem Verlag, blieb aber kaum ein Jahr und debütierte gleich als Schriftstellerin. Sie wurde Mitglied damals führender Literaturzirkel wie »Shin-Shicho (Neue Geistesströmung)« und »Bungakkai (Literatur-Welt)«. Ihre Art, alte Traditionen intellektuell-rational zu behandeln, erregte großes Aufsehen.
Sie schrieb Stücke für Theater, Rundfunk und Fernsehen, die u.a. vom japanischen Kultusministerium ausgezeichnet wurden. Kein Wunder, daß sie aufgrund dieser Erfolge auch als Theater-Regisseurin engagiert wurde.
Mit 31 Jahren heiratete sie Akira Jin, den Geschäftsführer einer Kunsthandlung und bekam eine Tochter. Zwei Jahre später ließ sie sich scheiden.
Zwischen vielfältigen literarischen Arbeiten reiste Ariyoshi immer wieder ins Ausland: 1961 nach China mit einer Delegation japanischer SchriftstellerInnen, 1968 unternahm sie eine Forschungsreise nach Neuguinea mit einer Ethnologin, 1970 hatte sie eine Gastdozentur an der Universität Hawaii inne.
Ihre Bücher standen jedes Jahr auf den Bestseller-Listen. Aus den Stoffen machte sie Theaterstücke, bei denen sie selbst Regie führte. Trotz (oder wegen?) ihrer Beliebtheit beim Publikum wurde sie von Literaturkollegen nicht ernst genommen: Sie schreibe lediglich Unterhaltungsliteratur, hieß es.

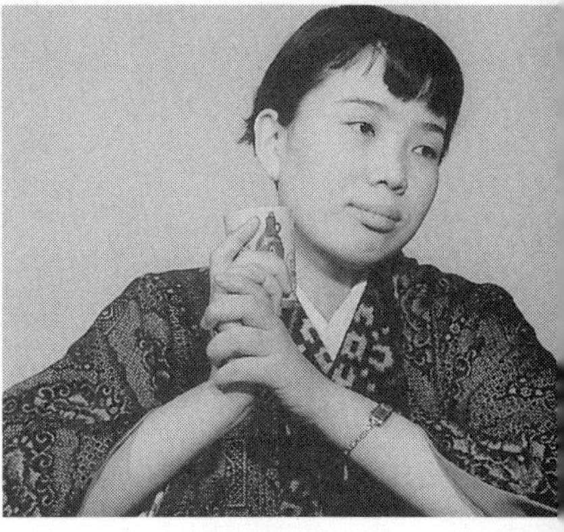

Ariyoshi schrieb gesellschaftskritisch und thematisierte aktuelle Probleme in Japan. Die Hauptfiguren ihrer Romane sind willensstarke Frauen, die sich bewußt mit der Tradition auseinandersetzen. Dabei resignieren sie keineswegs, haben vielmehr eine positive Einstellung zum Leben. Ariyoshi mag ihrer Zeit zu weit voraus gewesen sein. K.Y.

geb. 8. September 1591 in Paris
gest. 6. August 1661 in Paris
französische Äbtissin
Lit. 27, 152, 365, 488, 1073

Angélique Arnauld kommt mit sieben Jahren ins Kloster und wird als Zehnjährige (am 5. Juli 1602) durch ihren einflußreichen Vater zur Äbtissin des Zisterzienserinnenklosters Port Royal gemacht. Mit 15 Jahren plant sie ihre Flucht, erkrankt jedoch schwer. Ihr Vater erpreßt auf dem Krankenlager eine Unterschrift von ihr, die sie erneut an das Klosterleben bindet. Angélique Arnauld wird nun gläubig. Sie sucht Zuflucht bei göttlicher Macht, der sich selbst ihr Vater schließlich beugen muß, und beginnt, Port Royal zu reformieren, das vorher mehr ein Treffpunkt der Pariser Gesellschaft war. Nun wird das Kloster zum Ausgangs- und Mittelpunkt großer kirchlicher Reformen.

Bei den »Solitaires« (Einsiedlern) von Port Royal leben auch einige von Angéliques Brüdern. 16 Mitglieder der Familie Arnauld treten in das Kloster ein, darunter Angéliques Mutter, die dem Konvent das Gebäude des späteren Klosters Port Royal de Paris zur Verfügung stellt. Berühmt werden die Unterrichtsmethoden der »Petites Ecoles« von Port Royal. Die innerkirchliche Reformbewegung des Jansenismus findet in Port Royal ihr Zentrum. Namen wie Pascal und Racine sind mit dem geistigen Leben dort eng verbunden. Im jahrzehntelangen Kirchenstreit zwischen Jansenisten und Jesuiten wird das Kloster schließlich zerrieben. Die Nonnen um Mère Angélique trotzen der Kirchenleitung. Der Erzbischof von Paris rückt mit Militär in Port Royal ein, aber die Nonnen lassen ihn mit seinem Gefolge allein, um wie immer die Non zu singen, als die Abteiglocke ertönt. Vor Zorn bekommt der Erzbischof heftiges Nasenbluten.

Angélique Arnauld hat nicht mehr erleben müssen, daß die letzten Nonnen aus Port Royal vertrieben (1709), auf Befehl des Königs (1711) die Toten ausgegraben und in Massengräbern verscharrt wurden und das Kloster dem Erdboden gleich gemacht wurde (1712). B.R.

geb. 4. April 1785 in Frankfurt/Main
gest. 20. Januar 1859 in Berlin
deutsche Schriftstellerin
Lit. 258, 366, 407, 481, 728, 1099

»Wer resigniert und sich zusammennimmt, der beweist nur, daß er mehr tot als lebendig ist. Ich bin aber nicht tot. Ich habe einen festen, starken Willen, bis in Ewigkeit – und was hast Du dagegen? – Dich zu lieben?«, schreibt Bettine Brentano 1809 an Johann Wolfgang Goethe. Ihr Hunger nach Liebesbeteuerungen war unstillbar, aber nicht nur Goethe, sondern auch die Freundin Karoline von Günderrode und schließlich auch der geliebte Bruder Clemens, den sie erst 1802 kennenlernte, entzogen sich dem Liebeswerben der jugendlichen Schwärmerin. Drei ihrer Bücher geben Auskunft über die Erschütterungen, die Bettine in diesen Beziehungen erlebte: *Goethes Briefwechsel mit einem Kinde* (1835), *Die Günderode* (1839) und *Clemens Brentanos Frühlingskranz* (1844). Nach dem Tod der Mutter (1793) und des Vaters (1797) war Bettine zu ihrer Großmutter, der Schriftstellerin Sophie La Roche, nach Offenbach gezogen, wo sie Gelehrte, SchriftstellerInnen und KünstlerInnen, deutsche Jakobiner, französische EmigrantInnen kennenlernte. 1811 heiratet Bettine Achim von Arnim. Sieben Kinder kommen zur Welt, über deren Erziehung das Paar sich ebenso streitet wie über Geld und den Wohnsitz – ihn zieht es auf das Familiengut Wiepersdorf, sie bevorzugt die preußische Hauptstadt. 1831 stirbt Achim von Arnim. Bettine beginnt ihr »drittes Leben« (Christa Wolf). Sie setzt die erste Ausgabe der Arnimschen Werke in Gang, vor allem aber schreibt sie selbst: in dreizehn Jahren entstehen fünf Bücher. Ihre Wohnung in Berlin, Unter den Linden 21, wird zum Zentrum unabhängiger Geister, dort treffen sich die Geschwister Tieck, Caroline und Dorothea Schlegel, die Brüder Grimm, Alexander von Humboldt, das Ehepaar Varnhagen von Ense. »Ich bin sehr glücklich, gibt es etwas Beseligenderes, als aus der Einfalt der früher gelebten Jahre wie aus dem Zentrum der Glut in neu geweckte Flammen aufzuschlagen?«, schreibt sie 1835 an Fürst Pückler. Als »Communistin« – 1842 soll sie sich mit Karl Marx zu langen Spaziergängen getroffen haben – und als Urheberin des Aufstandes der Schlesischen Weber 1844 verdächtigt (*Das Armenbuch*, 1844), wird die revolutionäre Kämpferin der Jungdeutschen Zielscheibe der Zensur und gründet schließlich ihren eigenen Verlag, die Arminsche Verlagsexpedition, denn »nur in der Freiheit, in dem Fürsichbestehen gefällt mir das Leben«.

Am 20. Januar 1859 stirbt sie in Berlin. Man hatte die Sterbende so gebettet, »daß ihr Blick auf die Goethebüste fiel, und das Bild unseres Vaters ihr vor Augen gestellt ...«, berichtet ihre Tochter Maximiliane. S.G.

geb. 16. Dezember 1775 in Steventon, Hampshire
gest. 18. Juli 1817 in Winchester
englische Schriftstellerin
Lit. 381, 688, 707, 759, 783, 1067

Jane Austen wuchs im ländlichen England des 18. Jahrhunderts wohlbehütet in bürgerlichen Verhältnissen auf. Durch die Herkunft ihrer Mutter hatte die Familie Kontakt zum Landadel und der sogenannten »guten Gesellschaft«; ihr Vater war Geistlicher, der von wohlhabenden Verwandten protegiert wurde.

Austens Erziehung und (Aus-) Bildung entsprach dem damals herrschenden Frauenbild: Während fünf ihrer Brüder (ein weiterer Bruder war behindert und wurde deshalb nicht konventionell ausgebildet) eine reguläre Schulbildung genossen, wurden Jane und ihre Schwester Cassandra vorzugsweise auf ihre traditionelle Rolle als Ehe- und Hausfrau, Mutter und Gastgeberin vorbereitet.

Ihre Jugend erlebten die beiden Schwestern im Umfeld eines sich unter den Auswirkungen der Französischen Revolution emanzipierenden Bürgertums. Kennzeichnend für diese Zeit war das Bestreben bürgerlicher Kreise, das neugewonnene Selbstbewußtsein auch durch die Imitation »adliger« Lebensweise zu dokumentieren; ein Umstand, den Austen in ihren Romanen kritisch und satirisch kommentierte.

Früh fiel Jane Austen durch ihre literarischen Aktivitäten auf: Gedichte und kleinere Erzählungen sowie Stücke waren zunächst zur Unterhaltung des erweiterten Familienkreises gedacht. Für ihre Selbstschulung konnte Jane auf die vergleichsweise umfangreiche Bibliothek der Familie und Lesezirkel zurückgreifen. (Bücher und Zeitschriften waren Luxus; die Massenproduktion von Literatur existierte noch nicht). Aber nicht nur der Kauf von Büchern war teuer. Auch die Produktion und Herausgabe bedurfte meist eigener finanzieller Mittel der (damals noch sehr spärlich vorhandenen) Autorinnen.

Die Gelder aber waren rar, und der Tod des Vaters brachte für Jane die Verpflichtung, sich vornehmlich den Angelegenheiten der Familie zu widmen, d.h., das Management des Haushaltes oblag ihr. Trotz karger Geldmittel konnte sie den Druck ihrer Werke teilfinanzieren und später sogar kleine Summen mit ihren Büchern verdienen.

Jane Austen hat nie geheiratet (die Romanze mit dem ersten Kandidaten wurde seitens der Familie des Mannes schlicht unterbunden, der zweite Kandidat starb vorzeitig) und lebte eher zurückgezogen im Familien- und Freundeskreis. B.S.

geb. 1929 in Dakar, Senegal
gest. 18. August 1981 in Dakar
afrikanische Schriftstellerin
Lit. 4, 32, 33, 281

Als der Präsident des japanischen Verlagshauses Kodansha 1980 den »Noma Award for Publishing in Africa« ausschrieb, wurden 120 Bücher eingeschickt. Den ersten Preis erhielt die Senegalesin Mariama Bâ. Dies war um so erstaunlicher, als Frauen in der afrikanischen Literatur bis zu diesem Zeitpunkt praktisch keine Rolle spielten. Offenbar hatte die Jury erkannt, dass es an der Zeit war, afrikanischen Schriftstellerinnen ein Forum zu verschaffen. Hinzu kam, dass die Autorin ein Thema behandelte, das bis heute aktuell ist: die problematische Situation der islamischen Frau in der modernen Gesellschaft.

Mariama Bâ, die bis dahin lediglich Aufsätze zu feministischen Themen geschrieben hatte, wurde mit ihrem Erstlingswerk *Ein so langer Brief* weltberühmt und eine Ikone der afrikanischen Frauenliteratur. Mariama Bâ wuchs in einer einflußreichen moslemischen Familie in Dakar, der Hauptstadt Senegals, auf und wurde Lehrerin. Sie heiratete den Abgeordneten Obéye Diop, mit dem sie neun Kinder hatte, von dem sie sich jedoch später scheiden ließ. Nach zwölf Jahren im Schuldienst wurde sie krank und nahm einen Posten in der Regionalverwaltung an, wo sie bis zu ihrem Tode tätig war.

In ihrem Buch, das aus einem einzigen Brief besteht, hat Mariama Bâ viel Autobiographisches verarbeitet. Ihre Protagonistin Ramatoulaye, Lehrerin in Dakar, verheiratet mit einem Gewerkschaftsführer und mehrfache Mutter, wird von ihrem Mann nach langen Ehejahren wegen einer jungen Frau verlassen, die er als Zweitfrau heiratet. In ihrem Brief schildert Ramatoulaye ihrer Freundin Aissatou die Demütigungen, die damit verbunden sind, und die Anstrengung, die es sie kostet, allein ihre zwölf Kinder großzuziehen. Deutlich wird aber auch, wie diese schmerzhaften Erfahrungen zur Befreiung aus den Fesseln traditioneller Rollenverteilung und Selbstaufgabe führen. Der Roman ist eine Anklage gegen das System der Polygamie – das islamische Recht gewährt der Frau keine und dem Mann alle Freiheiten – und ein Plädoyer für weibliche Solidarität, denn die Briefschreiberin findet Trost und Zuspruch bei einer Frau, ihrer Freundin Aissatou. Mariama Bâ starb bereits ein Jahr nach der Veröffentlichung ihres Erstlingswerkes an Krebs.

Ihr zweiter Roman, *Der scharlachrote Gesang*, wurde 1981 posthum veröffentlicht. Bâ war eine Wegbereiterin für afrikanische Autorinnen, die nun endlich auch Zugang zum deutschen Buchmarkt gefunden haben. M.J.

geb. 22. Februar 1889 in Chesterfield, Derbyshire
gest. 25. Juni 1977 in Bramley, Derbyshire
englische Weltführerin der Pfadfinderinnen
Lit. 35, 1094

Olave St. Clair Soames, Tochter der ehemaligen Gouvernante Katherine Hill und ihres wohlhabenden Ehemannes Harold Soames, lernte die Natur früh kennen und lieben. In ihrer Jugend nahm sie zunächst vergnügt an den Freizeitbeschäftigungen der Oberklasse – Autoausflüge, Tennis- und Reitturniere, Segeln, Picknicks – teil, aber im Laufe der Jahre langweilte sie sich immer häufiger und fühlte sich zunehmend nutzlos. Weder die Bälle der feinen Londoner Gesellschaft noch die Avancen von Heiratskandidaten stießen auf ihr Interesse.

Januar 1912: An Bord des Schiffes *Arcadian* trifft den Begründer der Pfadfinderbewegung und pensionierten General Robert S. Baden-Powell »eine Bombe gänzlich neuer Art mitten ins Herz«: Olave St. Clair. Innerhalb von 10 Monaten sind die 23jährige und der 55jährige verliebt, verlobt und verheiratet. Peter, Heather und Betty werden in Abständen von zwei Jahren geboren.

Nach der Ablösung von Roberts Schwester Agnes Baden-Powell beginnt Olaves Engagement für die Pfadfinderinnenbewegung. Sie erweist sich schnell als hervorragende Organisatorin von der lokalen bis zur internationalen Ebene, wird zur Führerin der Pfadfinderinnen des Empire ernannt und 1930 zur Weltführerin der Pfadfinderinnen gewählt. Sie erhält zahlreiche Auszeichnungen im In- und Ausland. 1932 bekommt sie das Großkreuz des Britischen Empires – womit sie endgültig aus dem Schatten ihres berühmten Ehemannes tritt.

Olave Baden-Powell, die nur bis zum Alter von 12 Jahren Unterricht bekommen hatte, verfaßte Artikel und Bücher; sie gab weltweit Interviews in Radio und Fernsehen. Sie reiste mit dem Wahlspruch »Allzeit bereit« rund um den Erdball, um mit Enthusiasmus und Überzeugungskraft für die Pfadfinder, deren Weltführer 1941 gestorben war, und die Weltbewegung der Pfadfinderinnen, *ihren* Beitrag zur Völkerverständigung, zu werben. M.K.

geb. 3. Juni 1906 in St. Louis, Tex.
gest. 12. April 1975 in Paris
amerikanische Tänzerin und Sängerin
Lit. 37, 38, 598, 786, 896

Als die neunzehnjährige Josephine Baker am 2. Oktober 1925 im Théâtre des Champs-Elysées in der Premiere der *Revue Nègre* auf die Bühne kam, war sie dem französischen Publikum noch gänzlich unbekannt. Als der Vorhang wieder fiel, war »die exquisite Statue aus Ebenholz« (Janet Flanner) zum umjubelten Star von ganz Paris geworden. Für »La Baker« begann eine beispiellose Karriere. Auftritte in den Folies-Bergères, im Casino de Paris, ab 1926 ein eigenes Haus, »Chez Joséphine« in der rue Fontaine. Im Herbst 1926 hatte ihre Popularität gigantische Ausmaße angenommen. Sie wurde zum Inbegriff des »Flapper«, der emanzipierten Frau der 20er Jahre. 1930 ist sie bei der Plattenfirma Columbia unter Vertrag, sie spielt die Hauptrolle in zwei großen Filmen, darunter, mit Jean Gabin, *Zouzou* (1934) und *Princesse Tam-Tam* (1935).
Daß die Rassendiskriminierung keine typisch amerikanische Erscheinung ist, erfuhr Josephine Baker auf ihren Tourneen durch Europa und Lateinamerika. In Wien wurden 1928 anläßlich ihres Gastspiels Sondergottesdienste abgehalten, »als Buße für schwere Verstöße gegen die Moral, begangen von Josephine Baker«. In Deutschland wurden die Auftritte des »Halbaffen« verboten. 1935 ersucht man die Urlauberin in St. Moritz, den Dienstboteneingang zu benutzen, und in New York wird der Schwarzen im weißen Nerz der Zugang zu einem Nachtclub verweigert. Zu dieser Zeit war sie mit dem jüdischen Makler Jean Lion verheiratet und somit doppelt stigmatisiert.
Im Zweiten Weltkrieg arbeitet Josephine Baker für die Résistance und den französischen Geheimdienst und wird für ihr Engagement später mit dem »Croix de Guerre« der »Rosette de Légion d'honneur« ausgezeichnet. 1963 ist sie, neben Martin Luther King, Hauptrednerin beim »Marsch auf Washington«.

»Ich habe dieses künstliche Leben satt. All die Intrigen um einen Star ekeln mich an. Ich möchte noch drei bis vier Jahre arbeiten und dann abtreten. Ich werde heiraten ... ich werde Kinder haben ...«, sagte sie bereits 1927. 1947 heiratet sie den Orchesterleiter Jo Bouillon, sieben Jahre später gründen sie eine Familie: Das Paar adoptiert zwölf Kinder aus aller Herren Länder, und Josephine Baker zieht sich vorläufig aus dem Showgeschäft zurück. Aber Geldnot zwingt sie zum Weitermachen. Am 8. April 1975 feiert die 68jährige ihr fünfzigjähriges Bühnenjubiläum. Am 10. April erleidet sie, wenige Stunden vor ihrem abendlichen Auftritt, einen Schlaganfall und stirbt zwei Tage später. S.G.

Emily Greene Balch

geb. 8. Januar 1867 in Jamaica Plain, Mass.
gest. 9. Januar 1961 in Cambridge, Mass.
amerikanische Nationalökonomin
Lit. 39, 40, 865, 866, 1159

Emily Greene Balch bekam 1946 – fast 80jährig – als zweite US-Amerikanerin nach Jane Addams den Friedensnobelpreis »für ihren Mut, ihre Klarsicht und ihren Einsatz für die Menschen, unabhängig von Rasse, Religion, Klasse, Geschlecht oder Nationalität«.

Emily wurde als zweites von acht Kindern einer Rechtsanwaltsfamilie kurz nach dem amerikanischen Bürgerkrieg geboren.

Nach ihrem Studienabschluß am Bryn Mawr College bekam sie ein Europastipendium, die größte Ehre, die Bryn Mawr zu vergeben hatte. 1890-1891 war sie in Paris, 1895-1896 in Berlin, wo sie mit der sozialistischen Bewegung in Berührung kam und u.a. Vorlesungen bei dem Philosophen Georg Simmel hörte.

Nachdem sie einige Jahre mit Bostoner SozialreformerInnen und GewerkschafterInnen zusammengearbeitet hatte, entschied sie sich für die Universitätslaufbahn, weil sie meinte, »am längeren Ende des Hebels«, durch die Hinführung junger Frauen zur Sozialarbeit, mehr bewirken zu können. 22 Jahre lang, von 1896-1918, lehrte sie Wirtschaftswissenschaften am Wellesley College, ab 1913 als *full professor* für Politische Ökonomie und Politik- und Sozialwissenschaft. Eines ihrer Spezialgebiete war die Immigration. 1910 veröffentlichte sie ihr Hauptwerk *Our Slavic Fellow Citizens*.

1915 nahm Emily Balch an der internationalen Frauen-Friedenskonferenz in Den Haag teil; nach dem Krieg wurde sie Sekretärin und Schatzmeisterin der Internationalen Frauenliga für Frieden und Freiheit, Präsidentin der US-amerikanischen Sektion und schließlich internationale Ehrenpräsidentin. Während des Zweiten Weltkriegs trat die engagierte Pazifistin für die Unterstützung des Kampfes gegen Nazideutschland ein.

Emily Balch war überzeugt, daß »wir noch ganz am Anfang der größten und wichtigsten der Künste stehen: der Kunst des Zusammenlebens und -arbeitens, auf der Grundlage von Konsens und Kooperation und ohne Zwang«. S.K.H. und L.F.P.

geb. 6. August 1911 in Jamestown, N.Y.
gest. 26. April 1989 in Los Angeles, Cal.
amerikanische Schauspielerin
Lit. 42, 122, 469, 747, 923

Lucille Ball, »die Königin der Situations-Komödie«, war nicht nur ein einmaliges komisches Talent, sie war in den fünfziger Jahren mit ihrer Fernsehserie *I Love Lucy* auch eine Pionierin des »sitcom«-Stils und eine höchst erfolgreiche Unternehmerin. Die Serie über die übersprudelnde, naiv-rebellische Hausfrau und den gutmütigen, leicht chauvinistischen Kubaner wurde 1951-1957 zur festen Institution amerikanischer Fernsehkultur, und die Wiederholungssendungen werden heute vom Publikum fast ebenso begierig erwartet.
Die Tochter der Pianistin Desiree Ball und eines Elektrikers wurde 1933 von Hollywood entdeckt und trat in über 75 Filmen auf. 1940 heiratete Lucy den kubanisch-amerikanischen Bandleader Desi Arnaz. 1951 gründeten die beiden ihre eigene Firma und finanzierten selbst die erste Sendung von *I Love Lucy*, um die CBS zu überzeugen, daß Ball und der mit starkem Akzent sprechende Arnaz ein Erfolg werden könnten. Das Ergebnis war die prompte und sechs Jahre anhaltende Beherrschung der Fernsehkomödie in den USA. Kern der Episoden waren Lucys unermüdliche, tollköpfige Versuche, aus der Enge ihres Hausfrauendaseins auszubrechen in die strahlende Welt ihres berühmten Musikergatten, der sie immer wieder auf ihren Platz verwies, aber erst nachdem er unter ihren verrückten Intrigen selbst reichlich gelitten hatte. Im Gefolge der Erfolgsfigur Lucy bekamen plötzlich auch andere Schauspielerinnen eine Chance im komischen Fach. Aber Lucy war allen anderen an komischer Begabung weit voraus.

Die gefilmte Geburt ihres Sohnes machte Fernsehgeschichte – schätzungsweise 44 Millionen ZuschauerInnen sahen sich die Episode an. 1960 ließen sich Ball und Arnaz scheiden, Lucy heiratete 1961 wieder und trat noch zwölf Jahre allein auf. Sie starb 1989 an den Folgen einer Herzoperation. J.H.

geb. 17. Januar 1885 in Flensburg
gest. 10. August 1948 in Sorengo bei Lugano
deutsche Schriftstellerin und Kabarettistin
Lit. 43-45, 364, 1032

Es waren wohl vor allem die phantasievollen Geschichten der geliebten Mutter und die spannenden Erzählungen des seefahrenden Vaters – Kostbarkeiten in beengten Verhältnissen –, die der Phantasie des kleinen Mädchens und ihrem Sinn für Poesie, Musik und Theater Flügel verliehen. Zunächst einmal aber arbeitete sie als Haushalts- und Küchenhilfe. Mit 19 heiratete sie. Kaum macht eine Wanderbühne bei ihnen Station, läßt das Paar alles stehen und liegen (das Baby wird bei der Mutter deponiert) und zieht mit. Ab jetzt singt und spielt Emmy Hennings »alles«: Chansons, Volklieder, Operette, Oper, Kabarett, Schauspiel.

1906 verschwindet ihr Mann, wenige Tage später stirbt der kaum zweijährige Sohn, die Truppe wird aufgelöst, und sie schlägt sich, zumeist zu Fuß, mit der gerade geborenen Tochter von Schlesien zur Mutter durch und überläßt ihr auch dieses Kind.

1908 landet Emmy in Berlin und dann München, den brodelnden Zentren des beginnenden Expressionismus, tauscht sich aus mit den revolutionären jungen Dichtern (Liaisons mit Becher und van Hoddis), arbeitet als Diseuse im Café des Westens und in Künstlerkabaretts wie dem *Simplizissimus*, schreibt für neugegründete programmatische Zeitschriften. Erste Gedichte entstehen. Es kommt zum Weltkrieg; die Münchner Kammerspiele, an die der Dramaturg Hugo Ball sie geholt hatte, werden geschlossen, und beide fliehen vor der wachsenden Kriegsbegeisterung nach Zürich. Verzweifelt und müde des Gassenlebens und Tingelns gründet Emmy Hennings 1916 zusammen mit Ball, Arp, Tzara, Janco und Huelsenbeck die »Varieté-Miniatur« *Cabaret Voltaire* – Geburtsstätte des DADA. 1920 – die Trennung von DADA ist vollzogen – heiraten Hennings und Ball. Als immer tragfähiger für ihre durch viele äußere Schwierigkeiten, Armut und Krankheit beeinträchtigten Lebensumstände erweist sich beider tiefe Religiosität und Zuneigung.

In den letzten 21 Lebensjahren, seit Hugos Tod 1927, nimmt Hennings sich des Nachlasses an und schreibt autobiographische Werke, Erzählungen, Märchen und Legenden. S.K.-K.

Toni Cade Bambara

geb. 25. März 1939 in New York
gest. 9. Dezember 1995 in Wallingford, Penn.
amerikanische Schriftstellerin
Lit. 244, 480, 685, 728, 1019

Die Schriftstellerin, Herausgeberin, Professorin, Kultur- und Sozialarbeiterin Toni Cade Bambara wurde als Miltona Cade am 25. März 1939 in New York City geboren. Toni verbrachte ihre Kindheit und Jugend zusammen mit ihrer Mutter und ihrem Bruder in New York City und Jersey City, New Jersey. Die Mutter war zutiefst von der »Harlem Renaissance« der Schwarzen in den 20er Jahren beeinflußt und regte ihre Tochter zum Schreiben an. 1959 bekam Cade ihren B.A. in den Fächern Theaterwissenschaft und Englisch am Queens College und veröffentlichte ihre erste Kurzgeschichte, »Sweet Town«. Für ein Jahr ging sie nach Mailand und kehrte 1962 nach New York zurück, um am New York City College ihren M.A. in amerikanischer Literatur zu machen. Ihren Lebensunterhalt verdiente sie sich als Sozialarbeiterin, Beschäftigungstherapeutin und Leiterin verschiedener Nachbarschaftsprojekte.

1965 begann Bambara am City College zu lehren. Zugleich leitete sie das *Theatre of the Black Experience* und veröffentlichte Kurzgeschichten. 1969 wurde sie Associate Professorin für Englisch an der Rutgers University und nahm den Namen Bambara an, den sie auf einem Skizzenbuch ihrer Urgroßmutter gesehen hatte.

1972 veröffentlichte Bambara ihren ersten Band mit Kurzgeschichten unter dem Titel *Gorilla, My Love*. Zwischen 1973 und 1975 bereiste sie Kuba und Vietnam, um mehr über politische Arbeit der Frauenorganisation in diesen Ländern zu erfahren. 1974 zog sie mit ihrer Tochter nach Atlanta.

Bambaras Einsatz für ihr Volk schlug sich natürlich in ihren literarischen Werken nieder, in der Kurzgeschichtensammlung, *The Sea Birds Are Still Alive* (1977) und in ihrem ersten Roman, *The Salt Eaters* (1980), der 1981 den *American Book Award* bekam.

Anfang der 80er Jahre zogen Bambara und ihre Tochter wieder um, diesmal nach Philadelphia, wo sie zwei weitere Romane, *If Blessing Comes* (1987) und *Raymond's Run* (1990), und neun Drehbücher schrieb, u.a. *Bombing of Osage* und *Tar Baby* (nach einem Roman von Toni Morrison).

Am 9. Dezember 1995 starb Toni Cade Bambara im Alter von nur 56 Jahren an Darmkrebs. S.K.H.

geb. 31. Oktober 1876 in Dayton, O.
gest. 2. Februar 1972 in Paris
amerikanisch-französische Schriftstellerin
Lit. 50, 69, 155, 181, 523, 1112

Berühmt-berüchtigt wurde Natalie Clifford Barney als »Amazone von Paris«, als größte (Frauen)herzensbrecherin ihrer Zeit. Viele schöne, begabte, adlige, reiche und ebenso berüchtigte Damen konnten dem Charme der stets in Weiß gekleideten, von ihrem langen Blondhaar umwehten Amerikanerin nicht widerstehen, die ihr Lesbischsein nicht als biologisch bedingte Tragödie (wie die Romanschriftstellerin Radclyffe Hall), sondern als Chance für ein selbstbestimmtes, freudvolles Leben empfand. Ihre Affären brachten ihr literarische Verewigungen ein – von Renée Vivien über Liane de Pougy bis zu Djuna Barnes.
Barney leistete überdies einen wichtigen Beitrag zur Entwicklung »einer der produktivsten weiblichen Subkulturen des 20. Jahrhunderts« (Alexandra Busch). Das »sapphische Ideal«, eine auf Liebe und kreativem Austausch beruhende Frauengemeinschaft nach antikem Vorbild, wiederzubeleben war ihr Lebensziel, das sie wichtiger nahm als die eigene literarische Produktion (immerhin 13 Bände mit Gedichten, Aphorismen, Erinnerungen).
1902 war die Millionärstochter nach Paris gezogen – um teilzuhaben am inspirierenden kulturellen Klima der »rive gauche«. Ab 1909 war ihr Freitagssalon einer der wichtigsten Treffpunkte für französische und amerikanische Intellektuelle (u.a. Djuna Barnes, Gertrude Stein, Colette, Marcel Proust, Paul Valéry, André Gide). Mit ihrer »Académie des Femmes«, dem weiblichen Pendant zur Académie française, schuf sie vielen jungen Schriftstellerinnen und Künstlerinnen ein Forum, in dem sie ihre Werke öffentlich vorstellen konnten.
In ihrem Feminismus war sie entschieden, in ihrer allgemeinen politischen Einstellung weniger – während sie im Ersten Weltkrieg in ihrem Haus in der rue Jacob einen internationalen Frauenfriedenskongreß abhielt und den Krieg als extremste Form männlicher Aggression verurteilte, sympathisierte sie später mit dem italienischen Faschismus und verbrachte – zusammen mit ihrer langjährigen Lebensgefährtin, der Malerin Romaine Brooks – während des Zweiten Weltkrieges sechs Jahre in einem vergleichsweise bequemen Exil in Florenz. 1945 kehrte sie nach Paris zurück und versuchte vergeblich, mit ihrem wiedereröffneten Salon an die Vorkriegszeit anzuknüpfen. 1970 starb die 96jährige Romaine Brooks in Nizza, 2 Jahre später Barney mit 95 Jahren – eine letzte Affäre der »Amazone« mit einer 30 Jahre jüngeren Frau hatte die beiden nach einer über 50 Jahre währenden Beziehung endgültig entzweit. A.S.

Marie Baum

geb. 23. März 1874 in Danzig
gest. 8. August 1964 in Heidelberg
deutsche Sozialpolitikerin
Lit. 55, 56, 280, 507, 700

In Marie Baums Familie wurden, trotz bescheidener Verhältnisse, nicht nur die Söhne, sondern auch die Töchter gefördert. Marie studiert Chemie an der ETH Zürich und beaufsichtigt – als 22jährige – bald 60 Männer im Laboratoriumssaal. Sie verbringt eine glückliche Zeit im Kreise anderer StudentInnen; u.a. lernt sie Ricarda Huch kennen, mit der sie eine lebenslange Freundschaft verbinden wird. Nach der Promotion arbeitet Baum in einer Chemischen Fabrik in Berlin, wendet sich aber bald von der naturwissenschaftlichen Tätigkeit ab und der Sozialarbeit zu. Diese wird zum Zentrum ihres Lebens und macht sie zu einer der bedeutendsten SozialpolitikerInnen der Weimarer Republik. 1902 wird Baum die erste Gewerbeinspektor*in* im Großherzogtum Baden. Sie beaufsichtigt in ganz Baden die Betriebe, die Frauen und Jugendliche beschäftigen, und stößt dabei auf Kinderarbeit und auf Frauen, die durch Fabrik- und Hausarbeit völlig überlastet sind. Sie versucht, bessere Arbeitsbedingungen durchzusetzen. 1907 wird sie Geschäftsführerin des Vereins für Säuglingsfürsorge und Wohlfahrtspflege in Düsseldorf: Mütterberatung, Familienfürsorge, Einrichtung von Kinderkliniken gehören nun zu ihren Aufgaben. Hier beginnt die enge Zusammenarbeit mit dem »Bund deutscher Frauenvereine«; Gertrud Bäumer bittet sie 1916, an der Sozialen Frauenschule in Hamburg Sozialpolitik zu lehren. So gern Baum die Lehrtätigkeit übernommen hat – es zieht sie doch wieder zur praktischen Arbeit. Sie wird Referentin für Wohlfahrtspflege im badischen Ministerium, dem sie bis 1926 angehört, und gründet ein großes, allgemein als vorbildlich gelobtes Kinder- und Jugenderholungsheim, den »Heuberg«. 1928 übernimmt sie einen Lehrauftrag für soziale Fragen an der Universität Heidelberg, der ihr 1933 entzogen wird. Marie Baum stirbt 1964 mit 90 Jahren in Heidelberg. H.SCH.

geb. 14. Juli 1868 in Washington bei Newcastle
gest. in der Nacht vom 11./12. Juli 1926 in Bagdad
englische Reisende und Historikerin
Lit. 64-66, 1101, 1139

Gertrude Bell wuchs behütet und verwöhnt in einem sehr reichen Haus auf. Ihr Vater besaß den größten Stahl- und Kohlehandel Nordenglands. Sie studierte in Oxford Geschichte zu einer Zeit, in der das Frauenstudium noch eine Seltenheit war. Früh interessierte sie sich für Geschichte, Sprache und Kultur der arabischen Welt. Sie lernte Arabisch, Persisch und Türkisch und begann als junge Frau, den Nahen und Mittleren Osten zu bereisen. Sie stellte sich selbst Routen zusammen und ritt auf Pferden oder Kamelen durch die syrische und arabische Wüste. Begleitet wurde sie von einem Troß, bestehend aus einem Koch, Dienern und Bewaffneten zu ihrem Schutz. Maultiere transportierten ihre Ausrüstung, dazu gehörten ihr feines Porzellan, Abendkleider, Hüte und eine Badewanne aus festem Leinen. Bei manchem Beduinenscheich war sie zu Gast.

Durch ihre abenteuerlichen Reisen, Zeitschriftenartikel und Buchveröffentlichungen war Gertrude Bell zu Beginn des 20. Jahrhunderts in England und im Nahen Osten bald eine sehr bekannte Persönlichkeit. Sie wurde geachtet und verehrt. Man schätzte das Gespräch mit ihr und vertraute ihr wertvolle Informationen an. So wurde sie zur wichtigen Informantin für das britische Imperium, dem sie als Beraterin von Winston Churchill bedeutsame politische Dienste leistete. Sie war befreundet mit Lawrence of Arabia, dem sie half, einen Araberaufstand gegen die Türken anzuzetteln. Sie wirkte bei der Inthronisation König Feisals I. von Irak mit und stand auch ihm beratend zur Seite. Ihre archäologischen Arbeiten sind nicht unbedeutend, sie erforschte und vermaß alte Wüstenburgen und nahm an Ausgrabungen teil. In Bagdad, ihrem letzten Wohnsitz, wo sie in der Nacht vom 11. zum 12. Juli wahrscheinlich an einer Überdosis Schlaftabletten starb, begründete sie ein Antikenmuseum, dem sie ihre 3000 gesammelten Kunstschätze übergab. S.D.

Olga Benario-Prestes

geb. 12. Februar 1908 in München
gest. Anfang Februar 1942 im KZ Bernburg
deutsch(-brasilianische) Widerstandskämpferin
Lit. 137, 460, 743, 937, 1117

Die nicht einmal 15jährige Olga Gutmann Benario findet ihren Weg zur Schwabinger Gruppe der mittlerweile illegalen Kommunistischen Jugend. Mit Entschlossenheit und Idealismus, die sie immer beibehält, verläßt sie 1926 ihr bürgerliches jüdisches Elternhaus, um ihre Arbeit für die KP in Berlin zu intensivieren.

Zwischen ihr und Otto Braun, einem sieben Jahre älteren Professor und erfahrenen militanten Kommunisten, entwickelt sich durch die politische Arbeit eine tiefe emotionale Beziehung, aber Benario lehnt die Heirat als bürgerliche Institution wirtschaftlicher Abhängigkeit von Frauen ab. Am 11. April 1928 leitet sie den bewaffneten Überfall im Gerichtssaal des Moabiter Gefängnisses und schafft es, den wegen Hochverrats angeklagten Braun zu befreien. Mit falschen Pässen erreichen Braun und Benario Moskau. Ihre Beziehung bricht 1931 ab. Benario erhält eine intensive Ausbildung in Fremdsprachen sowie im Waffendienst, lernt Reiten in der Roten Armee und bewährt sich mit ihrer Untergrundarbeit auf Reisen nach Westeuropa.

Im Sommer 1934 bekommt sie den Auftrag, Luís Carlos Prestes, den legendären brasilianischen General einer Revolutionsarmee, auf seiner Rückreise nach Brasilien zu begleiten. Getarnt als wohlhabendes portugiesisches Paar in den Flitterwochen, erreichen die beiden ihr Ziel. Auf der angeblichen Hochzeitsreise verlieben sich Prestes und Benario wirklich. Benario sieht ihre Aufgabe primär im Schutz von Prestes als Anführer der am 27. November 1935 fehlschlagenden Revolution gegen das Militärregime von Vargas. Die Nationale Befreiungsallianz unter Führung der Kommunisten wird in die Illegalität getrieben, viele werden verhaftet und von Polizisten, die mit der deutschen Gestapo kollaborierten, gefoltert.

Im Frühjahr 1936 werden auch Benario und Prestes verhaftet. Der Polizeichef von Rio de Janeiro verfügt, daß die im siebten Monat Schwangere nach Deutschland verschifft wird. Am 18. Oktober 1936 kommt sie in Hamburg an. Im Berliner Gefängnis in der Barnimstraße kommt am 27. November ihre Tochter zur Welt. Olgas Schwiegermutter schafft es, zumindest das Kind frei zu bekommen.

Olga Benario Prestes wird ins KZ Lichtenburg, dann ins KZ Ravensbrück gebracht. Im Februar 1942 wird sie in der von den Nazis speziell zu diesen Zwecken umgebauten Psychiatrischen Klinik in Bernburg vergast. I.L.

geb. 6. März 1850 bei Trelleborg
gest. 21. Juli 1888 in Kopenhagen
schwedische Schriftstellerin
Lit. 552, 1093

Das Leben der schwedischen Dichterin Victoria Benedictsson, die unter dem Pseudonym »Ernst Ahlgren« veröffentlichte, war geprägt von dem Willen, ein selbstbestimmtes Leben zu führen. Während ihrer Jugend hatte sie den Wunsch, an der Malerakademie oder der Kunstgewerbeschule zu studieren, den ihre Eltern ihr allerdings versagten. Victoria aber beharrte auf ihrem Vorhaben und verschaffte sich eine Anstellung als Gouvernante, um so ihr Studium finanzieren zu können; erneut lehnten die Eltern es ab, sie studieren zu lassen. Schließlich sah sie keine andere Möglichkeit, als durch Heirat dem elterlichen Hause zu entkommen. Mit 21 Jahren heiratete sie den 28 Jahre älteren Bankdirektor und Postmeister Ch. Benedictsson (einen Witwer mit fünf Kindern) aus Hörby. Sie mußte allerdings bald erfahren, daß dieser Schritt ihr nicht die ersehnte Freiheit brachte: In den ersten Jahren ihrer Ehe unternahm sie ihren ersten Selbstmordversuch.

Da für sie die Arbeit immer das Wichtigste in ihrem Leben war, half sie zunächst ihrem Mann bei der Bankarbeit und bei der Kindererziehung (sie hatte selbst zwei Kinder, von denen aber eines früh starb). Victoria Benedictsson hatte auch viele Verehrer: Besonders die Freundschaft zu einem von ihnen belastete das Verhältnis zu ihrem Mann stark; zudem wollte sie mit der Schriftstellerei beginnen, was sie in Konflikt mit ihrer Rolle als Mutter und Ehefrau brachte.

Ihre ersten schriftstellerischen Arbeiten waren Mißerfolge, die sie fast entmutigten. Eine Knieoperation fesselte sie für lange Zeit ans Bett; diese Zeit nutzte sie zum Nachdenken: Als sie aus dem Krankenhaus entlassen wurde, verlangte sie ihre Freiheit. Sie wollte getrennt von ihrem Mann leben und auch sich selbst durch ihre Arbeit als Schriftstellerin ernähren.

1884 lernt sie den Schriftsteller Axel Lundegard kennen. Beide können sich gegenseitig inspirieren, ohne sich einzuengen. Obwohl sie nun mit ihren Büchern Erfolg hat und Popularität erlangt, kreisen ihre Gedanken schon um den Tod. Finanzielle Sorgen tragen beträchtlich dazu bei. Sie lebt abwechselnd in Stockholm, Kopenhagen und in Hörby, findet aber nicht die ersehnte Ruhe. Nach einem zweiten mißglückten Selbstmordversuch setzt sie schließlich am 21. Juli 1888 ihrem Leben ein Ende. B.S.

geb. 30. November 1873 in Nový Jičín, Mähren
gest. 8. April 1936 in Prag
tschechische Schriftstellerin
Lit. 599, 650, 738, 853, 1133

Als Božena Benešová 1910 ihren ersten Erzählband veröffentlicht, ist sie bereits 37 Jahre alt. Weit liegen ihre ersten Schreibversuche zurück, die sie – zweites von 11 Kindern – zurückgezogen in einer Abstellkammer des elterlichen Hauses vornimmt. Hier baut sie sich eine eigene Welt auf, unverstanden und in ihrem Wissensdrang von den Eltern nicht unterstützt, die ihre vielseitigen Begabungen als Unglück und Hindernis auf dem vorgezeichneten Weg zur Ehefrau und Mutter ansehen. Von der Heirat (1893) erhofft sie sich etwas anderes: die Flucht aus dem heimatlichen Kleinstadtmilieu und Verwirklichung der Träume. Doch statt der Kontakte zur Prager Kulturszene eröffnet sich der triste Ehealltag mit einem Bahnbeamten, der Hingabe an die Familie verlangt. Von diesen Forderungen zieht sie sich wie zuvor in ihre literarische Welt zurück; Versuche zu publizieren bleiben jedoch ohne Erfolg. Eine Wende führt erst die Begegnung mit Ružená Svobodová herbei, einer aktiven Feministin und zentralen Figur der Prager KünstlerInnenszene. Svobodová ermutigt sie zum Schreiben auch gegen familiären Widerstand und gibt ihr die Möglichkeit zu journalistischer Tätigkeit. Zunächst redigiert Benešová die Beilage zur *Frauenrevue*, später schreibt sie Theaterkritiken und Literaturrezensionen. Wichtiger als die Arbeit für diverse Zeitschriften und die Tätigkeit der Übersetzerin ist ihr jedoch das eigene literarische Schaffen. Sie publiziert Gedichte und Erzählungen, deren Thematisierung von Schwierigkeiten insbesondere junger Frauen, die sich aus den beklemmenden Konventionen einer feindseligen Umwelt zu befreien suchen, autobiographische Züge trägt. Die Zeit des Ersten Weltkriegs verarbeitet sie in einer mit dem tschechischen Staatspreis ausgezeichneten Romantrilogie. Die Erlebnisse dieser Jahre führen zu einer ästhetischen Umorientierung, die das Verhältnis von Kunst und Realität neu bestimmt. Benešová versucht nun, in ihrer Prosa positive Werte einer humanen Gesellschaft zu vermitteln. Aufmerksam für alle Erscheinungen, die diesem Ideal entgegenwirken, erkennt sie frühzeitig die Gefahr des Nationalsozialismus in Deutschland und unterschreibt den ersten Aufruf der tschechischen SchriftstellerInnen gegen den Faschismus. Dessen unheilvolle Entwicklung erlebt sie nicht mehr: 1936 stirbt Benešová nach langer Krankheit, die sie aber nicht an intensiver Arbeit hindert – noch auf dem Sterbebett diktiert sie die letzten Szenen der später verfilmten Erzählung *Don Pablo, Don Pedro und Vera Lukašová*. S.ST.

geb. 7. Dezember 1901 in Forst, Lausitz
gest. 15. Mai 1986 in New York
deutsche Journalistin und Schriftstellerin
Lit. 71, 243, 482, 589, 1100

Aufgewachsen ist die aus reichem Hause stammende Charlotte Aron in Berlin, wo sie 1924 den Schriftsteller und Journalisten Heinz Pol heiratete, durch den sie Zugang zur *Weltbühne* fand, für die sie bis 1933 arbeitete. Sie schrieb Sozialreportagen und engagierte sich für Frauenthemen. Danach war die Jüdin und engagierte Sozialistin arbeitslos. Fünf Jahre nach der Scheidung von Pol heiratete sie 1938 den 20 Jahre älteren Schriftsteller und Rechtsanwalt Martin Beradt, mit dem sie in letzter Minute 1939 über London nach Amerika emigrierte. Das Paar, das in Berlin im Wohlstand gelebt hatte, verkaufte jetzt Wertgegenstände, um die Miete einer dunklen Parterrewohnung in Manhattan zu finanzieren. Um sich und ihren Mann über Wasser zu halten, eröffnete Charlotte Beradt in ihrer Wohnung schließlich 1940 einen »Salon«, den sie gut 20 Jahre führte und in dem sie den Frauen anderer Exilanten die Haare färbte, Elisabeth Bergner und Bella Chagall gehörten zu ihren Kundinnen.

Sie übersetzte Texte von Hannah Arendt, mit der sie befreundet war und deren Nachlaßverwalterin sie wurde, und schließlich knüpfte sie auf dem New Yorker PEN-Kongreß 1966 wieder Kontakte zu deutschen Kolleginnen und Kollegen. Sie verfaßte Radioreportagen, in denen sie sich vor allem mit der politischen Vergangenheit Deutschlands befaßte. Sie gab eine Sammlung mit Briefen von Rosa Luxemburg heraus sowie einen Band mit Essays über den Kommunisten Paul Levi, mit dem sie bekannt war. 1966 publizierte sie erstmals *Das Dritte Reich des Traums*: Zwischen 1933 und 1939 hatte Beradt noch in Berlin Träume aufgezeichnet, die in der Zeit des Nationalsozialismus geträumt wurden, und machte nun mit ihrem beklemmenden Buch anschaulich, wie nationalsozialistische Propaganda und Terror in die Nischen des privaten Alltags dringen können.

Mit ihrem Emigrantenschicksal hat Charlotte Beradt nie gehadert, ungern sprach sie darüber. Ob sie irgendwann einmal ihre Memoiren schreiben wolle, fragte Gabriele Kreis sie 1980 in New York. »Nein, niemals.« Sie sei erzogen worden, sich selbst nicht so wichtig zu nehmen: »Wie es wirklich war, werden Sie nie erfahren.« S.G.

geb. 4. Juli 1928 in Attleboro, Mass.
gest. 6. März 1983 in Rom
amerikanische Sängerin und Komponistin
Lit. 460, 795

War es Igor Strawinsky, der ihr den Ehrentitel »Primadonna der Avantgarde« gab? In den USA hatte die Tochter armenischer Einwanderer Schauspiel und Tanz studiert, in Paris und Mailand Gesang. 1957 debütierte sie als Konzertsängerin; für die Opernbühne war – zu ihrem Leidwesen – die Stimme zu klein.
Rasch wurde zeitgenössische Musik zum Schwerpunkt ihres Repertoires. Komponisten wie Strawinsky, Milhaud, Henze, Nono, Cage, Maderna, Pousseur und vor allem ihr zeitweiliger Ehemann Luciano Berio wußten es ihr mit Werken zu danken, eigens für ihre wandlungsfähige Stimme geschrieben. Dankbar war auch ein Publikum, dem sie die aus Hilflosigkeit resultierende Furcht vor oder Ablehnung von Neuer Musik unter Einsatz ihres schauspielerischen Talents zu nehmen wußte. »(...) was ich (...) immer predige, ist, daß man Avantgarde nicht immer so todernst interpretieren sollte. (...) Wenn das Publikum Musik, sei es klassische oder moderne, mit einem Lächeln im Herzen hören würde, dann wäre der Weg zum Verständnis und auch zur Verständigung viel einfacher.« Lächeln und Lachen schenkte Cathy Berberian auch, als sie mit dem Pianisten Bruno Canino Liederabende mit Erfolgsstücken aus den Salons der Gründerjahre gab. Mit umwerfender, doch immer geistreich und niveauvoll bleibender Komik eroberte sie ihr Publikum im wahren (Lach-) Sturm. Selbst in den Mitschnitten dieser Abende ist noch viel von ihrem komödiantischen Temperament zu spüren. Daneben sollten jedoch ihre ergreifenden Interpretationen von Werken Claudio Monteverdis nicht vergessen werden. Nikolaus Harnoncourt, aufführungspraktisch mit der Musik jener Zeit besonders vertraut, verpflichtete sie für Gesamtaufnahmen von »Die Krönung der Poppea« und »Orfeo«. Berberian: »Er hat an mich als Monteverdi-Sängerin geglaubt. (...) Dabei hatte Harnoncourt mich vorher noch nie gehört, nur von der Schallplatte – und das mit den Beatles-Songs!«
Auch als Komponistin betätigte sich die so sehr in der Musik aufgehende, vor Energie und Einfällen nahezu strotzende Frau. Erfolgreich! Dabei blieb sie ihrem Witz und Humor treu, wie schon der Titel des Klavierstückes »morsycat(h)y« erkennen läßt oder der aus Geräusch- und Textblasen eines Comic-Heftes zusammengestellte Text ihrer »stripsody« für Solostimme. K.B.

geb. 19. Oktober 1900 in Cossebaude bei Dresden
gest. 14. Juni 1990 in Essen
deutsche Sängerin
Lit. 73, 487, 551, 762, 807

»Sie ist durch und durch Musik …«, sagte Wilhelm Furtwängler über Erna Berger. »Sie ist die Beste, die wir haben.«
Ganz sicher war sie eine der großen Sängerinnen dieses Jahrhunderts. Eine der klügsten war sie auch. Sie wußte um ihre »kleine« Stimme und sang niemals etwas, das ihre Möglichkeiten überstiegen hätte. 1923 begann sie in Dresden ihre Ausbildung, die schon zwei Jahre später zu ihrem ersten Engagement führte: Fritz Busch holte sie an die Dresdner Staatsoper.
Sie hatte es am Anfang keineswegs leicht, nicht zuletzt, weil sie so zierlich war.
Doch ihre Beharrlichkeit, die unbedingte Hingabe an die Musik und ihre Fähigkeit, sich in ein Ensemble einzufügen, führten schon bald zu großen Auftritten.
Triumphe erlebte Erna Berger an der Berliner Staatsoper, an die Furtwängler sie 1934 berief. Hier sang sie mehr als 30 Partien, von der Königin der Nacht bis zur Sophie und Zerbinetta. Auch im italienischen Fach war sie erfolgreich, als Traviata, Mimi, Butterfly, vor allem als Gilda.
Nach dem Krieg krönte sie ihre Karriere durch Gastspiele in London und an der Met, viele Konzertreisen führten sie um die ganze Welt. Nach ihrem Bühnenabschied 1953 gab sie noch eine kurze Zeit Liederabende und war dann, von 1959 bis 1971, eine erfolgreiche Gesangspädagogin in Hamburg.

Die Liedersängerin Erna Berger: ihr leuchtender Sopran, der auch in höchsten Höhen zu lyrischem Legato fähig war, hatte keineswegs eine instrumentale Geläufigkeit. Ihr Gesang war beseelt, was allemal bei Liedaufnahmen deutlich wird. Als sie anläßlich ihres 80. Geburtstages ein Fernsehinterview gab, sang sie Schuberts »Im Abendrot«, immer noch mit wunderbarer Intonierung und einer Phrasierung, die den tief empfindenden Menschen Erna Berger zeigte. Als Zuhörer dachte ich damals: von ihr können sie alle noch viel lernen! J.S.

Ruth Berghaus

geb. 2. Juli 1927 in Dresden
gest. 25. Januar 1996 in Zeuthen/Brandenburg
deutsche Tänzerin und Regisseurin
Lit. 79, 156, 765, 766, 1155

Das vielfältige Talent der Berghaus wurde schon früh von Gret Palucca erkannt, an deren Schule in Dresden Berghaus unmittelbar nach dem Abitur Tanzregie und -pädagogik studierte. Nach einem ersten Erlebnis mit der »Mutter Courage« 1949 ging sie an die Akademie der Künste nach Berlin; 1952 wurde sie Choreographin am Deutschen Theater, wo sie die Inszenierungen Brechts und Felsensteins kennenlernte – und Paul Dessau. 1954 heiratete sie Dessau; sie bekamen einen Sohn, Maxim. An der Deutschen Staatsoper inszenierte sie 1960 Dessaus »Die Verurteilung des Lukullus« – ein Erfolg, der zu weiteren Uraufführungen von Dessaus Opern führte.
Als Helene Weigels Nachfolgerin am Berliner Ensemble ergriff Berghaus ab 1971 die Chance, das Brecht-Establishment in Frage zu stellen. Bis dahin selten gespielte und umstrittene Autoren wie Heiner Müller, Peter Hacks und Karl Mickel brachte sie zur Aufführung und engagierte ebenso unbekannte Regisseure und Bühnenbildner, um das inzwischen zum »klassischen Erbe« verkommene Werk Brechts neuen politischen Bedingungen und ästhetischen Forderungen anzupassen. Dies führte allerdings zu Konflikten. Noch vor ihrem Rücktritt 1977 wurde sie Regisseurin an der Deutschen Staatsoper, wo sie in enger Zusammenarbeit mit Sigrid Neef und Marie-Luise Strandt ihre langjährige Beschäftigung mit Mozart begann.
Besonders bekannt wurde Berghaus' Zusammenarbeit mit Michael Gielen an der Frankfurter Oper 1980 bis 1987, vor allem durch den »Ring«-Zyklus (1985-1987). Monate vor ihrem Tod, im Herbst 1995, hat sie noch in Hamburg inszeniert. Ob in Frankfurt, Hamburg, Berlin, Brüssel, Paris, Wien oder Leipzig – große Stars suchten die Begegnung mit ihr in harter Probenarbeit, »um sich in der Arbeit selbst zu erkennen« (S. Neef). Berghaus stellte gern das Vertraute ins Spannungsfeld geistiger Auseinandersetzungen. Ihr unverstellter Blick auf ein Werk diente dem Versuch, mit dem Ensemble zu neuen Lösungen zu kommen. Die Inszenierungen dieser Ikone des Theaters sind auch nach ihrem Tod auf Festspielplänen in ganz Europa zu finden. N.L.

geb. 29. August 1912 in Lausanne
gest. 24. Oktober 1979 in Sierre, Wallis
Schweizer Schriftstellerin
Lit. 84, 183, 304, 655, 859

Das zweifache Erbe ihrer geliebten Eltern – die Mutter eine noch die Bergbauerntracht ihrer Familie tragende junge Walliserin, der Vater ein literarisch interessierter, weltoffener, begüterter, exzentrischer Maler mit drei Kindern – war der Hintergrund, vor dem sich das dichterische Werk von Stéphane Bille, die sich bald nach dem Heimatdorf ihrer Mutter (Corin b. Montana) Corinna nannte, entwickelte. Mit 15 entdeckte sie in sich das »Schreibetier«. »(ich) entschloß mich, Schriftstellerin zu werden ... Ich begann mit Texten über die Jahreszeiten. Dann jedoch, ausgehend von der Natur, in der ich mich verlor und jeden Tag wiederfand, näherte ich mich dem Geheimnis der Gesichter und der Körper ... Ich liebte die Bauern. Aber ich war das Schloßfräulein meines Vaters und eine nur zu wilde Eva. Doch was tun? Alle fühlen, nicht wahr, und nur eine(r) drückte es aus. – Aus diesem Leben, das ich nicht leben konnte, schuf ich Erzählungen, Romane. Der Akt des Schreibens entspricht dem Liebesakt ... Es gibt Mörder, Trunkenbolde, Brandstifter in meinen Geschichten. Und seltsamerweise haben sie Teil am Aufbau meiner selbst. – Meine Arbeit allein gibt mir das nötige Gleichgewicht und den Zusammenhang, deren mich weder das Soziale, noch das Religiöse, nicht das Abenteuer und sogar nicht die Mutterschaft versichern konnte ... Man schreibt wirklich, um nicht zu sterben.« So äußert sich keine »Heimatdichterin« einer heilen Welt, auch wenn z.B. die Mehrzahl ihrer Erzählungen um Menschen aus den noch archaisch verwurzelten Dörfern des Wallis und um reale Ereignisse, oft auch persönlichem Erleben entnommen, kreist. Corinna Bille erlebte etwa 30 Veröffentlichungen ihrer Arbeiten: Gedichte, Romane und Erzählungen, Dramen und dialogische Stücke, Rundfunkarbeiten, Artikel in Zeitschriften. Nebenbei entstanden umfassende Tagebuchskizzen zu ihrer geplanten Autobiographie. Das Echo war zunächst auf den Raum der französischen Schweiz beschränkt, bis sich dann, nach einer langen, vorwiegend der Familie und Ehe gewidmeten Zeit, mit den 1968 veröffentlichten Erzählungen *La fraise noir* (dt. 1976) der Raum ihrer literarischen Wirksamkeit öffnet und sie 1975 für »La demoiselle sauvage« den Erzählerpreis der Académie Goncourt erhält. Zu Beginn der neunziger Jahre begann eine (Wieder-)Entdeckung der Werke Corinna Billes, vor allem, seitdem sich ihr Mann und Vater ihrer drei Kinder, der Walliser Dichter Maurice Chappaz, der Aufarbeitung bzw. posthumen Veröffentlichung ihres umfassenden hinterlassenen Werkes annimmt. S.K.-K.

geb. 23. Juni 1800 in Stuttgart
gest. 25. August 1868 in Berlin
deutsche Dramatikerin und Schauspielerin
Lit. 335, 462, 570, 583, 812

Charlotte Birch-Pfeiffer, Deutschlands erfolgreichste Dramatikerin, schrieb insgesamt 91 Stücke. »Jede Spielzeit der Jahre 1830-1860 hat ein neues Birch-Pfeiffer-Stück gebracht, das an allen – aber ohne Ausnahme allen – deutschen Bühnen das Repertoirestück der Saison wurde; denn diese Frau war eine Macht«, schreibt Max Martersteig 1904 in *Das deutsche Theater im 19. Jahrhundert*.
Charlotte Pfeiffer war die Tochter einer kinderreichen Diplomatenfamilie. Als ihr Vater erblindete, wurde die 9jährige Charlotte seine Sekretärin und Vorleserin. Mit 12 Jahren bekam sie eine Schauspielausbildung; mit 19 hatte sie ihr erstes Engagement in München.
Während eines Gastspiels in Hamburg heiratete sie den mittellosen dänischen Diplomaten Dr. Christian Birch. Charlotte und Christian unterstützen sich gegenseitig bis zu ihrem Tod im Jahr 1868; sie starben kurz nacheinander.
Birch-Pfeiffer bekam 6 Kinder, von denen 5 früh starben. Während der schwangerschaftsbedingten Auftrittspausen beginnt sie zu schreiben, um Geld zu verdienen. Zuerst entstehen Romane und Erzählungen, dann Dramen, mit denen sie bald Erfolg hat. Die überlebende jüngste Tochter wurde ebenfalls Schauspielerin und Schriftstellerin (Wilhelmine von Hillern).
Um mehr Zeit für die kleine Tochter zu haben, gab Birch-Pfeiffer 1837 das strapaziöse Tournee-Leben auf, das sie von Amsterdam bis nach St. Petersburg geführt hatte, und übernahm bis 1843 die Leitung des erst wenige Jahre zuvor gegründeten Zürcher Aktientheaters.
Die sechs Jahre unter Birch-Pfeiffer gelten als goldene Zeit des Zürcher Theaters. Als die Stadt dringend benötigte Subventionen nicht bewilligte, ging Birch-Pfeiffer nach Berlin ans Königliche Hoftheater. Es entstanden nun ihre besten Dramen.
Birch-Pfeiffer leistete einen wesentlichen Beitrag zur Etablierung des Realismus am deutschen Theater. Ein Realismus weiblicher Prägung: Die Darstellerinnen der jugendlichen Naiven und der komischen Alten werden bei Birch-Pfeiffer zu eigenständig Handelnden. Im Mittelpunkt des Birch-Pfeifferschen Dramas steht immer die Frau, gleich welchen Alters und welcher Schicht. L.F.P.

geb. 20. Mai 1825 in Henrietta, N.Y.
gest. 5. November 1921 in Elizabeth, N.J.
amerikanische Frauenrechtlerin
Lit. 139, 383, 439, 615, 785, 899

Sie war die erste ordinierte Pastorin der USA, aber diesen Beruf übte sie nur kurze Zeit aus. Durch ihre philosophisch-wissenschaftlich-theologischen Schriften und besonders durch ihre Auftritte als Rednerin und Predigerin wurde Antoinette Brown Blackwell zu einer führenden Gestalt der ersten amerikanischen Frauenbewegung.

Schon als Kind zeigte Antoinette Brown Frömmigkeit und Wissensdurst. Mit 16 war sie Lehrerin, aber sie wollte Pastorin werden – eine unmögliche Idee! Antoinette blieb trotzdem unbeirrt, zog allein nach Ohio und schrieb sich am Oberlin College für den »Kurs für junge Damen« ein. Dort lernte sie die sieben Jahre ältere Lucy Stone kennen, mit der sie bald eng befreundet war. Die beiden kämpften zuerst gegen die Bestimmung, daß Frauen in den Kursen nur zuhören und nicht sprechen durften. Brown studierte dann Theologie; 1850 machte sie ihren Abschluß.

Von einer kleinen Gemeinde wurde Brown schließlich berufen und ordiniert. Ihr Lebensziel schien erreicht, aber nach einer Glaubenskrise legte sie ihr Amt nieder. Sie hatte 1850 schon auf dem ersten nationalen Kongreß der FrauenrechtlerInnen eine Rede gehalten, und ihr rhetorisches Talent wurde bald legendär. Sie kämpfte für die Abschaffung der Sklaverei und nahm aktiv an der Temperenzbewegung teil.

1856 heirateten Lucy Stone und Antoinette Brown die Brüder Henry und Samuel Blackwell und wurden Schwägerinnen. In beiden Fällen wurde die Ehe bewußt als neues Modell der Gleichheit geführt. Obwohl sie zwischen 1856 und 1869 fünf Töchter zur Welt brachte, ging Antoinette mit voller Unterstützung ihres Mannes immer wieder auf lange Vortragsreisen.

In ihren Schriften betonte sie später, daß es nicht genüge, den Frauen die Arbeitswelt zu öffnen. Männer müßten gleichzeitig lernen, sich an Haushalt und Kindererziehung zu beteiligen.

Nach 1870 trat Brown Blackwell zur unitarischen Kirche über. Sie baute eine kleine unitarische Gemeinde in Elizabeth (New Jersey) auf, wo sie regelmäßig predigte, bereiste Alaska, Europa und Mittel-Amerika und veröffentlichte bis 1915 philosophische Schriften. 1920 übte sie – mit 95 Jahren! – als einzige ihrer Generation von FrauenrechtlerInnen sogar ihr Stimmrecht bei der amerikanischen Präsidentenwahl aus. M.E.W.

geb. 3. Februar 1821 in Counterslip bei Bristol
gest. 31. Mai 1910 in Kilmun, Schottland
amerikanische Ärztin
Lit. 139, 383, 439, 685, 716, 785

Elizabeth Blackwell erkämpfte nicht nur für sich und alle Frauen nach ihr die Öffnung des ärztlichen Berufs, sie war auch eine Pionierin auf dem Gebiet der Vorsorgemedizin und Gesundheitspolitik. Geboren wurde sie in England als Tochter äußerst fortschrittlicher Eltern, die ihre Töchter genauso sorgfältig erziehen ließen wie die Söhne.

1832 zog die Familie von Bristol in die USA, wo die meisten der neun Blackwell-Kinder kulturell und politisch äußerst erfolgreich und nachhaltig wirken sollten. Als 1838 der Vater starb, half Elizabeth ihrer Mutter und zwei älteren Schwestern vier Jahre lang beim Betrieb einer Privatschule. Danach wollte sie Medizin studieren – und wurde natürlich überall wegen ihres Geschlechts abgewiesen. Schließlich machte sie doch 1849 am Geneva College in New York ihren Abschluß – als erste amerikanische Ärztin. Weil niemand einer Ärzt*in* Praxisräume vermieten wollte, mußte sie sich ein Haus kaufen. 1854 veröffentlichte sie eine Reihe ihrer Vorträge über Hygiene unter dem Titel *The Laws of Life, with Special Reference to the Physical Education of Girls*. Ab 1857 halfen ihr zwei weitere Ärztinnen, ihre Schwester Emily und Dr. Marie Zakrzewska, beim Aufbau einer Praxis in einem Armenviertel, die sich zur *New York Infirmary for Women and Children* entwickeln sollte. Ein Jahr später gründete Blackwell das *Women's Medical College of the New York Infirmary*. Sie bestand auf rigorosen Zulassungs- und Abschlußexamina, um ihre Studentinnen auf die scharfe Überwachung vorzubereiten, mit denen sie als Frauen im medizinischen Beruf zu rechnen hatten.

1869 kehrte Blackwell nach England zurück und gründete zwei Jahre später die *National Health Society*, deren Motto ihr Grundsatz »Vorbeugen ist besser als Heilen« war.

Aus Gesundheitsgründen zog sich Blackwell ab 1875 mehr und mehr aus der ärztlichen Praxis zurück. In ihren Büchern kritisierte sie u.a. den exzessiven Einsatz der Chirurgie, die soziale Ungerechtigkeit und die sexuelle Doppelmoral. S.K.H.

geb. 31. Januar 1905 in Rotterdam
gest. 13. Juli 1960 in Rotterdam
niederländische Schriftstellerin
Lit. 89, 90, 230, 446, 666

Anna Blaman studierte Romanistik und arbeitete als Lehrerin, später auch als Dramaturgin und Theaterkritikerin. Nach dem Zweiten Weltkrieg widmete sie sich ganz dem Schreiben. Sie veröffentlichte vier Romane, eine Novelle und zwei Bände mit Erzählungen und schrieb gelegentlich für Zeitungen und Zeitschriften. Ihr letzter Roman (*De verliezers*, 1960) blieb unvollendet und erschien posthum noch in ihrem Todesjahr. Er gilt als eines ihrer besten Werke.

Anna Blaman war eine der wenigen niederländischen SchriftstellerInnen ihrer Zeit, die über (Homo-)Sexualität und Erotik schrieben. In ihrem zweiten Roman (*Eenzaam avontuur*, 1948, dt. Übers.: *Einsames Abenteuer*, 1988) werden diese Themen sehr offen behandelt, die Reaktionen nach der Veröffentlichung gingen von stürmischer Begeisterung über Verhöhnungen bis zu üblen Beschimpfungen wie »schmierig«, »wertlos«, »pervers« und »schädlich für die Volksgesundheit«.

Eine weitere wichtige Rolle in ihrem Werk spielt die totale Einsamkeit des Menschen, die durch nichts überwunden werden kann. Auch in einer Liebesbeziehung bleibt zweimal eins immer zwei und wird niemals eins. Blaman analysiert ihre Figuren hart und ehrlich, aber voller Sympathie. Ihre schonungslose Ehrlichkeit läßt sich auf ein Erlebnis zurückführen, das sie als Achtzehnjährige hatte. Sie begleitete ihre Tante zu einer Revue und wurde mit langen Handschuhen, dekolletiertem Spitzenkleid und Schuhen mit hohen Absätzen ausstaffiert. In dieser »Verkleidung« fühlte sie sich so unsicher, daß sie in der Pause nicht wagte, ihren Platz zu verlassen: »Ich blieb also sitzen, wo ich saß, allein, und in diesem Augenblick legte ich einen heiligen Eid ab. Ich schwöre, so flüsterte ich mir zu, daß ich für den Rest meines Lebens so ehrlich und so mutig wie möglich versuchen werde, ich selbst zu sein … auch anderen, die versuchen sie selbst zu sein, werde ich nicht im Wege stehen … Das erwies sich als ungeheure Aufgabe, die an einem Abend sicher nicht zu lösen war. Ich bin immer noch damit beschäftigt. Es ist, das ist mir mittlerweile klargeworden, eine Aufgabe für das ganze Leben, bis zum letzten Atemzug.« A.C.B.

geb. 22. Januar 1905 in Lodz
gest. 31. Juli 1994 in Tübingen
polnische Architektin und Publizistin
Lit. 95, 96, 348, 482, 589

»Du machst zu meiner Philosophie die Praxis«, sagte Ernst Bloch, wenn sie wieder einmal von Wien, und später von Paris aus, zu einer ihrer riskanten Reisen nach Polen aufbrach, um wichtige Informanten zu treffen. Zwischen 1934 und 1937 versorgte sie die Kommunistische Partei der Sowjetunion regelmäßig mit Informationen über militärische Truppenbewegungen in Polen. Das Erlebnis der russischen Revolution hat Karola Bloch fürs ganze Leben geprägt. Die polnisch-jüdische Fabrikantenfamilie Piotrkowska lebte während des Ersten Weltkriegs in Moskau. 1921 übersiedelt Karola mit Eltern und drei Geschwistern nach Berlin, wo sie ein Architekturstudium beginnt, das sie 1934 in Zürich abschließt. Über ihrem Schreibtisch dort hing ein Porträt von Lenin. Ihrem irritierten Vater erklärt sie: »Entweder ich bin auf der Seite Hitlers oder auf der Seite der Sowjetunion.« 1932 war sie der Kommunistischen Partei beigetreten. Ernst Bloch, den sie 1929 kennengelernt und 1934 geheiratet hatte, war, obwohl lange Zeit auf Stalins Kurs, nie Parteimitglied. Aber auch er ist Jude, und es beginnen lange Jahre der Emigration. Über Wien, Paris – wo am 10. September 1937 Sohn Jan Robert zur Welt kommt – und Prag gelangen die Blochs schließlich in die USA, wo Karola die Familie ernährt. 1956 folgt Bloch einem Ruf an die Universität von Leipzig, Karola Bloch wird Architektin bei der Deutschen Bauakademie und entwickelt Kindergärten und -krippen. »Ich war weniger stalinistisch als er«, kommentiert die Dissidentin ihren Ausschluß aus der Partei 1957. Nach dem Mauerbau 1961 übersiedelt das Paar nach Tübingen. »Jetzt ist Karola Bloch die Frau von Ernst Bloch, viele Jahre war Ernst Bloch der Mann von Karola Bloch. ... Erst in der BRD hat sich das geändert«, sagte Hans Mayer. Aber die große Dame der Linken blieb weiter aktiv. Sie gründete den Verein »Hilfe zur Selbsthilfe« zur Betreuung von Strafgefangenen und, mit anderen, den »Republikanischen Club«, war aktiv in der §218-Bewegung und polemisierte gegen die Berufsverbote. Noch im Alter von 76 Jahren reiste sie nach Nicaragua und unterstützte die Solidaritätsarbeit für die Sandinisten. Schließlich strengte die Bonner Staatsanwaltschaft ein Ermittlungsverfahren gegen sie an: Sie hatte einen Aufruf zur gewaltfreien Blockade des Atomwaffenstützpunktes Hasselbach unterschrieben. Der Vorladung entzog sich die 82jährige: »Das kann ich nicht, dafür bin ich zu alt.« S.G.

geb. 11. August 1897 in Livermore Falls, Me.
gest. 4. Februar 1970 in New York
amerikanische Lyrikerin
Lit. 104-106, 198, 328, 736, 786

»Wenn man mit Louise zusammen war, ... bekam alles einen schrägen Charme, sogar Katastrophen«, schrieb Bogans Freundin May Sarton. Sarton wünschte sich mehr als Freundschaft, aber Bogan lehnte ab und entschuldigte sich damit, daß ihr ein von ihrer Mutter verursachter psychischer Knacks die Intimität mit einer Frau unmöglich mache.

Louise Bogan wuchs in Neuengland in einfachen Verhältnissen auf. Manchmal gab es Schlägereien in der Familie, bei denen die Mutter meistens obsiegte. Gelegentlich setzte sich die Mutter für unbestimmte Zeit mit Liebhabern ab. Sie sorge aber auch dafür, daß ihre einzige Tochter eine gute Schulbildung bekam.

Lernbegierig und hochbegabt, verschlang die junge Louise die zeitgenössische Literatur; besonders studierte sie Lyrikzeitschriften: »Damals begann der lebensrettende Prozeß«, schreibt sie. »Mit 18 hatte ich mein Handwerk im wesentlichen gelernt.«

Ab dem 20. Lebensjahr veröffentlichte sie Gedichte in renommierten Lyrikzeitschriften. Der Literat Edmund Wilson riet ihr zur Literaturkritik, und so schrieb sie von 1931 bis 1969 zweimal jährlich für den *New Yorker* Sammelrezensionen unter dem Titel »The Season's Verse«.

W. H. Auden hielt sie für die bedeutendste Lyrik-Expertin in den USA. Sie hatte auch eine enge Beziehung zur deutschen Literatur: Ein großes Vorbild war für sie Rilke, und sie übersetzte Goethes *Wahlverwandtschaften* und *Werther* ins Englische.

Ihre zwei Ehen und andere Männerbeziehungen scheiterten, während ihr Ruhm als Literatin und Lyrikerin stetig zunahm. Ab den 40er Jahren war sie als Autorin bekannt und etabliert, es hagelte Ehrungen, und ihre Lesungen waren landesweit gefragt.

In den 30er und 60er Jahren litt Bogan unter Depressionen und verbrachte längere Zeit in Kliniken. Sie war eine Perfektionistin; ihr Werk ist relativ schmal, aber ihre Gedichte gehören zu den bedeutendsten der modernen amerikanischen Lyrik und stoßen in letzter Zeit besonders in der feministischen Literaturwissenschaft auf wachsendes Interesse.
L.F.P.

geb. 14. Juni 1904 in New York
gest. 27. August 1971 in Stamford, Conn.
amerikanische Fotoreporterin
Lit. 117, 214, 388, 786, 904, 1022

Die amerikanische Foto-Journalistin Margaret Bourke-White entwickelte das Genre des Foto-Essays in eine ganz neue Richtung.
Nach dem Studium stürzte sie sich zunächst in die Industrie-Fotografie: »Welche Kunst auch immer sich aus diesem Industriezeitalter entwickeln wird, sie wird aus den industriellen Objekten selbst herkommen, deren Schönheit echt und schnörkellos ist und die dem Herzen der Menschen nahestehen«, erklärte sie 1929. In diesem Jahr war sie wegen ihrer Aufnahmen von Brücken und Stahlfabriken nach New York geholt worden, wo sie für die Erstausgabe der führenden Wirtschafts-Illustrierten *Fortune* die Titel-Reportage lieferte.
In den 30er Jahren wurde Bourke-White international bekannt durch ihre aussagestarken Dokumentar-Essays, darunter die über I.G. Farben und die Hamburger Werften (*Fortune*, 1930). 1935 erschien die erste Nummer der Zeitschrift *Life* mit einem Titelblatt und der Titel-Fotoreportage von Bourke-White. Ihre Kombination von Industrie-Objekten und »human interest stories« war sehr ungewöhnlich.
Mit ihrem späteren Ehemann (1939-42), dem Schriftsteller Erskine Caldwell, erstellte sie einen Bildband über die elenden Lebensbedingungen der SaisonarbeiterInnen des amerikanischen Südens: *You Have Seen Their Faces* (1937) gilt als ihr historisch bedeutsamstes Werk.
Im Zweiten Weltkrieg war sie offizielle Fotografin der US-Luftwaffe. Während der letzten Tage des Kriegs dokumentierte sie die Befreiung der Vernichtungslager. Ihr Bild »Die lebendigen Toten von Buchenwald« (1945) ist ein klassisches Werk in der Geschichte der Fotografie.
Ab Mitte der 50er Jahre mußte Bourke-White ihre Arbeit mehr und mehr einschränken. Sie hatte Parkinson; 1971 erlag sie dieser Krankheit.
»Im Mittelpunkt ihrer Arbeit stand die Nachricht, nicht die Kunst. Aber unter ihren Hunderttausenden von Aufnahmen finden sich einige der überzeugendsten künstlerischen Aussagen des 20. Jahrhunderts« (Theodore M. Brown). N.L. und L.F.P.

geb. 26. Oktober 1900 in Göteborg
gest. 24. April 1941 bei Alingsås
schwedische Dichterin
Lit. 119, 120, 250, 286, 1125

Die Menschen nennen sich «Mitsoldaten«, tragen alle die gleiche graue Uniform, leben und arbeiten – bis zur völligen Erschöpfung – in unterirdischen, künstlich belüfteten Industriestädten, ihre Kinder wachsen in Kinderlagern auf, und ihre Freizeit verbringen sie bei staatlich verordneten Treffen, die ausschließlich der Einschwörung auf das Gemeinschaftsziel dienen. Das Privatleben beschränkt sich auf einen einmal wöchentlich gewährten »Familienabend«, der v.a. für die Zeugung von Nachkommen genutzt werden soll. Nur einen Schwachpunkt hat dieser grauenvoll gründlich durchorganisierte »Weltstaat« des 21. Jahrhunderts – die Gedanken und Gefühle der »Mitsoldaten« entziehen sich der Kontrolle. Dem will der Chemiker Leo Kall abhelfen. Mit seiner Erfindung, der Wahrheitsdroge »Kallocain«.

Diesen zutiefst pessimistischen Zukunftsroman veröffentlichte die bis dahin als Lyrikerin bekannte Schwedin Karin Boye 1940 – neun Jahre *vor* George Orwells *1984* – im Gegensatz zu letzterem blieb ihr bahnbrechendes Werk im Ausland aber weitgehend unbekannt. Sie verarbeitete darin ihre enttäuschenden Eindrücke von einer Reise in die stalinistische Sowjetunion und ihr Grauen vor dem aufziehenden Nationalsozialismus.

Ihr aufregendstes Lebensjahr verbrachte Karin Boye 1932 in Berlin – sie trennte sich von ihrem Analytiker, der vergeblich versucht hatte, sie von ihren »lesbischen Sünden« zu befreien, genoß das intellektuelle Klima der Stadt ebenso wie das Nachtleben in den einschlägigen Frauenkneipen wie »Eldorado« und »Silhouette«, hatte mehrere stürmische Liebesaffären und traf Margot Hanel, eine 19jährige Berliner Bürgerstochter, die ihre Lebensgefährtin wurde. 1933 gingen die beiden Frauen zusammen nach Schweden, die Freundin war als Halbjüdin in Deutschland nicht mehr sicher. Boye verdiente den Lebensunterhalt als Lehrerin, veröffentlichte weiterhin Lyrik, in der sie sich u.a. mit dem Kampf um ihre lesbische Identität auseinandersetzte (z.B. das Gedicht »Bekenntnis«), und den Roman *Kallocain*. 40jährig nahm sie sich das Leben, wahrscheinlich aufgrund von Depressionen, an denen sie schon lange gelitten hatte. Margot Hanel folgte ihr einen Monat später freiwillig in den Tod. A.S.

geb. 2. Juli 1865 in Halberstadt
gest. 9. August 1916 in Berlin
deutsche Frauenrechtlerin und Schriftstellerin
Lit. 114, 125, 133, 151, 656

Den Sozialdemokratinnen war Lily Braun zu gemäßigt, den Vertreterinnen der bürgerlichen Frauenbewegung zu radikal. Clara Zetkin und Ottilie Baader vermißten an ihr den proletarischen »Stallgeruch«. Die bildschöne Lily Braun stammte aus der preußischen Generalsfamilie von Kretschman und vergnügte sich nach ihren eigenen Worten bis zu ihrem 25. Lebensjahr mit Tanz und Flirts in den kaiserlich-adeligen Kreisen ihrer Umgebung. Ihre früh erkennbare empfindliche Reaktion auf soziale Ungerechtigkeiten und Grausamkeiten »ist vielleicht auch ein Stück unbewußter Opposition gegen ein erzkonservatives, frömmelndes Elternhaus«, in dem eine beklemmende Kälte zwischen den Eltern herrschte (Elisabeth Fetscher). 1889 fällt Lilys Vater beim Kaiser in Ungnade, verliert seine Stellung, und die Tochter ist gezwungen, sich eine eigenständige Existenz zu suchen. Durch die – wenn auch nur sehr kurze – Ehe mit dem gelähmten Universitätsprofessor Georg von Gizycki kommt sie mit Fragen der Frauenbewegung und des Sozialismus in Berührung und wird Mitarbeiterin der Zeitschrift *Frauenbewegung* und Vorstandsmitglied des Vereins *Frauenwohl.* Nach dem Tode von Gizycki bekennt sich Lily Braun offen zum Sozialismus, wird Mitglied der sozialdemokratischen Partei und distanziert sich damit endgültig von ihrer Herkunft. Ihre Versuche, zwischen bürgerlicher und proletarischer Frauenbewegung zu vermitteln, scheitern. Auch ihr umfangreiches Buch *Frauenfrage*, ein Überblick über ihre Geschichte und ein Versuch, Lösungsmodelle für die Verbindung von Mutterschaft und Beruf zu entwickeln, findet nur geteilte Aufnahme.

Lily Braun und ihr zweiter Mann, der Publizist Heinrich Braun, bemühen sich auf dem revisionistischen Flügel der SPD mit Gründung der Zeitschrift *Neue Gesellschaft,* den Intellektuellen Fragen des Sozialismus nahezubringen, und sind vielen Anfeindungen ausgesetzt. Enttäuscht über die Parteiarbeit wendet sich Lily Braun, inzwischen Mutter eines Sohnes, schriftstellerischer Tätigkeit zu, mit der sie mehr Erfolg hat. Am bekanntesten werden die *Memoiren einer Sozialistin* (2 Bände, 1909-1911).

Lily Braun war eine mitreißende Rednerin, überhaupt eine leidenschaftliche und temperamentvolle Frau. Sie verausgabte ihre Kräfte und starb früh, mit 51 Jahren, an einem Schlaganfall. H. SCH.

Erika von Brockdorff

geb. 29. April 1911 in Kolberg/Pommern
hingerichtet 13. Mai 1943 in Berlin
deutsche Widerstandskämpferin
Lit. 92, 201, 401, 489, 818, 1072

»Lachend will ich mein Leben beschließen, so wie ich das Leben lachend am meisten liebte und noch liebe« schreibt Erika Gräfin von Brockdorff am 13. Mai 1943 in ihrem Abschiedsbrief. Und ging zur Empörung der Vollstrecker tatsächlich lachend zum Schafott an jenem Maiabend, an dem in Berlin-Plötzensee innerhalb von 36 Minuten 13 Menschen hingerichtet wurden: sie als letzte um 19.36 Uhr. Sie gehören zu der größten Widerstandsbewegung im Dritten Reich, der sogenannten »Roten Kapelle«, die unter der Führung von Harro Schulze-Boysen und Arvid Harnack unterschiedliche Kreise des Widerstands vereinte – mit einem ungewöhnlich hohen Anteil als Mitstreiterinnen. Wenn man bedenkt, daß Hitler persönlich auf eine rasche, unbarmherzige Abstrafung der WiderständlerInnen drängte, erstaunt das »milde« Urteil von 10 Jahren Zuchthaus für Brockdorff und 6 Jahren für Mildred Harnack – ein Urteil, das Hitler noch am selben Tag verwirft und das in einem zweiten Verfahren im Januar 1943 wunschgemäß in Todesstrafen umgewandelt wird.

Ihre FreundInnen schildern Brockdorff als fröhliche, lebenslustige, sorglos-optimistische junge Frau mit hellem Verstand. Geboren und aufgewachsen in Kolberg an der pommerschen Ostseeküste als (noch uneheliche) älteste Tochter eines Postbeamten, besuchte sie nach der mittleren Reife eine Haushaltsschule in Magdeburg. Ab 1929 lebt sie in Berlin, zuerst als Hausangestellte, später als Büroangestellte. 1937, kurz nach ihrer Heirat mit dem Bildhauer Cay von Brockdorff, wird ihre Tochter Saskia geboren. Dem Nationalsozialismus gegenüber kritisch eingestellt, trifft sich das Ehepaar mit gleichgesinnten FreundInnen. Während des Krieges, Brockdorffs Mann ist eingezogen, verstärkt sich ihr Kontakt zu dem Widerstandskreis um Coppi, dem sie ab Ende 1941 für seine Funkversuche nach Moskau ihre Atelierwohnung zur Verfügung stellt. Nach monatelanger Einzelhaft im Polizeigefängnis am Alexanderplatz verbringt sie ihre letzten Wochen im Frauengefängnis Charlottenburg in einer Zelle zusammen mit Elfriede Paul, die sich erinnert, daß das Warten auf den Tod zuletzt auch die »tapfere, lustige« Brockdorff zermürbte.

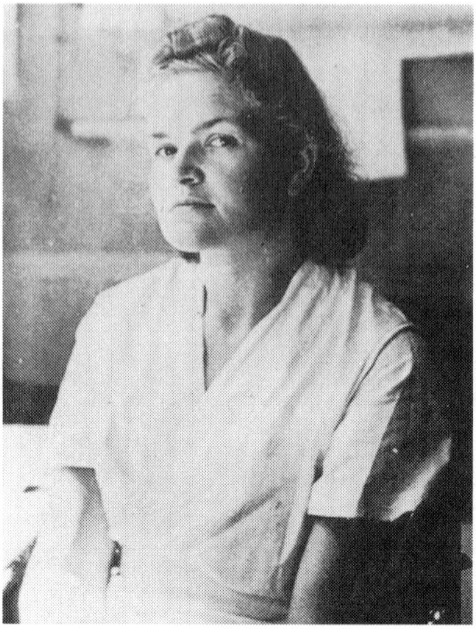

A.V.H

geb. 21. April 1816 in Thornton, Yorkshire
gest. 31. März 1855 in Haworth, Yorkshire
englische Schriftstellerin
Lit. 331, 341, 371, 687, 733, 1137

Charlotte war die älteste von fünf Schwestern, die inmitten einer wilden, windgepeitschten Moorlandschaft in einem Pfarrhaus in Yorkshire aufwuchsen. Zwei Schwestern starben im Kindesalter. Die Mutter starb bereits 1821, so daß Charlotte früh für ihre Geschwister Verantwortung übernahm. Der einzige Bruder, Branwell, mit dem die genialen Schwestern Charlotte, Emily und Anne phantasievolle Geschichten entwarfen, wurde zum Alkoholiker.
1842 absolvierten Charlotte und Emily in Brüssel eine Ausbildung in einem Pensionat für junge Damen. Dort blieb Charlotte, die sich unglücklich in den Leiter verliebt hatte, ein Jahr länger als Emily, die es fern von zu Hause nicht lange aushielt. 1846 veröffentlichten die drei Schwestern auf eigene Kosten einen Gedichtband, der kaum Beachtung fand (heute sind Emilys Gedichte weltberühmt). Charlotte fand für ihren ersten Roman, *The Professor*, keinen Verlag. Mit dem Roman *Jane Eyre* (1847), in dem sie das Leben einer Gouvernante schildert, überraschte sie, als »Currer Bell« getarnt, die Fachwelt: Der Roman erregte weltweit Aufsehen; selbst Queen Victoria las ihn ihrem Albert vor. Charlotte verarbeitet in *Jane Eyre* ihre eigenen Erfahrungen als Gouvernante und zeichnet die Titelheldin als zwar arm und wenig auffällig, doch voller Stolz und Leidenschaft. Die Auflehnung der Frau gegen die Normen ihrer Zeit blieb ein Grundthema ihrer Romane. 1848 gaben die Schwestern auf Drängen der Öffentlichkeit ihre wahre Identität preis. Im gleichen Jahr starb Emily an Tuberkulose; ein Jahr später auch Anne.
Charlotte heiratete 1854 einen Pfarrer, es war wohl eher eine Vernunftehe. Ihrer geliebten Freundin Ellen Nussey schrieb sie: »Ich bin verlobt. Ich bin noch sehr ruhig und erwartungsvoll. Die Vorsehung bietet mir dieses Schicksal an: zweifellos ist es das beste für mich.« Eine erste Schwangerschaft, verbunden mit einer Erkältung, löste eine schwere Krankheit aus, die zum Tod führte. E.R.

geb. 10. Dezember 1921 in Waldeck, Schmillinghausen
gest. 21. Dezember 1996 in Kassel
deutsche Schriftstellerin
Lit. 141, 190, 422, 756, 1059

»Not lehrt schreiben«, sagte Christine Brückner immer in Abwandlung des Ernst-Bloch-Zitats »Not lehrt denken«. Sie war Anfang 30 und krank, als sie zu schreiben anfing. Der Bertelsmann-Verlag hatte zu einem Literatur-Wettbewerb aufgerufen, Brückner verfaßte einen Roman, der den ersten Preis bekam, 1954 unter dem Titel *Ehe die Spuren verwehen* als Buch erschien und zum Bestseller wurde.
Brückner schrieb eine Reihe von Romanen, außerdem Erzählungen, Hörspiele, Reisenotizen und Kinderbücher. Häufig stehen bei ihr Frauen und die Themen des Alltags im Mittelpunkt: Freundschaft, Liebe, Ehe, Scheidung. Es lag ihr am Herzen, ihre LeserInnen dazu zu animieren, sich aus starrer Schicksalsgläubigkeit zu lösen und das Leben verantwortungsbewußt in die eigene Hand zu nehmen.
Verantwortungsbewußtsein hatte sie selbst früh gelernt. Als Pfarrerstochter wurde sie mit sozialen Aufgaben betraut und pflegte alte und kranke Menschen. Ihr Vater Carl Ende gehörte der »Bekennenden Kirche« an und erzog seine Töchter in Gegnerschaft zum Nationalsozialismus. Bis Christine Brückner ans Schreiben kam, versuchte sie sich in 13 Berufen – unter anderem als Leiterin einer Mensa oder Assistentin an einem Kunstinstitut. Sie zog häufig um und lernte so die unterschiedlichsten Menschen und Milieus kennen. Ihr größter Erfolg war die auch als Fernsehserie verfilmte *Poenichen-Trilogie* (1975-85). Hauptfigur ist Maximiliane von Quint, die auf dem Pommerschen Gut Poenichen aufwächst und 1945 mit ihren Kindern fliehen muß. Die Flüchtlingssaga, in der individuelle Geschichte mit Zeitgeschichte verwoben wird, trug Christine Brückner den Ruf einer »Enkelin Fontanes« ein – durch ihre Erzählweise, ihre Gestaltung der Figur des Quintschen Großvaters und nicht zuletzt durch den Titel des ersten Bandes *Jauche und Levkojen*, einem Fontane-Zitat. Ihre Bücher – von der Kritik teils als »Trivialliteratur«, teils als gute Unterhaltung und damit Belletristik im eigentlichen Sinne eingeordnet – fanden ein Millionenpublikum. Aufsässig, leidenschaftlich und kraftvoll sind Brückners »ungehaltene Reden ungehaltener Frauen« in *Wenn du geredet hättest, Desdemona* (1983). Darin erteilt sie der antiken Dichterin Sappho ebenso das Wort wie Luther-Ehefrau Katharina von Bora oder der politischen Aktivistin Gudrun Ensslin. Nach der Uraufführung 1984 gab es die weiblichen Monologe auf deutschsprachigen Bühnen in über 100 Inszenierungen und in 15 Ländern zu sehen und zu hören.

Christine Brückner starb wenige Tage nach ihrem 75. Geburtstag an Krebs. W.E.

Margarete Buber-Neumann

geb. 21. Oktober 1901 in Potsdam
gest. 6. November 1989 in Frankfurt/M.
deutsche Publizistin
Lit. 145-148, 756

Margarete Buber-Neumann hat sich schon als Jugendliche während des Ersten Weltkriegs politisiert; über die Jugendbewegung kam sie zum Sozialistischen Jugendbund, und allmählich eignete sie sich kommunistisches Gedankengut an, träumte wie viele junge KommunistInnen von der Befreiung vom ausbeuterischen Kapitalismus durch die Weltrevolution.
Nach Ablegung eines Lehrerinnenexamens arbeitete sie kurze Zeit als reformpädagogisch orientierte Lehrerin, doch bald widmete sie sich ausschließlich im Untergrund der Arbeit für die Kommunistische Partei Deutschlands. Dabei lernt sie den ebenfalls idealistischen Kommunisten Rafael Buber, Sohn des Religionsphilosophen Martin Buber, kennen und heiratet ihn. Aus der 1929 geschiedenen Ehe gehen zwei Töchter hervor, die erst noch bei ihr, dann bei Bubers Eltern leben und schließlich als Halbjüdinnen nach Israel fliehen müssen. Margarete Buber-Neumann hielt zeit ihres Lebens liebevollen Kontakt zu ihren Töchtern. Als Mutter war sie eher unkonventionell, ihr Hauptinteresse galt der Arbeit für die KP. Sie lernt Heinz Neumann kennen. Als Abgesandter der Komintern Sowjetrußlands war er unmittelbar beteiligt am Aufstand der chinesischen Bauern und Arbeiter in Kanton. Neumann, hochgebildet, intellektuell und agitatorisch gewandt, fasziniert sie sehr, und sie wird seine Mitarbeiterin. Sie heiraten und arbeiten gemeinsam für die Partei in Deutschland, Spanien und Frankreich. Unter der stalinistischen Diktatur zerbrachen allmählich ihre Hoffnungen und Ideale. Parteistreitigkeiten, zunehmende Kommunismusfeindlichkeit, Faschismus und Nationalsozialismus zwingen sie, 1933 unter falschem Namen nach Moskau zu flüchten. Dort leben sie wie viele europäische kommunistische EmigrantInnen im Hotel Lux. Nächtlich werden immer öfter angeblich nicht parteilinientreue Freunde verhaftet. 1937 auch Heinz Neumann, nie wieder hört sie etwas von ihm. Kurz darauf wird Margarete Buber-Neumann für zwei Jahre in ein Arbeitslager nach Sibirien verbannt. 1940, nach dem Stalin-Hitler-Pakt, wird sie nach Deutschland ausgeliefert und von den Nazis ins Konzentrationslager Ravensbrück gebracht. Hier lernt sie Milena Jesenská kennen, der sie später in ihrem Buch *Milena – Kafkas Freundin* ein ergreifendes Denkmal setzen wird.

Margarete Buber-Neumann hat sieben Jahre lang Zwangsarbeit leisten müssen, hat gelitten unter Hunger, Kälte, Hitze, Krankheit, Ungeziefer, Prügelstrafe, wochenlanger Dunkelhaft und grausamer Demütigung. Sie hat es überlebt. S.D.

geb. 24. November 1849 in Manchester, England
gest. 29. Oktober 1924 in Long Island, N.Y.
englisch-amerikanische Schriftstellerin
Lit. 167, 244, 325, 785, 1055

Frances Hodgson stammte aus einer wohlhabenden Familie, die durch den Tod des Vaters und den wirtschaftlichen Niedergang von Manchester verarmte. Die Emigration nach Amerika verschlimmerte die Notlage noch weiter. Aber der gesellschaftliche Abstieg und das Leben im ländlichen Tennessee waren für Frances auch ein Freiheitsgewinn: Jenseits der strengen Konventionen konnte sie Streifzüge durch die Natur unternehmen, die Sprache der »einfachen« Leute lernen und Ideen zur Aufbesserung des Familienbudgets entwickeln.

Die Literatur führt schließlich zum Erfolg: Schon immer eine passionierte Leserin und eifrige Geschichtenerzählerin, faßt Frances sich ein Herz und schickt der Zeitschrift *Godey's Lady's Book* ein Manuskript – heimlich, um dem Spott ihrer Brüder zu entgehen. Sie ist neunzehn Jahre alt, als ihre ersten zwei Geschichten veröffentlicht werden; es folgen Beiträge in allen wichtigen amerikanischen Literaturmagazinen. Die Liste ihrer – heute weitgehend vergessenen – Romane, die thematisch breit gestreut sind, ist beeindruckend. Drei Bücher, in zahlreiche Sprachen übersetzt und mehrfach verfilmt, wurden zu Klassikern der Kinderliteratur: *Der kleine Lord, Prinzessin Sara* und *Der geheime Garten.*

Frances Hodgson heiratet 1873 nach langem Zögern ihren Jugendfreund Swan Burnett, in den nächsten drei Jahren werden Lionel und Vivian geboren. Die Scheidung erfolgt zwar erst 25 Jahre später, aber innerlich verabschieden sie sich schon bald voneinander. Frances meidet den Familienwohnsitz in Washington und verbringt – immer schreibend – viel Zeit in England, Frankreich und Italien. Mit dem Bestseller *Little Lord Fauntleroy* (1886) wird sie international berühmt und reich. Die Trennung von Swan und ihre Beziehung zu einem jüngeren Engländer sorgen für Aufruhr in den Klatschkolumnen. Dinge, die bei einem männlichen Schriftsteller nichts Besonderes gewesen wären, wurden ausgiebig kommentiert: Sie führt und gewinnt Prozesse wegen Verstoßes gegen das Copyright, kleidet sich extravagant, raucht, kauft Häuser und gibt viel Geld aus. Ihre Großzügigkeit, die Verwandten, FreundInnen und Organisationen zugute kam, wurde selten erwähnt. Das Publikum störte sich an der Negativpresse nicht, solange Burnett es regelmäßig mit neuem Lesestoff versorgte.

Nach einer 50 Jahre währenden literarischen Karriere starb sie im Alter von 74 Jahren in ihrem Haus auf Long Island. M.K.

Isabel Burton

geb. 20. März 1831 in London
gest. 21. März 1896 in London
englische Reiseschriftstellerin
Lit. 153, 154, 244, 463, 663

Ein Leben voller Reisen, Abenteuer und Gefahr, Sehen und Lernen, verherrlicht durch die Liebe – das wünsche ich mir«, schrieb die aus altem katholischem englischen Adel stammende Isabel Arundell mit Anfang Zwanzig in ihr Tagebuch. Dieses Ziel erreichte die streng und konventionell erzogene Tochter aus gutem Hause auch auf ihre Weise – durch die Ehe mit dem zehn Jahre älteren, skandalumwitterten Orientalisten und Forschungsreisenden Richard Burton, den sie 1861 heimlich gegen den Willen ihrer Mutter heiratete. Für Isabel bedeutete diese Ehe, die ihr von einer Zigeunerin vorausgesagt worden war, die Erfüllung ihrer romantischen Sehnsüchte und eine heilige Aufgabe.

In den fast dreißig Jahren ihrer Ehe bis zu Richard Burtons Tod 1890 setzt Lady Isabel ihre ganze Kraft ein, um ihren schwierigen und kompromißlosen Mann zu stützen und vor dem Abgleiten in Armut und Vergessenheit zu bewahren. Durch ihre Familienkontakte und eine unglaubliche Beharrlichkeit verschafft sie ihm immer wieder Konsulatsposten und machte teilweise die Arbeit (heimlich!) selbst, wenn ihr Mann auf Forschungsreisen in den Dschungel oder die Wüste verschwindet. Sie kopiert und redigiert seine Bücher und läßt sie drucken. Außerdem rettete sie ihrem Mann durch ihre aufopferungsvolle Krankenpflege mehrfach das Leben.

Während sie so einerseits im Mythos der aufopferungsvollen Ehefrau aufgeht, erlaubt ihr diese Ehe ein für viktorianische Frauen höchst ungewöhnliches Leben voller Reisen und Abenteuer: u.a. im Urwald von Brasilien, in Arabien, in Indien. Höhepunkt sind die Jahre in Damaskus von 1869 bis 1871, wo sie in die orientalische Welt der Harems und der Basare eintaucht. In arabischer Männerkleidung reitet sie mit Richard durch die Wüste und überlebt nur knapp einen Beduinenangriff.

Später beschreibt Isabel diese Zeit in ihren eigenen Büchern, so in *The inner Life of Syria, Palestine and the Holy Land*, 1875.

Ihr Hauptwerk ist die Biographie ihres Mannes, die sie trotz schwerer Krankheit noch vor ihrem Tod 1896 beendet. Ihre Autobiographie hinterläßt sie unvollendet. G.K.

geb. 23. April 1915 in Wien
gest. 3. Dezember 1987 in Wien
österreichische Dichterin
Lit. 157, 158, 191, 643, 1131

Christine Busta wuchs ohne Vater bei ihrer Mutter auf, die erst Hausangestellte und dann Verkäuferin war: »... daß sie sich trotz aller verzweifelten Anstrengung nur kümmerlich durchbringen konnte, ertrug sie wie eine Schande und Schmach, erbittert und verschwiegen ... in ihrem Blick stand die Erschöpfung wie geheimer Zorn.« Busta besucht das Gymnasium; ab ihrem 14. Lebenjahr muß sie sich und die schwerkranke Mutter mit Nachhilfestunden durchbringen. Ab 1933 studiert sie in Wien Germanistik und Anglistik, gibt aber nach einem Nervenzusammenbruch das Studium auf und wird Hilfslehrerin. 1940 heiratet sie den Musiker Dimt, der seit 1944 vermißt ist. Nach dem Krieg arbeitet sie zunächst als Dolmetscherin und Hotelangestellte, von 1950 bis 1976 dann als Bibliothekarin. Seit 1946 veröffentlicht sie ihre Gedichte, für die sie etliche Literaturpreise erhält, u.a. den Georg-Trakl-Preis (1954), den Großen Österreichischen Staatspreis für Lyrik (1969) und den Anton-Wildgans-Preis (1975). »Ich möchte nicht gerne damit hausieren«, schreibt Christine Busta, »aber ich hab's immer reichlich schwer gehabt. Ich habe Gutes und Böses erfahren wie alle Menschen und schlimme Verstörungen erlitten, und könnte mir vorstellen, daß mir noch schlimmere nicht erspart bleiben werden, aber ich glaube dennoch, daß täglich und stündlich im wörtlichen Sinne des Wortes ›namenlos‹ viel Gutes geschieht, mehr Gutes, als die Lästerer wahrhaben wollen. Diesen Anonymen, die das ächzende Getriebe der Welt mit dem Öl ihrer unbedankten Ausdauer, Geduld, Treue und Hoffnung noch immer in Gang halten, gehört trotz unvermeidlicher Irritationen meine unwandelbare Liebe und Dankbarkeit, und auch in den heftigsten Krisen der Isolation hat mich kaum je das Bewußtsein verlassen, in vieler Schuld zu stehen.« L.F.P.

Minna Canth

geb. 19. März 1844 in Tampere
gest. 12. Mai 1897 in Kuopio
finnische Schriftstellerin
Lit. 163, 404, 651, 1070

Minna Canth ist es zu verdanken, daß Finnland 1907 das erste Land Europas war, in dem das Frauenstimmrecht eingeführt wurde. Sie war die Wegbereiterin der finnischen Frauenbewegung, eine genial begabte Schriftstellerin, gefühlsstark und lebenstüchtig. In ihren Theaterstücken schrieb sie an gegen die Doppelmoral der Kirche, forderte die Rechte der Frau und prangerte die Gleichgültigkeit höherer Gesellschaftsklassen gegenüber dem Elend der ArbeiterInnen an.

Trotz ärmlicher Familienverhältnisse bekam sie eine gute Schulbildung. Die Ausbildung zur Lehrerin brach sie jedoch ab und heiratete ihren Lehrer J. F. Canth. 13 Jahre später starb er, sie blieb mit sieben Kindern unversorgt zurück. In tiefer Depression eröffnete sie einen kleinen Garnladen in Kuopio und beendete ihr erstes Theaterstück *Einbruchdiebstahl* (1882). Sie wurde über Nacht berühmt, aber von den Konservativen heftig angegriffen. Ihr Stück *Unglückskinder* (1888) wurde gleich nach der Premiere verboten. Canth, die Bahnbrecherin des finnischen Realismus, ließ zum ersten Mal ProletarierInnen auf der Bühne auftreten. 1889/90 redigierte sie die kirchenkritische Zeitschrift *Vapaita aatteita,* »Freie Gedanken«. Mutig griff sie immer wieder brennende Probleme auf – in 10 Dramen, 6 Novellen, zahlreichen kürzeren Erzählungen und in Artikeln zur Frauenbewegung. Der gesellschaftliche Druck wurde zeitweise so groß, daß sie nicht mehr schreiben konnte und auswandern wollte. Der plötzliche Tod einer Tochter und zweier Freunde brachte die Wende: »Mein Blick auf das Leben wurde freier und klarer. Hiebe und Stiche trafen nicht mehr, und ich fühlte mich auch nicht mehr berufen, solche auszuteilen.«

»Ich bin mit keiner meiner bisherigen Arbeiten zufrieden, doch hoffe ich, noch etwas Besseres schaffen zu können«, schrieb Canth 1891. Sechs Jahre später starb sie mit 53 Jahren. Als ihr künstlerisch reifstes Drama gilt *Anna Liisa* von 1895. B.R.

geb. 29. Dezember 1843 auf Schloß Monrepos, Altwied bei Neuwied
gest. 2. März 1916 in Curtea d'Argesch bei Bukarest
deutsch-rumänische Schriftstellerin
Lit. 270, 395, 591, 698, 1142

»Carmen das Lied und Sylva der Wald, von selbst gesungen das Waldlied schallt« – früh schon spürte das ungewöhnlich lebhafte, empfindsame und begabte Kind diesen inneren Drang: dichten muß es, »sonst hält die Brust mir nicht; sonst muß das Herz zerspringen«. Doch der Drang wird unterdrückt durch strenge Erziehung zu Verantwortung und unablässiger Pflichterfüllung in einem von schweren Krankheiten und Todesfällen im engen Familien- und Freundeskreis geprägten Elternhaus.

Erst nach dem Tod der Tochter 1874 beginnt Elisabeth, ihr künstlerisches Talent, ihre Sensibilität, ihre romantische Naturliebe, ihr Bedürfnis, sich Menschen mitzuteilen und ihnen einfühlend zu helfen, auch schriftlich zu äußern. Doch da ist sie schon Herrscherin und einer Kritik an Dingen, die sie begeistern, nicht mehr zugänglich. So kommt es, daß gerade der Gefühlsreichtum und das rastlose Dichten dieser Frau, weil sie ungeformt und ohne echte Auseinandersetzung bleiben, dazu führen, daß ihr Dasein zur Pose erstarrt. Dennoch läßt der bloße Klang ihrer Stimme alle Kritiker weiterhin einen unwiderstehlichen Zauber der natürlichen Person spüren.

In 38 Jahren veröffentlicht Carmen Sylva – oft in mehreren Sprachen gleichzeitig – etwa 30 Bände mit Gedichten, Aphorismen, Prosastücken und Märchen, dazu zwei Romane und zwei Dramen sowie (auto)biographische Arbeiten, Übersetzungen und Sammlungen bzw. Übertragungen rumänischer Lyrik und Volkspoesie, die neben ihrem tatkräftigen (wenn auch nicht immer sehr erfolgreichen) sozialen und kulturellen Engagement eine Brücke schlagen zwischen altem und neuem Vaterland. Wohl einzigartig aber ist ihre langjährige editorische und schriftstellerische Zusammenarbeit mit ihrer Gesellschafterin Mite Kremnitz (1852-1916), einer eigenständigen Dichterin, klugen Übersetzerin und späteren Biographin des rumänischen Königspaares. Unter dem Pseudonym *Dito und Idem* (aus: Dido + Mite) erscheinen, in vielen Auflagen und Übersetzungen, drei Romane, ein Schauspiel sowie zwei Bände, in denen gemeinsame und jeweils von einer der beiden Autorinnen verfaßte Novellen einander abwechseln.

S.K.K.

Caroline Mathilde von Dänemark

geb. 22. Juli 1751 auf dem Landschloß Kew
gest. 11. Mai 1775 im Schloß Celle
Königin von Dänemark
Lit. 54, 404, 450, 642

Das schluchzende knapp 15jährige Kind, das in Harwich ein Schiff bestieg, um in Dänemark Königin zu werden, ahnte nicht, welch traurigem Schicksal es entgegenfuhr. Niemand hatte ihr gesagt, daß Christian VII. unter einer Geisteskrankheit litt, die sich in Schüben von Jähzorn, Brutalität, exzessiven Ausschweifungen oder schweren Depressionen manifestierte. Die DänInnen bejubelten ihre schöne Königin, die »Rose von England«. Niemand konnte ihrer Anmut widerstehen, nur der Ehemann verkündete, er werde eine Ehe »à la mode« führen, das heißt von seiner Frau kaum Notiz nehmen.

Von einer monatelangen Reise brachte der König den berühmten deutschen Arzt Friedrich Struensee mit. Der neue Leibarzt behandelte auch Mathilde, die einen schweren lebensbedrohenden Zusammenbruch erlitten hatte. Struensee, ein gebildeter, fortschrittlicher junger Mann, vertraut mit den Ideen Voltaires und Rousseaus, wirkte besonders durch die Kraft seiner Persönlichkeit. Mathilde genas nicht nur schnell – sie wurde auch selbstbewußter und konnte ihre Position dem König gegenüber stärken. Struensee wurde geadelt und zum Staatsrat ernannt. Ob er der Vater der 1771 geborenen Tochter Luise Augusta war, ist umstritten.

Er begann weitreichende Reformen auf vielen Gebieten (z.B. führte er Pressefreiheit und Gleichstellung unehelicher Kinder ein und ließ Leibeigenschaft und Folter abschaffen) – zu viele auf einmal, zu schnell und zu radikal. Adel und Klerus, deren Privilegien beschnitten wurden, Neider und Intriganten suchten nach Wegen, ihn zu stürzen. Im Januar 1772 schlugen die Verschwörer zu. Sie brachten König Christian in ihre Gewalt; Caroline Mathilde und Struensee kamen ins Gefängnis. Struensee wurde wegen Hochverrats auf grauenvolle Weise hingerichtet, Mathilde wurde geschieden und sollte lebenslang auf die Festung Aalborg verbannt werden.

Endlich griff Georg III. von England ein. Mit der Drohung, seine Flotte werde Kopenhagen beschießen, bewirkte er die Freilassung seiner Schwester. Er ließ sie aber nicht nach England zurückkehren, sondern wies ihr das Schloß in Celle als Wohnsitz an. Die Kinder, Thronfolger Frederik und Luise Augusta, blieben in Dänemark. Mathilde starb völlig unerwartet kurz vor ihrem 24. Geburtstag. A.ST.

geb. 13. Dezember 1871 in Victoria
gest. 2. März 1945 in Victoria, Canada
kanadische Malerin und Schriftstellerin
Lit. 91, 123, 168, 978, 1063

»Ihre Bilder waren alle verdammt gut. Ich glaube, es gibt nichts Vergleichbares in Kanada; ihre Kraft, ihre Empfindung, Entwurf und Ausführung sind einzigartig ...« (Lawren Harris, ein kanadischer Maler).

Emily Carr wuchs auf in der patriarchalen, strenggläubigen Kolonialgesellschaft Victorias, die ihr autoritärer Vater verkörperte. Ihr größter Wunsch war es, Malerin zu werden. So verließ sie – nach dem frühen Tod ihrer Eltern – mit 18 Jahren die geistige Enge Victorias, um in San Francisco und London Malerei zu studieren. Doch immer begleitete sie das Heimweh nach den Wäldern Kanadas und dem ungebundenen Leben in der Natur. In London litt sie unter Depressionen und wurde ernstlich krank. Nach anderthalb Jahren Aufenthalt in einem britischen Sanatorium kehrte sie in die Heimat zurück.

Endlich konnte sie wieder im »Herrensitz«, nur von ihrem Schäferhund begleitet, durch die Wälder reiten. Viele Jahre lang bereiste sie mit Skizzenblock und Zelt die Pazifikküste und Britisch-Kolumbien. Sie lebte und malte in entlegenen indianischen Siedlungen, denn sie fühlte eine enge Verbundenheit mit der indianischen Bevölkerung, die ihr den Ehrennamen »Klee Wyck« – die Lächelnde – gab. In vielen Bildern dokumentierte Carr das Leben der IndianerInnen in und mit der Natur, ihre Bräuche und ihre Kunst. Aber weder mit diesen Arbeiten noch mit ihren späteren expressiven Landschaftsbildern hatte sie Erfolg. 13 Jahre malte sie kaum, und während der Kriegs- und Nachkriegszeit hielt sie sich mit dem Betrieb einer Pension, einer Töpferei und mit Hundezucht über Wasser. Erst 1927 wurde sie »entdeckt« und hatte ihre erste erfolgreiche Ausstellung in Ottawa, was ihr neue Impulse zum Malen und Reisen gab. Als sie dies nach einem Schlaganfall nicht mehr konnte, begann sie zu schreiben. Ihr erstes Buch, *Klee Wyck*, über ihre Reisen und ihr Leben bei den IndianerInnen war ein großer Erfolg, es folgten noch fünf weitere, vorwiegend autobiographische Bücher. Durch ihre Lesungen im kanadischen Rundfunk wurde Emily Carr populär und gilt heute als eine der bedeutendsten Künstlerinnenpersönlichkeiten ihres Landes. R.R.

geb. 7. Oktober 1675 in Venedig
gest. 15. April 1757 in Venedig
italienische Malerin
Lit. 686, 894, 924, 933, 1068

Könige, Fürsten und unzählige Angehörige der europäischen Aristokratie kamen bei ihrem Aufenthalt in Venedig in Rosalba Carrieras Atelier, um sich porträtieren zu lassen oder einige ihrer Gemälde zu erwerben. Die Nachfrage war zeitweise so groß, daß Rosalba neben ihrer jüngsten Schwester Giovanna noch mehrere junge Malerinnen beschäftigte. Mit der von ihr weiterentwickelten Pastelltechnik traf Carriera genau den Zeitgeschmack der Rokoko-Gesellschaft. Ihre Bilder drücken allen Charme und Eleganz dieser verspielten, koketten Epoche aus. Und doch schmeicheln die Bildnisse (bei aller Rücksichtnahme auf den Auftraggeber) nicht unbedingt den Porträtierten; besonders in den späteren Pastellen erfaßt sie realistisch Physiognomie wie Seelenlage der Dargestellten. Carriera selber entsprach in keiner Weise dem Schönheitsideal ihrer Zeit: in ihren Selbstporträts schauen selbstbewußt fast kritisch wache Augen den Betrachter an, und schonungslos zeigt sie in späten Werken ihr Alter. Es fehlte ihr »trotzdem« nicht an Bewerbern, nachweislich hat sie mehrere Heiratsanträge abgelehnt. Nicht zu Unrecht hegte sie die Befürchtung, daß eine Bindung, gar Mutterpflichten ihre Arbeit und Selbständigkeit stark beeinträchtigen würden.
Rosalba Carriera und ihre beiden jüngeren Schwestern Angela und Giovanna entstammen einer musischen, wenngleich verarmten Familie. Erstaunlich gebildet, sind sie bewandert in Latein und Französisch, musikalisch und künstlerisch begabt, von hoher Intelligenz. Als Kind entwirft Rosalba Muster für die Mutter, die aus Leidenschaft die berühmten venezianischen Spitzen herstellt, und bemalt später die Innendeckel der in Mode gekommenen Tabakdosen mit Miniaturen. In diese Zeit fallen auch die ersten Erfolge als Pastellmalerin. Drei große Reisen unternimmt Carriera, die vielleicht erfolgreichste, verbunden mit einem einjährigen Aufenthalt, nach Paris. 1737, Rosalba ist 62 Jahre alt, verliert sie ihre geliebte Schwester Giovanna, ein Jahr später stirbt die Mutter. Carriera ist so verzweifelt, daß sie nicht mehr arbeiten kann. Ein Augenleiden macht zudem das Malen immer beschwerlicher, und trotz schmerzhafter Operationen erblindet die Malerin 1746. Umsorgt von der einzig überlebenden Schwester, lebt Carriera noch 11 Jahre – nicht dem Wahnsinn verfallen, wie vielfach behauptet wird, sondern nach eigenen Worten in »dunkelster schwärzester Nacht«. A.V.H.

geb. 6. März 1894 in Dresden
gest. 24. September 1975 in München
deutsche Schriftstellerin
Lit. 151, 174-176

Zahlreiche Neuauflagen ihrer Bücher, große Nachfrage in Leihbüchereien – kein Zweifel, sie ist beliebt bei Leserinnen und Lesern. Sie schreibt mit Humor und Warmherzigkeit. In der deutschen Literatur ist diese Art gehobener Unterhaltung eher selten, bei der Literaturkritik nicht sehr angesehen.

Castonier wuchs als Tochter einer exzentrischen Mutter und eines Kunstmalers in Dresden, Paris und Berlin auf. Ihre schriftstellerische Tätigkeit war sehr vielfältig, sie schrieb Artikel und Geschichten für Zeitschriften, Dramen und historische Romane, sie übersetzte aus dem Französischen und arbeitete als Lektorin für einen Münchner Verlag. Die 1923 geschlossene Ehe mit einem dänischen Opernsänger hielt nur einige Jahre, man trennte sich »ohne Bitterkeit«. Noch konnte sie an ausgelassenen Münchner Atelierfesten teilnehmen, doch der politische Horizont verdüsterte sich immer mehr. Aufgrund ihrer kritischen Einstellung war sie den Nazis suspekt: Ihre Werke fielen 1933 der Bücherverbrennung zum Opfer. Sie ging nach Wien, flüchtete 1938 von dort nach Positano, Italien: »Es war leicht, in diesem Klima arm zu sein – wir waren alle arm, aber relativ zufrieden.« Als sie auch in Italien vor der Naziverfolgung nicht mehr sicher war, flüchtete sie erneut, diesmal nach England. Eine ihr angebotene feste Stellung lehnte sie ab. Wieder faßte sie – wie schon beim Verlassen des Elternhauses und seines gesicherten Wohlstands – einen Entschluß, der das Leben der nun Fünfzigjährigen völlig veränderte: Von 1944 an lebte sie auf der kleinen Farm ihrer Freundin Jane Napier, deren große Tierliebe sie teilte, in Hampshire und half ihr bei der harten Arbeit im Stall und auf den Feldern. Erst nach Jahren fand sie wieder zur Schriftstellerei zurück, schrieb *Mill Farm*, ihr bekanntestes Buch, und die Autobiographie *Stürmisch bis heiter*.

1975 endete das Leben dieser tapferen lebensbejahenden Frau.

U.S.

Edith Cavell

geb. 4. Dezember 1865 in Swardeston, Norfolk
standrechtl. erschossen 12. Oktober 1915
in Brüssel
englische Krankenpflegerin
Lit. 68, 131, 197, 532, 913, 1044

Die Kindheit im elterlichen Pfarrhaus war prägend für Edith Cavell. Vier Jahre arbeitet sie als Erzieherin in englischen Familien und übernimmt 1890 eine Stelle in Brüssel. Malen und Zeichnen, Tanzen und Sport sind ihre Hobbys. Kinder habe sie sehr geliebt, sie sei phantasievoll und zärtlich gewesen, habe eine natürliche Zurückhaltung und selbstverständliche Autorität, gepaart mit Fröhlichkeit und trockenem Humor, besessen – so berichten ihre Freundinnen. Eine Krankheit des Vaters und Erfahrungen in einer deutschen Klinik weisen sie auf ihren eigentlichen Beruf, und nach zehnjähriger Ausbildung und Arbeit als Krankenpflegerin in London holt man sie 1907 zurück nach Brüssel, um dort ein neugegründetes Lehrkrankenhaus für Schwestern aufzubauen und nach den Prinzipien der in England vorbildlich entwickelten Krankenpflege zu führen. Der Ruf der Klinik und der bald angegliederten Einrichtungen wächst dank Cavells kompetentem Einsatz rasch. Da bricht der Erste Weltkrieg aus. Die Klinik wird Rot-Kreuz-Spital im von deutschem Militär auf dem Durchmarsch nach Paris besetzten neutralen Belgien. Wenn nicht am 1. November 1914 der Engländerin zwei verwundete britische Soldaten gebracht worden wären – mit der Bitte, sie zu heilen, zu verstecken und ihnen zur Flucht zu verhelfen –, dann wäre das Leben Edith Cavells wohl so »normal« und »unspektakulär« wie das ihrer Schwestern, beide ebenfalls Krankenpflegerinnen, verlaufen. So aber wird ihr Krankenhaus im Netz der wesentlich von Frauen getragenen Widerstandsbewegung (mehr als die Hälfte ihrer späteren Mitangeklagten sind Frauen, aus allen Schichten der Bevölkerung) ein Zentrum der Hilfe für verwundete und geflüchtete Soldaten der Alliierten. Allein innerhalb der ersten acht Kriegsmonate pflegt und verbirgt sie etwa 800 von ihnen, besorgt Führer, Geld und falsche Pässe und organisiert Fluchtmöglichkeiten in das kriegsfreie Holland – alles in größter Eile und Anspannung unter der wachsenden und bereits seit März 1915 bewußt wahrgenommenen Gefahr der Verhaftung durch die deutschen Besatzungsbehörden. Am 7. Oktober wird Edith Cavell vor ein Militärgericht gestellt; das Todesurteil erfährt sie am 11. nachmittags. Am 12. in der Frühe wird sie erschossen. S.K.-K.

Beatrice Cenci

geb. 6. Februar 1577 in Rom
gest. 11. September 1599 in Rom
römische Patrizierin
Lit. 559, 735, 850, 880

Das Schicksal der schönen, unglücklichen, im Alter von 22 Jahren zusammen mit ihrem Bruder Giacomo und ihrer Stiefmutter Lucrezia wegen Mordes an ihrem Vater Francesco Cenci hingerichteten Beatrice Cenci wurde schon während des langen Gerichtsverfahrens zur Legende, ja es beschäftigt und inspiriert das italienische Volk und die Künste bis heute. Shelley, Artaud und Moravia schrieben Theaterstücke über Beatrice. Auch als Oper wurde der Stoff mehrmals bearbeitet, zuletzt 1971 von Ginastera.

Francesco Cenci, Sproß einer der angesehensten Familien Roms und Erbe eines Riesenvermögens, war ein brutaler, zügelloser Mann. Von früher Jugend an lebte er nur seinen Leidenschaften und Gelüsten, die hauptsächlich sexueller Natur waren. Ständig geriet er mit dem Gesetz in Konflikt, da aber die päpstliche Gerichtsbarkeit selbst korrupt war, konnte er sich durch große Summen immer wieder freikaufen.

Im April 1595 verließ Francesco Rom mit seiner zweiten Frau Lucrezia und Beatrice, um sich in seiner Burg in den Abruzzen häuslich einzurichten. Beatrice sollte nach seinem Willen nicht heiraten, sondern ihm zu Diensten sein. Er hatte ihr schon immer die Verwaltungsaufgaben überlassen.

Im Mai 1595 ging Francesco nach Rom zurück, um eine Hautkrankheit behandeln zu lassen. Im April 1596 kam er wieder, schloß Beatrice und Lucrezia samt zwei Dienerinnen in den oberen Gemächern ein, wahrscheinlich aus Eifersucht, und verschwand wieder. Die Frauen lebten dort im Halbdunkel, wie in einem Gefängnis.

Der Schloßvogt Olimpio verliebte sich »unsterblich« in Beatrice. Sie begann ein Verhältnis mit ihm und wurde schwanger. Beatrice hatte schon lange nach Mitteln und Wegen gesucht, ihrem Vater zu entkommen. Durch die Schwangerschaft geriet sie in Panik und unter Zeitdruck. Sie befürchtete, ihr Vater würde sie totschlagen, wenn er dahinterkäme. Zusammen mit Olimpio, Lucrezia und weiteren Familienmitgliedern wurde ein Mordplan ausgeheckt und ausgeführt.

Das Verbrechen wurde bald aufgeklärt, und die Schuldigen kamen vor Gericht. Unter Beteiligung der ganzen Stadt zog am Morgen des 11. September der Zug der Verurteilten zur Hinrichtungsstätte. Alle Zeugnisse betonen die Schönheit der jungen Beatrice. Das Volk hielt sie für unschuldig – sie hatte doch in Notwehr gehandelt. Schließlich hatte der eigene Vater sie vergewaltigt. Ob das stimmt oder Teil der Legende ist, läßt sich nicht ermitteln. Beatrice jedenfalls hat nie dergleichen zu ihrer Verteidigung angeführt. L.F.P.

geb. 7. Juni 1840 in Laeken bei Brüssel
gest. 19. Januar 1927 im Schloß Bouchout bei Brüssel
Kaiserin von Mexiko
Lit. 204, 289, 416

Mit siebzehn Jahren heiratet die hochbegabte Tochter König Leopolds I. von Belgien 1857 in Brüssel den Habsburger Erzherzog Ferdinand Maximilian, Bruder des österreichischen Kaisers Franz Joseph. Als Maximilian von Napoleon III. und einer mexikanischen Notabelnversammlung die Kaiserkrone von Mexiko angeboten bekommt, ist es Charlotte, die ihren Gemahl überredet, sie anzunehmen. In dem politisch völlig zerrütteten Mexiko eine moderne Monarchie einzuführen erweist sich als unmöglich. Das Kaiserpaar hat bald alle politischen Gruppierungen – von den reichen Großgrundbesitzern bis zu den unterdrückten Indios – gegen sich. Charlotte setzt sich für den Bau von Schulen und Krankenhäusern ein, und während Maximilian das Land bereist, vertritt sie ihn bei Ministerratssitzungen, die ob Charlottens Energie, ihrer politischen und sozialen Kompetenz und ihrer Schlagfertigkeit gefürchtet sind. Trotz ehrlichen Bemühens scheitert das Kaiserpaar schon nach zwei Jahren Regentschaft (1864-1866). Maximilian will abdanken und nach Europa zurückkehren. Charlotte, von Ehrgeiz und herrscherlichem Sendungsbewußtsein erfüllt, empfindet einen solchen Schritt als unerträgliche Niederlage. In einer Denkschrift schreibt sie ihm: »Abdanken heißt, sich verurteilen, sich selbst ein Unfähigkeitszeugnis ausstellen, und das ist nur annehmbar bei Greisen und Blödsinnigen, das ist nicht Sache eines Fürsten ... man verläßt den Thron nicht wie eine polizeilich aufgelöste Versammlung.« Maximilian bleibt in Mexiko, und Charlotte wird als außerordentliche Gesandtin bei Napoleon III. und Papst Pius IX. vorstellig. Der beschwerlichen Reise nach Europa ist kein Erfolg beschieden. Sowohl Napoleon III. als auch der Papst versagen ihr ihre Hilfe. Charlotte verzweifelt; sie hat Angstzustände und Depressionen und leidet unter Verfolgungswahn: Alle trachten ihr nach dem Leben, Speisen und Getränke sind vergiftet, sie ist von Mördern und Verrätern umgeben. Man bringt sie nach Schloß Miramare bei Triest, wo sie von zwei Irrenärzten betreut wird. Schlaflos und rastlos irrt sie im Schloß umher, zerreißt Bücher, zertrümmert Vasen und Geschirr, reißt Bilder von den Wänden. Ihr Bruder holt sie zurück nach Belgien, wo sie noch fast sechzig Jahre in ihren Wahnvorstellungen lebt. In lichten Momenten begreift sie zwar, daß Maximilian auf Befehl des indianischen Freiheitskämpfers Benito Juarez standrechtlich erschossen wurde, aber dann rettet sie sich wieder in ihre Phantasien, in denen Maximilian der Herrscher der Welt ist. S.D.

geb. 8. Februar 1851 in St. Louis, Mo.
gest. 22. August 1904 in St. Louis, Mo.
amerikanische Schriftstellerin
Lit. 544, 728, 736, 977, 1069

Kate Chopin (1851-1904) und Oscar Wilde (1854-1900) waren ZeitgenossInnen, und ihre Karrieren weisen erstaunliche Parallelen auf. Zunächst gefeiert, wurden beide schließlich Opfer eines Skandals. Der Skandal brach in England und den Vereinigten Staaten fast gleichzeitig aus: Ende des 19. Jahrhunderts, zu einer Zeit größter Bigotterie. In beiden Fällen ging es um – angeblich morbide, vulgäre – Sexualität. Wilde hatte eine Sexualität gelebt, die verpönt und verboten war, Chopin hatte erstmals weibliche Sexualität literarisch ausgelotet, was für Frauen tabu war. Beide bezahlten ihren Wagemut mit gesellschaftlicher Ächtung, wenn nicht mit dem Leben. Beide sind heute Ikonen derjenigen Protestbewegungen, die um die Rechte kämpfen, die sie vorwegnahmen: die Frauen- und die Schwulenbewegung. Kate Chopin hat – nach dem Roman *At Fault* (1890) und zwei Bänden mit Erzählungen, die ihr große literarische Anerkennung brachten – nur noch einen Roman veröffentlichen können: *The Awakening* (1899) (dt.: *Das Erwachen*). Er gilt inzwischen als Klassiker der US-amerikanischen Literatur. Damals fand die Kritik den Roman pornographisch bis pervers und warf der Heldin Edna Pelletier Selbstsucht vor. Der Inhalt: Edna »führt ein Leben in Luxus. Aber sie fühlt sich eingeengt und verspürt ein vages Verlangen nach einem selbstbestimmteren Leben. Sie verläßt Mann und Kinder, ergründet ihre Emotionen, ihre Kreativität und ihre Sinnlichkeit. Sie hat, eher nebenbei, eine Affäre. Am Ende des Romans begeht sie Selbstmord.« (Keitel)

Kate Chopin wuchs als Kind reicher Eltern in St. Louis, Missouri, auf. Als sie vier Jahre alt war, starb ihr Vater bei einem Eisenbahnunglück; Kates Mutter, Großmutter und Urgroßmutter zogen sie liebevoll auf. Mit 19 heiratete Kate den Kaufmann Oscar Chopin. Sie bekam fünf Söhne und eine Tochter. Als 1883 ihr Mann an einem Sumpffieber gestorben war, mußte sich Kate um sein Geschäft, etliche Baumwollplantagen und sechs Kinder kümmern. Sie verkaufte die Plantagen und zog zurück zu ihrer Mutter nach St. Louis. Dort ermunterte ihr Arzt sie zum Schreiben. Ab 1889 veröffentlichte sie Kurzgeschichten, die in den beiden Bänden *Bayou Folk* (1894) und *A Night in Acadie* (1897) versammelt wurden. Nach dem Skandal, den *The Awakening* ausgelöst hatte, verfiel Chopin in Depressionen. Fünf Jahre später starb sie an einem Gehirnschlag. L.F.P.

geb. 23. Jan. 1813 in Kristiansand
gest. 6. März 1895 in Kristiania, Oslo
norwegische Schriftstellerin
Lit. 138, 421, 728, 864, 1015, 1079

Als der Roman *Amtmandens Døttre* (*Die Amtmannstöchter*) 1854 erschien, war Camilla Collett bereits 42 Jahre alt. Es ist jedoch keineswegs ihr erster Schreibversuch – die Schwester des berühmten romantischen Dichters Henrik Wergeland hatte seit 25 Jahren Briefe und Tagebücher geschrieben.

Ihr Stil ist leicht und flüssig, dabei kraftvoll und direkt. *Die Amtmannstöchter* ist nicht nur der erste psychologische und realistische Tendenzroman Norwegens, es ist der erste norwegische Roman überhaupt, und er hatte großen Einfluß auf Schriftsteller wie Ibsen, Lie und Kjelland.

Camilla Collett verliebte sich als junge Frau in den größten literarischen Gegner ihres Bruders, den Dichter Welhaven. Ihre Liebe wurde nicht erwidert, und so heiratete sie Jonas Collett, einen aufgeklärten, feinsinnigen Mann, der sie sehr in ihren schriftstellerischen Bestrebungen unterstützte. Die Liebe zu Welhaven, an die sie ihr Leben lang glaubte, hat sie jedoch entscheidend geprägt.

Nach 10jähriger Ehe starb Jonas Collett, Camilla blieb mit vier Söhnen zurück. Sie brachte die Kinder bei Verwandten unter und lebte von da an in Kopenhagen und Oslo und ging oft auf Reisen. Sie schrieb viele essayistische Arbeiten, die nach und nach in Sammelbänden erschienen. Ihre Stellungnahme für die Rechte der Frauen, gegen sexuelle Doppelmoral, für die Abschaffung der legalisierten Prostitution nahm immer breiteren Raum ein.

Wie schon in den *Amtmannstöchtern* greift sie die Versorgungs- und Vernunftehe und vor allem die Stellung der Frau in der Ehe an. Mit ihren kritischen Analysen der Frauenbilder in zeitgenössischen Romanen ist Camilla Collett auch eine Pionierin der feministischen Literaturkritik.

Gegen Ende ihres Lebens erfuhr sie die ihr lange vorenthaltene Anerkennung – sowohl durch die in den 80er Jahren aufkommende Frauenbewegung als auch durch SchriftstellerInnen der nächsten Generation, die sich ausdrücklich auf sie beriefen. R.E.

geb. 27. Februar 1888 in Berlin
gest. 15. Februar 1966 in Starnberg
deutsche Philosophin
Lit. 31, 200, 911, 1011, 1114

Die deutsche Philosophin Hedwig Conrad-Martius wurde in Berlin geboren und wuchs in Rostock auf, wo ihr Vater Professor für Medizin war. Um ihr Abitur machen zu können, ging sie nach Berlin, wo sie Realgymnasialkurse für Mädchen besuchte. Das war zu einer Zeit, in der es in Norddeutschland kein Mädchengymnasium gab und es Mädchen verboten war, ein Jungengymnasium zu besuchen.

Nach dem Abitur 1907 studierte sie Literatur in Rostock und Freiburg, ging dann aber nach München, um Philosophie zu studieren. Dort blieb sie nur kurz, da sie von Moritz Geiger ermuntert wurde, zu Husserl nach Göttingen zu gehen. 1910 gehörte sie schon zum Kreis der »Göttinger Phänomenologen«, wie auch Edith Stein (1942 von den Nazis ermordet), mit der sie eine enge Freundschaft verband. In Göttingen lernte sie auch ihren späteren Mann Theodor Conrad kennen.

Sehr zum Verdruß der Gegner des Frauenstudiums gewann Hedwig Martius 1911 einen Preis, der von der Universität Göttingen ausgesetzt war. In ihrer anonym eingereichten Arbeit hatte sie sich mit den »erkenntnistheoretischen Grundlagen des Positivismus« befaßt. Dennoch wurde ihr als Frau in Göttingen die Promotion verboten. So ging sie wieder nach München und promovierte dort. Im gleichen Jahr heiratete sie Theodor Conrad.

Immer wieder verhinderten finanzielle Nöte das philosophische Arbeiten; die Habilitation mußte mehrmals zurückgestellt werden. Forschungsstipendien wurden nicht gewährt, und nach 1933 war Conrad-Martius wegen ihres jüdischen Großvaters mit einem Veröffentlichungsverbot belegt, was ihre Finanzlage weiter verschlechterte.

1937 zieht das Ehepaar nach München, wo Hedwig kontinuierlich arbeiten kann. Es gelingt ihr sogar, 1940 die Genehmigung zur Veröffentlichung eines Buches zu bekommen: 1944 erscheint »Der Selbstaufbau der Natur«. 1943 wird sie evakuiert und kehrt erst einige Jahre später nach München zurück, wo sie einen Lehrauftrag erhält (1949) und 1955 eine unbezahlte Honorarprofessur innehat. Nur durch die Forschungsaufträge kann sie sich über Wasser halten. Ihr gesundheitlicher Zustand zwingt sie, mit ihrem Mann und ihrer Adoptivtochter nach Starnberg zu ziehen.

Hedwig Conrad-Martius stirbt am 15. Februar 1966 und hinterläßt ein umfangreiches und bedeutendes philosophisches Werk. B.S.

Hilde Coppi

geb. 30. Mai 1909 in Berlin
hingerichtet am 5. August 1943
in Berlin-Plötzensee
deutsche Widerstandskämpferin
Lit. 201, 401, 489, 587, 818

Einzelheiten über das Leben der Widerstandskämpferin Hilde Coppi sind nur schwer in Erfahrung zu bringen. Geboren wurde sie in Berlin, und sie arbeitete als Sekretärin und Sprechstundenhilfe. Ihr Mann Hans Coppi war Dreher. Schon kurz nach Beginn der Naziherrschaft leistete er Widerstand und wurde dafür zu einer Gefängnisstrafe verurteilt. Nach seiner Entlassung 1935 lernte er Hilde Rake kennen, die der KPD nahestand. Beide arbeiteten in der Illegalität: Sie gewährten Verfolgten Unterschlupf und verhalfen ihnen zur Flucht. Hilde Coppi hört während des Krieges den Moskauer Rundfunk und den »Deutschen Volkssender« ab. Die Nachrichten leitet sie weiter. Sie verteilt illegal Flugblätter; im September 1942 werden beide Coppis verhaftet. Zwei Monate später bringt sie im Gefängnis ihren Sohn Hans zur Welt. Kurz darauf wird ihr Mann hingerichtet. Am 20. Januar 1943 wird auch Hilde Coppi zum Tode verurteilt. Die Vollstreckung des Urteils wird für ein halbes Jahr aufgeschoben, damit sie ihr Kind versorgen kann. Am 5. August 1943 wird Hilde Coppi in Berlin-Plötzensee hingerichtet.

In einem Brief, den sie am Tag ihrer Hinrichtung an ihre Familie schreibt, nimmt Hilde Coppi Abschied: »... Eben erhalte ich Eure lieben Briefe, Muttis und Deinen, Mama; wie freue ich mich, wieviel Freude ihr schon jetzt an unserem Sohn habt. Nun nehme ich Euch beide an die Hand, wenn ich die letzten Schritte tue, dann wird es mir leichter. Für all Eure Liebe und Sorge um uns danken wir Euch. Wieviel schöner wäre es gewesen, wenn wir den Kummer Euch hätten ersparen können. Aber es sollte nicht sein ...« B.S.

geb. 27. August 1768 in Saint Saturnin des Lignères
guillotiniert am 17. Juli 1793 in Paris
französische Politikerin
Lit. 61, 406, 511, 550, 568, 731

Charlotte Corday, eine Urenkelin Corneilles, ging durch eine einzige Tat in die Geschichte ein. Nach dem frühen Tod der Mutter zog sie mit ihrem Vater nach Caen. Zeitweilig besuchte das Kind eine Klosterschule. Sie wuchs mit den Büchern antiker Schriftsteller auf und bewunderte die einstige Größe Roms. Daher begrüßte sie zunächst die Ausrufung der Republik in Frankreich, doch die Greuel der Revolution schreckten sie bald ab. Allmählich reifte in ihr der Plan, den Politiker Jean Paul Marat zu beseitigen. In dem ehemaligen Arzt und Advokaten, der sich vor allem auf die armen Volksschichten stützte, sah Corday lediglich einen zu ständig neuen Untaten aufrufenden Hetzer. Ohne jemanden in ihren Plan einzuweihen, reiste sie nach Paris und kaufte dort ein Küchenmesser. Marat ließ sie sodann mitteilen, sie könne ihm wichtige Informationen über in Caen untergetauchte Girondisten (eine durch den Staatsstreich vom 31. Mai 1793 gestürzte Partei) liefern. Corday wurde vorgelassen und erstach den in der Badewanne sitzenden Revolutionär. Danach ließ sie sich widerstandslos verhaften.
Im Schnellverfahren wurde die Attentäterin verurteilt. Dabei stellte sich heraus, daß sie »den feigen Männern von Caen ein Beispiel an Mut und Tapferkeit« hatte geben wollen. Corday, die das Christentum als Aberglauben ablehnte, weigerte sich, einen Priester in ihre Zelle zu lassen. Schließlich wurde sie guillotiniert. Ein Zeuge der Hinrichtung ohrfeigte ihren abgeschlagenen Kopf. Da man(n) glaubte, nur eine »liederliche Person« habe einen »Helden« wie Marat umbringen können, untersuchte ein Arzt die Leiche – und stellte fest, daß Charlotte Corday als Jungfrau gestorben war.

Ihr Schicksal inspirierte viele KünstlerInnen; die Gedichte von Klopstock und Gleim über sie waren zeitweise recht populär. Durch ihr Handeln erreichte Corday jedoch das Gegenteil ihrer Absichten. Unter dem Vorwand, jetzt die GegnerInnen der Revolution erst recht bekämpfen zu müssen, wütete das Terrorregime schlimmer als je zuvor. A.E.R.

geb. 25. Juni 1646 in Venedig
gest. 26. Juli 1684 in Venedig
italienische Gelehrte
Lit. 240, 355, 408, 709, 1082

Elena Lucrezia Cornaro Piscopia, deren Leben erstaunliche Parallelen mit dem ihrer berühmten Zeitgenossin aus der Neuen Welt, Sor Juana Inés de la Cruz (1648-1695), aufweist, war das fünfte Kind des venezianischen Prokurators Cornaro. Die Familie gehörte zu den bedeutendsten Adelsgeschlechtern der Republik. Schon früh erhielt das begabte Kind Unterricht bei den bekanntesten Gelehrten in klassischen und modernen Sprachen und in den sogenannten »freien Künsten«. Der ehrgeizige Vater managte das Talent seiner Tochter und führte sein »Wunderkind« schon mit sieben Jahren öffentlich vor. Elena fand Gefallen an der Wissenschaft, nicht aber an der venezianischen Luxusgesellschaft und zog es trotz Protesten der Eltern vor, das Gelübde der Benediktinerinnen abzulegen, ohne jedoch ins Kloster einzutreten. An der venezianischen Universität trat Elena am 30. Mai 1677 vor dem ganzen Kollegium der Universität in einem öffentlichen wissenschaftlichen Disput mit großem Erfolg auf. Vater und Lehrer betrieben seitdem den Versuch, Elena den Doktortitel der Theologie zu verschaffen.

Das theologische Kolleg der Universität Padua lehnte den Antrag ab: Die »Laurea« schlösse die kirchliche Lehrerlaubnis ein, und die Frau habe in der Kirche zu schweigen. Lehrer und Vater erreichten einen Kompromiß: Elena durfte über ein philosophisches Thema aus der aristotelischen Logik promovieren, was sie am 25. Juni 1678 in Padua mit Bravour vollbrachte. So bekam sie als erste Frau der Welt den Doktortitel.

Ihr schriftlicher Nachlaß ist nicht umfangreich; eine Sammlung ihrer Schriften erschien 1688 in Parma und umfaßt ca. 300 Seiten. Schwerlich sind darin emanzipatorische Ansätze zu finden. Das lag nicht in ihrem Blickfeld.

Für siebzig Jahre blieb sie die einzige Doktorin an der Universität Padua. Die letzten Jahre ihres Lebens verbrachte Elena schreibend, korrespondierend, Vorträge haltend und Dispute absolvierend. Sie starb im 38. Lebensjahr, einer unsicheren Quelle zufolge »an einer Pest-Beule«. Sie wurde in Padua beigesetzt, und alle Akademien würdigten ihr Andenken durch prunkvolle offizielle Totenfeiern.
E.D.

geb. 18. Februar 1867 in Nebra, Thüringen
gest. 26. November 1950 in Rottach-Egern, Oberbayern
deutsche Schriftstellerin
Lit. 30, 754, 839, 888, 981

Mochten sich ihre Kritiker noch so sehr über diese kitschige »Dienstmädchenliteratur« mokieren – welcher Graf führte im wirklichen Leben schon die wunderschöne verarmte Gouvernante zum Traualtar –, verhindern konnten sie damit ihren Aufstieg zur wohl meistgelesenen deutschen Autorin der ersten Hälfte des 20. Jahrhunderts nicht.

Bis zur hochbezahlten Erfolgsschriftstellerin (geschätzte Gesamtauflage ihrer 207 Romane: über 30 Millionen Exemplare) ist es ein mühsamer Weg. Unehelich geboren, vom Stiefvater abgelehnt, wächst Hedwig in Pflegefamilien auf. Mit zwölf Jahren schon verläßt sie die Schule, arbeitet als Dienstmädchen, als Verkäuferin und träumt von einem ganz anderen Leben: Schriftstellerin will sie werden wie die bewunderte Eugenie Marlitt. Nachts und eher nebenbei beginnt sie zu schreiben; ihre Romane werden in Leipziger und Chemnitzer Zeitungen in Fortsetzungen gedruckt. Lange Zeit sind die Honorare eher bescheiden, noch lange ist das Familienleben – 1889 hat sie den in seinem Beruf recht glücklosen Dekorationsmaler Fritz Courths geheiratet; zwei Töchter, die später einmal Mamas Werk nicht ganz so erfolgreich fortsetzen, werden geboren – wegen des dauernden Geldmangels keineswegs so idyllisch wie in einem Courths-Mahler-Roman. 1912 stellt sich der erste große Erfolg ein: 100 000 Exemplare der *Wilden Ursula* sind in kurzer Zeit verkauft, und bald läßt sie sich nicht mehr mit ganzen 345 Mark abspeisen. 1918 erhält sie für *Die schöne Unbekannte* das enorme Honorar von 113 000 Mark. Der große Umbruch der zwanziger Jahre tut ihrer Popularität keinen Abbruch, und mögen die Kritiker sich noch immer mokieren – welcher Fabrikbesitzer führt im wirklichen Leben schon die Stenotypistin zum Traualtar –, sie bleibt die erfolgreichste Meisterin des rosaroten Happy-Ends. B.W.

geb. 23. Juli 1816 in Boston
gest. 18. Februar 1876 in Boston
amerikanische Schauspielerin und Sängerin
Lit. 622, 726, 785, 1149

Charlotte Cushman, die bedeutendste amerikanische Schauspielerin des 19. Jahrhunderts, trat gern in Männerollen, z.B. als Romeo oder Hamlet, auf, liebte Frauen und förderte andere Künstlerinnen, wo sie nur konnte, u.a die Bildhauerinnen Harriet Hosmer und Edmonia Lewis und Emma Stebbins. Stebbins war ihre langjährige Lebensgefährtin und schrieb später eine Biographie, aus der jegliche Spur von Frauenliebe rigoros getilgt war.

Wenn Cushman gefragt wurde, warum sie nicht geheiratet habe, pflegte sie zu sagen, Gott habe ihr ein Talent und damit einen klaren Hinweis gegeben, was ihre Aufgabe im Leben sei. Im vorigen Jahrhundert galten Schauspielerinnen als sittlich fragwürdig, denn eine richtige Frau hatte verheiratet, häuslich, demütig und kinderreich zu sein. An Cushmans Lebenswandel wurde nun ironischerweise das Fehlen von »Männergeschichten« als Zeichen ihrer unerschütterlichen Tugendhaftigkeit hervorgehoben – und das bis 1971! In dem Standardwerk *Notable American Women* (1971) heißt es noch »diskret«: »Ihr Ruf verdankte sich auch ihrem untadeligen Privatleben. ... Eine kurze Verlobung in der Jugend und eine noch kürzere Liebesaffäre 1836 – damit ist ihr Liebesleben bereits erschöpft.«

Wie sich die Zeiten geändert haben! Heute ist Cushmans Biographie gerade wegen ihrer zahlreichen und intensiven Frauenbeziehungen ein ergiebiges Objekt für die historische Lesbenforschung. Die junge Charlotte Cushman wurde nach privater Gesangsausbildung zunächst Sängerin. Wegen Stimmproblemen wechselte sie das Fach und wurde Schauspielerin. Die wirklichen Weihen der Schauspielkunst wurden damals in England verliehen. Also schiffte sich Cushman – sie war ehrgeizig und zielstrebig – 1844 fast mittellos nach Liverpool ein. Ihr erster Auftritt in London war ein triumphaler Erfolg – durch ihre ungeheure Ausstrahlung, Intensität und Leidenschaftlichkeit versetzte sie Publikum und Kritik förmlich in Raserei.

Nach rauschenden Erfolgen sowohl in England als auch in den Vereinigten Staaten zog sich Cushman 1852 von der Bühne zurück, führte ein großes Haus in London und unterhielt eine Winterresidenz in Rom, in der sich viele KünstlerInnen trafen. 1869 erkrankte Cushman an Brustkrebs und kehrte in ihre Heimat zurück. Sie trat, um sich von den Schmerzen abzulenken, noch des öfteren mit großem Erfolg auf und starb, bis zuletzt betreut von Emma Stebbins, 1876 mit 59 Jahren in Boston. L.F.P.

geb. 9. November 1922 in Cleveland, O.
gest. 8. September 1965 in Hollywood
amerikanische Sängerin, Tänzerin und Schauspielerin
Lit. 107, 108, 221, 480, 520

Dorothy Dandridge, das kulturelle Idol des schwarzen Amerika der fünfziger Jahre, wuchs mit ihrer älteren Schwester Vivian in der Welt des Showbusineß auf. Ihre Mutter, die Komikerin Ruby Dandridge, ließ ihre Kinder frühzeitig in Tanzen, Akrobatik, Gesang und Sprechen unterrichten. Schon als Teenager war Dorothy eine vielseitige Sängerin und Tänzerin. Sie arbeitete mit den berühmten Nicklas Brothers zusammen und heiratete den einen der Brüder, Harald. Später bezeichnete sie diese Jahre als die glücklichsten ihres Lebens.
Es war ein schwerer Schlag für sie, als sich herausstellte, daß ihre Tochter einen Gehirnschaden hatte. Sie arbeitete weiter, wollte sich aber nicht mit den Rollen als Showgirl, Sängerin und Tänzerin zufriedengeben. Inzwischen geschieden, kam 1954 ihre internationale Chance: der Regisseur Otto Preminger verpflichtete sie für die Titelrolle in dem Spielfilm *Carmen Jones* als Partnerin von Harry Belafonte. Zum erstenmal wurde eine schwarze Frau für einen Oscar nominiert; die französische Regierung lud sie zu den Filmfestspielen nach Cannes ein. Für die schwarze Bevölkerung der USA, die gerade dabei war, ihre Bürgerrechte einzuklagen, war Dorothy Dandridge ein Symbol der Hoffnung. Doch der Erfolg hielt nicht lange an. Drei Jahre wartete sie vergeblich auf eine neue große Rolle. Mit dem Gefühl, als Schauspielerin versagt zu haben, kehrte sie zum Fernsehen und in die Nachtclubs zurück.

1959 heiratete sie nach einigen mißglückten Affären den weißen Restaurant-Besitzer Dennison, was sie später den größten Fehler ihres Lebens nannte. Die Ehe endete mit ihrem finanziellen Ruin. Früh gebrochen, starb Dorothy Dandridge im Alter von 42 Jahren. E.R.

geb. 1. März 1801 in Wengern an der Ruhr
gest. 3. April 1876 in Dortmund
deutsche Kochbuchautorin
Lit. 80, 225, 226, 1028, 1061

Sie wird »Erfinderin des Kochbuchs« und der Rezept-Formel »Man nehme ...« genannt. Beide Zuschreibungen hätte sie abgelehnt und auf ihre Lebensweisheiten verwiesen: »Correktheit ist doch in jeder Art sehr zu wünschen« oder »Bescheidenheit ist eine Zierde der weiblichen Natur«. Acht Jahre lang hatte Davidis die Rezepte für ihr erstes Kochbuch gesammelt und die meisten selbst ausprobiert. In Wengern, wo sie auf einem Gut mit ihren Rezepten experimentierte, hieß es, sie habe einen ganzen Vierspännerhof bekocht. Henriette Davidis wurde 1801 als zehntes von 13 Kindern einer Pfarrfamilie in Wengern an der Ruhr geboren. Sie hat sich später weit über die Grenzen Dortmunds (wo sie seit 1856 lebte) hinaus einen Namen als Autorin von Kochbüchern und Erziehungsratgebern gemacht. Ihre Lebenserfahrung als nichtverheiratete Frau (zweimal war sie verlobt, aber beide Verlobten starben), Erzieherin und Tochter einer kinderreichen Familie bringt sie mit in ihre Schriften ein. Das Schicksal ihrer Mutter erklärt ihre Hinwendung zu den Idealen der Haushaltsführung: »Meine Mutter ... war im Hauswesen gänzlich unkundig, ländliche Arbeiten kannte sie nicht einmal dem Namen nach, worauf dann in ihrem Beruf als Pfarrfrau die peinlichsten Verlegenheiten aller Art entstanden.«

Man wird Henriette Davidis nicht gerecht, wenn man sie nur als »Altmeisterin der Kochkunst« betrachtet. Selbst das *Praktische Kochbuch* von 1845 ist Teil eines umfassenden Erziehungs- und Bildungsprogrammes für Mädchen, hinter dem das festgefügte, religiös geprägte und zutiefst konservative Frauenbild der Autorin steht. Fast könnte man von einem pädagogischen Baukastensystem sprechen, bei dem jede Einheit auf der vorhergehenden aufbaut: Nachdem sie als Kinder die *Puppenmutter Anna* (1858) und *Puppenköchin Anna* (1856) gelesen hatten, gab man den älteren Töchtern den *Beruf der Jungfrau* (1857), bevor sie als junge Hausfrauen zum Ratgeber *Die Hausfrau* und zum Kochbuch griffen, um ihre Ausbildung zu vervollständigen. Für Davidis war das Wirken der Hausfrau »Schaffen für Wohlstand und Unabhängigkeit« – des Mannes. Daß der Dortmunder Lokalpatriotismus Henriette Davidis »zu den bedeutendsten Frauen des 19. Jahrhunderts« zählt, hat sie genauso wenig nötig wie andere Superlative. Immerhin hat sie – für eine Frau in ihrer Zeit nicht einfach – eine große Zahl vielgelesener Schriften veröffentlicht, darunter auch einen Bestseller.

s.s.

geb. 5. April 1908 in Lowell, Mass.
gest. 6. Oktober 1989 in Paris
amerikanische Schauspielerin
Lit. 228, 448, 868, 897, 1087

Scarlett O'Hara hat sie nicht gespielt – die wohl begehrteste Rolle, die Hollywood je vergeben hat. Ihr Trostpflaster hieß Jezebel, auch sie eine Südstaatenschönheit, auch sie eine Magnolie aus Stahl – selbstbewußt, fordernd, kompromißlos: Lieber verzichtet sie auf ihren Verlobten als auf das von ihm beanstandete provozierend feuerrote Ballkleid. Die rote Robe blieb lange ein Traum, jahrelang wurde Bette Davis in brave Kleidchen für brave Mädchen gesteckt, seit sie als 22jährige – nach Schauspielunterricht, Tanzunterricht bei Martha Graham und kleineren Bühnenrollen am Broadway – zum ersten Mal in Hollywood vor einer Kamera stand. Verschüchtert huscht sie durch ihre ersten Filme, aber in dieser blassen, großäugigen kleinen Person, die so gar nichts von einem Glamour Girl an sich hat, steckt Energie und Selbstbewußtsein. Die Oscar-Preisträgerin von 1935 wird die gefürchtete »Mother Courage« der Studios: Bette Davis kämpft für bessere Drehbücher, gegen das Vertragssystem, das sie verpflichtet, jede noch so seichte, ihrem Talent nicht angemessene Rolle zu spielen. Nach ihrem zweiten Oscar (1938 für *Jezebel*) hat sie erreicht, was sie wollte: Bette Davis bekommt das Mitspracherecht bei der Stoffauswahl ihrer Filme.
Vorbei ist die Zeit der passiv wartenden, lieben, bescheidenen »Good Girls«; die 40er Jahre Hollywoods werden ihre große Zeit. Die aktiven, verführerischen, fordernden »Bad Girls« erobern die Leinwand.
Komplizierte (mitunter neurotische) macht- und geldhungrige (mitunter mörderische), willensstarke und ehrgeizige Frauen sind es allesamt, die Bette Davis in diesen Jahren eindrucksvoll spielt. Es sind Frauen wie Regina in *Die kleinen Füchse*: kalt bis ins Herz, verweigert sie ihrem Ehemann die lebensrettende Medizin, lieber läßt sie ihn sterben, als auf sein Vermögen zu verzichten. Es sind Frauen wie Christine in *Deception*: kalt bis ins Herz, erschießt sie ihren Liebhaber, lieber läßt sie ihn verbluten, als ihre Ehe zu gefährden. Aber es sind auch Frauen wie die alternde Schauspielerin Margo in »Alles über Eva«, die resigniert erkennen muß, daß die engelhaft wirkende junge Kollegin ein talentiertes »Bad Girl« ist …

»Bad Girls« wird es sicher geben, solange es Filme gibt, aber nie mehr wird eine so unnachahmlich, ein mokantes Lächeln auf den feuerroten Lippen, den Kopf stolz zurückwerfen und aus halbverschleierten Augen ironisch-unergründlich den Blick schweifen lassen wie Bette Davis. B.W.

geb. 11. Oktober 1872 in Blackheath, London
gest. 8. Juni 1913 in London
englische Frauenrechtlerin
Lit. 47, 199, 676, 811, 992

Emily Davison erlangte durch ihren dramatischen Tod traurige Berühmtheit: 1913 – nach einem langen Kampf für die Frauenrechte – warf sie sich bei einem Derby vor das Pferd des Königs und erlag vier Tage später ihren Verletzungen, ohne das Bewußtsein wiederzuerlangen. Ihr Tod steht am Ende einer langen Kette von Verhaftungen, Hungerstreiks, Zwangsernährungen und Gefängnisstrafen.

Emily Davison stammte aus einer wohlhabenden englischen Familie und bekam eine standesgemäße Schulausbildung. Sie hatte begonnen, Literatur zu studieren, als der Tod ihres Vaters sie zwang, selbst für ihren Lebensunterhalt zu sorgen. Sie arbeitete als Gouvernante und Lehrerin, schloß ihr Literaturstudium erfolgreich ab und kam zu dieser Zeit mit anderen Frauenrechtlerinnen (u.a. mit den Pankhurst-Schwestern) in Kontakt, was dazu führte, daß sie ihre Erwerbstätigkeit ganz aufgab, um sich ausschließlich dem Kampf für das Frauenwahlrecht zu widmen.

1906 trat Emily Davison der *Women's Social and Political Union* bei; 1909 folgte ihre erste Verhaftung wegen Unruhestiftung, Sachbeschädigung und später dann Brandstiftung.

Die männliche Staatsmacht nahm die Aktionen des weiblichen Widerstands nicht einfach hin. Geradezu hysterisch wurde versucht, diese Frauen zum Schweigen zu bringen und – nicht nur symbolisch – zu beweisen, daß die Forderung nach dem Wahlrecht (und somit langfristig nach Selbstbestimmung) nicht durchsetzbar sei.

Emily Davison wurde während ihrer Hungerstreiks durch Zwangsernährungen gefoltert, und als sie sich einmal in ihrer Zelle verbarrikadierte, um diesen Folterungen zu entgehen, wurde ihre Zelle mit einem Wasserschlauch unter Wasser gesetzt, um sie zur Aufgabe zu zwingen.

Vor diesem Hintergrund ist es nachvollziehbar, daß Emily Davison selbst nach radikalen Aktionen suchte, da der Staat nicht gewillt war, sich den Forderungen der Frauenrechtlerinnen zu stellen. Sie empfand ihren Kampf als heilige Berufung. Langsam festigte sich in ihr die Überzeugung, daß allein die Selbstaufopferung ihrem Ziel dienen würde, eine Ansicht, die sie mit einem gewissen religiösen Fanatismus vertrat. Immerhin erlangte ihre Aktion eine ungeheure Publizität, und die Forderung nach dem Frauenwahlrecht gelangte erneut in die Schlagzeilen.

Das Begräbnis von Emily Davison geriet zu einer eindrucksvollen Demonstration für Frauenrechte, der sich Tausende von Studierenden, Angestellten und Gewerkschaftsmitgliedern anschlossen. B.S.

geb. 25. Dezember 1697 auf Schloß Chamrond bei Macon
gest. 23. September 1780 in Paris
französische Salonière
Lit. 209, 263, 466, 862, 928

Marie Anne de Vichy-Chamrond, geboren auf einem Schloß in Burgund, verlor früh ihre Eltern und wurde in einem Kloster erzogen. Mit 22 Jahren heiratete sie einen entfernten Verwandten, den Marquis du Deffand, für den sie nichts empfand. Man trennte sich bald, und sie ging nach Sceaux an den Hof der Duchesse du Maine, einer Schwiegertochter Ludwigs XIV., wo sie sich aus Langeweile einen Liebhaber nach dem anderen zulegte.

Nach dem Tod der Duchesse zog Marie Anne du Deffand nach Paris und eröffnete dort im Couvent de Saint Joseph ihren berühmten Salon. Sie korrespondierte mit den größten Geistern ihrer Zeit, u.a. mit d'Alembert, Montesquieu und Voltaire. In diesen Briefen legt eine hochbegabte Frau, die sich wegen ihrer mangelhaften Ausbildung nicht an andere Literaturformen heranwagte, mit trockenem Witz Zeugnis ab vom Skeptizismus ihrer Zeit und ihrer alles bestimmenden Erfahrung des *ennui* [Langeweile].

1752 lernte sie bei ihrem Bruder die Schwester seiner Frau kennen, die 20jährige Julie de Lespinasse, die sich um die Kinder kümmerte. Die Marquise stellte sie als Gesellschafterin und Vorleserin an, denn ihre Sehkraft ließ stark nach – mit 57 Jahren war sie ganz erblindet. Da die jugendliche Schönheit Julies aber mehr Verehrer anzog als die bestrickende Konversation der Marquise, entließ Deffand Julie, die daraufhin ihren eigenen Salon eröffnete, der als Treffpunkt der Enzyklopädisten berühmt wurde.

1765 kam der englische Schriftsteller Horace Walpole nach Paris und eroberte die Salons und das Herz der berühmten Marquise, die fast 70 und 20 Jahre älter war als er. Er fühlte sich geschmeichelt und empfing in den 15 Jahren ihrer Korrespondenz ihre amüsanten Briefe mit großem Vergnügen, verbat sich aber jeden Ausdruck ihrer Liebe (ihm schwebte ein geistreiches Dokument der Zeit ähnlich dem vor, das im Jahrhundert zuvor die Marquise de Sévigné hinterlassen hatte). Von der Korrespondenz sind 955 Briefe erhalten geblieben, die zu den interessantesten des 18. Jahrhunderts gehören. L.F.P.

geb. 14. Januar 1870 in Bingen
gest. 29. September 1942 in Hamburg
deutsche Kunstmäzenin
Lit. 235, 582, 869

Ida Coblenz, jung, schön und begabt, stammte aus großbürgerlichem Haus. Stefan George hätte ihr fast einen Gedichtzyklus gewidmet, im Sommer 1892, als sie zusammen lange Spaziergänge in der Umgebung von Bingen machten. Doch drei Jahre später heiratete sie den wohlhabenden Tuchhändler und Konsul Auerbach. Sie ging mit ihm nach Berlin, wo ihr Haus im Tiergartenviertel ein Treffpunkt für KünstlerInnen, KritikerInnen und WissenschaftlerInnen wurde.
Durch den Bankrott ihres Mannes scheiterte auch die Ehe. Ida zog mit ihrem Sohn in die Nähe des Schriftstellers Richard Dehmel und seiner Frau Paula. Nach dem mißlungenen Experiment einer Dreierbeziehung trennte sich Richard von Frau und Kindern und begann mit Ida ein »neues Leben« in der Nähe Hamburgs. Wieder wurde ihr Haus ein Zentrum für KünstlerInnen und junge Talente.
Nach dem Tod Richards 1920 ordnete sie seinen Nachlaß, gab seine Briefe und Tagebücher heraus und gründete die Dehmel-Gesellschaft.
Ida Dehmels Name ist vor allem verbunden mit der Idee zur Gründung eines »Frauenkunstverbands«. Nach dem *Bund Niederdeutscher Künstlerinnen* gründete sie 1926/27 die *Gedok* (Gemeinschaft Deutscher und Oesterreichischer Künstlerinnen und Kunstfreundinnen), einen Interessenverband für Künstlerinnen aller Sparten. In vielen deutschen Städten entstanden Zweigstellen. Die *Gedok* wurde von bekannten Künstlerinnen unterstützt (Kollwitz, Sintenis, Huch, Kolb). Ida Dehmel übernahm den Vorsitz, wurde aber nach der Machtergreifung Hitlers zum Rücktritt gezwungen, da sie Jüdin war. Die *Gedok* wurde zur »Reichsgedok« umfunktioniert. Aus Solidarität mit Ida Dehmel traten 5000 Mitglieder aus.

Ida Dehmels Lage wurde zunehmend schwieriger, doch sie wollte ihr Archiv und das Haus nicht aufgeben. Im Herbst 1942 nahm sie sich das Leben. Nach dem Zweiten Weltkrieg wurden die Ideen der *Gedok* wieder aufgenommen, und in vielen Städten sind seitdem neue Gruppen entstanden. Ida Dehmels Lebenswerk und Schicksal sollten unvergessen sein. R.R.

geb. 13. Februar oder 3. November 1880 in Honfleur
gest. 26. April 1945 in Château-Gontier
französische Schriftstellerin
Lit. 50, 69, 155, 181, 742, 842, 928

Die Hochzeit der jungen Anwaltstochter Lucie Delarue mit dem bekannten Orientalisten Dr. Mardrus war ein gesellschaftlicher Skandal – die Braut erschien in Radfahrkleidung. Ihr Gatte störte sich zunächst auch nicht daran, daß ihre Zuneigung Natalie Barney galt, der berühmtesten (Frauen-)Herzensbrecherin von Paris. Die Ehe ging später in die Brüche, während die Beziehung zwischen den beiden Frauen sich in eine dauerhafte Freundschaft wandelte.

Lucie Delarue-Mardrus war einer der wichtigsten Pariser Kontakte für die 1902 aus den USA übergesiedelte Schriftstellerin Natalie Barney. Sie machte sie mit Paul Valéry und André Gide bekannt und vermittelte ihr das Haus in der rue Jacob, in dem Barney ihren berühmten Freitagssalon unterhielt und die *Académie des Femmes*, eine der »produktivsten weiblichen Subkulturen des 20. Jahrhunderts« (Alexandra Busch) gründete. Delarue-Mardrus gehörte von Anfang an zum Zentrum dieses Frauennetzwerks und nutzte es, um ihre literarische Produktion öffentlich vorzustellen.

Wie viele der zumeist adligen und/oder wohlhabenden Freundinnen des »Paris-Lesbos« arbeitete sie im Ersten Weltkrieg als Lazarettfahrerin und nahm am »Frauenkongreß für den Frieden« teil, der in der rue Jacob organisiert wurde.

Ihre künstlerische Tätigkeit war außerordentlich intensiv und vielfältig. Mit 21 publizierte sie ihren ersten Gedichtband, es folgten Erzählungen, Theaterstücke (*Die verzweifelte Sappho*) und viele Romane, darunter *Der Engel und die Perversen*, in dem sie u.a. Natalie Barney ein literarisches Denkmal setzte. Vortragsreisen führten sie um die halbe Welt; sie musizierte, zeichnete, modellierte, restaurierte Kunstwerke und veröffentlichte ihre Memoiren. Unter dem Krieg litt sie sehr, und die letzten Jahre vor ihrem Tod waren von materieller Not geprägt. A.S.

geb. 14. November 1885 in Odessa
gest. 5. Dezember 1979 in Paris
französisch-russische Malerin und Designerin
Lit. 52, 220, 601, 679, 763, 971, 1077

Stoffe, Vorhänge, Möbel, Theateraufführungen, Bücher, Kirchenfenster, Kartenspiele, Teller, Autos – während der ersten 75 Jahre unseres Jahrhunderts war praktisch nichts davor sicher, von Sonia Delaunay auf eine einmalige und aufregend neue Weise gestaltet, zu einem Kunstwerk zu werden. Bis in das hohe Alter von 94 Jahren gelang es ihr dabei, zeitlos modern und »Avantgarde« zu sein – aktiv bis zu ihrem friedlichen Tod im Atelier. Ihre Beschäftigung mit den »angewandten Künsten« darf nicht darüber hinwegtäuschen, daß Delaunay in der modernen Malerei seit 1910 richtungweisend war und viele der Strömungen vorweggenommen hatte sowohl in der Form als auch in der Wahl ihrer Materialien. Als sie nach einem Studium an der Kunstakademie von Karlsruhe 1905 nach Paris kommt, lernt sie Robert Delaunay kennen – ein Zusammentreffen zweier genialer Menschen, der Beginn einer großen Liebe und einmaligen künstlerischen Partnerschaft. Aufbauend auf dem Text des Physikers Chevreul über den Simultankontrast von Farben, experimentieren die Delaunays mit Farbflächen und untersuchen die Veränderungen der Farb- und Tonwerte, die bei bestimmten Farbkonstellationen auftreten, um mit der gezielten Verwendung der Farbreaktionen die »lichterfüllte Natur« einzufangen. Sonia malt mehrere Fassungen von dem Tanzlokal *Bal Bullier*, in dem allwöchentlich die KünstlerInnen die Nacht durchtanzen und in dem Sonias Simultankleider Furore machen. Sie fängt die Atmosphäre von Licht und Bewegung mit durcheinanderwirbelnden Farbflächen ein.Vom Ersten Weltkrieg in Spanien überrascht, bleibt Delaunay mit ihrer Familie bis Anfang der 20er Jahre auf der iberischen Halbinsel. Die unbeschwerte Zeit geht schlagartig zu Ende, denn mit der russischen Revolution entfällt die Unterstützung durch Sonias reiche Verwandten aus St. Petersburg. Es ist Sonia, die für viele Jahre auf ihren Lebensinhalt, das Malen, verzichtet und mit ihrer »Design-Boutique« den Unterhalt bestreitet – ihre außergewöhnlichen Kreationen sind erst in Spanien, dann in Paris ein ungeheurer Erfolg. Mit der Weltwirtschaftskrise gehen auch Sonias Geschäfte nicht mehr so gut, 1930 gibt sie die Produktion auf und malt wieder. Als 1941 Robert Delaunay an Krebs stirbt, arbeitet Sonia unermüdlich daran, das Werk ihres Mannes bekanntzumachen und seine herausragende Stellung in der modernen Kunstgeschichte zu manifestieren. Ihr eigener, ebenso großer Verdienst um die Moderne ist heute wohl unumstritten. A.V.H.

geb. 30. Januar 1888 in Yankton Indian Reservation
gest. 12. Februar 1971 in Tripp, S.D.
amerikanische Linguistin und Anthropologin
Lit. 237, 396, 786

Die indianische Linguistin und Anthropologin Ella Cara Deloria führte ein Leben, das zwischen ihren Eltern, Geschwistern und ihrer Wissenschaft hin- und hergerissen war. Sie wuchs in einem Reservat auf und besuchte dort die Missionsschule bis zu ihrem 14. Lebensjahr, ging dann auf eine weiterführende Schule und studierte von 1911 bis 1913 am Oberlin College in Ohio. Nach ihrer Ausbildung an einem LehrerInnen-Seminar an der Columbia Universität machte sie 1915 ihren Abschluß und wurde 1923 Lehrerin für Sport und Tanz an der Haskell Indian School. In der Zwischenzeit lehrte sie an ihrer alten Schule.

Während ihres Studiums hatte sie den berühmten Anthropologen Franz Boas kennengelernt, der u.a. indianische Sprachen erforschte. Auf sein Drängen hin gab Deloria ihre Lehrtätigkeit auf und befaßte sich mit ihrer eigenen Dakota-Sprache. Zusammen mit Boas schrieb sie eine Dakota-Grammatik (1941). Um an das nötige Material zu kommen, besuchte sie zahlreiche Dakota-Reservate, wo sie besonders ältere Menschen über traditionelle Kultur und indianisches Leben interviewte. Während dieser Zeit sammelte sie auch Mythen und Erzählungen, die sie 1932 herausgab (*Dakota Texts*). 1944 folgte eine Beschreibung der traditionellen Lebensweise der Dakota (*Speaking of Indians*) – illustriert von ihrer Schwester Mary Sully, mit der sie auch die meiste Zeit ihres Lebens zusammenlebte.

Von 1955 bis 1958 leitete sie eine Missionsschule, arbeitete danach kurz für das Sioux Indian Museum in Rapid City und war stellvertretende Direktorin des W.H.-Over-Museums an der Universität von Süd-Dakota. Damit sie ihre linguistischen und anthropologischen Forschungen weiter betreiben konnte, erhielt Deloria später Forschungsstipendien.

Das ständige Reisen, Familienverpflichtungen und finanzielle Nöte hinderten Deloria daran, ihr gesammeltes Material zu veröffentlichen: Frühere Manuskripte wurden ohne ihr Wissen von der Columbia Universität in die Bibliothek der American Philosophical Society gebracht, so daß es ihr im Alter nicht mehr möglich war, mit ihnen zu arbeiten; andere Manuskripte und Notizen gingen verloren. Dennoch gelang es Deloria, eine umfassende Beschreibung der Tradition, der Sprache, des gesellschaftlichen und religiösen Lebens der Dakota zu liefern. Deloria starb 83jährig in Tripp, Süd-Dakota. B.S.

geb. 29. April 1917 in Kiew
gest. 13. Oktober 1961 in Queens, New York
amerikanische Filmemacherin
Lit. 193, 786, 861, 1031, 1033

In den 40er Jahren war Maya Deren wohl die bekannteste Persönlichkeit des amerikanischen Experimentalfilms. Sie kreierte den Psychodrama-Kurzfilm und den *cine-dance*-Film.

Deren wurde 1917 als Eleonora Derenkowsky in Kiew geboren; den Namen Maya Deren benutzte sie erst ab 1943. Die Familie emigrierte 1922 nach Syracuse, New York. Maya Deren bekam eine ausgezeichnete, breitgefächerte Ausbildung. 1942 heiratete sie in zweiter Ehe Alexander Hammid, einen tschechischen Regisseur, und veröffentlichte »Religious Possession in Dancing«, ihren ersten Artikel über die Kultur Haitis, die sie zeitlebens nicht loslassen sollte.

Ein Jahr nach ihrer Heirat drehten Deren und Hammid zusammen *Meshes of the Afternoon*, Derens bekanntester Film. Er beginnt in der Wirklichkeit und endet auch dort, aber dazwischen schafft sich die Imagination Raum, hier als Traum« (Deren). In den Jahren 1944-1946 drehte sie je einen Film: *At Land, Study in Choreography for Camera* und *Ritual in Transfigured Time;* 1948 folgte *Meditation on Violence* und 1955 *The Very Eye of Night*. 1946 hatte Deren zwei große Erfolge: Sie veröffentlichte eine längere theoretische Abhandlung »An Anagram of Ideas on Art, Form, and Film« und bekam ein Guggenheim-Stipendium für »schöpferische Arbeit auf dem Gebiet des Films«.

Deren und Hammid ließen sich 1947 scheiden. Im selben Jahr bekam Deren als erste AmerikanerIn und als erste Frau den Großen Preis von Cannes für Avantgarde-Film. Der Zweite Weltkrieg hatte sie am Reisen gehindert, und deshalb machte sie erst jetzt eine Reise nach Haiti. Sie wollte dort einen Film über den haitischen Tanz drehen, statt dessen aber vertiefte sie sich in die Voodoo-Kultur. Das Ergebnis ihrer drei Haiti-Reisen waren die beiden Bücher über Haitis Mythologie, *Divine Horsemen: The Living Gods of Haiti* (1953) und *The Divine Horsemen: Voodoo Gods of Haiti* (1970).

Gegen Ende ihres kurzen, rastlos kreativen Lebens begann Deren mehrere Projekte, die sie nicht mehr vollenden konnte, und gründete die Organisation *The Creative Film Foundation,* die »anderen unabhängigen FilmemacherInnen helfen sollte, Anerkennung und finanzielle Unterstützung für ihre Arbeiten zu finden«. 1960 heiratete sie den Komponisten Teiji Ito, mit dem sie während ihrer ganzen Karriere zusammengearbeitet hatte. Ein Jahr später starb sie nach mehreren Schlaganfällen. K.E.H.

geb. 1. Juli 1961 auf Schloß Althorp in Northamptonshire bei London
gest. 31. August 1997 in Paris
Prinzessin von Wales
Lit. 216, 227, 651, 750, 1132

»Don't do it, Di«, stand auf den Buttons, die englische Feministinnen am 29. Juli 1981 in London verteilten. Ein ahnungsvoller, wiewohl vergeblicher Ruf. Die 20jährige schüchterne Kindergärtnerin aus gehobenen Adelskreisen ließ sich nicht mehr umstimmen, auch als ihr, noch vor der Traumhochzeit mit dem Thronfolger, Gerüchte über Camilla Parker-Bowles und Prinz Charles zu Ohren kamen. Daß ihre Ehe sehr bald »rather crowded« werden würde, konnte sich »Shy Di« nicht vorstellen. Sie hatte sich in ihr Brautkleid hineingehungert (»Als man zum ersten Mal die Maße für mein Hochzeitskleid nahm, hatte ich eine Taillenweite von 73,5 Zentimeter. Am Hochzeitstag waren es knapp 60 Zentimeter. Ich war von Februar bis Juli auf ein Nichts zusammengeschrumpft«) und war als Scheidungskind voller Sehnsucht nach einer intakten, glücklichen Familie. 1982 kam Prinz William zur Welt, 1984 dessen Bruder Harry, da hatte sich das Paar bereits auseinandergelebt. Draußen, vor den Kameras, mußte die inzwischen meistfotografierte Frau der Welt die glückliche Prinzessin spielen und standesgemäß repräsentieren, hinter den Palastmauern reagierte sie mit Eßstörungen (»Ich habe unmäßig gegessen, bis ich ganz voll war. Dann fühlte mein Körper sich an wie bei einer Umarmung. Dann habe ich alles erbrochen«), Depressionen und Selbstmordversuchen auf eine lieblose Ehe. 1992 machte Lady Di ihr Leiden in einem Buch von Andrew Morton öffentlich, und in dem berühmten BBC-Interview 1995 klagte ein Häufchen Elend der Nation das Leid ihrer Ehe, die 1996 geschieden wurde. Es schien wie ein gewaltsamer Befreiungsschlag. Aus der scheuen Prinzessin war eine selbstbewußte Frau geworden, die den traditionellen Erwartungen trotzte. Und von der Öffentlichkeit dennoch geliebt wurde. Ob sie in Angola und Bosnien gegen den Einsatz von Landminen demonstrierte, in Indien Leprakranke umarmte, mit Mutter Teresa in New York die Slums besuchte – und zwischendurch zu Gianni Versaces Modenschau nach Mailand jettete –, die »moderne katholische Maria mit Lust auf Rock 'n' Roll« (Camille Paglia) kam an. Für die Öffentlichkeit blieb sie die strahlende »Königin der Herzen«, für die Medien das ewig strahlende, glamouröse Objekt der Begierde. »Dianas Dilemma war«, schrieb Alice Schwarzer, »daß sie sich nicht entscheiden konnte ... Sie wollte Objekt und Subjekt zugleich sein.« Die letzte Jagd der Reporter auf das »Objekt« Diana und ihren Liebhaber Dodi Al-Fayed in der Nacht vom 30. auf den 31. August 1997 in Paris überlebte sie nicht. »Goodbye, England's Rose!« S.G.

Anna Elizabeth Dickinson

geb. 28. Oktober 1842 in Philadelphia, Penn.
gest. 22. Oktober 1932 in Goshen, N.Y.
amerikanische Frauenrechtlerin
Lit. 185, 645, 785

Schon als sehr junge Frau hat Anna Dickinson, die »Jeanne d'Arc« des US-Bürgerkriegs, Tausende von ZuhörerInnen mit ihren leidenschaftlichen Reden begeistert. Das jüngste von fünf Kindern einer verarmten, verwitweten Quäkerin mußte schon mit 15 Jahren zum Familienunterhalt beitragen. 1860 hielt die junge Abolitionistin ihre erste Rede vor der Anti-Slavery-Gesellschaft von Pennsylvania und wurde von Lucretia Mott ermutigt, weiterzumachen. Ein riesiges Publikum hörte gefesselt zu, als die Zwanzigjährige in der Konzerthalle von Philadelphia gegen die Benachteiligung der Frauen wetterte. Dickinson wurde auch eine begehrte Wahlkampfrednerin für die Partei Abraham Lincolns.

Nach dem Bürgerkrieg ging Dickinson weiter auf Vortragstourneen und wurde rasch zum Star – sie hielt jährlich an die 150 Vorträge. In ihren Reden setzte sie sich vor allem für die Emanzipation der Frauen ein. Mit führenden FrauenrechtlerInnen wie Elizabeth Cady Stanton und Susan B. Anthony war sie eng befreundet und wurde zum geliebten Vorbild für jüngere engagierte Frauen wie die Führerin der Temperenzbewegung Frances Willard, die (wie auch Anthony) leidenschaftliche Briefe an sie schickte.

Als das Interesse an öffentlichen Vorträgen nachließ, versuchte Dickinson vergeblich, durch Auftritte in selbstgeschriebenen Theraterstücken populär zu bleiben. Sie verarmte und wurde krank; man glaubte Symptome von Verfolgungswahn festzustellen. 1891 wurde sie für kurze Zeit in eine Anstalt für Geisteskranke gebracht. Nach ihrer Entlassung strengte sie sofort einen (lange andauernden, schließlich erfolgreichen) Prozeß gegen diejenigen an, die sie eingeliefert hatten.

Die letzten 40 Jahre ihres langen Lebens (sie wurde fast 90 Jahre alt), verbrachte Dickinson relativ glücklich bei FreundInnen. J.H.

geb. 14. Dezember 1918 in Kopenhagen
gest. 7. März 1976 in Kopenhagen
dänische Schriftstellerin
Lit. 12, 246, 1035, 1135

Von Tove Ditlevsens Leben zu sprechen heißt, von ihrem Schreiben zu sprechen – und umgekehrt. Die politisch bewußte Kritik und die Frauenbewegung der 70er Jahre haben ihr den Vorwurf der Selbstbespiegelung, des Rückzugs ins Private und der Resignation gegenüber der Realität gemacht. Doch spätestens mit ihrer vierbändigen Autobiographie (1967-1976) problematisiert Ditlevsen ebendiese postulierte Trennung von Öffentlichem und Privatem, von Leben und Schreiben.

Sie beschreibt zunächst ihre Kindheit in einer Arbeiterfamilie, die schmerzliche Beziehung zu einer lieblosen Mutter, Armut und Ängste; nach der Konfirmation die schnell wechselnden Arbeitsplätze im Haushalt und im Büro und schließlich den Durchbruch als Dichterin im Jahre 1939. Ihre literarischen Erfolge werden überschattet von vier gescheiterten Ehen, zwei Schwangerschaftsabbrüchen, dem permanenten Entfremdungsgefühl im neuen, literarischen Milieu und, wohl als Folge all dessen, schließlich der Flucht in Depressionen und Drogen. Tove Ditlevsen beendet ihr schwieriges Leben durch einen Selbstmord, den sie am Schluß des letzten Bandes ihres autobiographischen Werks beschreibt, womit die Einheit von Leben und Werk mit größmöglicher Konsequenz vollzogen ist.

Tove Ditlevsens Identität ist geprägt von mangelnder Geborgenheit, Einsamkeit, Anders-Sein, Angst und Wirklichkeitsflucht bis hin zur Todessehnsucht. Ihre Überlebensstrategie war – seit ihrer Kindheit – das Schreiben. Doch es ist nicht nur persönliche Therapie. Das Schreiben über ihr Leben macht Tove Ditlevsen zu einer öffentlichen Person, durch ihre schonungslose Selbstauslieferung tut sie einen Schritt hin zur Politisierung des Privaten. Und so erklärt sich ihre Popularität wohl nicht zuletzt durch die frauen- und zeittypischen Aspekte ihrer extremen Erfahrungen: angefangen von der schwierigen Mutter-Tochter-Beziehung bis zur Doppelrolle als Hausfrau, Mutter und Schriftstellerin, vom Entfremdungserleben bis zur vergeblichen Jagd nach Geborgenheit in der Ehe. A.H.

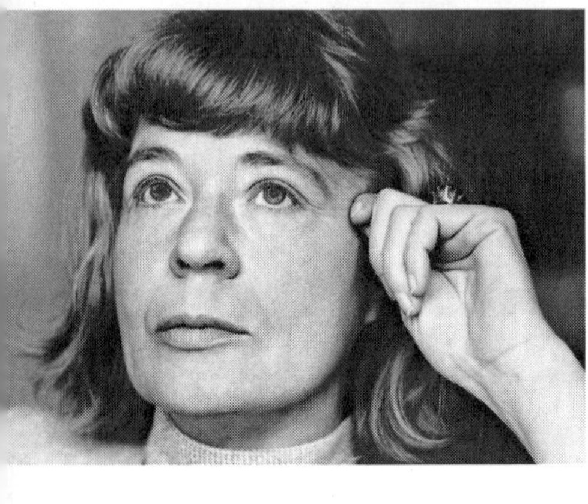

Cécile Douard

geb. 31. Dezember 1866 in Rouen
gest. 14. Januar 1941 in Brüssel
belgische Malerin und Bildhauerin
Lit. 20, 835

Cécile Douard hatte eine unruhige frühe Kindheit. Ihre Mutter war Pianistin, der Vater Theaterregisseur; man reiste viel. Cécile verlebt ihre Jugend hauptsächlich in Mons (in der Borinage, einem Bergbaugebiet). Nach kurzer Lehrzeit in einem Atelier in Brüssel studiert sie Malerei in Mons (1883-1886) und gewinnt mehrere Preise.

Einer ihrer Lehrer ist Antoine Boulard, Direktor der Académie des Beaux Arts. Er erkennt ihr Talent und fördert sie. Sie stellt Dinge und Menschen ihrer täglichen Umgebung dar, vor allem die in großer Armut lebenden, in den Bergwerken schuftenden Frauen – eine scharfe Kritik an den sozialen Zuständen, ohne Beimischung von Sentimentalität.

Die Zeit in Mons (bis 1904) ist ihre künstlerisch produktivste; sie zeichnet und malt enorm viel, Studien, Entwürfe, Skizzen in schneller Folge. Sie erteilt den Töchtern der BürgerInnen von Mons Zeichen- und Malunterricht und erhält viele Porträtaufträge, besonders für Kinderporträts.

Seit 1896 leidet Douard an einer Augenkrankheit, die 1899 zur Erblindung führt. Sie resigniert aber keineswegs. 1904, nach dem Tod Boulards, der ihr Lebensgefährte wurde, verläßt sie Mons und zieht nach Brüssel, wo sie Kontakte zu bekannten KünstlerInnen und Intellektuellen hat. Sie beginnt, ihre künstlerischen Ideen mit anderen Mitteln auszudrücken und entwickelt nun ihre bildhauerische Begabung, schafft Porträtbüsten, Reliefs und Medaillons, wobei sie ihre Modelle durch Berührung erfährt. Auch musikalisch war sie außerordentlich begabt und gut ausgebildet (Gesang und Violine). Sie ist viel auf Reisen, begleitet und unterstützt von einer Freundin. Ihre Eindrücke aus Frankreich, England und Nordafrika schildert sie in zwei Büchern: *Eindrücke eines zweiten Lebens* und *Ungesehene Landschaften*. R.R.

geb. 10. Januar 1923 in Berlin
gest. 26. November 1986 in Berlin
deutsche Schriftstellerin
Lit. 256-258, 516, 965

»Für mich ist es wichtig, daß du so warst, wie ich zu sein versuche: Nicht angepaßt, empfindlich für die, die draußen stehen, zornig gegenüber der aalglatten Routine, wach für die Fingerspitzengefühle von Mensch zu Mensch, von den Sorgen um die eigenen Kinder immer wieder erreicht, eifernd im Protest, weil von der sozialen und demokratischen Verantwortung überzeugt – und schreibend allein. ...
Bettine, Schwester, Freundin, anderes Ich ... bleib Du mir nahe mit Deinem Mut!« (*Brief an Bettine von Arnim*, 1983)

Ingeborg Drewitz studierte gegen den Wunsch des Vaters, promovierte 1945 und heiratete ein Jahr später den aus dem Krieg heimgekehrten Jugendfreund. Sie bringt zwei Töchter zur Welt, gewinnt einen Förderpreis, aber »die Währungsreform stoppt den großen Aufflug«. Ein drittes Kind stirbt bei der Geburt; das vierte bekommt sie fast gleichzeitig mit dem Erscheinen ihres ersten Romans, *Der Anstoß*, 1958.

Es folgen fast drei Jahrzehnte des Engagements im Leben und Schreiben. Sie verbindet Mut mit einer fast unglaublichen Arbeitswut. Immer wieder setzt sie sich ein, für die, »die draußen stehen« – in Reden, Aufsätzen, Aktionen, Ausstellungen, in der Verbandsarbeit und der Lehre. Sie setzt sich persönlich ein für Frauen, für kulturelle Minoritäten, für Strafgefangene, für den Frieden. Neben dieser vielseitigen, ermüdenden, oft entmutigenden Öffentlichkeitsarbeit bleibt aber auch immer der Antrieb, Hörspiele, Romane, Erzählungen zu schreiben. Für sich schreibt sie Gedichte und Tagebuch. Ihr letzter Roman, *Eingeschlossen*, erscheint 1986. Von einer mehrmonatigen Lesereise nach Berlin zurückgekehrt, wird sie im September wegen Darmkrebs operiert. Die Krankheit ist schon zu weit fortgeschritten. Im Tagebuch schreibt sie von ihrer Bereitschaft zu sterben, »weil die Grenzen gesetzt sind, weil sogenannte Heilung nur Verlängerung des Elends ist, die mir die Befreiung des Schreibens nur noch versperrt«. M.E.W.

geb. 15. Dezember 1912 in Sacramento, Ca.
gest. 21. August 1988 in Los Angeles
amerikanische Designerin
Lit. 164, 332, 560, 771, 1010, 1045

Ray und Charles Eames lernten sich an der Kunstakademie in Cranbrook, Michigan, kennen. Damit begann für beide eine außergewöhnlich produktive Beziehung, die fast vierzig Jahre lang dauerte. Ihre künstlerische Lebensgemeinschaft resultierte in innovativen Entwürfen für Möbel, Häuser, Denkmäler und sogar Spielzeug. Sie wollten neue Materialien und industrielle Fertigungsprozesse nutzen, um praktische, preiswerte, alltägliche Objekte von hoher Qualität herzustellen.

Durch über 80 Experimentalfilme, Multimedia-Vorstellungen und Ausstellungen (u.a. für IBM) haben sie auch unsere Sehgewohnheiten geändert. Gleich nach der Hochzeit 1941 zogen Ray and Charles Eames nach Südkalifornien, wo sie ihr Designbüro aufmachten. Ein neues Verfahren zur Herstellung von Beinschienen (für die Kriegsverletzten) und von Stühlen aus Schichtholz brachte den Durchbruch. Auf einer schönen Wiese in Pacific Palisades mit Blick auf den Ozean konnten sie 1949 ihr Traumhaus bauen. Bald hatte »Eames Design«, vertreten durch den Möbelfabrikanten Herman Miller, einen internationalen Ruf; in den 60er Jahren beschäftigte das Paar über 50 MitarbeiterInnen.

Charles war der charismatische Partner, der die Firma nach außen vertrat, aber das fotografische Protokoll – schriftliche Zeugnisse gibt es kaum – verdeutlicht, daß diese kleine, energische, witzige Designerin ihm ebenbürtig war. Bei fast allen Filmen war sie Co-Regisseurin. In den 70er Jahren trat Ray immer mehr an die Öffentlichkeit. Ihre Leistungen wurden auch durch die feministische Kritik aufgewertet, aber ihr eigener Anteil läßt sich kaum aus dem gemeinsamen komplizierten Designprozeß herauslösen. Es heißt, Ray habe ein außerordentliches visuelles Gedächtnis gehabt. Obwohl es ihr oft schwer gefallen sei, eine Entscheidung zu treffen, sei es oft gerade ihre manische Genauigkeit in den kleinsten Details, die zu dem befriedigenden Endresultat in Farb-, Stoff- oder Formwahl beigetragen habe. Sie habe eine besondere Liebe zu den Dingen gehabt. Ray habe es verstanden, liebevoll gesammelte Objekte in einem Raum oder einer Ausstellung so zu plazieren, daß sie einen besonderen visuellen Effekt, eine »außerkulturelle Überraschung« erzeugten.

Nach Charles' plötzlichem Tod 1978 wurde das Büro aufgelöst. Ray führte noch einige Projekte zu Ende, dann wurde sie Hauptarchivarin des Nachlasses. Sie starb am zehnten Todestag ihres Mannes. Da hatte sie noch immer nicht alles geordnet. M.E.W.

geb. 13. September 1830 auf Schloß Zdislawitz in Mähren
gest. 12. März 1916 in Wien
österreichische Schriftstellerin
Lit. 124, 133, 277, 278, 1066

Als die kleine Marie von Dubsky ihre Liebe für die Dichtung entdeckte, Gedichte auswendig lernte, selbst welche schrieb und ihrer Großmutter vortrug (ihre Mutter war bei der Geburt gestorben), wurde sie barsch des Zimmers verwiesen. Die Absicht, Dichterin zu werden, war in den Augen ihrer Familie etwas Unrechtes und Sündhaftes. Ihre Schwester Friederike gab ihr den Rat: »Sprich nicht davon. Vielleicht vergeht's.« Glücklicherweise verging es nicht, und so verfügt die deutschsprachige Literatur über eine Reihe von ergreifenden und erschütternden Zeugnissen feinster Menschenbeobachtung. Die Ebner-Eschenbach ist sicherlich keine Revolutionärin, aber in ihrer Beschreibung von Lieblosigkeit, Dummheit, Gedankenlosigkeit, Arroganz und Unbildung, auch von Güte, Verzicht, von Liebesfähigkeit und Glück, besitzt sie eine solch kritische Radikalität, daß die LeserInnen ihrer Werke in ungewöhnliche Spannung versetzt werden. In der Schilderung menschlicher Stärken und Schwächen macht sie nicht halt vor Adel und Klerus, bürgerlichen und bäuerlichen Schichten, sondern zeigt, erfüllt von liberalem Geist, die Brüchigkeit der ständischen Gesellschaft. Mit 18 Jahren heiratete sie ihren Vetter Moritz. Franz Grillparzer erkannte ihre Begabung und unterstützte sie. Erst mit ungefähr 40 Jahren wurde sie schlagartig mit ihren Erzählungen und Romanen berühmt, nachdem sie vorher ziemlich erfolglos nur Theaterstücke verfaßt hatte.

Im Jahr 1900 erhielt sie als erste Frau in Österreich die Ehrendoktorwürde der Philosophischen Fakultät der Universität Wien. Sie liebte Uhren, erlernte das Uhrmacherhandwerk und wurde Ehrenmitglied der Wiener Uhrmachergilde. Mit vielen hohen Auszeichnungen wurde ihr literarisches Schaffen geehrt. Der Frauenbewegung stand sie sehr aufgeschlossen gegenüber. S.D.

geb. 29. Juni 1540 in Cifuentes, Guadalajara
gest. 2. Februar 1592 in Pastrana, Guadalajara
spanische Hofdame und Politikerin
Lit. 651, 695, 906

Wer denkt, sie kenne »die Eboli«, hat selten recht. Zwar gibt es Romane, aber keine neue und genaue Biographie über das Vorbild von Schillers und Verdis Prinzessin von Eboli. Viele Gerüchte kreisen noch immer um Ana de Mendoza y de la Cerda, die einäugige oder schielende (?), außergewöhnliche Hofdame. Sie sei intrigant und hochmütig, zügellos und herrschsüchtig, verschwenderisch und respektlos, hysterisch und überhaupt anormal gewesen. Oder war sie »nur« politisch begabt und ehrgeizig, temperamentvoll und stolz, gefühlsstark und unkonventionell? Die eigentliche Persönlichkeit der Eboli bleibt wohl noch zu entdecken. 1552 wird die Tochter des Vizekönigs von Peru dem doppelt so alten Jugendfreund und Vertrauten Philipps II., Ruy Gómez de Silva, versprochen, den sie 1559 heiratet. 1561 wird eine Tochter geboren; ihr folgen, bei zehn Schwangerschaften, noch fünf Geschwister. Das politische Talent der Fürstin trat zunächst neben ihrer Aufgabe als Gattin, Mutter und Verwalterin der Güter von Pastrana in den Hintergrund, aber obwohl sie zunächst wenig Gelegenheit hatte, politisch zu wirken, sagte man doch, daß sie durch ihren Mann ebensoviel von den Staatsgeschäften gewußt habe wie er. So wendet sie sich nach seinem Tode Antonio Pérez zu, dem Staatssekretär Philipps und Nachfolger ihres Mannes als Führer der gegen Albas strenge Politik gerichteten Friedenspartei. Politische und finanzielle Interessen verbinden die beiden (Legende von den zwei Liebenden und dem eifersüchtigen König): Sie engagieren sich in der portugiesischen Erbfolge wie im aufständischen Flandern, handeln mit Staatsgeheimnissen und sind an dem von Philipp II. gebilligten Mord am Sekretär seines Halbbruders beteiligt. Im Juli 1579 werden sie verhaftet. Über die Prinzessin wird, nach zwei Jahren Isolation und Festungshaft und einer kurzen Zeit gelockerter Bedingungen in Pastrana, 1582 das Urteil gefällt. Nach zehn Jahren, eingesperrt im Turm des eigenen Schlosses, stirbt sie. S.K.-K.

geb. 9. Juli 1900 in Prerau, Mähren
gest. 16. Februar 1989 in Hamburg
österreichisch-deutsche Schauspielerin, Regisseurin und Theaterleiterin
Lit. 241, 243, 282

»Ida Ehre tot. Um Mitternacht blieb ihr Herz stehen« titelte die Bildzeitung am Tag nach dem Tod der Theaterleiterin. Im Hamburger Abendblatt schrieb Helmut Schmidt, sie habe »mit ganz einmaliger, unglaublicher Kraft in den von ihr geschaffenen Kammerspielen ein Theater gemacht, wie wir Hamburger es noch niemals vorher erlebt hatten. Denn sie öffnete uns den Blick auf die geistige Landschaft der Welt: Wilder, Anouilh, Sartre, Giraudoux, Gogol, Frisch und viele andere. ... keinem Künstler schulden wir Hamburger mehr als Ida Ehre.« Immer wieder führte Ida Ehre in ihren Kammerspielen Regie und holte sich dazu die besten SchauspielerInnen. Oft stand sie selbst auf der Bühne – unvergessen besonders ihre »Mutter Courage« zu ihrem 50. Bühnenjubiläum. Bis zu ihrem Tode mit 88 Jahren führte sie das Theater weiter und sicherte durch ihren ungeheuren Einsatz und ihre Persönlichkeit das Überleben auch in finanziell schwierigen Zeiten.

Schon in den 20er Jahren war die in Wien aufgewachsene Ida Ehre eine erfolgreiche Schauspielerin und stand 1933 am Anfang einer großen Karriere in Berlin, als die Nazis der Jüdin Berufsverbot erteilten. Die Jahre der Schreckensherrschaft, in der ihre Mutter und Schwester im KZ umgebracht wurden und sie durch Denunziation fast dasselbe Schicksal erlitten hätte, haben sie für immer geprägt. In ihren Memoiren beschreibt sie, wie sie diese Zeit überlebt hat: Es war die Liebe ihrer 1928 geborenen Tochter Ruth, die ihr immer wieder die Kraft gab, weiterzumachen. Außerdem wurde sie durch ihren arischen Mann, den Arzt Dr. Bernhard Heyde, geschützt. Trotz großen Druckes hat er sich nicht scheiden lassen, aber er war Deutschnationaler und wollte deshalb nach 1934 keine sexuellen Beziehungen mehr mit seiner Frau. Damit begann eine ungewöhnliche Ehe, die erst mit dem Tod Dr. Heydes endete: Er selbst hatte jahrelang eine Freundin, und Ida Ehre lernte bald einen zwölf Jahre jüngeren Mann kennen und lieben. 17 Jahre lebte Ida Ehre mit ihrem Ehemann und dem Geliebten in einer gemeinsamen Wohnung in Hamburg. Die Beziehung endete, als letzterer ihr ein Ultimatum stellte und sie sich für ihren Mann entschied.

Ida Ehre war eine besondere Frau. Das Leben war ihr wichtiger als Kunst und Karriere. Sie hat immer wieder unter den schwierigsten Umständen Ungewöhnliches geschaffen und trotz allem nie den Glauben an die Menschen verloren nach dem Vorbild ihrer Mutter, die ihr aus der Gestapohaft einen Zettel zuschmuggeln ließ mit den Worten: »Mein geliebtes Kind, die Welt kann nur miteinander leben, wenn das Wort Liebe groß geschrieben ist. Liebe und Toleranz.« G.K.

geb. 25. Juli 1876 in Possenhofen, Bayern
gest. 23. November 1965 in Schloß Stuyvenberg bei Brüssel
belgische Königin und Musikmäzenin
Lit. 186, 269, 291

Rote Königin nennt sie die Presse in den 50er Jahren, als Elisabeth – gegen den ausdrücklichen Wunsch der belgischen Regierung – mitten im kalten Krieg ausgedehnte Reisen hinter den Eisernen Vorhang unternimmt: zu den großen internationalen Musikwettbewerben *Concours Frédéric Chopin* und *Concours Tschaikowsky*. Als überzeugte, fast militante Pazifistin nutzt die Königin ihren Aufenthalt auch, um für Frieden und Abrüstung zu werben. Unkonventionell und eigensinnig, mit über 80 Jahren noch genauso reise- und abenteuerlustig wie in jungen Jahren, fährt sie mit Vorliebe in Krisengebiete. 1961 erfüllt sie sich einen Herzenswunsch und besucht die Volksrepublik China. Um sich ein möglichst umfassendes Bild zu verschaffen, legt sie über 3000 km in dem riesigen Land zurück und sucht den Kontakt zur kulturellen Szene. Politisch brisant trifft sie mit Vertretern der Regierung und Nationalversammlung in Peking zusammen und hat eine Unterredung mit Mao Tsetung, über die sie Stillschweigen bewahrt. Obwohl sich Elisabeth immer für die politischen Belange ihres Landes interessiert und tatkräftig eingesetzt hat, gehört ihre Leidenschaft der Musik und den schönen Künsten. Hochmusikalisch spielt sie seit Jugendtagen am liebsten mehrere Stunden täglich Geige; sie musiziert u. a. zusammen mit Albert Einstein sowie Albert Schweitzer und nimmt am Musikleben regen Anteil (und Einfluß). Mitte der 30er Jahre verwirklicht sie eine Idee ihres langjährigen Freundes Eugène Ysaye und ruft den *Concours Reine Elisabeth* ins Leben, einen Musikwettbewerb, der auf internationaler Ebene jungen KünstlerInnen die Chance gibt, sich sowohl der Fachwelt als auch einem größeren Publikum vorzustellen und noch heute oftmals als Karrieresprungbrett dient.

Elisabeth, eine Nichte der Kaiserin Sissi und Tochter des bayerischen Herzogs Carl Theodor, und Kronprinz Albert von Belgien verlieben sich bei dessen Ferienaufenthalt am Starnberger See ineinander. Sie führen nach der Hochzeit im Jahre 1900 eine äußerst glückliche Ehe, bis 1934 Albert I. bei einer Kletterpartie tödlich verunglückt. Nur ein Jahr später wird die junge Königin Astrid Opfer eines Autounfalls. Elisabeth kümmert sich liebevoll um ihre noch kleinen halbwaisen Enkel und übernimmt selbstverständlich wieder die Aufgaben einer Königin. Ihr unerschrockenes Verhalten in beiden Weltkriegen beeindruckt die Untertanen tief: mit Rotkreuzbinde am Arm fährt sie in einem kleinen Fiat durch umkämpftes Gebiet, kümmert sie um Verletzte und Flüchtlinge ... und sie weigert sich, das Land zu verlassen, als 1940 die Kapitulation droht. A.V.H

geb. 22. November 1545 in Fontainebleau
gest. 3. Oktober 1568 in Madrid
spanische Königin
Lit. 309, 337, 390, 813, 830

Erwartungsvoll schauen die westeuropäischen Fürstenhäuser 1559 auf die Hochzeit der 14jährigen Elisabeth von Valois, Tochter Katharinas von Medici und Heinrichs II. von Frankreich, mit dem schon zweimal verwitweten 32jährigen Philipp II. von Spanien: Maria von Portugal war nach nur zwei Ehejahren an der Geburt des einzigen Kindes und Thronfolgers Don Carlos gestorben. Mary Tudor hatte die Ehe trotz Kinderlosigkeit nur 17 Monate überlebt. Nun verbindet Philipp das Angenehme mit dem Nützlichen: Das eigentlich seinem Sohn versprochene Mädchen soll als Unterpfand für den kürzlich mit Frankreich geschlossenen Frieden dem Bündnis der katholischen Lehre gegen z.B. englische oder flandrische Abweichler dienen, und natürlich ist es zum Gebären weiterer Prinzessinnen oder besser noch Prinzen vorgesehen. Schillers *Don Carlos* und Verdis davon inspirierte gleichnamige Oper suggerieren, daß zwischen Elisabeth und Carlos – beide 1545 geboren, beide 1568 gestorben – ein Liebesverhältnis bestand, der »alte« König hintergangen wurde und Madrid nur einem freudlosen, im Zeremoniell erstarrten Gefängnis glich. Aber aus Berichten und den Briefen Elisabeths ergibt sich ein gänzlich anderes Bild: Sie lebt im Wohlstand und ist umgeben von gleichaltrigen französischen Hofdamen und europäischen Fürstensöhnen, die am spanischen Hof ausgebildet werden. Durch ihre Anmut, Fröhlichkeit und Klugheit gewinnt sie bald die Liebe ihres Gatten und die Zuneigung von Hof und Volk. Außerdem ist sie dem körperlich und seelisch belasteten Stiefsohn mütterliche Stütze, Gesprächspartnerin und einzige Freundin, Philipp gegenüber jedoch, auch in ihrer strenggläubigen Einstellung zu »Ketzern«, unbedingt loyal. Mit beiden teilt sie politische Interessen; außerdem übernimmt sie vermittelnde Aufgaben in den Beziehungen zu Frankreich bzw. bei der Verwaltung Spaniens.

Nach acht Ehejahren stirbt sie an ihrer fünften Schwangerschaft. Drei Tage darauf beginnen die Verhandlungen um des Königs vierte, einst ebenfalls Carlos zugedachte Frau, Anna von Österreich. Zurück bleiben Philipps Lieblingskinder: Elisabeths Töchter Catalina (»Sie gilt Philipp mehr als zwei Knaben«, heißt es in einem Brief an die Großmutter Katharina) und Isabella, die Trösterin seines Alters (Philipp: »Ich empfange diese Prinzessin, meine liebe Tochter, mit mehr Dankbarkeit und Freude als jeden Sohn, der der Königin, meiner Gattin, und mir hätte geboren werden können.«) S.K.-K.

Elizabeth I. von England

geb. 7. September 1533 in Greenwich, London
gest. 24. März 1603 in Richmond
Königin von England
Lit. 619, 649, 673, 996, 1130

Elizabeth I. war unter den Herrscherinnen und Herrschern Englands zweifellos die bedeutendste. Ihre politische Leistung ist um so bemerkenswerter, als ihr der Herrschaftsanspruch beständig streitig gemacht wurde, weil sie nicht nur ein »Bastard« war, sondern obendrein noch eine Frau. Dennoch – nach ihr wurde ein ganzes Zeitalter das »elisabethanische« genannt: eine Zeit höchster kultureller Blüte, die auch einen Shakespeare hervorbrachte. Es gelang Elizabeth, die blutigen Religionsstreitigkeiten beizulegen und die Staatsfinanzen in Ordnung zu bringen. Mit Hilfe ihrer Seehelden Walter Raleigh und Francis Drake begründete sie das britische Empire und errang 1588 einen enormen militärischen Sieg über die zahlenmäßig weit überlegene spanische Armada. Die hochintelligente »jungfräuliche Königin« ließ sich nicht in eine Ehe zwingen; sie behielt das Heft fest in der Hand und nutzte die Werbeanstrengungen der europäischen Potentaten und des englischen Adels geschickt für ihre Zwecke, indem sie die Bewerber hinhielt und gegeneinander ausspielte. Die zweite Tochter Heinrichs VIII. aus seiner zweiten Ehe mit Anne Boleyn wuchs mutterlos auf, weil ihr Vater die Mutter wegen angeblicher Untreue und des ausbleibenden männlichen Thronerben 1536 köpfen ließ. Der »Bastard« aus einer Ehe, die die katholische Kirche nie anerkannte, kam 1558 mit 25 Jahren an die Macht, nachdem sowohl ihr jüngerer Halbbruder Edward VI. als auch ihre ältere Halbschwester Mary I. gestorben waren. Die zweite Hälfte des 16. Jahrhunderts stand ganz im Zeichen der Glaubenskriege bzw. der Spannungen zwischen protestantisch und katholisch regierten Ländern. Für Elizabeth personifizierte sich dieser Konflikt in ihrer Rivalin Maria Stuart, die als Enkelin der Margaret Tudor (einer Schwester Heinrichs VIII.) Anspruch auf den englischen Thron erhob – immerhin war sie kein »Bastard« wie Elizabeth, sondern von höchstem königlichen Geblüt. Außerdem konnte sie als Katholikin mit Unterstützung der katholischen Länder und des Papstes rechnen. 20 Jahre lang nahm sie aktiv und passiv an Verschwörungen gegen Elizabeth teil, die sie 1587 nach einem Hochverratsprozeß widerwillig hinrichten ließ. Am Ende ihrer fast 45 Jahre währenden Herrschaft konnte Elizabeth mit Recht feststellen, daß die Liebe und Dankbarkeit ihrer UntertanInnen ihr die Bürde des Regierens leicht gemacht habe. L.F.P.

geb. 9. Februar 1817 in Braunschweig
gest. 30. Juni 1910 in Wien
deutsch-österreichische Schauspielerin
Lit. 567, 612, 644, 720, 1116

Bereits über zwölf Jahre Berufserfahrung hat die berühmte 28jährige Burgschauspielerin Christine Enghaus und einen unehelichen Sohn Carl, als sie sich mit dem vier Jahre älteren, mittellosen Dichter Friedrich Hebbel verlobt. Hebbel ist, wieder einmal, auf Versorgung aus. Die Beziehung zur neun Jahre älteren Elisabeth Lensing in Hamburg, der Mutter seiner zwei Söhne Ernst (gest. 1843) und Max, war ihm lästig geworden. Elf Jahre lang hatte die arme Näherin Elise ihn vor dem absoluten Elend bewahrt, ohne Eheansprüche zu stellen. Die Wiener Hochzeit aber provoziert sie doch zu verzweifelter Wut; es kommt zum Bruch. – Unter Christines Einfluß beginnt Friedrich, sich menschlich weiterzuentwickeln. Aber nur sie kann sich vorstellen, was es für die verlassene Elise bedeutet, als Max schwer erkrankt und stirbt. Auf ihre großherzige Einladung hin kommt Elise Ende Mai 1847 nach Wien. Hebbel ist abweisend – aussprechen kann sich Elise nur, ausgerechnet, bei Christine. Die komplizierte Dreierkonstellation erweist sich als lebbar: dank der Hochherzigkeit Christines und der Bereitschaft Elises, in der fast vierzehn Jahre Jüngeren statt der Rivalin eine Freundin zu sehen. Bei der endgültigen Trennung Hebbels von Elise 1848 übergibt Christine vertrauensvoll ihren Sohn Carl Elise zur Erziehung in Hamburg. Elise wiederum schreibt an Hebbel zukünftig nur noch das Nötigste; ihre vielen, auch immer einfühlsam von Carl berichtenden Briefe sind bis zu ihrem elenden Tod 1854 fast ausschließlich an die schwesterlich anteilnehmende »beste Seele« gerichtet. 1899 wird Elise aus dem Armengrab umgebettet; die neue Grabstelle kauft – die »liebste Tine«. – 1863 war Christine Witwe geworden. Noch 47 Jahre lang wird sie sich erfolgreich für das Andenken ihres Mannes und die Verbreitung seiner Werke einsetzen. S.K.-K.

Gudrun Ensslin

geb. 15. August 1940 in St. Bartholomä
gest. 18. Oktober 1977 in Stuttgart-Stammheim
deutsche politische Aktivistin
Lit. 29, 852

Nach dem Tod des Studenten Benno Ohnesorg, erschossen von dem Polizisten Karl-Heinz Kurras auf einer Demonstration gegen den Schahbesuch in Berlin am 2. Juni 1967, trafen sich die DemonstrationsteilnehmerInnen noch in der Nacht im Büro des SDS auf dem Kurfürstendamm. »Dieser faschistische Staat ist darauf aus, uns alle zu töten. Wir müssen Widerstand organisieren. Gewalt kann nur mit Gewalt beantwortet werden. Dies ist die Generation von Auschwitz – mit denen kann man nicht argumentieren.« Die das sagte war Gudrun Ensslin, Studentin der Philosophie, Anglistik und Germanistik, Stipendiatin der Studienstiftung des deutschen Volkes, frühere SPD-Wahlkämpferin und Mutter eines gerade zwei Wochen alten Sohnes. Das vierte von sieben Kindern einer Pfarrersfamilie, aufgewachsen am Ostrand der Schwäbischen Alb, hatte im Elternhaus gelernt, daß Christentum politisches und soziales Handeln einschließt. Am 2. April 1968 brannten in Frankfurt zwei Kaufhäuser. Die Brandstifter: Gudrun Ensslin, Thorwald Proll, Horst Söhnlein und Andreas Baader, den Ensslin im Sommer 1967 kennengelernt hatte. »Wir taten es aus Protest gegen die Gleichgültigkeit, mit der die Menschen dem Völkermord in Vietnam zusehen ... Wir haben gelernt, daß Reden ohne Handeln unrecht ist«, sagte sie vor dem Richter. Die vier werden zu drei Jahren Gefängnis verurteilt, von dem sie eines absitzen, der Reststrafe entziehen sie sich durch Flucht nach Frankreich und Italien. Am 4. April 1970 wird Baader in Berlin gefaßt. Nach seiner gewaltsamen Befreiung aus der Haftanstalt Berlin-Tegel am 14. Mai 1970 verschwindet die Gruppe um Ulrike Meinhof, Gudrun Ensslin und Andreas Baader in der Illegalität. Die Revolutionäre Armee Fraktion entsteht. In Berlin und der BRD kommt es zu Sprengstoffanschlägen und Banküberfällen. Schnell eskalierten die terroristischen Formen politischen Protests. 1972 sind alle Gründungsmitglieder der RAF verhaftet, als letzte wurde Gudrun Ensslin am 7. Juni 1972 festgenommen. 1974 beginnt in Stuttgart-Stammheim der längste, teuerste und zermürbendste Prozeß in der Geschichte der Bundesrepublik. Die Beschuldigten sind von der Haft gezeichnet. Ihre Verwahrung im »toten Trakt« und ihre »Isolationsfolter« haben sie immer wieder mit Hungerstreiks beantwortet. »Unterschied toter Trakt und Isolation: Auschwitz zu Buchenwald. Der Unterschied ist einfach: Buchenwald haben mehr überlebt als Auschwitz«, sagt Gudrun Ensslin. Die Nacht vom 17. auf den 18. Oktober 1977 hat sie nicht überlebt. Mord oder Selbstmord? Die Antwort darauf ist bis heute strittig. S.G.

geb. 29. Juni 1474 in Ferrara
gest. 13. Februar 1539 in Mantua
italienische Mäzenin, Politikerin und Regentin
Lit. 110, 272, 651, 1133

Als Isabella d'Este mit 16 Jahren durch Heirat Markgräfin von Mantua wurde, setzte sie bald die Tradition ihres Elternhauses fort und machte ihren Hof zu einem glänzenden Zentrum des literarischen und künstlerischen Lebens ihrer Zeit. Es gelang ihr, nicht nur über lange Zeiten klug zu regieren, sondern auch zu vermitteln und ihren Staat im Gewirr der oft wechselnden verwandtschaftlichen und/oder politischen Loyalitäten zwischen Auseinandersetzungen und Kriegen hindurchzulavieren und gegen die Begehrlichkeiten von Papst, Fürsten und z.B. dem Schwager Cesare Borgia zusammenzuhalten. Ihrem Mann war sie trotz seiner verletzenden Affären und späteren Syphilis eine treue Gattin, Pflegerin und Sachwalterin. Sie pflegte ausgedehnte, auch internationale Freundschaften und Briefwechsel mit Gelehrten, Politikern, Dichtern, Malern und Musikern. Der Autor des *Corteggiano* arbeitete als ihr Botschafter bei Leo X., Ariost las aus seinem *Orlando Furioso* vor, der Novellist Bandello nannte sie die »erhabenste aller Frauen«, für Niccolò da Correggio war sie gar »la prima donna del mondo«! Hinzu kam Isabellas Liebe zur Musik. Natürlich spielte sie Laute, aber auch Clavichord. Wichtige Maler wie Mantegna arbeiteten für sie; Tizian, Leonardo u.a. schufen Porträts von ihr. Ihre Eleganz und ihr reicher Schmuck waren Vorbild bei Päpsten und Königen. Auch ihr Interesse für Antiken und kostbare Bücher, Neuausgaben der Klassiker, für sie angefertigte Übersetzungen z.B. von Plutarch prägte das geistige Leben in Mantua. Sammelleidenschaft und Diplomatie ließen sie gelegentlich die Grenzen des Taktes überschreiten: Nach der Einnahme von Urbino, dem Hofe ihrer Freundin und Schwägerin Elisabetta, durch den Borgia erbittet sie von ihm den dort erbeuteten *Amor* Michelangelos; und nach dem Sturz des Schwagers Sforza »Il Moro« besucht sie im feindlichen Mailand einen Ball seines Besiegers Ludwig XII. von Frankreich. Menschlich bewegend ist aber die intensive Freundschaft und der Briefwechsel zwischen den drei Frauen Isabella, ihrer Schwester Beatrice (Sforza) und der Schwägerin Elisabetta in Urbino. Auch die Aufnahme von politisch Verfolgten und »Emigrantinnen« wirft ein schönes Licht auf Isabella; Zuflucht fanden bei ihr u.a. die Frau des Bruders, Lucrezia Borgia, sowie die zwei Hauptmätressen Sforzas (und Konkurrentinnen ihrer Schwester). S.K.-K.

Eugénie von Frankreich

geb. 5. Mai 1826 in Granada
gest. 11. Juli 1920 in Madrid
französische Kaiserin
Lit. 83, 134, 242, 267, 600

Eugenia Maria de Montijo de Guzman, eine spanische Adlige, die mit ihrer Mutter in Paris lebte und Zugang zu den höchsten Kreisen hatte, heiratete 1853 Napoléon III., einen Neffen Napoleons I., Enkel seiner Gattin Joséphine und Sohn ihrer Tochter Hortense. Louis Napoléon, 18 Jahre älter als Eugénie, war im Jahr zuvor durch Volksentscheid Kaiser Napoleon III. geworden und suchte schon länger nach einer repräsentativen Gattin. Er verliebte sich heftig in die ebenso geistreiche und temperamentvolle wie tugendhafte Schönheit, die alle seine Erwartungen erfüllte. Sie gebar nach etlichen Fehlgeburten unter endlosen Qualen den ersehnten Thronerben, war danach aber gesundheitlich so geschwächt, daß sie sich fortan auf ärztlichen Rat dem unersättlichen Ehemann verweigern mußte, der alsbald seine vorehelichen Gewohnheiten mit ständig wechselnden Geliebten wiederaufnahm.
Das nicht zuletzt dank der Ausstrahlung der Kaiserin Eugénie äußerst glanzvolle zweite Kaiserreich währte nur 17 Jahre. Als zeitweilige Regentin bei kriegsbedingten Abwesenheiten Napoleons und gern von ihm hinzugezogene Ratgeberin hatte Eugénie beträchtlichen Einfluß. Bismarck, der in den frühen 60er Jahren Gesandter an ihrem Hof war, fand sogar, Eugénie sei der einzige Mann in der französischen Regierung. Leider bewies sie im Bereich der Politik nicht immer eine glückliche Hand. Sie betrieb mit Nachdruck das tödlich endende Mexiko-Abenteuer Kaiser Maximilians und setzte sich auch für den Krieg gegen Preußen ein, während Napoleon mit aller Kraft versucht hatte, diese Katastrophe zu verhindern.
Nachdem Napoleon III. im September 1870 nach der verlorenen Schlacht bei Sedan entthront worden war, mußte Eugénie Hals über Kopf nach England fliehen. Zunächst residierte man in Camden Place in Chislehurst, später in Farnborough Hill in Hampshire, wo Eugénie für ihren 1873 nach einer Blasenoperation verstorbenen Gatten und ihren 1879 in Südafrika gefallenen Sohn eine gewaltige Gedächtniskirche und ein Mausoleum errichten ließ.
Sie selbst hatte nach dem Ende des zweiten Kaiserreichs noch 50 Jahre zu leben. Anders als die ewig trauernde Witwe Queen Victoria, mit der sie gut befreundet war, trauerte Eugénie nicht allzu sehr um ihren Mann, um so mehr aber um ihren einzigen Sohn. Ihre zweite Lebenshälfte verbrachte sie als ziemlich lustige Witwe, die mit fast allen gekrönten Häuptern ihrer Zeit freundschaftlich verkehrte.
L.F.P.

geb. 30. November 1870 in Pirma, Sachsen
gest. 5. Januar 1955 in Ohlstadt bei Murnau, Oberbayern
deutsche Schauspielerin
Lit. 300, 777-779

»Zur Schauspielerin ist man geboren«, sagte Gertrud Eysoldt über ihren frühen Entschluß, zur Bühne zu gehen. Nach dem Schulbesuch in Dresden ging sie auf das Konservatorium in München. 1890 wurde sie Mitglied der Theatertruppe des Herzogs von Meiningen und verdiente schon mit 18 Jahren den Unterhalt für sich und ihre Mutter. Nach Meiningen folgten Engagements in Riga und Stuttgart, wo sie bald »der erklärte Liebling des Publikums wurde«.

Ab 1899 in Berlin, trat sie 1902 in Max Reinhardts Ensemble ein. Nun begann eine ungemein anregende, fruchtbare Zeit für das deutsche Theater: Reinhardts Regie und das völlig neuartige, antinaturalistische und atemberaubende Spiel der Eysoldt verhalfen einer ganzen Generation damals moderner Dramatiker – Wilde, Strindberg, Hofmannsthal, Wedekind – zu ihren ersten Erfolgen auf der deutschen Bühne. Die komplexen, leidenschaftlichen Frauengestalten des Dramas um die Jahrhundertwende »wurden durch ihre [Eysoldts] Darstellung erst spielbar«. Inspiriert durch ihre Darstellung der Nastja in Gorkijs *Nachtasyl* (1930), schrieb Hofmannsthal für sie seine *Elektra*. Auch klassischen Rollen des europäischen Theaters gab sie neues Leben, dem Puck aus *Ein Sommernachtstraum*, Kleists Penthesilea oder Ibsens Nora. Zwei Jahre war sie Direktorin des Kleinen Schauspielhauses Berlin und setzte in dieser Zeit die Uraufführung von Schnitzlers *Reigen* gegen ein Zensurverbot durch, das das Stück für unzüchtig erklärte.

Gertrud Eysoldt war zweimal verheiratet, aus der zweiten Ehe stammt der 1910 geborene Sohn Peter Berneis. Nach der Auflösung des Reinhardt-Ensembles 1933 trat sie nur noch vereinzelt auf, wirkte aber in drei oder vier Filmen mit und war lange Zeit als Schauspiellehrerin tätig. Nach dem Krieg wohnte sie bei guten FreundInnen in Ohlstadt bei Murnau. J.H.

geb. 31. Mai 1804 in Paris
gest. 15. September 1875 in Paris
französische Komponistin, Pianistin und Musikwissenschaftlerin
Lit. 343, 528, 795

In freiheitlicher Umgebung aufgewachsen, genoß Louise schon als Kind ein reiches kulturelles Bildungsangebot. Mit 15 Jahren begann sie ein Kompositionsstudium bei Antoine Reicha am Pariser Konservatorium. Mit 17 heiratete sie den Flötisten Aristide Farrenc, der später als Musikverleger ihre ersten Klavierwerke druckte und ihr bei der Organisation ihrer Konzerte half. 1834 schrieb sie ihre ersten Orchesterwerke. 1842 wurde sie zur Professorin für Klavier am Pariser Konservatorium ernannt, wo sie – als einzige Frau auf einem solchen Posten – bis zu ihrer Pensionierung junge Mädchen und Frauen unterrichten durfte. Eine besondere Auszeichnung erhielt sie 1862, als ihr die Akademie der Künste den begehrten »Prix Chartier« für ihre Orchesterwerke verlieh.

Doch Louise Farrenc verstand sich nicht nur als Komponistin und Pianistin, sondern arbeitete auch lebenslang auf musikwissenschaftlichem Gebiet. Zusammen mit ihrem Mann gab sie eine 23bändige Notensammlung für Tasteninstrumente von 1500 bis 1850 heraus: »Le Trésor des Pianistes«, eine sorgfältige Zusammenstellung der besten Werke vom 16. bis zum 19. Jahrhundert, wobei jedem Stück historische, biographische und interpretatorische Angaben beigefügt wurden. Diese bedeutende Sammlung hat heute noch Bestand. Als ihr Mann verstarb, edierte sie sie neun weitere Jahre lang allein.

Nach ihrem Tod vergaß man sie, bis sich die neue Frauenbewegung wieder auf sie besann. An der Universität Oldenburg wird im Rahmen eines großangelegten Forschungsprojekts unter der Leitung von Prof. Freia Hoffmann eine mehrbändige Ausgabe der Werke Louise Farrencs vorbereitet. Ihre erste und dritte Sinfonie wurden aufgrund dieser Vorarbeiten vom Radio-Philharmonie-Orchester Hannover des NDR auf CD eingespielt. Ihre Werke sind bis ins Detail thematisch ausgearbeitet, formal überzeugend und voller melodischer Einfälle. Farrenc stützt sich auf die Tradition der Wiener Klassik, die sie mit farbiger Instrumentation und harmonisch-romantischem Gestus zielstrebig weiterentwickelt. Auch ihre Kammermusik, darunter ein Nonett und ein Sextett, ist der ihrer bekannteren männlichen Zeitgenossen ebenbürtig. E.R.

geb. 27. Januar 1850 in Wien
gest. 23. Dezember 1930 in Interlaken
österreichische Sängerin
Lit. 206, 651, 887, 959

»Mein Genchen, ich habe physische Schmerzen so viele Meilen zwischen uns zu denken ... Heute sind es acht Tage, daß Du fort bist, so muß noch manche Woche vergehen, bis ich Dich wieder habe ... Ich habe mich an Deinen Küssen satt und durstig getrunken, und dieser Durst brennt mir nun in tiefster Seele. Der Brand wird nicht erlöschen, bis Deine Lippen mich berühren.«

Solche Briefe von Frau zu Frau sind im 19. Jahrhundert nur selten überliefert. Sie strafen das Märchen Lügen, wonach die Frauenfreundschaften damals erotisch »rein« waren. Die Sopranistin Marie Fillunger, von der diese Zeilen stammen, studierte bei der berühmten Sängerin Mathilde Marchesi am Wiener Konservatorium und kam dort mit Johannes Brahms in Kontakt, der sie an die neu gegründete Berliner Musikhochschule weiterempfahl. Schon als Studentin konzertierte sie im In- und Ausland, doch wollte sie sich weiterbilden. In Berlin traf sie Eugenie Schumann, eine der Töchter Clara und Robert Schumanns, die ebenfalls an der Musikhochschule studierte (Klavier), und verliebte sich in sie. Die Liebe wurde erwidert, und Eugenie und Fillu blieben 55 Jahre lang, auch in Krisenzeiten, ein Paar.

Als Clara Schumann nach Frankfurt zog, zog »Fillu« mit und bewohnte ein Zimmer neben Eugenie. Marie war anscheinend eifersüchtig auf die Liaison. 1889 kam es zum Konflikt, und Fillu zog ohne Eugenie nach England, um dort ihr Glück zu versuchen. Sie war sofort erfolgreich und sang in zahlreichen britischen Städten. Eugenie versuchte zunächst, bei ihrer Mutter und Schwester zu leben, erkrankte dann aber 1892 in Frankfurt schwer und zog schließlich zu ihrer Geliebten nach England.

Fillus Konzertreisen mit dem Ehepaar Hallé (Klavier/Cello) führten sie bis nach Australien und Südafrika. Von 1904 bis 1912 hatte sie eine Professur an der Musikhochschule in Manchester. Das Paar verließ England während des ersten Weltkriegs und verbrachte den Rest des Lebens im schweizerischen Interlaken, wo Marie bereits lebte. Fillu und Eugenie mieteten eine Wohnung, während Marie ein eigenes Haus bewohnte – man blieb also auf Abstand. Auf dem Grabstein des kleinen, malerischen Friedhofs in Wilderswil bei Interlaken steht zu lesen: »Hier ruht zwischen Schwester und Freundin Eugenie Schumann.« Darunter ein kleiner Stein mit der Inschrift »Marie Fillunger«. E.R.

Ella Fitzgerald

geb. 25. April 1917 in Newport News, Va.
gest. 15. Juni 1996 in Beverly Hills
amerikanische Jazzsängerin
Lit. 392, 428, 774, 784

»Lichtgestalt des Jazz« – »Musikalische Legende« – »Große alte Dame des Jazz« – das sind nur einige der euphorischen Beschreibungen dieser Jazzsängerin. Die Zahl ihrer verkauften Schallplatten wurde 1984 auf 40 Millionen geschätzt.

In New York aufgewachsen, war sie mit 17 Jahren bereits Vollwaise und schmuggelte sich in die Garderobe des Jazzmusikers Chick Webb, um ihm vorzusingen. Mit Erfolg, denn er nahm sie in seine Band auf. Die 21jährige landet ihren ersten Millionenhit mit »A Tisket, A Tasket«. Als Chick Webb 1939 starb, übernahm Ella nominell die Band, weil sie bekannter als die männlichen Musiker war. Einige Jahre darauf erlernte sie den Scat-Gesang (das schnelle Singen von Silben ohne sprachlichen Sinn, als wäre die Stimme ein Instrument), den sie für den damals modischen Bebop-Stil benutzte.

Ella Fitzgerald sang in der ganzen Welt, zusammen mit allen Jazzgrößen, wie z.B. Duke Ellington, Lionel Hampton, Dizzy Gillespie. Von 1956 bis 1981 nahm sie insgesamt neun »Songbooks« auf – je eine Schallplatte war einem berühmten Komponisten wie z.B. Cole Porter oder Antonio Carlos Jobim bzw. einem Textdichter gewidmet. Dieses ehrgeizige Unternehmen bestätigte sie als unangefochtene Interpretin von Weltrang. Ella Fitzgeralds Stimme umfaßt drei Oktaven und bewältigt problemlos große Intervallsprünge. Ihr Timbre hat sich im Laufe ihrer Karriere in die Tiefe ausgeweitet. In »A Tisket, A Tasket« imitiert sie die Stimme eines kleines Mädchens, bei anderen Titeln kommt ein vollmundiger Baß oder eine edel klingende Mittellage zur Geltung. Leise Töne gelingen ihr ebenso wie furiose Improvisationsteile in rasantem Tempo. Manche Titel nahm sie mehrmals auf, aber niemals klingt eine Einspielung wie die andere, denn sie konnte sich auf stilistisch unterschiedliche Musiker ebenso einstellen wie auf das jeweils andere Publikum. Nie schrie sie ihr Leid heraus wie beispielsweise Judy Garland, doch kann sie die Atmosphäre eines Songs genau erfassen und so die Bandbreite ihrer hohen Kunst demonstrieren. Ihr Gefühl für den Swing, für die Harmonien, für den Rhythmus, ihre lebhaften und phantasievollen Interpretationen kann man kaum beschreiben – man muß sie einfach hören. Band ab! E.R.

geb. 12. Juni 1929 in Frankfurt/M.
gest. im März 1945 in Bergen-Belsen
niederländische Schriftstellerin
Lit. 51, 326, 327, 377, 629, 945

Anne Frank wurde als Tochter wohlhabender jüdischer Eltern in Frankfurt geboren. 1933 eröffnete ihr Vater in Amsterdam ein Geschäft. Von 1934 bis 1942 verlebt Anne eine sorgenfreie Schulzeit. An ihrem 13. Geburtstag bekommt sie ein Tagebuch, das ihre wichtigste Vertraute wird: »Ich hoffe, daß ich Dir alles anvertrauen kann, wie ich es bisher noch niemals konnte, und ich hoffe, daß Du mir eine große Stütze sein wirst.«
Am 10. Mai 1940 überfallen deutsche Truppen die Niederlande; am 9. Juli 1942 taucht die Familie Frank unter. Anne ist ausgeglichener als alle anderen; sie beklagt sich nur selten: »Heraus, heraus«; »Ich habe Sehnsucht nach Luft und Lachen«; »Ich fühle mich wie ein Singvogel, dem man die Flügel beschnitten hat, der im Dunkel gegen die Stangen eines engen Käfigs anfliegt.«
Am 4. August 1944 wird das Versteck entdeckt; alle Untergetauchten werden nach Auschwitz verschleppt. Die Familie wird auseinandergerissen, die Frauen von den Männern getrennt. Frau de Wiek, die bis zum Schluß mit Anne zusammen war, berichtet: »Ihre Lustigkeit war verschwunden, aber sie war noch immer lebhaft und lieb, und mit ihrer reizenden Art erreichte sie manchmal etwas, worauf wir anderen schon längst nicht mehr hofften.« Es gelingt Anne, Kaffee zu organisieren und Männerunterhosen gegen die Kälte. Am 30. Oktober wird wieder sortiert: Nackt stehen die Frauen vor dem Arzt; die noch Kräftigen kommen nach Bergen-Belsen, die andern in die Gaskammern. Nach der mörderischen Brutalität in Auschwitz erleben die Frauen in Bergen-Belsen das nackte Entsetzen: Unzählige Leichen liegen herum; Durst, Hunger, Kälte und die Krätze bestimmen den Tag und die Nacht. Zuerst stirbt die Mutter, nach ihr die Schwester, und im März 1945 stirbt, mit 15 Jahren, auch Anne Frank.
C.A.

Rosalind Elsie Franklin

geb. 25. Juli 1920 in London
gest. 16. April 1958 in London
englische Molekularbiologin, Biophysikerin und Kristallographin
Lit. 324, 717, 790, 932, 1105

Wieder wurde 1962 ein Nobelpreis aufgeteilt – auf zwei Engländer und einen Amerikaner für das Crick-Watson-Wilkinssche Doppel-Helix-Modell zur Darstellung des »Rückgrats« der gentragenden Chromosomen: des Makromoleküls DNS. Nicht berücksichtigt wurde die Wissenschaftlerin, die durch ihre vielfältigen biophysikalischen und kristallographischen Arbeiten die preiswürdige Strukturierung der Trägersubstanz aller Erbeigenschaften letztlich erst ermöglicht hatte. Allerdings: Rosalind Franklin war schon fünf Jahre zuvor an Gebärmutterkrebs gestorben. Wichtiger ist es immer wieder, ihre Bedeutung für die Forschung klarzustellen und sie endgültig von dem aus Watsons chauvinistisch peinlich-verfälschendem Bestseller (*Die Doppel-Helix*) unselig nachwirkenden abwertenden Image zu befreien, wie es zuerst Anne Sayre 1975 tat. Noch zu oft ist sie in der Literatur, so sie erwähnt wird, lediglich Wilkins' Assistentin, war jedoch 1950 als Expertin mit ihm an das Londoner King's College eingeladen worden, um dort zur Verbesserung auch seiner laufenden DNS-Analysen eine eigene röntgendiffrakto-metrische Abteilung aufzubauen. Schon 1951 kann sie aus ihren Aufnahmen eine spiralige DNS-Struktur nachweisen, zögert zwar mit der Veröffentlichung, zeigt aber Crick und Watson, die in Cambridge ebenfalls an der DNS arbeiten, ihre Befunde. Zwei Jahre später ist es ihr Kollege Wilkins, der – ohne ihr Wissen und ohne die mangelnde Fairneß seines Handelns je einzugestehen – ihre neuesten Aufnahmen weiterreicht, die es Crick und Watson ermöglichen, ihr zuvorzukommen, ihr eigenes DNS-Modell abzuleiten und 1953 in der Zeitschrift *Nature* vorzustellen. Damit war das internationale Rennen um die Offenlegung des Baus der DNS entschieden, der Weg für weitere genetische Forschungen frei.

Im gleichen Jahr wechselt sie zum Londoner Birbeck College, wo sie u.a. darauf beharrt, am lebenden Poliovirus zu arbeiten; nach ihrem Tod 1958 wird dessen Erforschung wegen hoher Infektionsgefahr gestoppt. Neben ihren Arbeiten (grundlegend u.a. für die z.Zt. so wichtigen Kohlenfaser-Verbundstoffe) über Kokse, Graphite und generell Carbone sowie spezielle organische Verbindungen schreibt sie noch sieben wesentliche Artikel über weitere komplexe Chromosomenstrukturen. S.K.-K.

geb. 19. Dezember 1912 in Berlin
gest. 31. März 2000 in Paris
deutsch-französische Fotografin und Soziologin
Lit. 338-340

Gisèle Freund wuchs in einem gebildeten, wohlhabenden jüdischen Elternhaus auf. Zum Abitur schenkte der Vater ihr eine Leica, mit der sie zu Beginn ihres Soziologiestudiums (bei Mannheim und Horkheimer), die letzte freie Großkundgebung am 1. Mai 1932 in Frankfurt fotografierte.
1931 ging sie für ein Semester an die Sorbonne, um für ihre Doktorarbeit (»Die Fotografie im Frankreich des 19. Jahrhunderts«) zu recherchieren. Daraus entstand später *Fotografie und Gesellschaft*, eine politisch-soziologische Analyse der Fotografie, die heute als Standardwerk gilt. 1933 verließ Freund als eine der ersten Emigrantinnen Deutschland.
Aus der Begegnung mit Adrienne Monnier, in deren Pariser Buchhandlung sich die bedeutendsten Geister der Zeit trafen, entwickelte sich eine lebenslange enge Freundschaft. Freund liebte die Literatur und die LiteratInnen, kannte ihre Werke und war fasziniert von der »Landschaft des menschlichen Gesichts«. So entstanden in wenigen Jahren etwa 80 heute berühmte SchriftstellerInnenporträts, u.a von so schwierigen Persönlichkeiten wie Virginia Woolf und James Joyce, größtenteils in der neu entdeckten Farbfotografie, ohne Retusche und mit natürlichem Licht hergestellt. Doch machte sie dies nur zum Vergnügen, ihren Lebensunterhalt verdiente sie mit Fotoreportagen: »Ich wollte Soziologin werden, weil mich die Vielfalt sozialer Probleme interessierte. Ich wurde aus Notwendigkeit Fotografin.«
Der Zweite Weltkrieg unterbrach ihre Arbeit, sie floh per Fahrrad aus Paris und gelangte 1942 durch eine Einladung der argentinischen Schriftstellerin Victoria Ocampo nach Buenos Aires. Ihre Reportagen über Lateinamerika erschienen in amerikanischen und europäischen Zeitschriften. Nach Kriegsende kehrte sie mit drei Tonnen Lebensmitteln und Kleidung für ihre französischen Freunde zurück. Die Verteilungsliste weist berühmte Namen auf (Cocteau erhielt drei Pfund Kaffee, Dubuffet eine Wurst usw.)
Wieder in Paris, engagierte der bekannte Fotograf Robert Capa sie für die Zeitschrift *Magnum*. Sie übernahm den Bereich Lateinamerika, und es folgten viele Reportagen, darunter die skandalumwitterte über Evita Perón (1950).

Anfang der 60er Jahre begann die Zeit des Ruhms. Die Erstausgabe ihrer Dissertation erschien auf deutsch. Unzählige Ausstellungen folgten – in der Bibliothèque Nationale, im Musée d'Art Moderne, auf der Documenta in Kassel 1977. Besonderes Glanzlicht: eine ganze Etage für ihre Fotos im Centre Pompidou 1991. Neben Lotte Jacobi war sie die bedeutendste Fotografin des vorigen Jahrhunderts. R.R.

geb. 30. Dezember 1888 in Hamburg
gest. 22. Januar 1986 bei Detmold
deutsche Komponistin
Lit. 394, 795, 883, 1113, 1141

Ilse Fromm, Tochter einer Mathematikerfamilie in Hamburg, spielte schon als Vierjährige kleine Melodien auf dem Klavier nach dem Gehör. Mit 13 Jahren begann sie eine pianistische Ausbildung an der Berliner Hochschule für Musik; anschließend studierte sie am Sternschen Konservatorium bei James Kwast Klavier und bei Hans Pfitzner Komposition. Danach als Pianistin tätig, setzte sie nicht auf bewährte Klassiker, sondern führte unbekannte Werke von Zeitgenossen wie Hindemith, Busoni, Strawinsky, Schönberg, Webern und Berg auf. Sie wurde von bedeutenden Dirigenten wie Furtwängler, Klemperer, Schuricht und Jochum geschätzt und engagiert.
Fromm-Michaels erlebte 1934 noch die Aufführung ihrer achtteiligen Marien-Passion op. 18 (1933) im Reichssender Hamburg, aber bald darauf bekam die »jüdisch Versippte« Aufführungsverbot als Pianistin und Komponistin. So konzentrierte sie sich in diesen Jahren auf das Komponieren, das während ihrer früheren ausgedehnten Konzert- und Unterrichtstätigkeit in den Hintergrund geraten war. Während sie ihre ersten Werke fast ausschließlich für Klavier geschrieben hatte, komponierte sie nun für größere Besetzungen, so u.a. die Sinfonie c-Moll op. 19 (1938) und Musica larga für Klarinette und Streichquartett (1944).
Ihr Mann, der Richter Walter Michaels, den sie 1915 geheiratet hatte, wurde wegen seiner jüdischen Herkunft aus dem Staatsdienst entlassen. Er verbarg sich, wurde denunziert, überlebte zwar die NS-Zeit, erlebte aber das Kriegsende als ein körperlich und seelisch Gebrochener und starb kurz darauf.
Nach 1945 wurde Fromm-Michaels an die Hamburgische Hochschule für Musik berufen. Mit der Uraufführung ihrer Sinfonie durch das Orchester des NWDR unter Schmidt-Isserstedt im Jahre 1946 errang sie große Anerkennung.

Die Sinfonie c-Moll besteht aus fünf ineinandergehenden Hauptteilen. Tonartlos ist das erste Thema dem Werk vorangestellt; erst mit seinem Abschluß wird die Haupttonart eingeführt. Rezensenten heben die imponierende Kraft und Klarheit im Aufbau und die Kunst kühner Umdeutungen eines einzigen Themas hervor.
Fromm-Michaels komponierte nach 1949 nicht mehr. Sie starb 97jährig am 22. Januar 1986 in einem Altersheim bei Detmold. Der Schallplattenmarkt verzeichnet 33 Fassungen von Beethovens fünfter Sinfonie, bietet aber kein einziges Klangbeispiel dieser bedeutenden Künstlerin an. E.R.

geb. 21. Mai 1780 in Norwich, England
gest. 12. Oktober 1845 in Lepton Lane, London
englische Reformerin
Lit. 254, 350, 433, 547, 748, 895

Nach einer sorglosen Jugend auf dem Landgut ihrer Eltern fühlte sich Elizabeth Fry als junge Erwachsene doch innerlich zerrissen und unbefriedigt.
Durch die Predigten eines Quäkers zum Glauben erweckt, wandte sie sich von allen weltlichen Vergnügungen ab und trug fortan die graue Kleidung der QuäkerInnen.
Ihre erste Tat der Nächstenliebe war die Gründung einer Schule für die verwahrlosten Kinder der Umgebung. Mit zwanzig Jahren heiratete sie den Bankier Josef Fry und zog mit ihm nach London, wo in der glücklichen Ehe 16 Kinder geboren wurden.
1813 fand sie beim Besuch des Frauengefängnisses Newgate die große Aufgabe ihres Lebens. Die unvorstellbaren Verhältnisse dort veranlaßten sie zur Gründung des »Frauenvereins zur Förderung weiblicher Gefangener« (1817). Ihre Leitgedanken waren: Strafe als Erziehung – Erziehung durch Arbeit – Selbstverwaltung der Strafgefangenen – Hilfe für die Entlassenen. Mit ihrer bezwingenden Ausstrahlung gewann sie das Vertrauen der Gefangenen, aber auch das der WärterInnen, Direktoren, Minister, FürstInnen und KönigInnen, bei denen sie viel für das Wohl der Unterdrückten erreichte. Sie trug ihre Ideen auch in andere Länder und leitete so die Umgestaltung des Gefängniswesens unseres ganzen Kulturkreises ein.
Im Königreich Hannover erreichte sie, daß mehr als 1000 Gefangenen die Ketten abgenommen wurden. König Friedrich Wilhelm IV. wurde ihr Freund, besuchte sie in London und betraute in Preußen J. H. Wichern mit der Gefängnisreform. Ihr Einfluß reichte bis Italien, Rußland und Nordamerika. Fry führte die Fürsorge für die Deportierten auf den Schiffen nach Australien ein, sorgte für Irrsinnige und EpileptikerInnen, Prostituierte und trunksüchtige Frauen, trat gegen den SklavInnenhandel ein und förderte die Ausbildung von Gefängniswärterinnen.

Die Überfülle der Arbeit forderte schließlich ihren Tribut. Nach mehreren Schlaganfällen starb Elizabeth Fry am 12. Oktober 1845. A.ST.

geb. 25. März 1826 in Cicero, New York
gest 18. März 1898 in Chicago
amerikanische Frauenrechtlerin
Lit. 219, 359, 785, 999, 1001, 1097

Matilda Joslyn Gage war »die Dritte im Bunde« mit Elizabeth Cady Stanton und Susan B. Anthony, eine Theoretikerin und Aktivistin der US-amerikanischen Frauenrechtsbewegung des 19. Jahrhunderts und Mitautorin und -herausgeberin der gewaltigen *History of Woman Suffrage* (1881-1886).
Ihre scharfsinnige und konsequente, geschichtlich fundierte Analyse der Unterdrückung der Frau mutet heute noch sehr radikal und aktuell an. Denn (so hatte sie unerschrocken behauptet und zwingend argumentiert) es waren nicht die Frauen, die sich erst weiterentwickeln müßten, um ihren gleichberechtigten Platz einzunehmen und etwas zur Kultur beizutragen, sondern das Patriarchat hat die tatsächlich vorhandenen großen Leistungen der Frauen auf fast allen Gebieten für sich reklamiert und dadurch seine Macht behauptet. Mit imponierendem Wissen machte Gage die Geschichte bedeutender, aber vergessener Frauen nach der Ausradierung durch die männliche Geschichtsschreibung wieder sichtbar.
Als sich der Kampf um die Rechte der Frau zu lange hinzog, erkannte Gage, daß das Stimmrecht allein nicht genügen würde, den Frauen zur Freiheit zu verhelfen. Sie glaubte, die tiefere Ursache der Ungleichheit liege in der christlichen Lehre von weiblicher Minderwertigkeit und Sündhaftigkeit. Diese Lehre präge das Denken von Frauen wie Männern und fließe auch in die Ideologie des Staates ein. In ihrem Buch *Women, Church and State* (1893) rief sie alle Frauen auf, gegen den schädlichen Einfluß der Religion zu kämpfen. Aber dieser Angriff auf die Kirche schreckte nicht nur konservative Frauen ab; sogar ihre mitstreitenden Schwestern Anthony und Stanton distanzierten sich. Gage wurde erst von Daly (1978), Wagner (1980) und Spender (1982) für die heutige Frauenbewegung wiederentdeckt.

Matilda Joslyn stammte aus einer gebildeten, liberalen Familie, heiratete mit 18 den Kurzwarenhändler Henry Gage und wurde Hausfrau und dann Mutter von vier Kindern. Obwohl oft kränklich, wurde Matilda bald eine der energischsten und effektivsten Aktivistinnen der Frauenbewegung. Als sie die Frauen der »National Woman Suffrage Association« nicht überzeugen konnte, gegen die Kirche Partei zu ergreifen, gründete sie 1890 eine neue Organisation, die »Woman's National Liberal Union« (WNLU). Aber die Geschichtsbücher erzählen fast nichts über diese Organisation. Wie ihre Gründerin war sie einfach zu radikal. J.H.

geb. 23. November 1901 in Chicago
gest. 7. Februar 1985 in Pennington, N.J.
amerikanische Widerstandskämpferin und Psychoanalytikerin
Lit. 361, 362, 451, 1145

Muriel Gardiner war die einzige US-Amerikanerin, die sich im österreichischen antifaschistischen Widerstand engagierte. Sie rettete vielen ÖsterreicherInnen das Leben. Erst 1983, mit 82 Jahren, veröffentlichte sie unter dem Titel *Code Name ›Mary‹* den Bericht über ihre Wiener Jahre 1926-1938 in englischer Sprache [eine deutsche (1978) und eine französische Fassung (1981) waren vorausgegangen]. Gardiner war nach Wien gekommen, um sich von Freud psychoanalysieren zu lassen. Der vermittelte sie weiter an seine Schülerin Ruth Mack Brunswick. Um selbst Psychoanalytikerin werden zu können, blieb Gardiner in Wien und begann ein Medizinstudium. Obwohl sie aus reichem Hause stammte, war sie eine überzeugte Sozialistin und schloß sich dem Widerstand an. 1934 ging sie in den Untergrund und stellte ihre beiden Wohnungen und ihr abgelegenes Ferienhaus im Wienerwald für konspirative Treffen zur Verfügung.
Mit einem Engländer namens Gardiner hatte sie eine Tochter, Connie. Ihre große Liebe aber war Joseph Buttinger, der Kopf des österreichischen sozialistischen Widerstands. Nach dem »Anschluß« 1938 versorgte sie unter Einsatz ihres Lebens politisch und/oder rassisch Verfolgte mit Geld, Bürgschaften und falschen Pässen, um sie außer Landes und in Sicherheit zu bringen.
Muriel Gardiners Biographie ist auf sehr seltsame Weise mit der der amerikanischen Dramatikerin Lillian Hellman verknüpft. 1973 veröffentlichte Hellman den Memoirenband *Pentimento*, dessen berühmtestes Kapitel »Julia« erfolgreich mit Jane Fonda und Vanessa Redgrave verfilmt wurde. Der Film zeigt, wie Hellman durch ihre heldenhafte Freundin Julia zu heroischer Tat inspiriert wird. »Julia« basiert auf Teilen der Biographie Muriel Gardiners, die Hellman mit frei erfundenen Aussagen über ihr eigenes Leben verband. Hellman hatte ihre Kenntnisse über Gardiners Heldinnentaten von einem gemeinsamen Bekannten. Bereits 1980 hatte Mary McCarthy Hellman in einer Talkshow als notorische Lügnerin bezeichnet, worauf diese sie auf über 2 Millionen Dollar Schadenersatz verklagte. Hellmans Chancen verschlechterten sich, als Gardiners Memoiren erschienen. Bevor es zum Prozeß kam, starb Hellman 1984. Muriel Gardiner hat sich an den Auseinandersetzungen um den Fall Hellman – Gardiner – McCarthy nicht beteiligt. Einer Persönlichkeit ihrer Größenordnung und Perspektive waren derlei Aufgeregtheiten und Eitelkeiten ohnehin ganz fremd. L.F.P.

geb. 10. Juni 1922 in Grand Rapids, Minn.
gest. 22. Juni 1969 in London
amerikanische Sängerin und Schauspielerin
Lit. 21, 329, 423, 535, 994

Das Leben Judy Garlands ist eine einzige Abfolge von Aufputsch- und Beruhigungsmitteln, Alkohol, finanziellen Krisen und mißglückten Beziehungen. Die Mutter ließ sie schon als Kleinkind mit ihren beiden älteren Schwestern in der Gesangs- und Tanzgruppe »The Gumm Sisters« auftreten. Bald wurden die Filmstudios auf sie aufmerksam. Als sie bei MGM unterschrieb, wurde ihr mitgeteilt, sie sei dick und häßlich. Man riet der 13jährigen, Schlankheitspillen zu nehmen. 1938 drehte sie erstmals mit dem Kinderstar Mickey Rooney, und bald war das Paar berühmt, stellten sie doch mit ihrer braven, unschuldigen Fröhlichkeit eine heile Welt dar, an der die weiße Mittelschicht sich damals orientieren wollte. Während Mickey sich in der Pubertät Abenteuer und Flirts leisten durfte, wurde Judy am Gängelband gehalten, um ihr Kleinmädchen-Image nicht zu beschädigen. Für den Welterfolg *The Wizard of Oz* (1939) wurden der 17jährigen bei den Aufnahmen die Brüste flach gebunden, um sie kindlich erscheinen zu lassen. In den Studios gab es Aufputschtabletten, wenn man lange drehte, und Schlaftabletten für die Ruhepausen. So gewöhnte sich Judy daran.

Ihre erste Ehe dauerte 18 Monate; von ihrem nächsten Mann, Vincente Minnelli, bekam sie 1946 eine Tochter, Liza. Sie wollte einen neuen Anfang machen, aber die Last der Mutterschaft, neue Filmverpflichtungen und die Erwartungen der Öffentlichkeit überforderten sie, und bald schluckte sie wieder Tabletten. Auf Vincentes Bitten hin unternahm sie eine Entziehungskur. Als die Filmstudios sie riefen, nahm sie jedoch wieder Amphetamine, um abzunehmen. In 15 Jahren hatte sie 28 Filme für MGM abgedreht, man hatte viel an ihr verdient, aber 1950 ließ man sie fallen. Um ihre Schulden abzuzahlen, begann Garland eine Karriere auf den Bühnen der Welt mit eigenen Shows. Publikumserfolge und Akklamationen auf der einen Seite, gescheiterte Ehen, finanzielle und körperliche Zusammenbrüche, Tabletten- und Alkoholsucht auf der anderen. 1959 wurde eine Leberzirrhose diagnostiziert. Ihr letzter Film *Bretter, die die Welt bedeuten* (*I could go on singing*), in dem sie mutig Teile ihres eigenen Versagens spielt, wurde 1963 gedreht.

Was bleibt? Eine perfekte Show-Tänzerin in der Jugend, eine wunderbare Stimme, die die Sehnsucht nach einer heilen Welt beschwört (»Over the Rainbow«, »The Man that got away«), eine schauspielerische Leistung vom Kinderstar zur Tragödin. Und eine Frau, die ihre vielen Rollen niemals koordieren konnte und dafür bestraft wurde. E.R.

geb. 24. August 1845 in Paris
gest. 26. Dezember 1917 in Saint-Enogat
französische Schriftstellerin
Lit. 159, 366, 729, 881, 928, 1133

Die Tochter des französischen Schriftstellers Théophile Gautier und der Sängerin Ernesta Grisi (deren Schwester die berühmte Tänzerin Carlotta Grisi war) war eine vielseitig begabte Frau von klassischer Schönheit. Sie betätigte sich als Malerin, Bildhauerin, Schriftstellerin, Musikkritikerin und Übersetzerin, publizierte Kritiken, Romane und Gedichte. Sie galt vor allem als Asien-Spezialistin. Ihre Romane (*Le Dragon impérial* oder *Iskender* beispielsweise) verraten eine breite Kenntnis der asiatischen und arabischen Kultur.

1866 heiratete sie den Schriftsteller Catulle Mendès, der ständig außereheliche Liebschaften hatte und den der Schriftsteller Maupassant »eine in Urin getauchte Lilie« nannte. Vater Gautier versuchte mit einem Eheverbot gegen diese »Idiotie, Bosheit und Perversität« vorzugehen. Vergeblich – Judith setzte sich durch. Bereits drei Jahre später kriselte es, da Catulle eine Beziehung zu der Komponistin Augusta Holmès begann, die ihm fünf Kinder gebar, ehe er sie schließlich auch verließ. 1874 trennte sich das Ehepar offiziell.

Begeistert von Richard Wagners Musik, besuchte Judith Mendès den Komponisten in Tribschen (Schweiz), wo er mit der Frau des Dirigenten von Bülow, Cosima, lebte. Wagner verliebte sich in Judith und schrieb ihr leidenschaftliche Briefe. Er arbeitete gerade am Parsifal, und sie inspirierte ihn bei der Gestaltung der Kundry. Während Cosima für den Alltag zuständig war, fungierte Judith als Richards Muse. Er bestellte in den folgenden Jahren Pariser Luxusartikel bei ihr – Seidenbrokat, Atlasseide, Badeessenzen und Duftwasser, um seine Sinne zu reizen. Ihr schmeichelte diese »amitié amoureuse«; seine erotischen Wünsche wies sie allerdings zurück.

Ihren Lebensabend verbrachte Judith Gautier mit der 37 Jahre jüngeren Suzanne Meyer-Zundel, und es scheint, als habe sie in dieser Beziehung, die bis zu ihrem Tod anhielt, endlich das Glück gefunden, das sie so lange vergeblich suchte.

E.R.

geb. 1. April 1776 in Paris
gest. 18. Juli 1831 in Paris
französische Mathematikerin und Philosophin
Lit. 82, 149, 566, 803, 910

Sophie Germain reichte eine Abschlußarbeit für einen Kurs an der »École Polytechnique« ein und führte einen Briefwechsel mit dem berühmten deutschen Mathematiker Carl Friedrich Gauß – beides unter männlichem Namen. Nicht nur durch diese List, sondern vor allem durch ihre außerordentlichen analytischen Fähigkeiten wurde sie zur führenden Mathematikerin ihrer Zeit.
Der Wunsch, sich über die ihrem Geschlecht vorgeschriebenen Einschränkungen hinwegzusetzen und sich ganz der Mathematik zu widmen, bestimmte Sophie Germains Leben. Statt zu heiraten, wohnte sie bis zum Tode ihrer Eltern im Haus der Familie, wo sie sich in aller Zurückgezogenheit in die Mathematik vertiefte.
1815 Germain mit dem »Prix extraordinaire« der Pariser Akademie der Wissenschaften ausgezeichnet. Ihre Arbeit stellt einen ersten Versuch dar, eine Theorie der Elastizität zu entwickeln, und erregte allgemeines Interesse unter ihren Kollegen. Dieser Erfolg auf dem Gebiet der angewandten Mathematik täuscht darüber hinweg, daß Germains eigentliches Talent auf dem Gebiet der theoretischen Mathematik lag. In der Zahlentheorie gibt es ein Theorem, das ihren Namen trägt.
Am Ende ihres Lebens, in ihrem posthum veröffentlichten Essay »Considérations sur l'état des sciences et lettres«, wandte sie sich der positivistischen Philosophie zu.
Trotz ihrer Leistungen durfte sie nicht gleichberechtigt am wissenschaftlichen Leben teilnehmen. Sie durfte nie studieren und blieb aus der Akademie ausgeschlossen, was den Geltungsanspruch ihrer Forschung beeinträchtigte. Wegen ihrer lückenhaften Bildung wirkten ihre Abhandlungen oft unvollständig. Entwicklungen auf ihrem Spezialgebiet bekam sie selten zu Gesicht, weil die aktuellsten Schriften nur Mitgliedern zugänglich waren.
Am Eiffelturm sind die Namen von 72 Wissenschaftlern eingraviert. Der Name Sophie Germains, deren Theorien der Elastizität für den Bau des Turms Voraussetzung waren, fehlt. Wenige Monate bevor ihr, auf Empfehlung von Gauß, der Doktorgrad der Universität Göttingen verliehen werden konnte, starb sie im Alter von fünfundfünfzig Jahren. R.F.

geb. 6. März 1898 in München
gest. 3. März 1975 in München
deutsche Schauspielerin und Regisseurin
Lit. 243, 259, 376, 664

Thereses gutbürgerliche jüdische Familie riet ihr davon ab, zum Theater zu gehen; sie sei »doch überhaupt nicht schön«. Zum Glück besaß die junge Frau schon früh ihren später so berühmten Eigensinn – und wurde zur überragenden und beliebten, immer sozial und politisch engagierten Schauspielerin, die von der Weimarer Republik bis in die siebziger Jahre fast ununterbrochen das moderne Theaterleben bereicherte und schließlich prägte. Nach sieben »Lehr- und Wanderjahren« in der Provinz wurde Giehse 1926 nach München an die Kammerspiele berufen.

Knapp einen Monat vor der Machtübernahme der Nationalsozialisten gründeten Therese Giehse, Erika und Klaus Mann und der Musiker Magnus Henning in München das literarische Kabarett *Die Pfeffermühle*. Das Kabarett, das »indirekt politisch« gegen die Nazis arbeitete, mußte bald ins Ausland, und am 13. März 1933 floh Therese Giehse zur Mann-Familie in die Schweiz. Die *Pfeffermühle* reiste quer durch Europa, bevor sie sich 1937 nach einer enttäuschend verlaufenen Amerika-Tournee auflöste.

1936 hatte Giehse den schwulen englischen Schriftsteller John Hampson-Simpson geheiratet, um zu einem britischen Paß zu kommen, da die EmigrantInnen von Hitler ausgebürgert worden waren. Über ihre Liebesbeziehung zu Erika Mann in dieser Zeit hatte sie ihrer späteren Gesprächspartnerin und Biographin Monika Sperr »nichts zum Sagen«. Über ihr Privatleben wollte sie nichts preisgeben.

Nach der Auflösung der *Pfeffermühle* ging Giehse zurück ans Zürcher Schauspielhaus. Aus dem finnischen Exil schickte Brecht ihr 1941 seine »Mutter Courage« zur Uraufführung. 1948 begann dann ihre entscheidende Zusammenarbeit mit Brecht, der sie 1949 nach Berlin an sein Berliner Ensemble holte. Nach 1952 wieder an den Münchner Kammerspielen, war sie mit Marieluise Fleißer befreundet, in deren Komödie »Der starke Stamm« sie 1950 die Hauptrolle spielte. Bis zuletzt war sie aktiv und engagiert, stets für neue Ideen offen, vor allem für die von jungen Theaterleuten wie Peter Stein, Martin Sperr, Franz Xaver Kroetz. Nach einer Augenoperation starb Therese Giehse unerwartet an Nierenversagen. J.H.

geb. 29. Dezember 1912 in Melbourne
gest. 25. Juni 1990 in Sydney
australisch-amerikanische Komponistin
Lit. 18, 59, 434, 435

Schon früh erkannte man ihre Begabung, und sie erhielt am Konservatorium von Melbourne bei Fritz Hart eine Ausbildung in Komposition. Ein Stipendium am Londoner *Royal College of Music* folgte; anschließend studierte sie bei Egon Wellesz in Wien und von 1936 bis 1938 bei der weltbekannten Musiktheoretikerin Nadia Boulanger in Paris, um die sich Komponisten wie George Antheil, Leonard Bernstein und viele andere scharten. 1938 heiratete sie den englischen Pianisten und Komponisten Stanley Bate, der trank und sie mißhandelte, die Ehe wurde nach elf Jahren geschieden.
Peggy Glanville-Hicks verfaßte zahlreiche musikwissenschaftliche Arbeiten und setzte sich unermüdlich für andere ein. 1943 trug sie zu Aufführungen Neuer Musik im New Yorker Central Park bei und half mit, daß die Unesco einen Fonds einrichtete, durch den europäische KünstlerInnen in der Nachkriegszeit wieder Fuß fassen konnten. Ihre Suche nach geistiger und musikalischer Ursprünglichkeit führte sie 1959 nach Griechenland, wo sie im Bereich der altgriechischen Musik forschte. Sie fand ihre Inspirationsquellen außerdem in spanischer, indischer und nordafrikanischer Musik sowie in der indonesischen Gamelanmusik und übernahm Elemente davon in ihre Werke.
1967 wurde ihr ein Gehirntumor entfernt, und man gab ihr noch fünf Jahre – sie arbeitete unbeirrt weiter, und es wurden schließlich 23 Jahre daraus, auch wenn sie sich immer wieder in ärztliche Behandlung begeben mußte.
Glanville-Hicks komponierte sechs Opern, Filmmusik, zahlreiche Chor- und Orchesterwerke. Sie erklärte einmal: »Wir hatten keine Zeit, um Kinder zu kriegen. Aber Opern sind besser als Kinder, und ich habe fünf geschrieben. Mit etwas Glück werden sie länger leben als irgendein Kind.« Diese Hoffnung scheint sich vorläufig nicht erfüllt zu haben. Auf CD erhältlich ist nur das *Etruscan Concerto* für Klavier und Kammerorchester von 1956. Das farbig instrumentierte Stück ist motorisch-vital angelegt, es bleibt innerhalb der Tonalität. Glanville-Hicks scherte sich nie um modische Strömungen – auch dies vielleicht ein Grund, warum sie vergessen wurde. E.R.

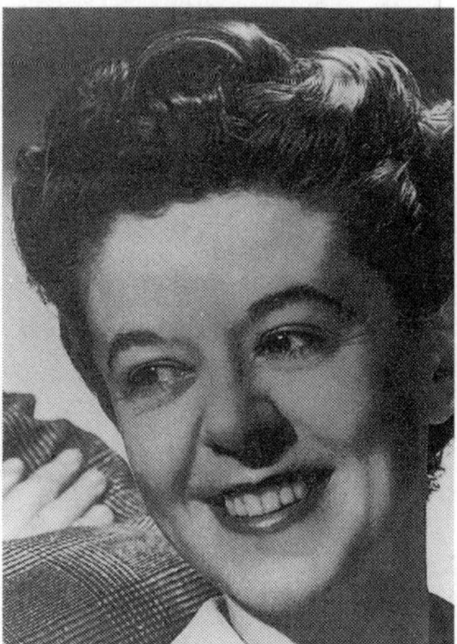

geb. 3. Juni 1910 in New York
gest. 23. April 1990 in Porto Ronco, Schweiz
amerikanische Schauspielerin
Lit. 345, 378, 402, 745, 1091

Jung, schön, ehrgeizig – angelockt von der Glitzerwelt des Films mit ihren Verheißungen von Ruhm und Reichtum – kam sie, eine unter tausend anderen Jungen, Schönen, Ehrgeizigen, 1930 nach Hollywood.
Sie hatte ein paar Erfolge als blondes Revuegirl in den berühmten Ziegfeld-Shows vorzuweisen, doch das hatten so viele andere auch. Konkurrenz macht findig, und im Heer der namenlosen Statistinnen wollte Paulette Goddard nie und nimmer verschwinden. Doch wer konnte einen Noch-nicht-Star übersehen, der sich wie ein Star in Szene setzte? Ehemann Nr. 1, ein »Holzbaron« aus North Carolina, doppelt so alt wie sie, hatte sich nach der Scheidung bei der Abfindungssumme als sehr spendabel erwiesen. Auch wenn die großen Rollen, gar eine Hauptrolle, lange auf sich warten ließen – Aufmerksamkeit war Paulette mit ihrem sündhaft teuren Auto, ihren Pariser Modellkleidern, ihren Brillantarmbändern sicher.
Im Sturm wollte sie Hollywood erobern, nach sechs langen Jahren stand ihr Name endlich groß auf den Filmplakaten. Ehemann Nr. 2 war der Regisseur und Hauptdarsteller zugleich: zwei Jahre lang dauerten die Dreharbeiten unter dem Perfektionisten Charlie Chaplin. Ein hartes Stück Arbeit für sie, aber *Moderne Zeiten* (1936) zeigt endlich auch, daß Paulette Goddard mehr ist als nur jung, schön und ehrgeizig.
Die Studios reißen sich jetzt um sie. In den Jahren nach der Trennung von Chaplin wurde Paulette Goddard zu einer der meistbeschäftigten, auch beliebtesten Schauspielerinnen. Für stattliche Gagen war sie gefragt als Hauptdarstellerin in leichten Komödien; während des Krieges trat sie vor Soldaten in China, Burma und Indien auf und fand noch Zeit für die Heirat mit Ehemann Nr. 3, dem diesmal fast gleichaltrigen Burgess Meredith. Nach der Scheidung bekam sie auch von ihm zu spüren, daß das Hollywood der beginnenden 50er Jahre Frauen nur jung und schön liebt, jung vor allem – er heiratete eine Einundzwanzigjährige! Nur in wenigen Filmen gab es noch Rollen für sie, sie zog sich zurück.

1958 heiratete sie den Schriftsteller Erich Maria Remarque: Ehemann Nr. 4. Nach seinem Tod 1970 zog sie sich mehr und mehr zurück, aus der strahlenden, temperamentvollen, noch immer schönen und lebenslustigen Paulette Goddard wird eine einsame, alkohol- und medikamentenabhängige kranke Frau. B.W.

geb. 7. Februar 1769 in Hamburg
gest. 22. Juni 1802 in Frankfurt/M.
deutsche Briefschreiberin
Lit. 57, 77, 413, 473, 484, 957

Susette Gontard, unsterblich geworden als Hölderlins »Diotima« und Verfasserin von 17 wunderbaren und erschütternden Liebesbriefen an den unglücklichen Dichter, wurde 1769 als Tochter der wohlhabenden Kaufmannsfamilie Borkenstein in Hamburg geboren. Mit 17 heiratete sie den reichen Frankfurter Kaufmann Jacob Friedrich Gontard. Die beiden hatten vier Kinder. Im Frühjahr 1796 trat der 26jährige Hölderlin bei Gontards eine Stelle als Hauslehrer an. Zwischen ihm und der Hausherrin entwickelte sich schnell ein inniges Verhältnis, über dessen Natur bis heute gerätselt wird. Der Hölderlin-Biograph Bertaux schreibt nach Ausbreitung einiger Dokumente: »Wer da noch an eine ›platonische Liebe‹ … glauben will … dem sei es nicht verwehrt.« Dagegen Irma Hildebrand: »Dieses beglückende Zusammensein, ist … nicht von dieser Welt, es haben sich zwei Seelen, nicht zwei Körper gefunden.« Wie dem auch sei – den beiden Liebenden ist nur ein einziger Sommer vollkommenen Glücks in dem westfälischen Städtchen Bad Driburg vergönnt, wo Susettes Ehemann, der in Frankfurt die Stellung hielt, sie vor napoleonischen Truppen in Sicherheit gebracht hat.

Wieder zurück in Frankfurt, muß Hölderlin den Bediensteten spielen und die Hausherrin ihren Familien- und Repräsentationspflichten nachkommen. Hölderlin hält diese Anspannung nicht aus, im Herbst 1798 kommt es zu einem Zerwürfnis mit Gontard, Hölderlin bekommt praktisch Hausverbot. Es beginnt ein verzweifeltes und entwürdigendes Ringen der beiden Liebenden um Kontaktmöglichkeiten. Hölderlin ist in das benachbarte Städtchen Homburg gezogen. Zunächst sind noch einige heimliche Treffen möglich, danach reicht es nur noch zum verängstigten Austausch von Briefen durch eine Hecke – Susette ist dauernd unter Beobachtung und kann sich keine Unregelmäßigkeiten erlauben. Sie will ihre Kinder nicht verlieren – und Hölderlin kann kaum sich selbst ernähren. Dieser Zustand ist unerträglich. Nach zwei Jahren erfolgt die endgültige Trennung. Susette ist schon lange lungenkrank – sie stirbt im Sommer 1802, erst 33 Jahre alt, an den Röteln, die ihre Kinder gut überstanden haben. Hölderlin scheitert in verschiedenen Stellungen als Hauslehrer und verbringt die zweite Hälfte seines Lebens, von 1807 bis 1843, als unheilbar geisteskrank in Pflege bei der Schreinermeisterfamilie Zimmer in Tübingen. L.F.P

geb. 5. Januar 1932 in Rubzowsk, Sibirien
gest. 20. September 1999 in Münster
russische First Lady
Lit. 391, 533, 863, 1057

Raissa Gorbatschowa verblüffte Mitte der 1980er Jahre ihre Landsleute und die Medien des »kapitalistischen« Westens gleichermaßen: Vor ihr waren die Gattinnen der sowjetischen Staatschefs kaum öffentlich in Erscheinung getreten. Mit Intelligenz und Charme gewann sie die Achtung der Welt, blieb jedoch aufgrund des altertümlichen Rollenverständnisses der Frau in der UdSSR zeitlebens umstritten.

Raissas Jugend war von Entbehrungen geprägt. Sie erlebte den Terror des Stalinismus und die Schrecken des Zweiten Weltkrieges. Mit 17 durfte sie aufgrund ausgezeichneter Schulleistungen die Moskauer Lomonossow-Universität besuchen. Hier lernte sie ihren Mann Michail Gorbatschow kennen, den sie 1953 heiratete.

Raissa promovierte 1957 im Fach Soziologie, später lehrte sie als Dozentin, u.a. an der Landwirtschaftlichen Hochschule Stavropol. 1957 gebar sie ihr einziges Kind, die Tochter Irina.

Raissa Gorbatschowa förderte und unterstützte die politische Karriere ihres Mannes, ohne dabei selbst in den Hintergrund zu treten. Michail Gorbatschow wurde 1985 Generalsekretär des Zentralkomitees der KPdSU, 1990 russischer Präsident. Befragt, in welchen Angelegenheiten er sich mit seiner Frau berate, antwortete er offen: »In allen.« Gorbatschow setzte Reformen in Gang, die unter dem Begriff »Perestroika« bekannt wurden. Weltgewandt und fremdsprachenkundig vertrat Raissa – auch und gerade im Ausland – die neue Politik der Öffnung zum Westen. Zu Hause kümmerte sich die First Lady Rußlands vor allem um Kinderfürsorge, Naturschutz und Frauenpolitik.

Ein fehlgeschlagener Putsch im August 1991, bei dem die Gorbatschows unter Hausarrest gestellt wurden, untergrub Raissas Gesundheit. Boris Jelzin wurde der neue Machthaber im Kreml und strich seinem Vorgänger die Präsidentenrente. Die ehemalige First Lady erholte sich niemals vollständig von diesem Schock. Zwar arbeitete sie nach dem Rückzug aus der Politik unermüdlich für die 1991 gegründete Gorbatschow-Stiftung, die u.a. weltweite Projekte in Umweltschutz und Friedensforschung betreibt. Doch im Sommer 1999 wurde bekannt, daß Raissa an Leukämie litt. A.E.R.

geb. 16. Oktober 1890 in Corinaldo
gest. 6. Juli 1902 in Nettuno
italienische Märtyrerin und Heilige
Lit. 302, 409, 694

Maria Goretti wurde 1902 mit elf Jahren Opfer eines brutalen Sexualmordes und dafür 1950 heiliggesprochen: »Zum erstenmal in der Geschichte der Heiligsprechungen war die Feier, an der mehr als eine halbe Million Menschen teilnahmen, auf den Petersplatz verlegt worden; und zum erstenmal konnte auch die Mutter einer Heiligen an der Kanonisation eines ihrer Kinder teilnehmen.«

Die Begründung der Kirche für diese Heiligsprechung ist für den gesunden Menschenverstand schier unfaßbar: »Durch die Kanonisierung Maria Gorettis ehrt die katholische Kirche auch unzählige andere, die in ähnlichen Umständen den Tod der Sünde vorzogen« (Farmer, 1979). Nach Auffassung der Kirche begeht also ein Mädchen, ein Kind von elf Jahren, das vergewaltigt wird, eine Sünde. Maria Goretti entging dieser Gefahr: Sie wehrte sich gegen den Vergewaltiger und wurde erstochen, mit einem spitzen, scharfen Messer. Einfühlsam fährt der Hagiograph (Schamoni) fort: »Dieses Ende war nur die Vollendung, die Krönung ihres jungen Lebens gewesen. Dieser Heldenmut, in dem sie sagen konnte, sie wolle lieber sterben als eine schwere Sünde begehen, war ihr nicht unvermittelt gekommen.«

Maria Goretti hat *nicht* gesagt, sie wolle lieber sterben als eine schwere Sünde begehen. Das Kind war sich über die korrekte Verteilung von Schuld/Sühne und Unschuld keine Sekunde im unklaren. »Nein, nein«, hat sie geschrien, »das ist Sünde, Alessandro, du kommst in die Hölle.« Und wieder, noch in ihren Wundfieberphantasien, kurz bevor sie starb: »Tu es nicht, Alessandro, du kommst in die Hölle.«

Alessandro war einer aus dem »Nahbereich« seines Opfers. Marias Mutter, eine junge Witwe, der Witwer Serenelli und dessen Sohn Alessandro hatten zusammen ein kleines Stück Land gepachtet. Bevor er sie umbrachte, hatte Alessandro sein Opfer wochenlang mit Morddrohungen terrorisiert.

Alessandro Serenelli wurde zu 30 Jahren Zwangsarbeit verurteilt und 1928 vorzeitig entlassen. Von ihm stammt folgende Charakterisierung des armen Kindes: »Ich habe sie nicht anders gekannt als gut, den Eltern gehorsam, gottesfürchtig, ernst, nicht leichtsinnig und launenhaft wie andere Mädchen; auf der Straße war sie immer bescheiden und ausschließlich darauf bedacht, empfangene Aufträge auszuführen.« Er schließt, anscheinend ohne alle Ironie: »Sie mied gefährliche Gesellschaft, wie ihre Mutter es ihr anbefahl.« L.F.P.

geb. 18. März 1901 in Moskau
gest. 29. September 1993 in Berlin
russische Tänzerin, Choreographin, Tanzpädagogin
Lit. 33, 572, 997, 1013

Sie selbst bezeichnete sich am liebsten als Pädagogin. Und hatte eine fast unheimliche Gabe, noch schlummernde Kräfte und Ausdrucksstärken in TänzerInnen zu wecken und zur Entfaltung zu bringen. Tatjana Gsovsky war aber auch Tänzerin, Regisseurin und die Choreographin, die nach dem zweiten Weltkrieg ein deutsches Ballett überhaupt erst aufgebaut hat. In ihren Choreographien vereint Tatjana Elemente des klassischen und des deutschen Ausdruckstanzes, wobei ihre Basis immer das Vokabular des traditionellen Balletts blieb. Mit den Mitteln des Tanzes schafft sie, was sie selbst als *Konfliktballett* bezeichnet – die psychologischen Spannungsfelder zwischen den Handlungspersonen durch körperliche Bewegung im Raum sichtbar werden zu lassen. Dieses dramatische Bühnendenken ist ihr sozusagen in die Wiege gelegt, denn als Tochter der Schauspielerin und Tänzerin Claudia Issatschenko wuchs Tatjana im Theater auf und hat früh mit einer tänzerischen Ausbildung begonnen, zuerst in der Isadora Duncan-Schule in Petrograd, später bei streng klassisch ausgerichteten Ballett-LehrerInnen. 1917, mit 16 (!) Jahren, ging Tatjana mit ihrer kleinen Tochter bereits als Ballettmeisterin an das

Theater von Krasnodar am Schwarzen Meer, wo sie ihren zweiten Mann, den Tänzer und Choreographen Victor Gsovsky, kennenlernte. Zusammen fliehen sie 1925 aus dem revolutionären Rußland nach Berlin und gründen eine Ballettschule. Unter den Nazis erhält Tatjana Berufsverbot. Der hoffnungsvolle Neuanfang als Ballett-Leiterin der Ostberliner Staatsoper zerbricht an den wachsenden Spannungen mit den SED-Kulturfunktionären; 1951 geht Gsovsky mit einem Großteil der TänzerInnen in den Westteil der Stadt, in dem sich ihre Ballettschule befindet. Bis sie hier eine adäquate Stellung erhält, arbeitet Tatjana als freie Choreographin vor allem am Teatro Colón in Buenos Aires, wo sie ihre Ideen eines modern-klassischen Handlungsballetts verwirklichen kann. Ab 1958 bis zu ihrem Rückzug aus dem Theaterleben 1966 entstehen an der Deutschen Oper Berlin in Zusammenarbeit mit zeitgenössischen Komponisten große dramatische Werke, meist nach literarischen Vorlagen. A.V.H.

Marianne Hainisch

geb. 25. März 1839 in Baden bei Wien
gest. 5. Mai 1936 in Baden bei Wien
Frauenrechtlerin
Lit. 313, 334, 351

Marianne Hainisch stammte aus einer Industriellenfamilie, heiratete mit 18 Jahren einen Industriellen und gebar zwei Kinder – ihr Lebensweg schien vorgezeichnet. Es sollte anders kommen. Durch den amerikanischen Bürgerkrieg wurde der Baumwollexport nach Österreich eingestellt, und es ging vielen TextilarbeiterInnen und -fabrikanten schlecht. In äußerster Not wandte sich die Frau eines Textilfabrikanten an Marianne Hainisch um Rat, da sie selbst für ihre Familie arbeiten wollte. Es war eine aufrüttelnde Erkenntnis für Hainisch, daß Frauen aus dem gehobenen Bürgertum weder die Kenntnisse noch das Recht hatten, einen gutbezahlten Beruf zu ergreifen: »Ich verbrachte eine schlaflose Nacht, mein ganzes Wesen war in Aufruhr, denn es war mir die unzweckmäßige Erziehung und die Benachteiligung des Frauengeschlechts mit einem Male ganz klar geworden. So konnte es nicht bleiben, dies wurde mir zur Gewißheit. So griff ich zur Selbsthilfe und zur Feder...« Ein Jahr später, am 12. März 1870, hielt sie vor dem Frauenerwerbsverein eine Rede über die Mißstände in der Mädchenbildung. Der Gemeinde Wien wurde eine Petition überreicht, in der Hainisch die Errichtung eines Realgymnasiums für Mädchen forderte. Ihre Forderung, im Parlament wie in der Öffentlichkeit heftig diskutiert, stieß auf erbitterten Widerstand, und so wurde erst 1892 ein Gymnasium für Mädchen eröffnet. Inzwischen waren in Österreich viele fortschrittliche Frauenvereine entstanden, die Hainisch in allen Bestrebungen nach Gleichberechtigung unterstützten. Immerhin konnten ab 1897 Frauen an der philosophischen, ab 1900 an der medizinischen Fakultät der Wiener Universität studieren. In mühevollen Kämpfen wurde erreicht, daß Frauen Gewerbeschulen besuchen konnten, zu verschiedenen Berufen zugelassen und daß Änderungen im Ehe- und Familienrecht zugunsten der Frau vorgenommen wurden. 1902 gründete Marianne Hainisch den Bund österreichischer Frauenvereine, in dem sich 13 Vereine zusammenschlossen; der Bund wurde dem *International Council of Women* angegliedert. Hainisch war 16 Jahre lang Vorsitzende und bis zu ihrem Lebensende (sie wurde 97 Jahre alt!) Ehrenpräsidentin dieses Bundes. S.D.

geb. 12. August 1867 in Dresden
gest. 31. Mai 1963 in Washington, D.C.
amerikanische Altphilologin und Schriftstellerin
Lit. 417, 685, 786, 870

Edith Hamilton war die älteste von vier Töchtern und kam während einer Europareise ihrer Eltern in Dresden zur Welt. Die Eltern waren wohlhabend, aber der Vater trank und machte 1885 Bankrott, so daß die vier Schwestern früh auf eigenen Füßen stehen mußten. Edith entschied sich für den Beruf der Lehrerin. 1895 schloß sie ihr Studium der klassischen Philologie am Bryn Mawr College ab. Als Anerkennung für herausragende Leistungen bekam sie ein Europa-Stipendium und ging für ein Jahr nach Deutschland.

1896 trug ihr die Präsidentin des Bryn Mawr College die Leitung der neu gegründeten Bryn-Mawr-Schule in Baltimore an. Edith nahm aus praktischen Erwägungen an, obwohl sie sich lieber klassischen Studien als Verwaltungsaufgaben gewidmet hätte.

Unter der 26 Jahre währenden Leitung Edith Hamiltons wurde die Schule zu einer der bedeutendsten im Lande. Irgendwie schaffte es Edith, die konservativen Familien Baltimores davon zu überzeugen, daß strenge wissenschaftliche Arbeit für Mädchen genau das richtige sei. Von den Schülerinnen wurde sie verehrt und gefürchtet – sie war unnahbar, mitreißend in der Lehre und stellte höchste Ansprüche. Aus gesundheitlichen Gründen gab sie 1922 die Leitung der Schule auf – sie hatte den Job sowieso nie gemocht. Nach einer kurzen Erholungspause kaufte sie mit ihrer Lebensgefährtin Doris Fielding Reid, einer Bankerin und ehemaligen Schülerin, ein Haus auf Mount Desert Island in Maine als Sommerresidenz. Im Winter wohnten sie in einem New Yorker Apartment. Die beiden sorgten für Doris' Nichten und Neffen; einen von ihnen, Dorian, adoptierte Edith Hamilton.

Edith' zweite, immens erfolgreiche Karriere als Schriftstellerin begann wie zufällig und fast gegen ihren Willen, als sie bereits 60 war. FreundInnen aus der Zeitungsbranche, die von ihren Stegreifübersetzungen griechischer Dramatiker fasziniert waren, hatten sie überredet, ein paar Artikel und schließlich das Buch *The Greek Way* zu schreiben, das sie 1930, also mit 63 Jahren, veröffentlichte. Vor ihr lagen noch 33 äußerst fruchtbare Jahre, in denen sie zur nationalen Berühmtheit und Autorität wurde und in sieben Büchern, zahllosen Artikeln, öffentlichen Vorträgen und Radiosendungen einem ständig wachsenden, begeisterten Publikum die klassische und biblische Antike nahebrachte. L.F.P.

Caroline Haslett

geb. 17. August 1895 in Three Bridges, Sussex
gest. 4. Januar 1957
englische Ingenieurin
Lit. 401, 430, 431, 651, 1044

Niemals hätte sich die junge Sekretärin Caroline Haslett träumen lassen, daß sie in ihrem späteren Leben geadelt und vom englischen König zur »Dame of the British Empire« erhoben werden würde (1947).
Dies hatte sie ihrem ausgeprägten technischen und feministischen Interesse und ihrem außerordentlichen Engagement zu verdanken. Sie, die von englischen Elektrizitätsarbeitern bewundernd »Lady Dynamo« genannt wurde, schaffte den Sprung vom Kontoristinnenjob in die Produktion; nach Fortbildungskursen bestand sie schließlich mit Auszeichnung ihr Examen als Elektroingenieurin. Schon als junges Mädchen hatte sie durch ihre Familie – ihr Vater, ein ehemaliger Eisenbahnarbeiter, war führender Mitarbeiter der jungen britischen Genossenschaftsbewegung – Kontakt zum Umfeld von Emmeline Pankhurst und setzte sich mit sozialen Problemen und Frauenfragen auseinander. Mit 24 Jahren gründete sie 1919 die Gesellschaft weiblicher Ingenieure, an deren Spitze sie sich für die Beschäftigung von Frauen in gehobenen technischen Berufen einsetzte. 1924 entstand durch ihre Initiative der Elektrizitätsverband für Frauen (*Electrical Association for Women*), der nationale Bedeutung erlangte und den sie leitete.
1947 wurde sie zur stellvertretenden Vorsitzenden der *British Electricity Development Association* gewählt. Sie war außerdem Mitglied des beratenden Frauenkomitees des Arbeitsministeriums und Präsidentin der *International Federation of Business & Professional Women.*
Trotz ihrer vielen öffentlichen Ämter schaffte es Haslett, in ihrem Fach grundlegende Werke zu publizieren und neben dem *Electric Handbook for Women* zwei Fachzeitschriften, *The Woman Engineer* und *The Electrical Age*, herauszugeben.
Aufgrund ihres überdurchschnittlichen »dynamoschen« Engagements gelang es ihr, die Männerdomäne der Ingenieurberufe für Frauen zu öffnen. B.RA.

geb. 10. Oktober 1900 in Washington, D.C.
gest. 17. März 1993 in Nyack, N.Y.
amerikanische Schauspielerin
Lit. 53, 436-438, 561, 1149

Helen Hayes wurde oft die »First Lady des amerikanischen Theaters« genannt. Ihre Laufbahn als Schauspielerin war lang und eindrucksvoll.

Hayes' Mutter war Schauspielerin, und so begann Helen schon früh, sich für das Theater zu interessieren. Als Fünfjährige stand sie, zusammen mit ihrer Mutter, zum ersten Mal auf der Bühne, im Alter von acht Jahren debütierte sie am Broadway. Es folgten einige erfolgreiche Kinderrollen. Nach ihrem High-School-Abschluß ging sie 1917 wieder nach New York und startete eine große Karriere.

Hayes war mit dem Schriftsteller Charles MacArthur verheiratet, von 1928 bis zu seinem Tod 1956. Sie hatten zwei Kinder, Mary und James, die beide die Familientradition fortsetzten und SchauspielerInnen wurden. Als Mary 1949 mit 19 Jahren an Kinderlähmung starb, bekämpfte Hayes in charakteristischer Weise ihre Verzweiflung mit sinnvollen Aktivitäten. Sie gründete den Mary MacArthur Fonds für Kinder mit Kinderlähmung. Zusammen mit dem Krankenhaus in Nyack, New York, konnte sie das erste Behandlungszentrum für Polio-Überlebende in den USA einrichten. Das Krankenhaus trägt heute ihren Namen. Später engagierte sich Hayes, die auch mit Mutter Teresa zusammenarbeitete, für ein Waisenhaus in Mexico.

Hayes' Vielseitigkeit und Ausdruckstiefe machten sie zu einer der führenden Bühnendarstellerinnen der 20er und 30er Jahre. Auf die komischen Rollen ihrer ersten Jahre folgten bewegende Porträts in Historiendramen. Eine ihrer meistbewunderten Leistungen war die Rolle der Königin Victoria in *Victoria Regina* (1935), von der jungen Frau bis zur greisen Königin.

Hayes' Erfolg basierte auf harter Arbeit. In ihren frühen Darstellungen konstatierte sie selbstkritisch einen Mangel an Konsistenz und Kontrolle und bemühte sich deshalb um bessere Beherrschung ihres Handwerks. Sie nahm Stimm-, Box- und Fechtunterricht, außerdem studierte sie Ausdruckstanz und Atemtechnik.

Die Frau, die sich selbst »klein und unscheinbar« nannte, eroberte ihr Publikum durch ihre enorme Ausdruckskraft und den Nuancenreichtum ihrer Darstellung. Zweimal bekam sie den Oscar, 1931 als beste Schauspielerin für *The Sin of Madelon Claudet* und 1971 für die beste weibliche Nebenrolle in *Airport*. Zwei Theater in New York wurden nach ihr benannt. Sie erhielt etliche Ehrendoktorate, u.a. von den Universitäten in Princeton und Columbia. 1986 ehrte Präsident Reagan sie mit der Friedensmedaille, dem höchsten Zivilorden der USA. K.E.H.

geb. 17. Oktober 1918 in New York
gest. 14. Mai 1987 in New York
amerikanische Filmschauspielerin und Tänzerin
Lit. 475, 571, 625, 746, 820

Wenn es einen Film gibt, der Rita Hayworth' Ruhm als Hollywoods Liebesgöttin der 40er Jahre etabliert und gleichzeitig ihr Leben auf den Punkt bringt, so ist es *Gilda* (1946). Als New Yorker Tänzerin versucht Gilda (Hayworth) mit provokativer Sinnlichkeit, erotischer Schönheit und professionellem Tanztalent Ex-Ehemann Johnny Farrell (Glenn Ford) zurückzugewinnen, um mit ihm aufzubauen, wonach sie sich wirklich sehnt: ein ruhiges Ehe- und Familienleben.

In Rita Hayworth' Leben scheint nur Orson Welles – ihre »große Liebe«, zweiter von insgesamt fünf Ehemännern und Vater von Tochter Rebecca – ihren Wunsch zu verstehen, der Karriere als Hollywoods Sex-Symbol von allein 40 Filmen zwischen 1937 und 1957 zu entfliehen.

Als erstes Kind eines Ziegfeld-Showgirls und des erfolgreichen Vaudeville-Tänzers Eduardo Cansino 1918 in New York geboren, wird Margarita Carmen Cansino ab dem vierten Lebensjahr vom spanischen Vater dazu verpflichtet, mit täglichem Unterricht in Ballett, Steppen und spanischem Tanz die Familientradition weiterzuführen. Mit 12 Jahren nimmt er sie aus der Schule und gibt sie als 14 aus, um die Schulpflicht zu umgehen und sie als seine Tanzpartnerin in Vaudeville-Theatern und Clubs zum Broterwerb für die Familie einzusetzen. Cansino kontrolliert jeden ihrer Schritte, bis er sie mit knapp 17 als Starlet bei Fox unterbringt. Von nun an diktieren nicht nur ihr Vater (und nachfolgende Ehemänner 1, 4 und 5), sondern die Filmstudios Margarita Cansinos Leben, Arbeit, Aussehen und Identität als Rita Hayworth.

Darunter leidend, beständig das Produkt und Manipulationsobjekt männlicher Kalkulation zu sein, tritt Hayworth die Flucht nach vorn an: mit enormer Disziplin, harter Arbeit und Ehrgeiz versucht sie, ihre extreme Scheu und ihr mangelndes Selbstbewußtsein zu überwinden und sich als Schauspielerin zu beweisen. Fred Astaire bewundert sie als seine beste und professionellste Film- und Tanzpartnerin.

Gildas Wunschtraum endet für Hayworth jedoch tragisch: zu intensiver werdenden Stimmungsschwankungen kommen in den 70er Jahren Gedächtnisverluste, was zunächst dem Alkohol zugeschrieben wird. 1980 wird ihr sich ständig verschlechternder Zustand schließlich als Alzheimer-Krankheit erkannt. Ihre Lieblingstochter Yasmin Khan pflegt sie bis zu ihrem Tod 1987 in New York. I.L.

geb. 6. Juli 1937 in Pietermaritzburg, Südafrika
gest. 17. April 1986 in Serowe, Botswana
südafrikanisch-botswanische Schriftstellerin
Lit. 28, 285, 440-442

Die grausame Absurdität des südafrikanischen Apartheidsystems ist nicht nur ein zentrales Thema in Bessie Heads Werk, sie bestimmte auch ihr eigenes, vielfach schmerzliches Leben. Geboren wurde sie in einer Nervenheilanstalt in Pietermaritzburg, in die man ihre Mutter eingeliefert hatte, nachdem diese – als Tochter einer gutbürgerlichen, weißen Familie – eine Beziehung zu einem Schwarzen eingegangen war. Als »Mischlingskind« kam Bessie 13jährig in ein Missionsinternat, wo sie zwar eine gute Ausbildung erhielt, von der Schulleiterin aber auch mit grausamer Direktheit über ihre Herkunft aufgeklärt wurde – sie solle nur aufpassen, daß sie nicht genauso »unmoralisch« und »verrückt« würde wie ihre Mutter. Mit dem Gefühl, »nirgendwo hinzuzugehören«, verließ sie 18jährig die Missionsschule, arbeitete als Lehrerin in Durban, dann als Journalistin in Kapstadt und Johannesburg. Dort ging sie 1961 eine kurze Ehe mit dem schwarzen Journalisten Harold Head ein, brachte im folgenden Jahr einen Sohn zur Welt, schrieb ihren ersten Roman (*Sternenwende*, posthum 1993) und kam in Kontakt mit der Antiapartheidsbewegung und literarischen Kreisen. Vor der immer schärfer werdenden Rassengesetzgebung in Südafrika floh sie 1964 ins Nachbarland Botswana, lebte mit ihrem Kind einige Jahre in Flüchtlingsunterkünften, dann in Serowe, einem Dorf am Rande der Kalahari-Wüste. Obwohl immer wieder von psychischen Zusammenbrüchen bedroht und extrem arm, fühlte sie, daß in Serowe »die zersplitterten Teile ihres Lebens zusammenwuchsen«. Erst Ende der 70er Jahre, nach 15 Jahren im Exil, erhielt sie den botswanischen Paß und konnte Einladungen zu Literatur-Workshops im Ausland wahrnehmen. Doch genoß sie ihre wachsende internationale Anerkennung nur kurze Zeit. Sie starb 1986 mit 49 Jahren in Serowe.

Bessie Heads Romane thematisieren politische Verfolgung und rassistische Unterdrückung (*When Rain Clouds Gather*, 1969), interethnische Konflikte innerhalb einer Liebesbeziehung (*Maru*, 1971) und – für die afrikanische Literatur sehr ungewöhnlich – den schwierigen sexuellen Selbstfindungsprozeß einer an Schizophrenie leidenden Frau (*A Question of Power*, 1973, dt. *Die Farbe der Macht*). Mit Dikeledi, die verzweifelt zum Messer greift und ihren brutalen Ehemann kastriert, schuf sie eine der radikalsten und stärksten Frauengestalten der afrikanischen Literatur (*The Collector of Treasures*, 1977, dt. *Die Schatzsammlerin*). A.S.

geb. 6. April 1898 in Paris
gest. 26. Januar 1920 in Paris
französische Malerin
Lit. 182, 262, 944

Jeanne Hébuterne war Modiglianis Lebensgefährtin in den letzten vier Jahren seines Lebens. 26 Bilder hat er von ihr gemalt. Sie waren ein ungewöhnliches Paar: der tuberkulosekranke, meist betrunkene, drogenabhängige Amedeo und die 19jährige, braunhaarige Jeanne mit ihren Zöpfen (Spitzname »Kokosnuß«), aus katholisch-bürgerlicher Familie. Jeanne studierte Kunst an der Akademie Colarossi und der *Ecole des Arts Décoratifs*. Sie liebte Kleider und Feste, Musik (vor allem Bach) und Literatur und spielte ausgezeichnet Geige.

Trotz aller Proteste ihrer Familie zog sie zu Modigliani in das Chaos seines Ateliers und seines Lebens. Von ihren Bildern sind wenige erhalten. Eines zeigt den Baum vor ihrem Atelier, das ihr oft zum Gefängnis wurde, wenn Modigliani im Café Rotonde trank und sie ihn schließlich abholte oder bei der Polizei auslöste, weil er randaliert hatte. Erhalten ist u.a. eine Zeichnung, ein Porträt Modiglianis, seiner Malweise so nah, daß es für ein Bild von ihm gehalten wurde. Zwischen beiden KünstlerInnen bestand eine tiefe Seelenverwandtschaft. Oft ist Jeanne Hébuterne als still, schwach, als Opfer beschrieben worden. In Wahrheit muß sie eine starke junge Frau gewesen sein, die ihren Lebensweg bewußt wählte.

Sie ertrug es, daß er mit den Modellen, die er malte, auch schlief. 1918 gebar sie eine Tochter. Die Geburt ihres zweiten Kindes stand kurz bevor, als Modigliani starb. Als das Ende kam, waren sie ohne Hilfe. Erst am siebten Tag seines Sterbens fand ein Freund die beiden dicht beieinander liegend.

Zwei Tage nach Modiglianis Tod stürzte sie sich aus dem Fenster des fünften Stocks ihres Elternhauses. Im Atelier fanden sich später mehrere Zeichnungen, auf denen Jeanne sich selbst gemalt hatte, wie sie sich ein Messer in die Brust sticht.

Ihr Selbstmord ließ Modiglianis Bilder über Nacht berühmt werden. Auf einmal erkannten alle sein Genie, und diejenigen, die seine Bilder (mit denen er offene Rechnungen beglich) weggeworfen hatten, rauften sich die Haare. Die Liebe Jeanne Hébuternes zu Modigliani wurde zum Mythos. B.R.

geb. 7. Oktober 1845 in Bözen, Aargau
gest. 7. November 1916 in Zürich
Schweizer Ärztin
Lit. 610, 966, 982

Ihr Leben und ihre Kämpfe sind ein Stück Frauengeschichte. Als die 23-jährige Pfarrerstochter Marie Vögtlin im Jahre 1868 den Vater bittet, Medizin studieren zu dürfen, um Ärztin zu werden, bricht nicht nur in ihrer Verwandtschaft, sondern auch in ihrem Heimatort Bözen und schließlich in der gesamten Schweizer Nation ein Sturm der Entrüstung los. Es mochte ja noch angehen, daß ein paar schamlose ausländische Studentinnen in Zürich studierten, aber nun auch noch eine Schweizerin! Nach langen Bedenken willigt ihr Vater ein. Er wußte, daß eine Erlaubnisverweigerung seine aufgeschlossene und eigenwillige Tochter in Verzweiflung gestürzt hätte. Für jeden weiteren Schritt braucht sie eine Genehmigung der Behörden: für die Zulassung zum Examen an der Zürcher Universität (1873) und für die Niederlassung als Ärztin (1874). Bevor Marie Vögtlin ihre Praxis in Zürich eröffnet, geht sie für ein paar Monate zu medizinischen Ergänzungsstudien nach Leipzig. Das Pfeifkonzert der Studenten können ihr die Professoren nur ersparen, indem sie sie in einem Vorzimmer warten lassen und mit ihr gemeinsam den Hörsaal betreten.

In Zürich suchen überwiegend Frauen aus allen Schichten ihre Sprechstunde auf, und schon nach wenigen Monaten ist sie nicht nur wegen ihres Könnens, sondern auch wegen ihrer großen Hilfsbereitschaft die beliebteste Ärztin, bekannt weit über die Stadt- und Landesgrenzen hinaus.

Während ihrer Studienzeit hatte sie den späteren Geographieprofessor Albert Heim kennengelernt; die beiden heiraten 1875, ein Jahr nach ihrer Niederlassung. Ihren Beruf gibt Marie Heim-Vögtlin nicht auf, als nach sieben Ehejahren ihr Sohn Arnold und vier Jahre später ihre Tochter Helene geboren werden. Ihre Kinder und ihre ganze Umgebung nennen sie »Mutti« – der treffendste Ausdruck für ihre mütterlich-liebevolle Behandlung kranker und hilfsbedürftiger Menschen.

Ihren Wunsch, ein von Frauen geleitetes Frauenhospital mit einer angeschlossenen Pflegerinnenschule zu gründen, geht in Erfüllung. Die Grundsteinlegung erfolgte am 11. Juli 1899, demselben Tag, an dem 25 Jahre zuvor Marie Vögtlin ihre Doktorprüfung abgelegt hatte. Sie stirbt am 7. November 1916 an einem Lungenleiden. H.SCH.

geb. 16. Juni 1644 in Exeter
gest. 30. Juni 1670 in Saint Cloud
französische Herzogin
Lit. 171, 239, 967

Henriette Anne d'Angleterre entstammte dem Königshaus der unglücklichen Stuarts. Zwei Wochen nach ihrer Geburt wurde sie mitsamt ihrer Mutter nach Frankreich in Sicherheit gebracht. Ihr Vater wurde 1649 in London hingerichtet.

Henriette Anne wuchs am armseligen Hof ihrer Mutter bei Paris auf. Zwischen der Mutter und dem ältesten Bruder Karl gab es ständig Streit. Henriette Anne hatte zu ihm die einzige dauerhafte Gefühlsbeziehung ihres Lebens. Karl, im Umgang mit Frauen sonst ohne Gefühlstiefe, erwiderte diese Liebe vorbehaltlos.

Henriette Annes Zukunft sah düster aus – als Schwester eines exilierten Königs, der nicht einmal genügend Geld für seinen eigenen Unterhalt hatte. Persönlich war sie von großem Reiz, sie hatte einen kleinen Buckel, wird aber von Zeitgenossen als bezaubernd, geistvoll, schön und tugendhaft beschrieben.

Karls triumphale Rückkehr nach England 1660 machte aus seiner Schwester doch noch eine begehrenswerte Partie. Sie heiratete den Bruder des französischen Königs Ludwig XIV. Philipp von Orléans war homosexuell und rächte sich für die ungewollte Heirat, indem er seine Frau immer wieder schwängerte: acht Schwangerschaften in neun Jahren – nur zwei Töchter überlebten. Sie tröstete sich mit lesbischen Beziehungen. Philipps Geliebter, der Chevalier de Lorraine, begegnete Henriette mit Verachtung; auch von ihrem Ehemann wurde sie öffentlich gedemütigt. Das änderte sich erst, als Ludwig XIV. ihren Einfluß auf den englischen König nutzen wollte und den Chevalier de Lorraine vom Hof entfernen ließ.

Henriette Anne reiste 1670 nach England und handelte mit ihrem Bruder den Geheimvertrag von Dover aus, ganz im Sinne Ludwigs.

Im Bewußtsein ihres außenpolitischen Erfolges kehrte sie zurück. Wenige Tage später war sie tot, vermutlich vergiftet. Der Ehemann blieb merkwürdig ungerührt und holte, kaum war sie gestorben, seinen Geliebten an den Hof zurück. M.G.

geb. 25. November 1609 in Paris
gest. 10. September 1669 auf Schloß Colombe
Königin von England
Lit. 109, 170, 271, 705, 967

Ihr Leben war bestimmt von Morden und jähen politischen Umschwüngen. Sie selbst war eine unpolitische Frau, vorrangig beschäftigt mit Familienangelegenheiten, Mode und Unterhaltung. Niemals begriff sie Politik als eigenständigen, bestimmten Regeln unterworfenen Bereich. Daran scheiterte sie letztlich mitsamt der Stuart-Familie, in die die Tochter der Maria von Medici und Heinrichs IV. von Frankreich fünfzehnjährig durch Heirat verpflanzt worden war. Eine politische Ehe, die die antispanische Politik Englands und Frankreichs festigen sollte.
Karl I., seit 1625 König von England und Schottland, und Henriette Marie verkörperten in den Augen ihrer Untertanen auf unselige Weise die Tendenzen zu absolutistischer Machtausübung und Rekatholisierung.
Das Ehe- und Familienleben gestaltete sich, nach anfänglichen Mißhelligkeiten, durchaus glücklich. Karl war ein gebildeter, den Künsten zugeneigter Mann und ermunterte Henriette Marie zu Therateraufführungen, bei denen sie selbst vor dem Hof als Sängerin auftrat. Sie gebar insgesamt sechs Kinder, die von den Eltern liebevoll behütet wurden.
Karls Versuch, ohne Parlament zu regieren, scheiterte an Geldmangel.
Er war 1640 gezwungen, ein Parlament einzuberufen. Innerhalb kürzester Zeit entwickelte sich ein Bürgerkrieg. 1644 floh Henriette Marie mit der gerade geborenen Tochter Henriette Anne nach Frankreich. Ihren Mann sah sie nie wieder. Er wurde vom Parlamentsheer gefangengenommen und 1649 hingerichtet.

Henriette Marie war in ständiger Geldnot und stritt mit ihrem ältesten Sohn, dem Thronfolger Karl, unablässig um die Führung der Familienangelegenheiten. Karl warf ihr vor, sie habe durch ihren Einfluß auf seinen Vater maßgeblich zu dessen Thronverlust und Hinrichtung beigetragen.
1660 rief England nach dem Tod Cromwells das angestammte Herrscherhaus zurück. Karl II. zog im Triumph in London ein, mit ihm seine Mutter, die er politisch sofort kaltstellte. Sie starb 1669 in Frankreich. M.G.

geb. 14. November 1805 in Hamburg
gest. 14. Mai 1847 in Berlin
deutsche Komponistin
Lit. 85, 165, 496, 769, 1007

»Die Musik wird für Felix vielleicht zum Beruf, während sie für Dich stets nur Zierde, niemals Grundbass Deines Seins und Tuns werden kann und soll ...« schrieb der Bankier Abraham Mendelssohn an seine 14jährige Tochter Fanny. Als Älteste von vier Kindern wurde sie in einer aufgeklärt-kultivierten jüdischen Familie geboren und wußte daher frühzeitig, daß sie nie Berufsmusikerin werden durfte. Dennoch erhielt sie zunächst genauso guten Musikunterricht wie ihr jüngerer Bruder Felix (1809-1847), den sie innig liebte. Sie blieben zeitlebens in engem Kontakt und beeinflußten sich künstlerisch gegenseitig. Die wenigen Reisen, die sie unternehmen durfte (1822 in die Schweiz, 1839-1840 nach Italien), waren Lichtpunkte ihres Lebens, und ihre wunderbar anschaulichen, geistvollen Briefe verraten ihre Begeisterung.
Reisen, Anregungen und Anerkennung von außen – all diese Möglichkeiten standen dem Bruder offen, während ihre Begabung zu verkümmern drohte: »Daß ich bei so gänzlichem Mangel an Anstoß von außen dabeibleibe, deute ich mir selbst wieder als ein Zeichen von Talent.« Nach ihrer Verheiratung mit dem Maler Wilhelm Hensel führte sie in ihrer Berliner Wohnung bei Sonntagsmusiken auch eigene Chor- und Orchesterwerke auf. Erst ein Jahr vor ihrem Tod erteilte Felix seiner Schwester den »Handwerkssegen« – seine Zustimmung zum Druck einiger ihrer Werke.
Erst 1976 nahm das größte Musiklexikon der Welt (*Musik in Geschichte und Gegenwart*) Fanny Hensel im Anhang auf: »... ihr kompositorisches Schaffen, das über 400 einzelne Stücke umfaßt, ist bisher noch nicht eingehender untersucht worden.« Oratorien, Kantaten, Festspiele, Lieder und Klavierstücke sind darunter. 1984 wurde ihr »Oratorium nach Bildern aus der Bibel« wieder aufgeführt, und viele weitere Werke folgten. Harmonisch greifen ihre Werke häufig über die des Bruders hinaus, ihre Lieder »gehören zu dem allerbesten, was wir von Liedern besitzen« (Felix Mendelssohn), und ihr Trio sollte eigentlich längst ein Standardwerk des Kammermusik-Repertoires sein. E.R.

geb. 30. März 1798 in Linum bei Fehrbellin
gest. 18. Dezember 1876 in Paderborn
deutsche Dichterin
Lit. 85, 165, 496, 769, 1007

»Luise Hensel ist ... nicht durch ihr Gesamtwerk, sondern in erster Linie durch ihr Gebet ›Müde bin ich, geh zur Ruh‹ bekannt. Eigentlich müßte es sogar heißen, das Gedicht ist bekannt, nicht die Autorin.« (Stambolis 1999)

Luise Hensel schrieb das »volkstümlich-populäre Kindergebet« 1816, mit 18 Jahren, in ihrer literarisch produktivsten Zeit.

Die Dichterin wuchs mitten in den Wirren der Revolutionsjahre und der Napoleonischen Kriege in einer Pfarrfamilie in der Nähe von Berlin auf. Der Vater starb 1809, und die nunmehr mittellose Familie zog in das französisch besetzte Berlin. Luise half nach dürftiger Schulausbildung, wie sie damals für Mädchen üblich war, mit Näharbeiten aus; ihr künstlerisch begabter Bruder Wilhelm (den später Fanny Mendelssohn heiratete) verdiente aber mit seinen Zeichnungen bald so viel, daß die Familie davon einigermaßen leben konnte. Wilhelm war es auch, der Luise in den Salon der Familie Stägemann einführte, wo sie Wilhelm Müller, den Dichter der später von Schubert vertonten Liederzyklen »Die schöne Müllerin« und »Die Winterreise«, und Clemens Brentano kennenlernte. Beide verliebten sich in die schöne, gemütvolle und begabte junge Frau und wurden abgewiesen (das Urbild der »schönen Müllerin«, die den armen Müllerburschen nicht erhört, ist Luise Hensel). Luise und Clemens blieben aber bis zu seinem Tod gut befreundet. Er ermutigte sie zum Schreiben, half bei der Veröffentlichung, nutzte und bearbeitete aber andererseits (wie auch Wilhelm Müller) Teile ihrer Produktion für eigene Zwecke. 1818 trat Luise Hensel zum Katholizismus über und legte 1820 das Gelübde der Ehelosigkeit ab.

Die Literaturgeschichte würdigt Hensel als bedeutende religiöse Dichterin. Allerdings hatte oder nahm sie sich nicht viel Zeit zum Dichten. Das meiste entstand in den Jahren 1815 bis 1820, danach mußte sie sich als Gesellschafterin, Erzieherin und Hauslehrerin durchschlagen. Im übrigen stand nach ihrer Konversion die karitative Arbeit eindeutig im Mittelpunkt ihrer Interessen. »Sie arbeitete im Zentrum der katholischen Caritasbewegung, und zwar in den entscheidenden Jahren [1825-50]« (Hohmann). 1825 leitete sie mit ihren Freundinnen Apollonia Diepenbrock und Pauline Felgenbaum das Bürgerspital in Koblenz. Ab 1852 lebte sie 20 Jahre kränkelnd und zurückgezogen in dem westfälischen Städtchen Wiedenbrück, danach in der Obhut ihrer ehemaligen Schülerin, der Ordensgründerin und Wohltäterin Pauline von Mallinckrodt, in Paderborn. L.F.P.

geb. 4. April 1901 in Wien
gest. 11. März 1991 in Saas-Fee, Wallis/Schweiz
österreichische Schriftstellerin
Lit. 402, 449, 456, 457, 1157

Auch Alice Henriette Alberta Herdan-Harris von Valbonne und Belmont, Scheidungskind und Tochter einer deutschen Schauspielerin, die am k.k. Hofburgtheater in Wien die Salondamen spielte, arbeitete zunächst als Schauspielerin, bis sie schließlich ihr Abitur nachholte, um Medizin zu studieren, ein Studium, das sie 1929 in Berlin begann, nach 1933 in Wien fortsetzte, 1938 ganz abbrechen mußte. Davor lag die Heirat mit dem jugendbewegten Wiener Kommunisten Karl Frank und, Alice ist 20 Jahre alt, die Geburt ihrer Tochter Michaela. Und schließlich die Bekanntschaft mit Carl Zuckmayer, den sie 1925 in Berlin kennenlernte, als Aushilfssekretärin hat sie ihm sein Manuskript für einen Gedichtband beim Propyläen-Verlag abgetippt. Bei der Heirat im gleichen Jahr waren beide bettelarm. Alice brachte ihre zweijährige Tochter mit in die Ehe – und einen riesigen Lampenschirm. Ein Jahr später – *Der fröhliche Weinberg* hatte Zuckmayer Ruhm und Reichtum gebracht, besaßen sie im österreichischen Henndorf ein Haus – und eine zweite Tochter: Maria Winnetou. Auf der Flucht vor den Nationalsozialisten siedelte die Familie 1938 in die Schweiz und 1939 schließlich in die USA. Die Zeit in Vermont und ihre Arbeit als Farmerin hat sie 1956 in ihrem ersten Buch *Die Farm in den grünen Bergen* eindrücklich geschildert. »Schreib weiter«, animierte sie Erich Kästner, damals Feuilletonredakteur bei der *Neuen Zeitung* in München. »Aber es wäre nie dazu gekommen, wenn wir nicht aus Europa weggegangen wären. Die Emigration lieferte den nötigen Stoff, Amerika das nötige Selbstbewußtsein. Dort hatte man damals ja eine ganz andere Stellung als Frau«, kommentierte Herdan-Zuckmayer den Beginn ihrer eigenen literarischen Karriere bescheiden. Und sie schrieb weiter: In *Das Kästchen* schildert sie atmosphärisch dicht ihre Kindheit im Wien der k.u.k. Monarchie. In *Das Scheusal* steht ein uralter Hund im Mittelpunkt, mit *Genies sind im Lehrplan nicht vorgesehen* setzt sie der Pädagogin Eugenie Schwarzwald ein Denkmal. Ihre Bücher lesen sich wie eine Ergänzung zu Zuckmayers Autobiographie *Als wär's ein Stück von mir*. Wie sie sich überhaupt mehr als Schriftstellergattin denn als Schriftstellerin verstand. Und dabei ist sie ein Leben lang geblieben: Das Œuvre Zuckmayer war der Haupt-, das Œuvre Herdan der Nebenberuf. B.R.

geb. 25. Februar 1890 in London
gest. 25. November 1965 in London
englische Pianistin
Lit. 187, 616, 718

Myra Hess wurde als jüngstes von vier Kindern in Hampstead bei London geboren. Mit zwölf Jahren gewann sie ein Stipendium der Royal Academy of Music in London, wo sie bis 1907 studierte. Sie hatte als 17jährige ihr Debüt mit Beethovens G-Dur-Klavierkonzert unter Thomas Beecham und nahm sofort das Publikum mit ihrer überragenden Kunst ein. Dennoch war es für sie als junge Frau nicht einfach, sich ihren Lebensunterhalt unter all den »Klaviergrößen« ihrer Zeit als Solistin zu verdienen, und so teilte sie viele Jahre ihres Lebens zwischen dem Konzertieren (häufig spielten sie und ihre Cousine Irene Scharrer an zwei Klavieren) und dem Unterrichten auf. In den Niederlanden feierte sie ihre ersten triumphalen Erfolge; Deutschland und Frankreich folgten rasch, und von 1922 an bereiste sie die USA und Kanada. Sie setzte sich auch für zeitgenössische KomponistInnen ein; dennoch galt sie vor allem als hervorragende Interpretin Bachs, der Klassiker und der Romantiker.

Myra Hess war lebhaft, humorvoll und gesellig. Sie interessierte sich sehr für Tennis (und bemerkte einmal, daß der pianistische Beruf etwa so wäre, wie wenn frau sich permanent auf dem Centre Court in Wimbledon befände), spielte Karten und Scrabble, löste selbst im Ausland täglich das notorisch schwierige Kreuzworträtsel der *Times* und ließ sich auf Parties gelegentlich dazu bewegen, Etüden auf den schwarzen Tasten mit einer Apfelsine in der Hand zu spielen.

Als der Krieg das Konzertleben in London lahmzulegen drohte, initiierte Myra Hess, inzwischen – als erste/r Instrumentalist/in – »Commander of the British Empire« und bald darauf »Dame Myra Hess«, die von 1939 bis 1946 regelmäßig stattfindenden Mittagskonzerte in der National Gallery. Damit half sie jungen KünstlerInnen, den Kontakt zum Publikum zu halten und auszubauen. Insgesamt besuchten mehr als 800 000 Menschen diese Konzerte und fanden geistige und emotionale Erholung in einer Zeit, als die Welt drohte, in Flammen aufzugehen. Auf dem Plattenmarkt sind noch gelegentlich Aufnahmen von Myra Hess erhältlich. L.F.P. und E.R.

geb. 16. 8. 1902 in London
gest. 5. Juli 1974 in London
englische Romanschriftstellerin
Lit. 485, 875

Der auch heute noch ungebrochene Erfolg Georgette Heyers ist ein Phänomen. Wie kaum eine andere verstand sie es, ihre LeserInnen mit ihren spannenden und amüsanten romantischen Liebes- und Abenteuergeschichten in die Vergangenheit, vorzugsweise in die adlige Gesellschaft des englischen Biedermeier ab 1814, zu entführen. Die Leichtigkeit und der intelligente Witz ihres Stils, die faszinierend sachkundige und doch immer unterhaltsame Darstellung auch kleinster Details des gesellschaftlichen Lebens und des historischen Hintergrundes, die so geschickt arrangierten Komödien der Irrungen und Wirrungen und die liebevolle, oft mit der Ironie spielende Zeichnung der Personen, ihrer Schicksale und der Sprache ihrer Zeit haben Kritik und LeserInnenschaft meist darüber getäuscht, auf welch profunder Sachkenntnis und disziplinierter schriftstellerischer Arbeit diese Werke basieren.

Über die Jugend und das Privatleben Georgette Heyers ist wenig bekannt, sie haßte Reporter und zudringliche Fans und verwies höchstens auf ihre Werke.

1921 – Heyer ist 19 Jahre alt – erscheint der erste und sogleich erfolgreiche Roman. Vier Jahre später sind vier weitere erschienen. Ihr Vater stirbt, und die 23jährige trägt von nun an die Verantwortung und Kosten für die Ausbildung ihrer zwei jüngeren Brüder und – fast 40 Jahre lang – den Unterhalt ihrer Mutter. 1925 heiratet sie den Bergbauingenieur Rougier, zieht für einige Jahre mit ihm nach Tanganjika und Makedonien und ermöglicht ihm ab 1930 eine neunjährige Zusatzausbildung als Jurist. Zwar ist sie ab etwa 1953 – bis dahin entstanden weitere 27 Romane und ihre 12 Kriminalromane – finanziell nicht mehr so belastet, doch arbeitet sie weiter: bis 1972 erscheinen von ihr insgesamt 57 Titel, von denen in Deutschland 1993 noch über 40 im Handel waren. S.K.-K.

geb. 19. Januar 1921 in Fort Worth, Tex.
gest. 14. Februar 1995 in Locarno
amerikanische Schriftstellerin
Lit. 177, 427, 685, 728, 756

Zwanzig Romane und sieben Bände mit Kurzgeschichten hat Patricia Highsmith zu Lebzeiten publiziert, und immer schaffte sie es: Millionen von Leserinnen und Lesern identifizierten sich mit ihren Verbrechern. Mit dem »talentierten« Tom Ripley beispielsweise, der 1955 zum ersten Mal in Aktion trat, charmant, intelligent, absolut skrupellos, ein Erpresser mit Vorstellungen vom angenehmeren Leben. Die Abgründe der menschlichen Seele hatte sie bereits in ihrem ersten, 1950 publizierten Roman *Zwei Fremde im Zug* ausgeleuchtet. Nach einer Drehbuchbearbeitung von Raymond Chandler wurde die Autorin noch im selben Jahr durch Alfred Hitchcocks Filmversion weltberühmt.

Als Patricia neun Jahre alt war, entdeckte sie in der Bibliothek ihrer Eltern ein psychiatrisches Lehrbuch von Karl Menninger, *The Human Mind*. »Es war ein Buch mit Fallstudien: Kleptomanen, Pyromanen, Serienmördern, alles, was im Kopf schiefgehen konnte ... Ich stellte fest, daß diese Leute äußerlich völlig normal wirkten und daß es somit auch um mich herum solche geben konnte.« Es wurde ihr Lieblingsbuch. Zwischen 1938 und 1942 studierte sie Englisch, Latein, Griechisch und Zoologie. Seit ihrem 18. Lebensjahr schreibt sie. Aber bis 1950 muß sie immer wieder Gelegenheitsjobs annehmen. 1948 beispielsweise arbeitet sie in der Spielzeugabteilung Bloomingsdale's, wo eines Tages »eine blonde Frau in einem Pelzmantel in diesem lauten Verkehrsrummel auftrat ... ich fühlte mich merkwürdig benommen, wie knapp vor einer Ohnmacht«. *Carol*, der Roman über die lesbische Liebesbeziehung zwischen Carol und Therese erscheint 1952 unter Pseudonym. Die Taschenbuchausgabe erreicht eine Auflage von fast einer Million. Nur noch ein weiteres Mal steht eine Frau im Mittelpunkt eines Romans: Edith in *Ediths Tagebuch*, erschienen 1977. Sie schreibe »action novels« und beschreibe darin »Charaktere, die sich frei bewegen können in einer Unabhängigkeit, die ich nur bei Männern finde«, erwiderte sie amerikanischen Feministinnen, die sie zur Frauenfeindin Nr. 1 gekürt hatten.

Seit Anfang der 60er Jahre lebte Highsmith in Europa, zunächst in England, später in Frankreich und zuletzt im Tessin. In Locarno ist Patricia Highsmith am 14. Februar 1995 an Leukämie gestorben, aus dem Nachlaß erschien im selben Jahr ihr 21. Roman: ›*Small g*‹ – *Eine Sommeridylle*. S.G.

geb. 1098 in Bermersheim bei Alzey
gest. 17. September 1179 in Bingen
(Kloster Rupertsberg)
deutsche Mystikerin
Lit. 306, 320, 474

Die Mystikerin, Komponistin, Äbtissin, Naturwissenschaftlerin und Heilkundige Hildegard von Bingen ist ein eindrucksvolles Beispiel dafür, welche Höhen (geniale) Frauen im christlichen Mittelalter trotz ihres niedrigen Status als »Töchter Evas« erreichen konnten. Ihr Charisma, die mystische Gottes-Schau, wurde ihr verliehen, weil die gelehrten männlichen Geistlichen »zur Beobachtung der Gerechtigkeit zu lau und schlaff sind«, wie ihr die Stimme Gottes am Anfang ihres ersten visionären Werkes, des *Scivias* (*Wisse die Wege* [*des Herrn*]), verkündet.

Hildegard, das zehnte Kind adliger Eltern, war sich von früh auf ihrer hellseherischen Gabe bewußt. Das sensible Mädchen wurde mit acht Jahren in die Klause auf dem Disibodenberg gebracht, wo sie von der Klausnerin Jutta von Sponheim erzogen wurde und Latein lernte. Als Jutta starb, wählten die Nonnen des Klosters Hildegard zu ihrer Nachfolgerin. Erst fünf Jahre später begann sie, einem Befehl Gottes folgend, ihre Visionen aufzuschreiben. Sie hatte sich bis dahin gesträubt, ihre mystischen Erlebnisse kundzutun, mußte aber so lange Schmerzen und Krankheiten ertragen, bis sie der prophetischen Berufung nachgab und ihr erstes Buch, *Scivias*, begann. Von nun an wuchs ihr Ruhm ständig. Unterstützt von Bernhard von Clairvaux, wurden Hildegards Visionen auch von der Kirche als gültig anerkannt.

Hildegard hat insgesamt drei Bücher über ihre Visionen geschrieben sowie weitere, manchmal polemische Schriften zu theologischen Fragen der Zeit. Darüber hinaus verfaßte »die erste deutsche Naturwissenschaftlerin« zwei große naturwissenschaftliche und heilkundliche Werke. Für ihre Nonnen komponierte Hildegard etwa 80 geistliche Gesänge sowie das erste liturgische Mysterienspiel, *Ordo virtutum*. Trotz ihrer gebrechlichen Konstitution unternahm Hildegard Predigtreisen in verschiedene Städte und schrieb über 300 Briefe an die großen und kleinen Menschen ihrer Zeit, unter ihnen Bernhard von Clairvaux und Friedrich Barbarossa. Nach ihrem Tod wurde Hildegard wie eine Heilige verehrt. Seit etwa 20 Jahren erlebt sie eine enorme Renaissance: Nach 800 Jahren ertönt »die Trompete Gottes« wieder. J.H.

geb. 15. Januar 1914 in Middelburg
gest. 30. November 1943 in Auschwitz
niederländische Schriftstellerin
Lit. 772, 773, 940

Etty Hillesum, 26 Jahre alt, Jüdin, Intellektuelle, Tochter aus gutem Hause mit abgeschlossenem Jurastudium, Studentin der Slawistik und Psychologie in Amsterdam, beginnt am 9. März 1941 ein Tagebuch, das 40 Jahre später veröffentlicht wird und die LeserInnen in Holland und der ganzen Welt erschüttert. Fünf Jahre nach der Veröffentlichung liegen Übersetzungen in zwölf Sprachen vor.

Im Mai 1940 hatte Holland kapituliert; die Nazis begannen umgehend mit dem Terror gegen die jüdische Bevölkerung. Anfang 1941 lernte Etty einen jüdischen Emigranten aus Berlin kennen, der doppelt so alt war wie sie: Julius Spier, den Begründer der »Psychochirologie«, einer psychotherapeutisch ausgerichteten Handlesekunst. Etty wird seine Assistentin und Geliebte. Die Beziehung gibt beiden Halt in dieser immer dunkler werdenden Zeit: »Es geht nur noch darum, gut zueinander zu sein mit aller Güte, deren wir fähig sind. Und jedes Zusammensein ist auch ein Abschiednehmen.«

Das knapp anderthalb Jahre umspannende Tagebuch dokumentiert einen unglaublichen seelischen Reifungsprozeß; Etty Hillesum führt einen »verrückten oder kindlichen oder todernsten Dialog mit dem, was in mir das Allertiefste ist und das ich der Einfachheit halber als Gott bezeichne«. Sie hätte sich vielleicht in Sicherheit bringen können, aber sie wollte nicht: »Es ist keineswegs so, daß ich mit einem gelassenen Lächeln geradezu in meinen Untergang hineinrenne ... ich weiß, daß ich mich keineswegs wohl fühlen würde, wenn mir erspart bliebe, was so viele erdulden müssen.«

Als relativ privilegiertes Mitglied des Jüdischen Rats geht Etty in das Durchgangslager Westerbork. Sie tröstet und hilft, wo sie kann, bis zuletzt eine »leuchtende Persönlichkeit«, so berichten Überlebende. Der letzte Teil des Tagebuchs ist uns nicht überliefert. Etty hat ihn mitgenommen nach Auschwitz, wohin sie mit ihrer ganzen Familie am 7. September 1943 deportiert wurde. L.F.P.

geb. 15. August 1873 in Pappenheim, Franken
gest. 4. April 1943 in Dachau
deutsche Schriftstellerin
Lit. 133, 151, 404, 577, 721

Sophie Höchstetter hat zwischen 1896 und 1941 fast 50 Bücher (Romane und Novellen) publiziert: historische Romane, Romane aus ihrer fränkischen Heimat und Liebesgeschichten. Allerdings erscheint diese Aufteilung willkürlich, verband Höchstetter doch alle drei Themenkreise gekonnt.

Ihre Heimatstadt Pappenheim in Franken ernannte Sophie Höchstetter zur Ehrenbürgerin und benannte eine Straße nach ihr, obwohl sie sich nicht gescheut hatte, den ersten Roman ihrer Freundin zu widmen und in der äußeren Erscheinung »männlich« aufzutreten, mit kurzgeschnittenem Lockenkopf und steifem Kragen. Zusammen mit ihrer Freundin, der Schriftstellerin Toni Schwabe (1877-1951), saß sie zudem 1916 im erweiterten Vorstand des Wissenschaftlich-humanitären Komitees (WHK), das sich für die Interessen der Homosexuellen einsetzte. 1908 veröffentlichte sie im *Jahrbuch für sexuelle Zwischenstufen*, das vom WHK herausgegeben wurde, ein Porträt der Königin Christine von Schweden, in dem Zeitgenossen zitiert wurden, die von Christines Androgynität und ihrer Liebe zur Hofdame Edda Sparre berichteten. Sie verfaßte auch Biographien der Schriftstellerin Frieda von Bülow und der preußischen Königin Luise.

Sophie Höchstetter lebte mit Toni Schwabe und in späteren Jahren mit der Schriftstellerin Carola von Crailsheim (1895-1984) zusammen.

Liebe, Arbeit und soziales Engagement durch Schreiben sind die zentralen Themen der Werke Sophie Höchstetters. Liebe, die durch Schranken des Standes (*Die Verstoßenen*), der Religionszugehörigkeit (*Max Mühlen*) und der Sitten (*Das Krongut*) begrenzt wird – oder auch erfüllte Liebe, die bis zur Selbstaufgabe führt. Wichtig ist die Freundschaft, die mit Geschwisterliebe verglichen wird. In *Sehnsucht, Schönheit, Dämmerung* (1898/1909) wird die künstlerische Produktion von Frauen mit der Liebe zwischen Frauen verbunden, während die erfüllte Liebe zu einem Mann zur Hingabe der Frau führt, die dafür ihr Werk vernichtet und schließlich sich selbst umbringt.

»Sie fühlte ihre Liebe wie ein Versinken – wie wenn alle Lebenskraft in ihr zu ihm überginge – wie wenn ihr heißes rotes Blut sich in glühendem Strome in sein Herz ergösse. Ein Wahnsinn von Hingabe – ein Wahnsinn von Selbstauflösung.« M.M.

geb. 15. Juni 1885 in New York
gest. 10. Juli 1966 in New York
amerikanische Bildhauerin
Lit. 492-494, 763, 786

Als sie zum ersten Mal Skulpturen von Rodin sah, wollte sie unbedingt seine Schülerin werden. Das war 1909 in New York. Ein Jahr später reiste sie nach Paris und wurde von Rodin akzeptiert. Sie blieb seine Schülerin bis zum Beginn des Krieges. In dieser Zeit erlebte sie das russische Ballett mit Anna Pawlowa, das in London gastierte. Sie war sehr beeindruckt und machte fortan den Tanz zu einem ihrer Themen. Wenig später lernte sie Anna Pawlowa persönlich kennen, freundete sich mit ihr an und porträtierte sie häufig. Noch während ihres Europaaufenthaltes wurde Hoffmans Talent erkannt und gewürdigt: 1912 gewann ihre Bronze *Russian Dancers* den 1. Preis des Pariser Salons, und ihre Bronze *Bacchanale Russe* wurde im Jardin du Luxembourg aufgestellt. Ihre folgenreichste und interessanteste Arbeit begann 1930, als das Naturhistorische Museum in Chicago ihr den Auftrag gab, in 100 Skulpturen die ethnischen Typen der Menschen darzustellen. Hoffman reiste gern und nahm den Auftrag zum Anlaß, in die entlegensten Länder zu fahren. Acht Monate lang modellierte sie in Asien und Afrika oft unter harten Bedingungen vor Ort. Das ganze Werk wurde schließlich zwei Jahre lang in Paris und New York ausgestellt. Große Ausstellungen ihrer übrigen Arbeiten folgten. 1934 begann sie, ihre Erlebnisse in dem Buch *Heads and Tales* aufzuschreiben, das 1937 erschien. Es folgten weitere Reisen, bei denen sie wieder das Thema Tanz aufgriff, diesmal Tanz der Völker in Asien und Afrika. Nach dem Zweiten Weltkrieg erhielt sie den Auftrag für ein Kriegsmahnmal in Epinal in den Vogesen. 1951 wurde sie zur RitterIn der Ehrenlegion ernannt, 1957 zur »Woman of the Year«. Ein Jahr später erlitt sie einen Herzinfarkt, der sie ans Bett fesselte, so daß sie nur noch kleine Figuren modellieren konnte. Sie starb 1966 im Alter von 81 Jahren.
C.S.

geb. 30. April 1871 in Shadyside bei Pittsburgh, Penn.
gest. 6. Mai 1947 in Winter Park, Fla.
amerikanische Altistin
Lit. 500, 501, 551, 785, 1088

1923 – Louise Homer war 52 Jahre alt – benannte die amerikanische Liga der Wählerinnen sie als eine der zwölf bedeutendsten Frauen Amerikas. Aufgewachsen war die große Altistin in einem presbyterianischen Pfarrhaus in einer Landgemeinde bei Pittsburgh. Ihr Vater starb, als sie elf war, und ihre Mutter zog mit ihren acht Kindern zu Verwandten nach Westchester, Pennsylvania.
Louise, die mit ihren Geschwistern gern im Kinderchor sang, wollte eigentlich ihre Stimme ausbilden lassen und Sängerin werden, arbeitete aber zunächst als Sekretärin und Gerichtsstenographin, um ihre große Familie finanziell zu unterstützen. Mit 23 jedoch ging sie nach Boston und studierte Gesang bei Whitney und Theorie bei dem Komponisten Sidney Homer. Mit ihm besuchte die später international gefeierte Operndiva erstmals eine Oper – ihre strenggläubige Familie hielt nichts von derartigen Vergnügungen. 1895 heiratete Louise ihren Sidney und ging ein Jahr darauf mit ihm und ihrem ersten Kind nach Paris, um sich gesanglich den letzten Schliff geben zu lassen. Zunächst aber wurde ihre Stimme dort durch Überanstrengung fast ruiniert – dies herrliche Instrument, das sich jahrzehntelang als endlos belastbar, zuverlässig und schier unverwüstlich erweisen sollte.

Bei Fidèle König klappte es schließlich mit dem Studium, und im Sommer 1898 bekam Homer ihr erste Engagement in Vichy. Ein Jahr später sang sie bereits in Covent Garden und Brüssel, und 1900 wurde sie an die Met engagiert. Bis zu ihrem Bühnenabschied 30 Jahre später – erzwungen durch die Krankheit ihres Mannes, nicht weil ihre Stimme nachgelassen hätte – erlebte sie eine einmalige Karriere. Ihren größten künstlerischen Erfolg feierte sie 1909 unter Toscanini als Orfeo in Glucks *Orfeo ed Euridice*.
Homers Privatleben widersprach allen Primadonnen-Klischees: Sie liebte ihren Gatten, ihre sechs Kinder und ihre Häuslichkeit über alles. Nach dem Tod ihrer jüngsten Tochter Joy 1946 war Homer gebrochen und starb kurze Zeit später an Herzversagen. L.F.P.

geb. 25. Dezember 1901 in Prag
hingerichtet 27. Juni 1950 in Prag
tschechoslowakische Widerstandskämpferin und Feministin
Lit. 273, 514, 651

Milada Horáková soll eine absolut bewunderungswürdige Frau gewesen sein: hochintelligent, von hohen Grundsätzen geleitet und sehr verantwortungsbewußt. Ihre Haltung, ihre Menschlichkeit und ihr Eintreten für Demokratie wurden ihr zum Verhängnis. 1950 wurde sie von der Kommunistischen Partei in einem Schauprozeß stalinistischer Prägung zum Tode verurteilt und hingerichtet.

Früh engagierte sich Milada für die tschechische Frauenbewegung, sie gehörte in den dreißiger Jahren zu den wichtigsten Aktivistinnen des Nationalen Frauenrats. Sie bereiste halb Europa, um sich über die Frauenfrage zu informieren.

Die tschechoslowakische Republik hatte sowohl gegen kommunistische Attacken zu kämpfen als auch gegen den sich unter Henlein ausbreitenden Nationalsozialismus. Mit wachsendem Entsetzen verfolgte Milada Horáková Hitlers aggressive Politik, und nach dem Münchner Abkommen, in dem die Tschechoslowakei Hitler praktisch ausgeliefert wurde, ging Milada in den Widerstand. Sie verhalf EmigrantInnen zur Flucht, versteckte politisch Verfolgte, arbeitete mit Hilfe von Flugblättern für politische Aufklärung. Bald wurde sie von der Gestapo verhaftet, stundenlangen Verhören, Quälereien und Foltern ausgesetzt, ohne daß sie ihre GesinnungsgenossInnen verraten hätte. Zwei Jahre war sie in der Gefängnisfestung Terezín eingekerkert, dann mußte sie Zwangsarbeit in einer unterirdischen Munitionsfabrik in Leipzig leisten, schließlich kam sie ins Frauengefängnis nach Aichach bei München, wurde zum Tode verurteilt, auf acht Jahre Gefängnis begnadigt und 1945 von den Amerikanern befreit.

Zurück in Prag, nahm sie ihre politische Arbeit sofort wieder auf. Ihrer Meinung nach konnte nur ein politischer Pluralismus die Freiheit der Gesamtheit, der Minderheiten und der Individuen gewährleisten. Alle Bemühungen, in der Tschechoslowakei wieder eine Demokratie aufzubauen, wurden durch den Sowjetkommunismus zunichte gemacht. Und wieder ging Horáková in den Widerstand gegen ein Unrechtsregime. Die Verhaftung durch die Kommunisten ließ nicht lange auf sich warten. Sie wurde der antisowjetischen Konspiration bezichtigt, wegen Hochverrats, Spionage und umstürzlerischen Verhaltens vor Gericht gestellt und zum Tode verurteilt. Protesttelegramme aus aller Welt, darunter die von Einstein, Russell, Churchill und Eleanor Roosevelt bewirkten nichts. Das Todesurteil wurde am 27. Juni 1950 in Prag vollstreckt. S.D.

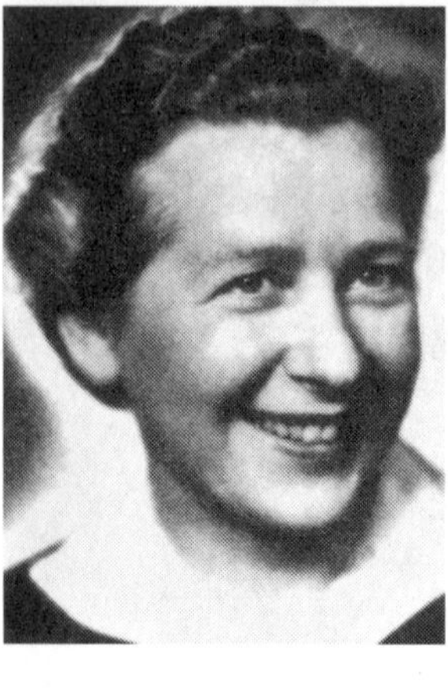

geb. 29. März 1911 in Berlin
gest. 27. Juli 1988 in Hamburg
deutsche Schauspielerin
Lit. 81, 503, 892, 905

»Brigitte Horney hätte vielleicht mehr als Zarah Leander das Recht darauf gehabt, die Lücke, die Marlene Dietrich hinterlassen hatte, zu schließen. Weder die agile Leander noch die zigeunerhafte Käthe von Nagy strahlten die Erotik einer Horney aus, deren dunkle, heisere Stimme unmittelbar an den Blauen Engel erinnerte – *sie* hätte man nicht erst zu einem Vamp aufbauen müssen.« (Cinzia Romani, 1982)

Schon mit 16 Jahren war Brigitte, Tochter der berühmten Psychoanalytikerin Karen Horney und des Juristen Oskar Horney, fest entschlossen, Schauspielerin zu werden. Da ihre Mutter Wert auf eine Berufsausbildung legte, erhielt Brigitte Tanz- und Schauspielunterricht. Gleich nach der Abschlußprüfung 1930 begann die erste der drei Karrieren der Horney bei der UFA in Berlin. Berühmt wurde sie mit *Liebe, Tod und Teufel*, wo sie als Hafendirne mit rauchiger Stimme »So oder so ist das Leben« sang.

Das drohende Unheil der Nazizeit versuchte sie wie viele andere zunächst zu ignorieren, zumal sie von den Machthabern wohl gelitten war. Doch als sich ihr Kollege Joachim Gottschalk, dessen Frau Jüdin war, mit seiner Familie das Leben nahm, konnte sie die Augen nur noch schwer verschließen.

Zu dieser Zeit erkrankte sie schwer an Tuberkulose. Sanatoriumsaufenthalte hielten sie viele Monate in Davos, wo sie dem Zusammenbruch Deutschlands und dem Kriegsende entkam. In der Schweiz begann ihre zweite Karriere: Theater in Basel, Zürich und Chur. Vor allem das Zürcher Theater half vielen SchauspielerInnen, die vor den Nazis fliehen mußten.

1951 ging sie nach New York und verbrachte ein intensives und glückliches Jahr mit ihrer Mutter, bevor diese plötzlich an Krebs starb. Noch in tiefer Trauer, lernte sie Hanns Swarzenski kennen, Kurator am Bostoner Museum of Fine Arts. Mit ihm verlebte sie die wohl glücklichste Zeit ihres Leben.

Nach über 20 Jahren in den Vereinigten Staaten – Brigitte war amerikanische Staatsbürgerin geworden – kehrte sie mit Swarzenski nach Deutschland zurück. Jetzt folgte ihre dritte Karriere – beim Fernsehen in beliebten Serien wie »Tom Sawyer«, »Jakob und Adele« und schließlich in »Das Erbe der Guldenburgs«.

Sie starb, 77jährig, bei den Dreharbeiten zu den »Guldenburgs«. C.H.

geb. 16. September 1885 in Hamburg
gest. 4. Dezember 1952 in New York
deutsch-amerikanische Psychoanalytikerin
Lit. 222, 504, 798, 905, 1121

Ihr unkonventioneller Denkstil und ihre Kritik an der orthodoxen Psychoanalyse brachten ihr Ablehnung und große Anerkennung gleichermaßen.

Mit Hilfe ihrer freidenkerischen und aufgeklärten Mutter und dem Bruder setzt sie gegenüber ihrem tiefreligiösen und autoritären Vater ein Medizinstudium durch, das sie über Freiburg und Göttingen nach Berlin führt, wo sie 1915 mit einer Promotion abschließt. Im Gegensatz zu den anderen »Psychoanalytikerinnen der ersten Stunde« (z.B. Helene Deutsch, Lou Andreas-Salomé und Anna Freud) betet sie nicht die leidige frauenfeindliche Weiblichkeitstheorie Freuds nach, in der die Frau nur mit Kategorien der Pathologie zu begreifen ist, sondern kommt zur Erkenntnis, daß kulturelle und gesellschaftliche Bedingungen die seelischen Strukturen und die Position der Frau mitbestimmen, ein Gedanke, der von der Zweiten Frauenbewegung und den feministischen Theoretikerinnen bis zur Gegenwart ausdifferenziert und empirisch belegt wird. Sie unterscheidet sich insofern von den orthodoxen PsychoanalytikerInnen, als sie schon früh soziologische, kulturpsychologische und ethnologische Befunde in ihr Denken einbezieht und vom rein biologistisch-deterministischen Standpunkt ihrer FachkollegInnen abweicht. Dies ist schließlich auch der Grund, warum sie 1941 aus der New Yorker Psychoanalytischen Gesellschaft ausgeschlossen wird, was einem »Todesurteil« nahekommt. Doch mutig und stolz gründet sie ein eigenes Institut und vertritt ihre fortschrittliche Theorie bis an ihr Lebensende.

Als Medizinstudentin lernte sie in Freiburg ihren künftigen Ehemann, Oskar Horney, einen Wirtschaftsjuristen, kennen, den sie 1909 heiratet. In rascher Folge bekommt sie drei Töchter, Brigitte, die berühmte Schauspielerin, Marianne und Renate. Karen Horney leistete viel: Ehe, Kindererziehung, Haushalt und gleichzeitig die Ausbildung zur Psychoanalytikerin und

Arbeit als Therapeutin. 1926 trennte sie sich von ihrem Mann und sorgte allein für ihre Töchter. Als sie aufgefordert wurde, beim Aufbau des Chicagoer Psychoanalytischen Instituts mitzuarbeiten, verließ sie Deutschland 1932. 1934 ging Karen Horney nach New York, arbeitete dort weiterhin als Psychoanalytikerin, veröffentlichte wichtige Bücher, die in vielen Auflagen erschienen. Ihr Interesse am Zen-Buddhismus führte sie noch kurz vor ihrem Tod nach Japan. Sie starb an einem Krebsleiden. S.D.

Gracia Tama Hosokawa

geb. 1563 in Echizen (heute Präfektur Fukui),
gest. 16. Juli 1600 in Osaka
japanische Fürstin und Christin
Lit. 387, 618, 764

Vor genau 400 Jahren ließ sich Gracia (so ihr Taufname) Tama Hosokawa von einem ihrer Vasallen töten, als feindliche Truppen sie als Geisel nehmen wollten. Die Residenz Hosokawas in Tamatsukur (Osaka) wurde umzingelt und in Brand gesetzt, als ihr Mann Tadaoki in die Schlacht gezogen war. Als fromme Katholikin durfte Gracia nicht Selbstmord begehen – ansonsten damals in Japan für eine Edeldame wie sie durchaus ein ehrenhafter Tod. So überließ sie ihre Kinder ihren vertrautesten Kammerzofen und entschloß sich, mit den engsten Untertanen das Haus bis zum letzten zu verteidigen. Gracia Tama war eine schöne, intelligente, willensstarke und tapfere Fürstin. Ihr tragisches Leben ist der Nachwelt in zahlreichen Legenden überliefert. Auf dem Platz, wo früher die Residenz war, in der sie 16 Jahre lang wohnte, getauft wurde und mit 38 ihr Leben endete, steht heute der Marien-Dom von Osaka. Dort wird Gracia als Schutzheilige verehrt. Überall ist sie abgebildet: Als Statue, auf dem Fresko-Gemälde, auf dem Bronze-Relief. In Minoo, einem Vorort von Osaka, gibt es eine nach ihr benannte Klinik zum Andenken an die Liebe und Barmherzigkeit, mit der sie u.a. Waisenkinder im eigenen Haus aufnahm und sich um sie kümmerte.

Gracia wurde als Tama, dritte Tochter von Akechi Mitsuhide (1528-1582) und seiner Frau Hiroko geboren. Mit 16 heiratete sie den gleichaltrigen Hosokawa Tadaoki (1563-1645). Vermittelt wurde die Ehe durch Oda Nobunaga (1534-1582), den mächtigsten Mann Japans. Die Ehe war glücklich, dauerte jedoch nicht lange. 1582 leitete ihr Vater eine Rebellion gegen Nobunaga und zwang ihn zum Selbstmord. Gleich darauf wurde er selbst erschlagen, und Tamas Mutter und Geschwister nahmen sich das Leben. Tama wurde als Angehörige des Hochverräters nach Tango verbannt und eingesperrt, aber nach zwei Jahren begnadigt.

Ihr Wunsch, das Christentum näher kennenzulernen, ging endlich in Erfüllung, als Tadaoki ausgezogen war, um die Insel Kyushu zu erobern. Zu Ostern 1587 besuchte sie zum ersten Mal (heimlich) eine Kirche in Osaka. Von der Predigt begeistert, bat sie gleich um das Taufritual, doch vergebens. Weil ihr danach der Ausgang endgültig verboten wurde, schickte sie ihre Kammerfrau regelmäßig zur Kirche und ließ sich durch diese über die katholische Lehre informieren. Im Sommer desselben Jahres gelang es der inzwischen bekehrten Zofe Kiyohara Maria, die Taufe für Tama zu verwirklichen. K.Y.

geb. 17. Oktober 1895 in Oak Park, Ill.
gest. 29. Dezember 1958 in New York
amerikanische Tänzerin, Choreographin, Lehrerin
Lit. 509, 510, 786, 985, 1021

»Vielleicht kannst du doch etwas lernen, und sei es nur Tanz«, war der resignierte Kommentar der Mutter, als Doris mit acht Jahren den Tanz für sich entdeckte. Die Ausbildung macht sich bezahlt, nachdem ihr Vater arbeitslos wurde: Humphrey erhält die Familie mit Unterricht im Gesellschaftstanz in einem Chicagoer Vorort. Eine harte Zeit. Erst nach fünf Jahren schafft sie den Absprung an die *Denishawn School*, in der sie erste Choreographien entwickelt. Hier lernt sie auch die lebenslangen FreundInnen Pauline Lawrence und Charles Weidman, ihren langjährigen Tanzpartner, kennen. Mit ihnen gründet sie 1928 in New York die Humphrey-Weidman Group, als sie mit neuen Bewegungsformen experimentieren will. Humphrey analysiert die natürliche Bewegung des Menschen und setzt diese in Tanz um. Den theoretischen Hintergrund findet sie in Nietzsches apollinischem und dionysischem Element, das jeder Bewegung innewohnt. Es ist das Prinzip des *Aus-dem-Gleichgewicht-Fallens* und *Sich-Wiederaufrichtens* (Rückfedern), wobei sich jede Bewegung von innen nach außen im ganzen Körper fortsetzt. Tanz entsteht zwischen diesen beiden Polen, in den Momenten der Losgelöstheit von der Schwerkraft. In ihren Choreographien gibt Humphrey diesen Elementen eine Form in Zeit, Raum und unterschiedlicher Dynamik. Auch ihre Ehe und die Geburt eines Sohnes unterbrechen nicht ihre künstlerische Arbeit. Sie ist eingespannt zwischen Unterrichten, Vorlesungen, neuen Choreographien. Ein Hüftleiden hindert sie schließlich daran, weiterzutanzen. Pauline Lawrence findet der Deprimierten eine neue Aufgabe: Choreographieren für Doris' Schüler José Limón und seine TänzerInnen. Jahre einer fruchtbaren Zusammenarbeit folgen, bis Humphrey unheilbar an Krebs erkrankt. Mit bewundernswerter Energie vollendet sie das Buch über ihre Theorie, beginnt ihre Autobiographie und berät bei einer neuen Choreographie. Die Premiere erlebt sie nicht mehr. A.V.H.

geb. 8. März 1895 in Melo, Nord-Uruguay
gest. 15. Juli 1979 in Montevideo
uruguayische Dichterin
Lit. 512, 513, 833

Sie heiratet 1915 den Hauptmann Lucas Ibarbourou, ebenfalls aus Melo, und veröffentlicht ihre ersten Gedichte unter dem Pseudonym Jeanette d'Ibar. 1919, ein Jahr nach ihrem Umzug in die Hauptstadt Montevideo, erscheint ihr erster Gedichtband *Die Sprache des Diamanten*. Ihm folgen *Die Rose* (1930), *Lob unserer lieben Frau* und *Bibelbilder* (1934), *Verlust* (1950), *Schrecken und Botschaft des Schreibers* (1955), *Gold und Gewitter* (1956), *Elegie* und *Die Passagierin* (1967) sowie die Prosawerke *Klein Carlo* (1944) und *Juan der Soldat* (1971). Ibarbourou erhielt Medaillen, Auszeichnungen und Literaturpreise in Uruguay, Brasilien, Mexiko, Argentinien, Bolivien, Peru, in Belgien und der Schweiz sowie von der UNESCO. Gegenstand ihrer Gedichte wie ihrer poetischen Prosa sind die einfachen Dinge, die unmittelbare Realität – die sie als Mysterium begreift und gestaltet. Alejo Carpentiers Bezeichnung »Magischer Realismus« trifft genau auf ihren Stil zu. Wiederkehrende Motive sind die Liebe zum Geliebten, zur Welt, zur Natur, zum Leben:

»Mein Körper ist durchtränkt vom Feuerduft
der reifen Weiden. Mein Schattenhaar,
entflochten, riecht nach Heu und Sonne,
nach Salbei, Kräutern und nach Roggenblüten.«

Um Juana de Ibarbourou, die Ehrungen nach Möglichkeit aus dem Wege ging, wurde eine Legende gewoben, die völlig im Widerspruch zu ihrem bescheidenen Charakter, ihrer Einfachheit und Volkstümlichkeit stand. Die öffentliche Kultfigur »Juana de América« wurde zu einem Symbol des heilen Uruguay, des statischen, konservativen Offizialismus gemacht – ein Uruguay, das längst abgestorben war.

Obwohl die poetische Grammatik ihrer Epoche heute antik anmutet, hat Ibarbourous Kunst, haben ihre Bilder eines ersehnten, verlorenen Paradieses die Zeiten überlebt. Denn ihre Poesie gehört dem Inhalt und der Sprache nach dem einfachen Volk und ist daher universell. E.K.

geb. 15. Mai 1893 in Onishi
gest. 11. Februar 1981 in Tokio
japanische Feministin
Lit. 291, 404, 757, 1080

Die japanische Politikerin Fusaye Ichikawa wurde zu einer Zeit geboren und erzogen, in der Frauen weder das Recht besaßen, Eigentum zu erben, noch, über ihr eigenes Schicksal zu bestimmen. Um so radikaler war ihr Entschluß, sich nicht dem Diktat der Tradition zu beugen und sich entgegen der »guten Sitte« dem Kampf für das Frauenwahlrecht in einem Land zu widmen, dessen Herrscher nach offizieller Ideologie göttlicher Abstammung war.

Es vergingen 27 Jahre, bis sie und ihre Mitstreiterinnen ihr Ziel erreichten: 1946 bekamen Japans Frauen das Wahlrecht.

Ichikawa war für dieses Ziel in mehreren Organisationen tätig, von 1942 bis 1944 als Direktorin der »Greater Japan Women's Association« – ein Amt, von dem sie wegen Meinungsverschiedenheiten mit der Regierung zurücktreten mußte.

Das 1946 eingeführte Frauenwahlrecht kann aber nicht darüber hinwegtäuschen, daß diese politische Entwicklung nicht Ausdruck eines gesellschaftlichen Konsenses war: Immerhin wurde die japanische Innenpolitik in erheblichem Maße von der Siegermacht USA beeinflußt. Von den schließlich 39 gewählten Frauen hatten nur wenige politische Erfahrung.

Fusaye Ichikawa, die 18 Jahre Parlamentsmitglied war, war eine der wenigen Japanerinnen, die politisch über mehrere Jahre hinaus Einfluß behielten. Sie setzte sich vehement für die Neuordnung von Wahlkampagnen ein, die ihrer Meinung nach auch weniger populären KandidatInnen eine Chance geben sollten, gewählt zu werden. Auch bekämpfte sie energisch die Verfilzung von Industrie und Politik, die sich während der Wahlkampagnen in hohen Geldspenden großer Unternehmen an politisch genehme KandidatInnen und Parteien äußerte.

Bei Wahlen im Jahr 1974 erreichte sie im hohen Alter von 82 Jahren einen beachtlichen dritten Platz – als unabhängige Oppositionelle, die weder über einen großen Wahlkampf-Fonds noch eine eingespielte und erprobte Organisation im Hintergrund verfügte, sondern nur über die Unterstützung von Frauen und (anderen) Radikalen.

Fusaye Ichikawa starb 1981 im Alter von 88 Jahren in Tokio. B.S.

Isabella von Kastilien

geb. 22. April 1451 in Madrigal de las Altas Torres
gest. 26. November 1504 in Medina del Campo
spanische Königin
Lit. 312, 607, 657, 823, 849, 903

Zwei Jahre nach dem Tod der großen Isabella verschwindet ihre 27jährige Tochter und Thronerbin Johanna als »Wahnsinnige« für 49 Jahre hinter Kerkermauern – mit ihrer jüngsten Tochter Katharina (*1507), die 16 Jahre lang bei ihr, ohne Schaden an Leib und Seele zu nehmen, ausharrt. Erstaunlich. Es ist wie ein Echo auf das Leben ihrer Großmutter. Auch Isabella kam, als Halbwaise und jüngste (vierjährige) Tochter zu ihrer an Schwermut erkrankten Mutter und teilte mit ihr mehr als sieben Jahre von deren 20jährigem abgeschiedenen Dasein, bevor sie mit ihrem älteren Bruder Alfonso an den Hof ihres königlichen Halbbruders Enrique IV. von Kastilien geholt wurde, um möglichst bald profitträchtig verheiratet zu werden. Doch sie widersetzt sich allen ihr zugemuteten Aspiranten, erklärt sich nach dem Tod Alfonsos sofort als Thronerbin. Vergeblich sperrt Enrique die Grenzen für den von ihr auserkorenen Erben von Aragon, Ferdinand (*1452) – 1469 ist Hochzeit und der Weg frei für die Vereinigung der zwei großen christlichen Landesteile Kastilien-Léon und Aragon. Nach fünf Jahren stirbt Enrique; bereits am nächsten Tag läßt sich Isabella zur Königin ausrufen, und Ferdinand hat zu akzeptieren, daß »alle Gewalt, die er auch besitzen möge, nur als von ihr ausgehend betrachtet werden könne«. Gemeinsam unternehmen es die »Katholischen Könige«, das Land aus den innenpolitischen Wirren herauszuführen, das maurisch beherrschte Königreich Granada einzugliedern sowie aus dem Land der muslimisch-jüdisch-christlichen Koexistenz einen Nationalstaat auf der Basis einer Sprache, des Kastilischen (1492: die erste Grammatik einer europäischen Sprache), und vor allem einer Religion zu schaffen. Die Kirche wird reformiert, Universitäten werden gegründet, der Klerus besser ausgebildet, der politische Einfluß des Adels zurückgedrängt. Unmißverständlich zeigt Isabella dabei auch den Päpsten, daß sie die alleinige und rechtmäßige Herrscherin Spaniens ist. Die zum Zwecke der Kontrolle insbesondere der konvertierten Juden eingeführte Inquisition dürfe zwar Urteile fällen, aber die Exekutive sowie Rechtskontrolle läge allein in Händen der Krone. Die Völker des Neuen Indiens – Isabella ermöglicht und finanziert übrigens nur die erste Entdeckungsreise Christof Columbus' – sind rechtmäßige Bürger Spaniens und dürfen z.B. nicht versklavt werden. S.K.K

geb. 6. Januar 1412 in Domrémy-la-Pucelle
gest. 30. Mai 1431 in Rouen
französische Freiheitskämpferin
Lit. 203, 265, 768, 918

»Euch Männern von England, die ihr kein Recht auf das Königreich Frankreich habt, befiehlt der König des Himmels durch mich, Johanna die Jungfrau, Eure Bastionen zu verlassen und in Euer Land zurückzukehren«, diktiert Jeanne d'Arc am 5. Mai 1428 einen Brief an die Belagerer von Orléans. Frankreich befindet sich mit England im Hundertjährigen Krieg. Die Engländer halten einen großen Teil Frankreichs besetzt, und im Oktober 1428 beginnen sie mit der Belagerung Orléans'. Auch beanspruchen die Engländer die französische Königskrone, ihr Anwärter ist Heinrich VI. Die Franzosen haben sich für den Dauphin Karl VII. ausgesprochen, für den die Situation immer aussichtsloser wird.

Seit ihrem dreizehnten Lebensjahr hört die Bauerntochter Jeanne Stimmen. Mal ist es der Erzengel Michael, der zu ihr spricht, mal die heilige Katharina oder die heilige Margarete. Sie habe zwei Aufträge vom Himmelskönig, teilt sie am 6. März 1428 Karl VII. mit, erstens die Belagerung von Orléans aufzuheben, zweitens den König zur Krönung nach Reims zu führen. »Auf Befehl unseres Herrn« trägt sie bereits Männerkleidung und Waffen und zieht schließlich mit etwa zehntausend Mann gen Orléans, das sie am 7. Mai, im weißen Harnisch, mit einer kleinen Streitaxt bewaffnet und auf einem schwarzen Kampfroß sitzend, von den Engländern befreit. Am 17. Juli wird Karl VII. in Reims gekrönt. Die unwahrscheinliche Karriere der Jeanne d'Arc hat ihren Höhepunkt erreicht. Weitere Operationen des französischen Heeres wirken planlos. Am 24. Mai 1430 wird Jeanne nach dem gescheiterten Angriff auf Compiègne vom Herzog von Burgund festgenommen und für 10 000 Francs an die Engländer »verkauft«. Am 9. Januar 1431 wird der Prozeß eröffnet: Vor einem Inquisitionsgericht, das aus sechzig Repräsentanten von Kirche und englischem Staat besteht, muß sich die 19jährige gegen die Vorwürfe des Satanismus, der Ketzerei, der Hexerei und des Götzendienstes wehren. Die Legitimität des von Jeanne »verhexten« Franzosenkönigs Karl VII. sollte zerstört, die des Engländers Heinrich VI. begründet werden. Dazu bedurfte es eines beispiellosen Prozesses gegen eine junge, selbstbewußte Frau, die in ihrer bäuerlichen Frömmigkeit den offiziellen Glauben gefährdete, die als Frau im Harnisch und als Jungfrau mit ihrem Verzicht auf Ehe und Familie sämtliche Tabus verletzte.

Am 30. Mai 1431 wurde Jeanne d'Arc auf dem Marktplatz von Rouen bei lebendigem Leib verbrannt. S.G.

geb. 10. Mai 1839 in Marburg an der Drau
gest. 3. Februar 1898 in Berlin
österreichische Sängerin
Lit. 283, 576, 604, 841

Amalie Weiß (Schneeweiß) bekam früh Gesangsunterricht. Als Elfjährige sang sie bereits schwierige Soli in Messen und studierte fleißig Opernarien. Am Grazer Konservatorium setzte sie ihre Studien fort. Der Tod des Vaters zwang sie zum schnellen Geldverdienen. Als Vierzehnjährige debütierte sie in Troppau und ging dann nach Hermannstadt, wo ihr neben hochdramatischen Partien erste Rollen in Singspiel und Posse übertragen wurden. Als das Theater bankrott ging, mußte sich die junge Primadonna samt Mutter und Schwester nach einem anderen Auskommen umschauen. Am Kärntnertortheater in Wien, wo sie sieben Jahre sang, sprang die Altistin hauptsächlich für erkrankte Sängerinnen ein.

Der Durchbruch gelangt ihr 1862 an der Hofoper Hannover. Das Publikum überschüttete sie mit Ovationen; die deutschen Musikzeitungen waren von ihr begeistert. Ein Jahr darauf heiratete sie den berühmten Geiger und Brahms-Intimus Joseph Joachim und trat von der Bühne ab – im 19. Jahrhundert galt es für eine verheiratete Frau als unschicklich, auf der Opernbühne zu stehen. Bei der Abschiedsvorstellung war sie vor innerer Erregung kaum imstande, ihre Partie zu Ende zu singen. Einen Ersatz fand sie im Konzertsaal, wo sie als Oratorien- und Liedersängerin unter anderem mit der Pianistin Clara Schumann und der Sängerin Jenny Lind auftrat.

1868 wurde Joseph Joachim Direktor der Hochschule für Musik in Berlin. Sie konzertierte weiterhin und unterrichtete am Berliner Klindworth-Scharwenka-Konservatorium. Ihr Leben änderte sich jäh, als ihr Mann sie der Untreue bezichtigte. Sie war zu stolz, um sich zu rechtfertigen, aber so verletzt, daß sie die Scheidung verlangte. Als sie 1898 im Sterben lag, rief sie Joachim zu sich und verriet ihm, daß sie fast zwei Jahrzehnte lang schuldlos gelitten hatte. Ihre Kinder und Joachim trauerten zusammen an ihrem Grab.

E.R.

geb. 15. Februar 1899 in Holzhausen, Osnabrück
gest. 8. Mai 1981 in Hannover
deutsche Malerin und Grafikerin
Lit. 399, 954, 969

Zu Beginn der goldenen Zwanziger Jahre studierte Grete Jürgens Malerei in Hannover. Hier begann sie in einem Kreis gleichgesinnter KünstlerInnen mit schnell hingeworfenen Skizzen das Studenten- und Kleinbürgermilieu festzuhalten. Das Leben der jungen MalerInnen war so ärmlich, daß Jürgens in ihrer Studienzeit in einem »Hundestall« wohnte, so bezeichnete sie selbst ihre Unterkunft, in der vor ihrem Einzug Rassehunde gezüchtet wurden. Über diese frühen Jahre sagt sie selbst: »Wir haben gearbeitet, wir haben gemalt. Wir waren oft zusammen ... Ich bin keine Weltfrau, bin nicht viel herumgereist. Wir saßen in Hannover und fühlten uns nicht als ›Neuerer‹, nur als etwas anders als die Expressionisten, die zu einer ›höheren Kunstrichtung‹ gehörten ... Wir waren einfach, hatten fast kein Geld, aber wir waren zusammen und fuhren mit dem Fahrrad aufs Land.«
Grete Jürgens war eng befreundet mit ihrer Studienkollegin Gerta Overbeck, und die frühen Arbeiten der beiden sind oft kaum zu unterscheiden. Doch ihre Wege trennten sich nach zehnjähriger Freundschaft, als Jürgens' Lebensgefährte eine Verbindung mit Gerta Overbeck einging.
Aus finanziellen Gründen nahm Jürgens bis Ende der 20er Jahre eine Stelle als Werbezeichnerin bei den Hannoverschen Hacketal Draht- und Kabelwerken an. In diesen Jahren malte sie die Bilder, die sie bekannt machten: kühle, realistische Porträts ihrer Künstlerkollegen, harte Darstellungen der sozialen Umwelt und Menschen aus den »Hinterhöfen des Lebens«. Ihr bekanntestes Werk ist ein Zeitdokument, »Menschen vor dem Arbeitsamt« von 1929.
Grete Jürgens war von 1929 bis ins hohe Alter eng mit der Geschichte der Künstlerinnen-Gemeinschaft der Gedok Hannover verbunden, in der sie noch in den letzten Jahren als Jurorin aktiv tätig war.

Ihr Spätwerk besteht aus ins Abstrakte gehenden zeichnerischen Arbeiten, in denen die Beziehung zum Figürlichen nie ganz aufgegeben wird.
In den 60er Jahren wurde die Neue Sachlichkeit wiederentdeckt, Grete Jürgens gilt, mit Gerta Overbeck, als deren bedeutendste Vertreterin. R.R.

geb. 2. Oktober 1866 in Beckenried, Schweiz
gest. 17. Februar 1925 in Beckenried
Schweizer Schriftstellerin
Lit. 133, 655, 696, 966, 1029, 1030

Zwar wollte Isabelle Kaiser im Alter von acht Jahren noch Priesterin werden, doch schon bald änderte sie ihre Berufswünsche: Sie begann zu schreiben, und mit 15 hatte sie ihren ersten Roman fertig, wenig später wurde ihre Erzählung *Gloria victis* in Frankreich ausgezeichnet. Weitere Preise folgten. Ein erster Gedichtband erschien 1888, sie war damals 22 Jahre alt.

Isabelle Kaiser war die Tocher eines nicht sehr erfolgreichen Offiziers, Fernando Kaiser. Ihre Mutter, Wilhelmine Kaiser geb. Durrer, entstammte einer alteingesessenen Beckenrieder Familie. 1868 zog die Familie nach Genf, wo der Vater als Redaktor und Politiker tätig war. Die Mutter widmete sich den fünf Kindern, die französischsprachig erzogen wurden. Doch der Aufenthalt in der Westschweiz dauerte nur rund zehn Jahre, 1879 kehrte die Familie zurück ins Elternhaus des Vaters nach Zug. Isabelle mußte als erstes Deutsch lernen. Sie las alle Bücher, die sie finden konnte.

Isabelle Kaiser beeindruckte ihre LeserInnengemeinde zutiefst. »Wenn diese weiche, warme Stimme zu klingen beginnt in dunklen Lauten mit einem leisen, pikanten, französischen Akzent, dann vergißt man die Welt und die Menschen um sich und lauscht nur und möchte immer lauschen und sich von diesen seelenvollen Tönen forttragen lassen in ein Land voll Pracht und Schönheit«, schwärmte der Berichterstatter des Aarauer Dichterabends vom 3. Dezember 1908. Mit ihren Werken verfolgte Isabelle Kaiser edle Absichten: Junge Frauen versinken nicht in nutzlosen Liebeskummer, sondern setzen die freigewordene Energie ein für die Bedürftigen – so in *Rahels Liebe*, der preisgekrönten Novelle, die 1891 erschien. Auch die Friedensucherin im gleichnamigen Roman, der 1908/09 fast gleichzeitig auf deutsch und französisch erschien, findet ihre Bestimmung in würdevoller Entsagung und im Dienst für die Armen.

Isabelle Kaiser hatte nie abgestritten, daß ihre Romane, Novellen und Erzählungen einen autobiographischen Hintergrund hatten. Ihr Schreiben war ihr Werkzeug, mit dem sie anderen Vorbild sein konnte. So schrieb sie im Vorwort zur deutschen Ausgabe von *Rahels Liebe*: »Darum maßt sich dieses Werkchen nur den Vorzug vollkommener Aufrichtigkeit und Unmittelbarkeit an. (...) Es wurde durchlitten, ehe es ohne jede literarische Absicht niedergeschrieben wurde, einzig zur Selbstbefreiung aus dem verzweifelten Leid, das Rahel aus der herben Enttäuschung der ersten Liebe erwuchs.« L.ST.

geb. 12. Oktober 1889 in Cilli (Celje), Slowenien
gest. 14. Januar 1950 in Pečovnik bei Celje
österreichisch-jugoslawische Schriftstellerin
Lit. 538, 539, 846

»Es war eine ungemein stürmische Zeit, zu der Leute ohne Entzündung der Einbildungsnerven wohl zu Hause geblieben wären«, als Alma Maximiliana Karlin 1919 mit nur 130 Dollar auf dreijährige Forschungsfahrt Richtung Japan ging. Unfreiwillig wurde daraus eine »Weltumsegllung«, von der sie erst nach neun Jahren zurückkehren sollte.

Ihr Geburtstag wird im *Deutschen Literatur-Lexikon* (Hg. Rupp & Lang) abweichend angegeben: 19. Oktober 1891. In ihrer Jugend packte sie »der Sprachenwahnsinn«: Sie lernte Sprachen, legte die LehrerInnenprüfung ab, arbeitete in London als Übersetzerin, studierte in Skandinavien Völkerkunde und Naturwissenschaften, gab Sprachunterricht und schrieb Journalistisches und einen Roman.

»Der Ruf einer gestellten, unabweisbaren Aufgabe« lockt sie nach Süd- und Mittelamerika, Hawaii, Ostasien, in den Südpazifik, nach Neuseeland und Australien, Südostasien, Indien und Ostafrika. Aber Karlin »fand das Reisen nach fremden Weltteilen anders als erwartet« und berichtet von ständigen Geldnöten, der Quälerei des Reisens als »Zwischendeckopfer« der 3. Klasse, von Vergewaltigungsversuchen und Raubüberfällen der »Mannszweibeine«, »unerträglicher Vereinsamung« und chronischen Tropenkrankheiten, die ihre Gesundheit für immer ruinierten. In diesen Reisejahren schreibt Karlin Hunderte von Zeitungsartikeln, viele Erzählungen sowie einen Roman. Diese und später aus der Erinnerung niedergeschriebene Arbeiten werden ab 1929 veröffentlicht und begeistert aufgenommen. Ihre Reiseberichte und Forschungsergebnisse, ihre Vorträge in ganz Europa und die im Museum von Celje ausgestellte Sammlung bringen Alma Karlin die lang erhoffte Anerkennung.

Wer heute ihren lebendigen und humorvollen, aber auch stark wertenden und manchmal sensationslüsternen Stil kennenlernen möchte, ist auf Bibliotheken angewiesen: Kein einziger Titel ist im Buchhandel erhältlich. M.K.

geb. 27. Juni 1880 in Tuscumbia, Ala.
gest. 1. Juni 1968 in Westport, Conn.
amerikanische Schriftstellerin
Lit. 459, 545, 614

Helen Keller kam als gesundes Kind zur Welt. Mit achtzehn Monaten – sie sprach schon einige Wörter – bekam sie eine lebensgefährliche Gehirnentzündung, durch die sie blind und taub wurde. Es folgten fünf Jahre geistiger Öde und Lethargie, unterbrochen nur durch verzweifelte Wutausbrüche. Die Rettung kam durch die Blindenlehrerin Anne Sullivan (1866-1936). Sie lehrte die siebenjährige Helen Zeichen und Bedeutungen über Tasteindrücke in die Hand, dann Blindenschrift und das Fingeralphabet. Mit zehn Jahren lernte Helen unter unerhörter Anstrengung – als einzige Taubblinde in den USA – selbst zu sprechen. Mit 16 Jahren kam sie auf das Mädchengymnasium in Cambridge, Mass., und bestand mit 19 die Zulassungsprüfung am Radcliffe College. Sie studierte Französisch, Deutsch, Latein, Literatur, Philosophie, Ökonomie und Politik, denn sie »hatte einen Heißhunger auf Bücher und Wissen und verschlang ganze Brailleschrift-Bibliotheken«.

Helen Keller begann sehr früh zu schreiben; 1904 veröffentlichte die 24jährige ihre erste Autobiographie (dt. *Die Geschichte meines Lebens*, 1905), die sie mit einem Schlag weltberühmt machte. Im Laufe ihres langen Lebens – Keller wurde 87 Jahre alt – unternahm sie viele Reisen. In 123 Städten trat sie in 249 Versammlungen vor ingesamt 250 000 Menschen auf, um für die Sache der Gehörlosen und Blinden zu werben. Eine gute Freundschaft verband sie mit Mark Twain; der Industrielle Andrew Carnegie setzte ihr eine Lebensrente aus.

Helen Keller war überzeugte Sozialistin und Pazifistin. Ihr Buch *Wie ich Sozialistin wurde* enthält viele Überlegungen über die Rolle der Frau. Sie lehnte sich auf gegen falsche Vorstellungen von Weiblichkeit und reagierte mit Empörung auf Ungerechtigkeiten gegen Frauen (*Ein Appell an die Vernunft der Richter*). Sie liebte Shakespeares Sprache, mißbilligte aber seine Ansichten über Frauen.

In ihrem Brief »an eine englische Suffragette«, schreibt sie 1911: »Ich bin entrüstet über die Behandlung der tapferen, geduldigen Frauen von England. Ich bin entrüstet, wenn die Konfektionsschneiderinnen in Chicago von der Polizei mißhandelt werden. Ich bin erfüllt von Seelenangst, wenn ich an die Erniedrigung, die Sklaverei und die industrielle Tyrannei denke, welche Millionen zermalmen und Frauen und hilflose Kinder zu Boden drücken.« U.R.

geb. 27. November 1809 in London
gest. 15. Januar 1893 in London
englische Schauspielerin und Schriftstellerin
Lit. 88, 195, 244, 261, 354, 546, 786

Im frühen 19. Jahrhundert waren Schauspielerinnen gesellschaftlich noch wenig geachtet, daß sich eine Frau überhaupt in die Öffentlichkeit wagte, galt als ungehörig. Durch ihre bis dahin unerhörten Erfolge auf englischen und amerikanischen Bühnen sowie ihre lebhaften und geistvollen Reisetagebücher und anderen Schriften gelang es Frances »Fanny« Kemble jedoch, das Ansehen dieses Berufs entscheidend zu heben.

Nicht nur die Tante Sarah Siddons, die als größte Schauspielerin der Welt galt, sondern auch Fannys Onkel und beide Eltern waren bekannte Londoner SchauspielerInnen, der Vater noch dazu Leiter des Covent Garden Theaters. Eine Familie, die auf sich hielt: Fanny wurde auf eine Schule für höhere Töchter nach Paris geschickt. Als 1829 dem Theater der Bankrott drohte, mobilisierte Charles Kemble seine ganze Familie in einer Aufführung von *Romeo und Julia,* in der Fanny als Julia durch ihren überwältigenden Erfolg die Familie finanziell rettete. Bald schwärmte ganz London von ihrer Schönheit und ihrer leidenschaftlichen Schauspielkunst.

1832 ging sie auf Tournee nach Amerika, wo sie als erste wirklich bedeutende Schauspielerin bald alle größeren Städte in Ekstase versetzte. Schon 1834 nahm Fanny den Heiratsantrag eines wohlhabenden Plantagenbesitzers an und gab die Bühne auf. Aber die Ehe war nicht glücklich – ihr Mann kam mit ihrem eigenwilligen Temperament und abolitionistischen Denken nicht klar – und wurde 1849 nach langer Trennung geschieden.

Nach England zurückgekehrt, nahm Kemble ihre Karriere wieder auf und hatte mit Rezitationen noch einmal großen Erfolg. 1863 veröffentlichte sie ihr *Tagebuch eines Aufenthalts auf einer Plantage in Georgia,* das die Greuel des amerikanischen Sklavereisystems aus erster Hand darstellte und viele EngländerInnen von der Unterstützung der Sklavenbesitzer abbrachte. Ihre letzten zwanzig Jahre beschäftigte sie sich damit, ihre Autobiographie zu verfassen. Sie hat auch Gedichte und Dramen geschrieben und Stücke von Schiller und Dumas ins Englische übersetzt. J.H.

Emilie Kempin

geb. 1853 in Altstetten bei Zürich
gest. 12. April 1901 in Basel, Klinik Friedmatt
erste Schweizer Juristin
Lit. 429, 472, 655, 885, 1006

Emilie Spyri, die »kleingewachsene Frau mit angenehmen Gesichtszügen«, Tochter eines Pfarrers, legte ihr Abitur als Externe in einem Knabengymnasium ab und heiratete 1877 den Pfarrer Walter Kempin. Aber Emilie wollte nicht nur Ehefrau sein. Sie beschloß, Jura zu studieren, um zum Unterhalt der Familie beizutragen, immatrikulierte sich 1883 an der Universität von Zürich, wo sie während des gesamten Studiums die einzige Jurastudentin blieb. Für ihre Dissertation erhielt sie schon vier Jahre später das höchste Prädikat »summa cum laude«. Die Gründung eines Rechtsberatungsbüros wurde ihr wegen ihres Geschlechts von der Stadt verweigert. Daraufhin stellte sie an der Universität den Antrag auf eine Habilitation als Dozentin für Römisches Recht. Die aufgewühlten Akademiker benötigten sieben Gremiensitzungen, um den Antrag abzulehnen. In ihrer Verzweiflung beschloß Kempin, mit dem inzwischen arbeitslosen Ehemann, drei Kindern und einem Kindermädchen nach New York auszuwandern. Die Sprache kannte sie nicht, Beziehungen hatte sie auch nicht. Dennoch gründete sie eine Rechtsschule für Frauen, die die Zulassung als Anwältin vor Gericht zum Ziel hatten. Während sie erfolgreich tätig war, zog ihr Mann wieder in die Schweiz zurück. Sie folgte ein Jahr darauf, gründete in Zürich eine private Rechtsschule und hielt Vorlesungen. Die Schule hielt sich nicht, die Geldsorgen wuchsen. Kempin trennte sich von ihrem Mann, brachte die Kinder unter und zog nach Berlin. Dort ging es ihr schlecht. »Ich bin vollkommen mittellos und alleinstehend; von meinem Manne schon seit Jahren getrennt, meine Kinder sind in der Welt herum zerstreut, meine Beziehungen zu Freunden und Verwandten abgebrochen ... Meine Verwandten haben sich ... von mir abgewandt.« Gescheiterte Ansätze, kritische Stimmen von allen Seiten, eine zerstörte Familie, keine emotionale Verankerung und über allem die ständige finanzielle Not: Sie bricht nervlich zusammen und wird in eine Berliner Anstalt gebracht, aus der sie kurz darauf in Unterrock und Mantel flieht. Freunde raten ihr zu einer psychiatrischen Behandlung in Basel. Sie läßt sich »vorläufig« einweisen, um zu entdecken, daß man sie nicht mehr freiläßt. Von der Umwelt abgeschnitten, werden ihre Gesuche um Behandlung ihres Falles von der Anstaltsleitung zurückgehalten. Zuletzt bewirbt sie sich um eine Stelle als Dienstmagd bei einem Pfarrer. Auch dieser Brief wurde zurückgehalten. Sie starb in der Anstalt an Krebs. E.R.

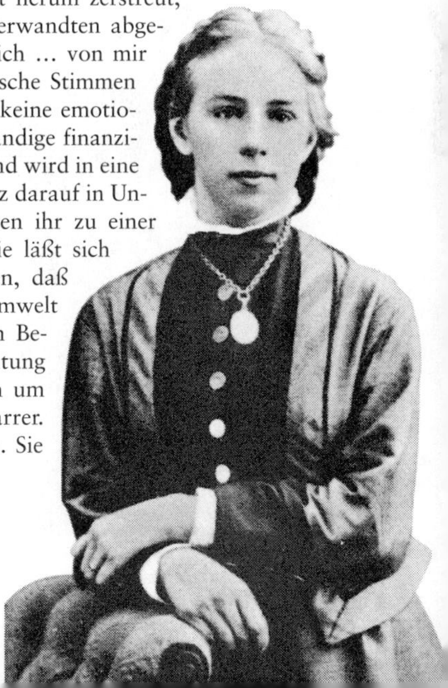

geb. 26. Juni 1900 in Heidenheim
gest. 1970 in den USA
deutsche Ärztin und Sexualreformerin
Lit. 405, 554, 1014

Es waren die Stuttgarter ÄrztInnen Else Kienle und Friedrich Wolf, deren Verhaftung im Februar 1931 wegen »gewerbsmäßiger Abtreibung« die Kampagne gegen den Paragraphen 218 in eine riesige Massenbewegung verwandelte. In ganz Deutschland kam es zu Demonstrationen, Protestmärschen und Kundgebungen, die die Freisprechung der ÄrztInnen und die Abschaffung des »Schandparagraphen« forderten. Anders als der Kommunist und berühmte Schriftsteller Wolf, der bald auf Kaution freigelassen wurde, verbrachte die noch unbekannte Else Kienle sechs Wochen in Untersuchungshaft, bis sie durch einen siebentägigen Hungerstreik ihre Freilassung erzwang. Der Höhepunkt der ganzen Bewegung war im Berliner Sportpalast am 15. April 1931, wo Kienle vor über zehntausend Menschen redete.

Else Kienle war das erste Kind eines strengen schwäbischen Realschullehrers und einer konventionell denkenden, nachgiebigen Mutter. Die Eltern erkannten die ungewöhnliche Begabung ihrer Tochter und schickten sie aufs Gymnasium, wo sie, das einzige Mädchen, Klassenbeste wurde. Der Vater hielt ein Medizinstudium für »unweiblich«, doch die Großmutter war dafür, und Else wurde Ärztin. 1928 heiratet sie den Bankier Stefan Jacobowitz, der ihr nicht nur ein Pferd und zwei Autos schenkt, sondern auch eine eigene Praxis mit kleiner Klinik. Hier führt sie Operationen auf dem Gebiet der Wiederherstellungschirurgie durch und behandelt Frauen, die ungewollt schwanger sind.

Kienles während der Haft begonnenes Buch *Frauen – Aus dem Tagebuch einer Ärztin* (1932) berichtet über ihre Laufbahn als Ärztin und erklärt ihre Einstellung zur Abtreibungsfrage. »Unser heutiges Recht ist überall und ganz besonders in diesem Punkte ein männliches Recht.« Die Kampagne gegen den Paragraphen 218 sieht sie auch als Kampf für die Selbstbestimmung der Frau: »Was nützte ihr das Stimmrecht, wenn sie trotzdem eine willenlose Gebärmaschine bleiben sollte?« Im Herbst 1932 muß sie wieder befürchten, verhaftet zu werden, und flieht nach Frankreich. Die Ehe mit Jacobowitz wird geschieden. An der Riviera lernt sie den amerikanischen Geschäftsmann George LaRoe kennen und heiratet ihn. Sie reisen nach New York, und Kienle bemüht sich zielstrebig, als Ärztin wieder Fuß zu fassen. 1935 eröffnet sie ihre Praxis, spezialisiert sich mehr und mehr auf plastische Chirurgie. Sie hat beruflich Erfolg, wird aber nie mehr als Sexualreformerin tätig. J.H.

Mary Henrietta Kingsley

geb. 13. Oktober 1862 in Islington bei London
gest. 3. Juni 1900 in Simonstown, Südafrika
engl. Forschungsreisende, Schriftstellerin und Anthropologin
Lit. 100, 330, 412, 555, 793, 1020

Die ersten dreißig Jahre lebt Mary Kingsley das Leben einer vorbildlichen viktorianischen Tochter. Sie kümmert sich um ihre invalide Mutter und später auch um den Vater, als der endgültig von seinen Forschungsreisen nach England zurückkehrt. Sie ist sehr wißbegierig, darf aber nicht wie der Bruder studieren. So liest sie sich durch die Bibliothek ihres Vaters und hilft ihm, seine Fetische und Notizen zu dem Thema Opferriten zu ordnen. Erst der Tod ihrer Eltern 1892 erlaubt ihr ein kurzes und intensives Leben als Forscherin. Während zweier langer Reisen durch das damals malariaverseuchte, lebensgefährliche Westafrika beweist sie unglaublichen Mut und Durchhaltevermögen. Ihre Reise finanziert sie sich durch Handel mit Elfenbein, Gummi, Pfeilspitzen. Auf diese Weise lernt sie verschiedene afrikanische Stämme wie z.B. die von ihr als kannibalistisch bezeichneten »Fang« kennen, lebt in ihren Hütten, ist besonders stolz darauf, ihre schwierigen Kanus lenken zu können. Sie erforscht die Lebensweise und religiösen Zeremonien verschiedener Stämme und lernt deren Sprachen. Außerdem sammelt sie seltene Fische und Reptilien für das Britische Museum – einige Arten sind nach ihr benannt worden.

Nach England zurückgekehrt, schreibt sie mehrere erfolgreiche Bücher über ihre Reisen, die auf ihren Tagebüchern basieren – eine Mischung aus Reisebeschreibung und anthropologischer Abhandlung.

Die gefährlichsten Abenteuer lesen sich darin wie amüsante Anekdoten. Wegen ihres Wissens und Humors ist sie auch als Vortragsreisende gefragt und berät sogar Chamberlain über Kolonialpolitik.

Als Mann hätte sie sich in ihrem außerordentlichen Erfolg sonnen können, doch als Frau fühlt sie sich gespalten, was sich in Schmerzen und Depressionen äußert. In Afrika ist sie wagemutiger und dringt weiter ins Land vor als die meisten weißen Männer, selbst wenn sie darauf besteht, ihre schweren viktorianischen Kleider zu tragen. In London erwartet der Bruder von ihr, daß sie ihm den Haushalt führt. Als kämpferische »neue Frau« kann sie sich nicht sehen. Sie ist gegen das aktive und passive Wahlrecht für Frauen, obwohl sie selbst immer wieder in der Afrikapolitik aktiv wird und ihr Buch *West African Studies* mit Vorschlägen zur Kolonialpolitik abschließt.

Bei ihrer letzten Afrikareise nimmt sie eine traditionellere Rolle an. Sie fährt während des Burenkrieges nach Südafrika, um die Soldaten in den Lazaretten zu pflegen, und stirbt dabei an Typhus, noch nicht 38 Jahre alt. G.K.

geb. 8. Juli 1810 in Bonn
gest. 17. November 1858 in London
deutsche Komponistin, Pianistin und Schriftstellerin
Lit. 17, 556-558, 883

Auf dem Denkmal ihres Mannes zu Oberkassel (Bonn) hat man ihrem Gedenken, sozusagen zu seinen Füßen, immerhin eine Plakette gewidmet. In Lexika wird sie nur als Gattin des berühmten Schriftstellers genannt. Die *Deutsche Literaturgeschichte* Robert Königs etwa (19. Auflage 1887) widmet ihm zwei engbedruckte Seiten, sie wird zweimal erwähnt und einmal kritisiert: »Den größten Einfluß auf ihn aber gewann seine nachherige Gattin Johanna, die geschiedene Frau des Buchhändlers Matthieux, durch die er allmählich sowohl politisch als religiös immer weiter nach links gedrängt wurde.«
Anders urteilen um die Jahrhundertwende immerhin Paul Heyse und Hermann Kurz, Herausgeber der Reihe »Deutscher Novellenschatz«: »Sie hat als Komponistin, Klavierspielerin, Sängerin und Musiklehrerin (in letzter Eigenschaft praktisch durch Ausbildung trefflicher Schülerinnen und theoretisch durch die *Acht Briefe über Klavierunterricht*) gleich Glänzendes geleistet. Aber auch als Erzählerin ist sie ihren musikalischen Verdiensten durchaus ebenbürtig in dem Roman *Hans Ibeles in London*, welchen Kinkel aus ihrem Nachlaß 1860 im Cotta'schen Verlag herausgegeben hat. Die Sicherheit, Kraft und Anmut dieser Charakterzeichnung, der Wechsel von ernster Lebensanschauung und drolligstem Humor, die Darstellung des Londoner Lebens selbst, sodann aber vorzüglich des Flüchtlingslebens in London, endlich die Bilder aus Deutschland, welche die deutschen politischen Flüchtlinge miteinander austauschen, dies alles zusammen stellt das Werk nicht bloß den besten Lebensbildern der Engländer zur Seite, sondern weist ihm auch in dem Kreis der erlesensten deutschen Romane eine sehr hervorragende Stelle an.« – Erst 1990 ist er wieder erschienen.
Auch das kompositorische Schaffen Johanna Kinkels ist bis heute so gut wie unerschlossen, obwohl es die Zustimmung u.a. von Mendelssohn, Schumann und dem strengen Kritiker Ludwig Rellstab fand. Es umfaßt vor allem Lieder, die damals beliebten Liederspiele (z.B. *Otto der Schütz* nach Gottfried Kinkels erfolgreichem Versroman) und einige Werke im besten Sinne komischer Musik (*Vogel-Kantate*, *Katzen-Kantate*, *Jubiläum des Großvaters*). Neben dem künstlerischen Schaffen verdiente allein ihre Biographie – präsent auch im literarischen Werk – weites Interesse. Stets bewahrte sie ihren hohen ethischen Anspruch, obwohl sie seitens ihres ersten Mannes, der Bonner Öffentlichkeit und der herrschenden Scheidungsgesetze in ihrem Streben nach Selbstverwirklichung diskriminiert wurde; und auch der aus Liebe geheiratete Gottfried Kinkel erwies sich nicht immer als ebenbürtiger Partner. E.R.

geb. 26. Januar 1898 in Moskau
gest. 26. Februar 1951 in Lodz, Polen
lettisch-polnische Bildhauerin
Lit. 540, 829, 1054, 1085

Als sich zeigte, daß die utopischen Vorstellungen, eine neue Welt der Kunst aus neuen Formen zu bauen, sich unter der Sowjetregierung nicht verwirklichen lassen würden, begann Anfang der 20er Jahre der Exodus der russischen Intellektuellen in den Westen, unter ihnen auch die junge Bildhauerin Katarzyna Kobro und ihr Mann, der Maler Wladyslaw Strzeminski. Die beiden hatten sich während des Krieges in einem Lazarett in Moskau kennengelernt (wo Kobro als Krankenschwester arbeitete), zusammen ließen sie sich jetzt in Smolensk nieder, brachten die Ideen des revolutionären Aufbruchs mit nach Polen und nahmen dort am künstlerischen Leben teil. Zwei Jahre leiteten sie gemeinsam die Abteilung für bildende Künste des Volkskommissariats in Smolensk, später arbeitete Kobro als Kunsterzieherin, u.a. an der Industrieschule für Frauen in Lodz.
In den 20er Jahren entwarf Kobro abstrakte hängende bewegliche Konstruktionen und kam im Lauf der Zeit zu immer radikaleren Lösungen, weit entfernt von herkömmlichen Vorstellungen von Skulptur. Diese »räumlichen Kompositionen« sind rhythmisierte Formen, aus gläsernen und metallenen Flächen konstruiert. Kobro baute ihre Ideen weiter aus und gelangte so zu architektonischen Entwürfen großer Dimensionen, die in den Bereich der Stadt- und Verkehrsplanung weisen. Ihre kühnen Entwürfe standen in krassem Gegensatz zur zeitgenössischen polnischen Bildhauerei (Büsten und Köpfe »großer Männer«, mit denen sich das Warschauer Establishment selbst feierte). »Nur ein totaler Mangel an Kultur und der erschreckende Größenwahn publizitätssüchtiger Bürokraten können die Nachfrage nach solchen Skulpturen hervorrufen«, war ihre vernichtende öffentliche Stellungnahme zu dieser Kunst ihrer Zeit. In mehreren Veröffentlichungen stellten sie und ihr Mann die theoretischen Grundlagen ihrer Arbeit als Ergebnisse eines schöpferischen Dialogs vor und beteiligten sich an verschiedenen Gruppenausstellungen. Kobros einzige Einzelausstellung fand 1935 in Krakau statt. Zwei Jahre später hörte sie auf, in großen Formaten zu arbeiten. Wodurch die Krise ausgelöst wurde, ist nicht bekannt. Nach dem Überfall der deutschen Truppen auf Polen mußte die Künstlerin aus Lodz fliehen; viele ihrer zurückgelassenen Arbeiten wurden von den Nationalsozialisten als »entartete Kunst« vernichtet. Nach schwerer Krankheit starb sie 1951. Ihre noch vorhandenen Werke sind heute im Kunstmuseum Lodz zu sehen.
Seit den 70er Jahren und der Öffnung des Ostens gibt es ein neues Interesse für die Kunst des Konstruktivismus. In allen großen Ausstellungen, die seitdem in Europa und den USA gezeigt wurden, waren Arbeiten von Katarzyna Kobro zu sehen. R.R.

geb. 31. März 1872 in Petersburg
gest. 9. März 1952 in Moskau
russische Revolutionärin
Lit. 351, 579-581, 728, 845

»Die Frauen und ihr Schicksal beschäftigten mich ein Leben lang, und ihr Los war es auch, das mich zum Sozialismus führte«, schrieb Alexandra Kollontai 1926 in ihrer *Autobiographie einer sexuell emanzipierten Kommunistin*, mit der sie auf ihre Zeit als revolutionäre Parteiarbeiterin zurückblickte. Die politische Karriere der Tochter eines russischen Generals und einer finnischen Mutter war beispiellos. Sie gehörte 1917 als erste Frau dem revolutionären sowjetischen Kabinett an und übernahm 1919 den Vorsitz der Frauenabteilung beim ZK der Partei. Als Volkskommissarin für soziale Fürsorge war die geschiedene, alleinerziehende Mutter eines Sohnes verantwortlich für die kurzzeitige Lockerung des Eherechts und für besseren Mutterschutz, sie setzte das Recht auf Abtreibung durch und schlug vor, »unproduktive Hausarbeit« durch Volksküchen und kollektive Kindererziehung zu ersetzen, denn »die wirklich befreite Frau muß materiell vom Mann unabhängig sein und von den mit der Mutterschaft verbundenen Pflichten entlastet werden«. Für Alexandra Kollontai gab es keinen Zweifel: Ohne Sozialismus keine Befreiung der Frau – und ohne Befreiung der Frau kein Sozialismus. Bereits 1905 hatte sich die militante Feministin für die Gründung autonomer Frauenabteilungen innerhalb der Partei eingesetzt. »Nicht die sexuellen Beziehungen bestimmen das moralische Ansehen der Frau, sondern ihr Wert im Arbeitsleben, bei der gesellschaftlich-nützlichen Arbeit«, war Kollontais Tenor. Aber ihre »neue Sexualmoral«, die sie in Worten und Taten vertrat, wurde mißverstanden und verleumdet, stellte sie doch die vertrauten patriarchalischen Strukturen in Frage. Nicht jedoch ihre militante Haltung in der Frauenfrage wurde ihr schließlich zum Verhängnis, sondern ihre harsche Kritik an der Bürokratie auf dem X. Parteitag im März 1921, mit der sie sich in »parteifeindliche Opposition« begab. Von 1923 bis 1946 vertrat sie – freiwillig oder von Stalin strafversetzt? – die Sowjetunion in Norwegen, Mexiko und Schweden. Aber auch das nicht ohne Einfluß: 1944 trug die weltoffene und hochgebildete Diplomatin zum Waffenstillstandsabkommen zwischen Moskau und Helsinki bei und ermöglichte Finnland den Ausstieg aus dem Zweiten Weltkrieg. »Ich hatte immer ein Talent zu ›leben‹ und ich habe es heute noch. Ich habe viel erreicht, viel gekämpft, viel gearbeitet, aber ich konnte mich auch freuen am Leben, wie immer es aussah«, schrieb sie 1950 in ihren *Betrachtungen über meine Vergangenheit*. 1952 starb sie, hochdekoriert, in Moskau. S.G.

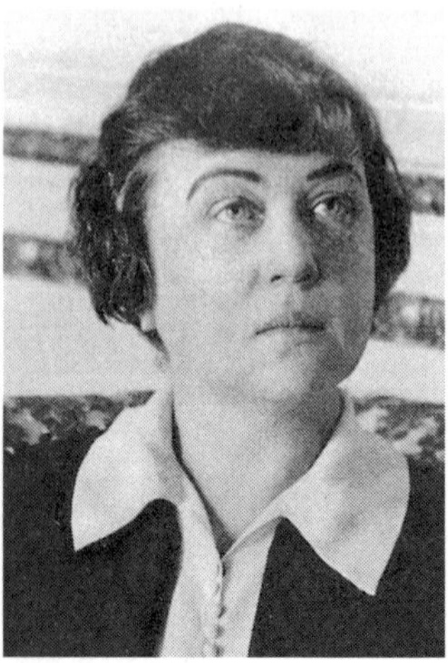

geb. 23. Mai 1842 in Suwalki
gest. 8. Oktober 1910 in Lwow, Lemberg
polnische Schriftstellerin
Lit. 578, 728, 845

Die Volksdichterin Maria Konopnicka war die beliebteste und in der literarischen Welt meistdiskutierte polnische Autorin ihrer Zeit. Sie wuchs als Älteste von sechs Geschwistern in einer Staatsanwaltsfamilie auf. Der frühe Tod der Mutter überschattete ihre Kindheit. In strenger Disziplin erzogen, wurde sie von ihrem Vater sehr jung an Jan Konopnicki verheiratet, den Pächter des Landgutes Bronow. Die Konvenienzehe mit dem zwölf Jahre älteren Mann erschüttert Marias empfindsame Natur. Erst nach 16 Jahren nimmt sie all ihren Mut zusammen, verläßt Jan und zieht mit sechs Kindern nach Warschau. Diese Tat ist der Anfang ihrer literarischen Laufbahn. Gut vertraut mit den Verhältnissen auf dem Land, stellt Konopnicka Ausbeutung, Armut und Hunger der Bauernfamilien in den Mittelpunkt ihrer Lyrik (»Der freie Lohnarbeiter«, »Obdachlos«, 1878). In den Novellen greift sie politische Fragen auf. Z.B. verurteilt sie die Verfolgung der Juden durch das Zarentum und preußische Gewaltakte im Kampf um Grundbesitz (*Danziger Mendel* 1890, *Der dumme Franz* 1902).

Konopnicka war eine engagierte Patriotin. 1901, nach der brutalen Niederschlagung des Streiks der Kinder, die gegen die deutsche Sprache im Religionsunterricht protestierten, organisierte sie in Wrezsnia eine Protestaktion von Frauen aus der ganzen Welt. So leistete sie Widerstand gegen die Repressionspolitik Preußens.

1908 schrieb Konopnicka das Lied »Rota« – als Summe der Gedanken und Gefühle des gequälten Volkes ist es zum beliebtesten patriotischen Lied Polens geworden. Bekannt ist Konopnicka auch als Verfasserin zahlreicher Kindergeschichten.

Durch ihre Lebensgefährtin, die 20 Jahre jüngere bekannte Porträtmalerin und Feministin Maria Dulebianka, kam Konopnicka auch mit der Frauenbewegung in Berührung. Zeitweise war sie Redakteurin der Frauen-Wochenzeitung *Swit*. Auf vielen öffentlichen Veranstaltungen trat sie für die Gleichberechtigung der Frauen ein, wollte allerdings nicht selbst Feministin genannt werden. H.B.

geb. 23. Juli 1918 in Moskau
gest. 31. Mai 1989 in Köln
russische Schriftstellerin und Bürgerrechtlerin
Lit. 800-802, 1104

Raissa Orlowa wurde in Moskau ein Jahr nach der Oktoberrevolution geboren und wuchs auf in einem Klima der Umwälzung, der Hoffnungen.
Sie hat die Stalinzeit relativ gut überlebt. Sie war Lektorin im Verlag für auswärtige Literatur, durfte Verbotenes lesen, war privilegiert. Und hat von vielem gewußt. Sie kannte Menschen, die in Lagern waren. Sie hat niemanden verraten, sie hat geholfen, wo sie helfen konnte. Aber sie hat auch niemals protestiert. Später rechnete sie über diese Zeit unerbittlich mit sich ab, in einer über Jahrzehnte hinweg entstandenen Autobiographie (*Eine Vergangenheit, die nicht vergeht*), über die sie sagte: »Dieses Buch ist eine einzige Wunde.«
Eine neue Ära begann 1956 – im Jahr der berühmten Rede Chruschtschows, in der er mit dem Stalinismus abrechnete. Im selben Jahr heiratete sie Lew Kopelew, der zehn Jahre in Lagern und Gefängnissen verbracht hatte. Die Tauwetterperiode war eine Zeit neuer Hoffnungen, eines neuen Aufbruchs, wo bisher unveröffentlichte Literatur gedruckt wurde, bisher verbotene Themen behandelt, über eine bisher tabuisierte Vergangenheit gesprochen werden durfte. Auch über die eigene.
Auch dieser Aufbruch war bald beendet, unter Breschnew begann eine neue Vereisung. Wieder verschwanden FreundInnen in Haft, in Verbannung, im Exil. Auch diesmal meldeten die Kopelews Protest an. 1981 wurden beide ausgebürgert, lebten seitdem im deutschen Exil in Köln. Orlowa-Kopelew mußte 63jährig eine neue Sprache lernen, als Literatin sich überhaupt ihr Handwerkszeug erst wieder schaffen.

Sie schrieb auch über die Sowjetunion, warb für ihr eigenes Land, trotz allem, was sie dort erlebt hatte. Sie war undogmatisch, haßte Denken in Schwarz-Weiß.
Als mit Gorbatschow zum drittenmal eine Zeit der Hoffnung anbrach, da war sie zum drittenmal dabei. Sie fuhr von Versammlung zu Versammlung, sprach im Radio und zu Zeitungen, um für Glasnost und Perestroika zu werben. Ihre Jugendträume ließ sie sich nicht nehmen.
Sie starb am 31. Mai 1989 in Köln. A.D.

geb. 7. Oktober 1801 in Freudenthal, Schlesien
gest. 29. Dezember 1830 in Wien
österreichische Volksschauspielerin
Lit. 404, 838,1096

Therese Krones stand schon als Kind auf der Bühne. Ihr Vater hatte mit seiner Familie eine kleine Theatergruppe gegründet, die durch die Länder der Monarchie zog und ihre Dienste an diversen Bühnen und Theatern anbot. Als Achtjährige stand die Krones zum ersten Mal im Wiener Theater in der Leopoldstadt auf der Bühne und war als Darstellerin von Kinderrollen sehr gefragt. Als Achtzehnjährige trennte sie sich von ihrer Familie und nahm Engagements in Eisenstadt, Wiener Neustadt, Ödenburg, Agram und Graz an. 1821 bekam sie ein festes Engagement am Theater in der Leopoldstadt, Wiens berühmtester Vorstadtbühne. Hier war sie die geschätzte Kollegin von Ferdinand Raimund, der nicht nur als Stückeschreiber fungierte, sondern auch gemeinsam mit der Krones auf der Bühne stand. Die Krones soll ein geniales Schauspieltalent gewesen sein, sie war sehr temperamentvoll, improvisierte aus dem Stand, war frech und witzig, charmant und äußerst wandlungsfähig. Bald galt sie als die »lustigste Person von Wien«, und alle wollten vor allem ihre Darstellung der »Jugend« in Ferdinand Raimunds Stück »Das Mädchen aus der Feenwelt oder Der Bauer als Millionär« sehen: Sie trug als »Jugend« weiße Kniebundhosen, eine rosarote Weste, die am Kragen mit Rosen garniert war, dazu einen grünen Frack und einen Hut mit einer Rosenschleife. Häufig wurde sie als »Jugend« abgebildet, diese Rolle galt als Inbegriff ihres Künstlertums. Sogar Franz Grillparzer war von Therese Krones begeistert und widmete ihr ein paar bewundernde Zeilen in seinem Tagebuch.

Eine leidenschaftliche Romanze mit Ferdinand Raimund wurde der Krones angedichtet; tatsächlich hatte sie viele Affären mit anderen Männern. Besonders die Beziehung zu einem Mann, der sich als falscher polnischer Graf, Mörder und Betrüger entpuppte, war skandalumwittert. Er wurde bei einem nächtlichen Souper vor den entsetzten Augen der Krones von der Polizei abgeführt. Dieser Vorfall hätte sie fast um die Gunst des indignierten Wiener Publikums gebracht, doch sie verstand es, sich wieder in die Herzen der Wiener und Wienerinnen zu spielen.
Therese Krones war selbst literarisch tätig. Sie schrieb sich Stücke auf den Leib und brachte sie zur Aufführung. Diese Theaterstücke sind in Vergessenheit geraten.
Die lebenslustige, vergnügungs- und verschwendungssüchtige Schauspielerin, der größte Star des Wiener Vorstadttheaters, starb mit 29 Jahren an einer schweren Krankheit. S.D.

geb. 3. Januar 1929 in München
gest. 17. Januar 1979 in München
deutsche Schauspielerin
Lit. 536, 756, 828, 1009, 1151

Mitte der sechziger Jahre kaufte ich mir meinen ersten Fernseher, und eins der ersten großen Erlebnisse, die er mir bescherte, war die Aufzeichnung von Schnitzlers *Frau Berta Garlan* mit Gertrud Kückelmann in der Titelrolle. Sie spielte die Rolle der betrogenen liebenden Frau mit so verzehrender Intensität, daß es mir bis heute unvergeßlich ist.
Am 17. Januar 1979, zwei Wochen nach ihrem 50. Geburtstag, sprang Gertrud Kückelmann aus der Schwabinger Wohnung ihres Bruders, des Rechtsanwalts und Filmregisseurs Norbert Kückelmann, vier Stockwerke tief in den Tod. Sie hinterließ keinen Abschiedsbrief, aber die Obduktion ergab, daß sie an Darmkrebs im fortgeschrittenen Stadium litt und, so wird vermutet, daß sie einem schrecklichen Ende vorgreifen wollte und/oder an schweren, wohl durch die Krankheit bedingten Depressionen litt.
Die Nachrufe für sie bezeugen eine ungewöhnliche Tiefe des Gefühls und Sensibilität des Urteils. Um »Kücki« wurde wirklich getrauert: »›Kücki‹ wurde sie zärtlich genannt, und ohne Zärtlichkeit ist sie nicht zu denken.« (FAZ) Joachim Kaiser bescheinigt ihr »eine hohe, gewiß eigensinnige Intelligenz sowie eine manchmal beinahe erschreckende Professionalität. Sie konnte sehr viel.«
Zwischen der Karriere Gertrud Kückelmanns und derjenigen Audrey Hepburns gibt es erstaunliche Parallelen. Beide wurden 1929 geboren, begannen als Ballettänzerinnen – eine Ausbildung, die ihre Anmut noch unterstrich und ihre ganze Erscheinung und Auftrittsweise prägte. Beide betörten ihr Publikum mit ihren großen, dunklen sprechenden Augen im zarten, verletzlichen Gesicht. Beider größte Filmerfolge fielen in die 50er Jahre, als sie in ihren Zwanzigern waren und ihr Alter sich noch mit ihrer »mädchenhaften« Erscheinung und Ausstrahlung deckte.

In den sechziger Jahren zog Hepburn sich allmählich aus dem Filmgeschäft zurück, während Kückelmann, die seit 1949 festes Ensemblemitglied der Münchner Kammerspiele war, ihre großen Triumphe auf der Bühne feierte, dadurch dem ganz großen Publikum entzogen.
1969 wurde ihr Vertrag an den Kammerspielen nicht verlängert, und sie arbeitete eine Weile als – Krankenschwester. Seit 1974 sah man sie dann wieder im Fernsehen und auf dem Theater, arbeitete sie für den Rundfunk und als Synchronsprecherin. L.F.P.

geb. 11. April 1749 in Paris
gest. 24. April 1803 in Paris
französische Malerin
Lit. 316, 398, 815, 971

Die Kindheit zwischen Stoffen, Bändern, Schleifen und sonstigem Modeputz in dem Geschäft ihres Vaters, eines Kurzwarenhändlers und Hoflieferanten, merkt man später Adélaïde Labille-Guiards Porträts mit den exquisit gemalten, naturgetreuen Roben an. Früh wird ihr Interesse an der Kunst in den nahe gelegenen Ateliers geweckt, und mit 14 Jahren steht ihre mutige Entscheidung fest: sie will Malerin werden. Den ersten Lehrer findet sie in ihrem Nachbarn, dem Miniaturmaler Élie Vincent, dessen Sohn, ein begabter junger Maler, ihr lebenslanger, treuer Freund wird. 1769 jedoch heiratet Labille den acht Jahre älteren Nicolas Guiard, einen Beamten bei der Steuerbehörde. Das Ehepaar scheint einige Jahre nebeneinander herzuleben, bis sich Labille-Guiard 1779 endgültig von ihrem Mann trennt. 1774 stellt sie zum ersten Mal in der *Académie de Saint-Luc* aus – die ZeitgenossInnen bewundern ihren kühnen Pinselstrich, das Spiel mit dem Licht, die natürlichen Farben und die lebendige Wiedergabe der Personen. Ihr Stil wird als kraftvoll und als größtes Kompliment: »männlich« gepriesen. Keines ihrer Porträts schmeichelt den Dargestellten, sondern spiegelt den Charakter, auch die Stimmungen ihrer Modelle wider. Damit unterscheidet sich Labille-Guiard von ihrer Kollegin Vigée-Lebrun. Beide Malerinnen mußten mit etlichen, sehr kränkenden Schmähschriften kämpfen. Labille-Guiard wehrt sich entschieden gegen den Vorwurf, ihre Bilder von einem männlichen Freund überarbeiten zu lassen. Um alle Zweifel zu beseitigen, malt sie eine Porträtserie der wichtigsten Mitglieder der *Académie Royale* und hat damit die bekanntesten Malerkollegen als Zeugen für ihre Kunstfertigkeit. Von dem Auftrag für ein Historiengemälde erhoffte sich Labille-Guiard ein ganz neues und interessantes Betätigungsfeld, denn die Historienmalerei galt als die edelste Form der Malerei und war den Männern vorbehalten. Deshalb war es ein harter Schlag für sie, als sie das 4 x 5 m große Gemälde 1793 während der Schreckensherrschaft kurz vor der Vollendung mitsamt allen Vorstudien vernichten mußte. Dabei war sie anfangs von der Revolution und den Möglichkeiten für Frauen begeistert: vor allem erwartete sie eine Verbesserung der Arbeitsbedingungen für Künstlerinnen, für die sie sich seit Jahren – auch mit der Gründung der ersten Schule für Malerinnen – eingesetzt hatte. Als sie 1800 Vincent heiratet, ist ihre Gesundheit schon angegriffen; drei Jahre später stirbt sie nach langer, schwerer Krankheit in Paris. A.V.H.

geb. 3. Dezember 1764 in London
gest. 28. Mai 1847 in Edmonton
englische Schriftstellerin
Lit. 1, 207, 379, 543, 608, 856

Mary Lambs Familie war sehr arm, ihre Kindheit ausgesprochen unglücklich. Mary lernte nur etwas Lesen, Schreiben und Rechnen; ihre mangelnde Schulbildung blieb für sie immer ein Problem. Die Mutter bevorzugte in allem den älteren Bruder John. Mary war scheu, schweigsam, übersensibel und bereits als Kind anfällig für psychische Störungen. Mary ist zehn Jahre alt, als ihr Bruder Charles geboren wird. Sie kümmert sich mit Hingabe um ihn. Nun hat sie endlich eine Aufgabe, die über Küchenarbeit hinausgeht. Zwischen Mary und Charles entwickelt sich eine starke Bindung, die beider ganzes Leben bestimmen wird. Nachdem Mary im Alter von 31 Jahren in geistiger Umnachtung ihre Mutter erstochen hat, soll sie lebenslang interniert werden, aber Charles übernimmt eine persönliche Bürgschaft für sie und kann so ihre Psychiatrisierung verhindern. Die beiden ziehen zusammen und beginnen ihr Leben des »zwiefachen Alleinstehens«, das von Zeitgenossen als sehr glücklich geschildert wird, obwohl Marys Krankheit immer neu aufflackert. Sie gehen oft ins Theater, haben viele FreundInnen und korrespondieren mit nahezu allen wichtigen DichterInnen der Romantik. Fast jedes Jahr unternehmen sie eine größere Urlaubsreise. 1806 beginnt Mary ihre erste große Auftragsarbeit, die *Tales from Shakespeare*, 14 Prosanacherzählungen der großen Shakespeare-Komödien für Kinder. Charles bearbeitet die sechs Tragödien. Die *Tales* haben durchschlagenden Erfolg. Bis heute werden sie immer wieder publiziert und gelesen; das Kinderbuch wurde ein Klassiker der Weltliteratur. Auf die *Tales* gründet sich Marys literarischer Ruhm.

1834 stirbt Charles; Mary überlebt ihn um 13 Jahre. Ihre Krankheit verschlimmert sich, es gibt nur noch wenige lichte Intervalle; Mary gerät in völlige Isolation. Sie stirbt 1847 und liegt im selben Grab wie Charles begraben. L.F.P.

geb. 26. Mai 1895 in Hoboken, N.J.
gest. 11. Oktober 1965 in San Francisco
amerikanische Fotografin
Lit. 251, 723, 786, 792, 814, 1074

Zwei Umstände formten Lange als Kind: ihre Gehbehinderung nach einer Kinderlähmung und der Verlust ihres Vaters, der die Familie der 12jährigen verließ. Ihre Charakterstärke zeigt sich darin, wie sie mit beiden Problemen fertig wurde. Mit 65 Jahren schrieb sie: »Kein Mensch, der nicht als Halbkrüppel gelebt hat, kann ahnen, wieviel dies bedeutet. Dies war wohl das Wichtigste, was ich überhaupt erlebt habe. Es hat mich geformt, geführt, gelehrt, aufgebaut und gedemütigt – alles gleichzeitig. Ich habe es nie überwunden, ich spüre sowohl die Gewalt als auch die Kraft, die davon ausgeht.«

Nach dem Schulabschluß erklärt sie, Fotografin werden zu wollen, ohne je eine Kamera in der Hand gehabt zu haben. Lange lernt von 1915 bis 1917 bei einer Reihe von Fotografen. Mit 22 will sie nach China aufbrechen, landet aber mittellos in Kalifornien. 1919 macht sie in San Francisco ein Porträt-Atelier auf, wovon sie gut lebt. In den 20er Jahren führt Lange ein aktives KünstlerInnen-Leben, heiratet den Maler Maynard Dixon, hat mit ihm zwei Söhne und bereist den Südwesten.

In den 30er Jahren wendet sich Lange zunehmend der Dokumentarfotografie zu. Mit Paul Taylor besorgte sie ab 1935 bei der kalifornischen Notstandsbehörde (SERA) verarmten SaisonarbeiterInnen Wohnlager. Langes Foto-Dokumentationen führen u.a. zu ihrer Anstellung bei der US-Umsiedlungsbehörde. Langes und Taylors Aufrufe und vor allem Langes Bilder fordern, daß man auf menschliche Not mit Taten reagiert. Als Langes *Migrant Mother* 1936 in der Presse erschien, meldeten sich Tausende mit Zuwendungen und forderten Hilfe vom Staat für neu verarmte Familien. Langes Fotos betonen Stolz, Stärke und Selbständigkeitsbedürfnis der Fotografierten. Sie verspricht sich eine Neubelebung der Wirtschaft, wenn den Arbeits- und Obdachlosen geholfen würde. 1940 erscheint Langes und Taylors Buch *An American Exodus: A Record of Human Erosion.*

In den 60er Jahren wird Langes Werk im *Museum of Modern Art*, im *Art Institute of Chicago* und im *Hite Institute* in Louisville ausgestellt. Dorothea Lange stirbt 1965 in San Francisco an Krebs. N.L.

geb. 20. Dezember 1895 in New York
gest. 17. Juli 1985 in Old Lyme, Conn.
amerikanische Philosophin
Lit. 212, 374, 611, 685, 911

Susanne K. Langer wurde überwiegend zu Hause erzogen. In diesen frühen Jahren übte der Vater, der Klavier und Cello spielte, großen Einfluß auf sie aus: Sie wurde Cellistin.
Langer studierte Philosophie am Radcliffe College und promovierte 1926 an der Harvard Universität. Danach lehrte sie u. a. am Radcliffe College und an der New Yorker Columbia Universität. Von 1954 bis 1962 war sie Professorin für Philosophie am Connecticut College für Frauen.
Langers schriftliche Beiträge zum Fach Philosophie stehen ihren Leistungen als Pädagogin nicht nach. *Philosophy in a New Key* (1942), *Feeling and Form* (1953) und das dreibändige *Mind: An Essay on Human Feeling* (1967, 1972, 1982) gelten als ihre wichtigsten Arbeiten. Langer verfügte über weitläufige philosophische Kenntnisse, jedoch bildete die Ästhetik den Schwerpunkt ihres Denkens. Sie bekämpft den Alleinherrschaftsanspruch des diskursiven, sprachlichen Wissens und betont dagegen eine intuitive Art des Erkennens. In der Kunst findet Langer die symbolischen und formalen Mittel, ein emotionales Ergreifen der Welt mitzuteilen.
In einem Jahrhundert, das nur noch den Naturwissenschaften vertraut, betonen Langers Werke die Zentralität der Gefühle, der Mythen und der kulturellen Werte. Nicht nur die noch immer andauernde, unheimliche Anziehungskraft des faschistischen Kulturstoffs gibt ihrer These recht: Es geht um mehr als nur rationales Erkennen.
Körperlich wirkte Langer eher zerbrechlich. Doch zeigte sie sich in ihren Schriften als zähe Verteidigerin der Künste, die nicht zuließ, daß Musik, Malerei, Literatur usw. neben den Wissenschaften als Disziplinen zweiten Ranges betrachtet wurden. Sie gilt als eine der wichtigsten TheoretikerInnen der Kunst und Ästhetik im zwanzigsten Jahrhundert. R.F.

Luise Adolpha Le Beau

geb. 25. April 1850 in Rastatt
gest. 2. Juli 1927 in Baden-Baden
deutsche Komponistin und Pianistin
Lit. 542, 620, 797, 886, 1113

»Vergißt man, wie viele männliche Komponisten sich berufen fühlen, die Welt mit mittelmäßigen Ergüssen zu überschwemmen?« rief Luise Adolpha Le Beau einmal empört aus. Als professionell ausgebildete und hochqualifizierte Musikerin erwartete sie eine entsprechende Anerkennung, die ihr versagt blieb. Le Beau nahm Unterricht in Violine, Klavier, Gesang und Musiktheorie in Karlsruhe und anschließend in München, konzertierte solistisch und erlebte auch Aufführungen eigener Werke, obwohl sie mit großen Widerständen zu kämpfen hatte, wie man ihrer Autobiographie entnehmen kann. Durch die Eltern finanziell abgesichert, war sie auf Einnahmen nicht angewiesen und führte daher ein von ökonomischen Sorgen befreites Leben. Außer als Pianistin betätigte sie sich als Klavierpädagogin und gelegentlich journalistisch als Musikkritikerin. Ihre Berufung sah sie jedoch in der Komposition: Sie schrieb zwei Opern, Chormusik, eine Konzert-Ouvertüre und zahlreiche Kammermusikwerke. Die Rezensionen bewegen sich zwischen ehrlichem Lob und Festlegung auf ihr Geschlecht, wenn beispielsweise ihre Violinsonate op. 10 als »männlich, nicht wie von einer Dame gemacht« beurteilt wird. Nach der Komposition ihrer Märchenoper »Hadumoth« suchte sie nach einem Opernhaus und stellte dazu die Blätter für die Orchesterstimmen mit einer gemieteten Druckerpresse selber her. Ihre Suche war vergeblich. 1893 schlug man sie für eine Professur für Komposition an der königlichen Musikschule in Berlin vor, doch der Titel wurde nicht an Frauen vergeben. Trotz jahrzehntelanger Bemühungen, als ernsthafte Komponistin gewürdigt zu werden, blieb sie eine Randerscheinung im Musikleben, was sie verbitterte. In ihren Lebenserinnerungen, die sie als Sechzigjährige veröffentlichte, macht sie die »Gemeinheit der Musikverhältnisse« für die Misere verantwortlich, sieht aber auch, daß Frauen in diesem Beruf höher geachtet werden müßten.

Auf Tonträgern kann man inzwischen einige herausragende Kammermusikwerke Le Beaus bewundern. Stilistisch bevorzugt sie prägnante Themen und formale Präzision, wobei sie sich an die klassische Tradition hält. Klanglich ist sie einer stark romantischen Färbung verpflichtet, wobei eine gewisse Stagnation in den späteren Jahren auffällt. Vielleicht hätte sie sich stärker auf Neuland gewagt, wenn man ihre Leistung zu Lebzeiten mit einer beruflichen Perspektive verknüpft hätte. E.R.

geb. 6. Februar 1913 in London
gest. 9. Dezember 1996 in Nairobi
englische Archäologin und Paläoanthropologin
Lit. 447, 623, 624, 744, 848

Der Name Leakey steht für einen ganzen Archäologenclan, dessen kollektiver Beitrag zum Wissen über die menschliche Vor- und Frühgeschichte unübertroffen ist. Die zentralen Figuren waren Louis Leakey und Mary Leakey. Ihre Analysen von Fossilien trieben die Forschung über die Frühsteinzeit maßgeblich voran und präsentierten Belege für die These, daß die ältesten Spuren der Menschheit in Afrika und nicht in Asien zu finden sind.

Mary entdeckte schon als Kind ihre Begeisterung für Archäologie. Später zog archäologische Feldarbeit sie völlig in ihren Bann. Nicht Louis, sondern eine Frau, Dorothy Liddell, lehrte Mary bei Ausgrabungen in Devon drei Sommer lang die Techniken, Methoden und die rigorose Präzision, die ihr Lebenswerk so einzigartig machen würden.

Als Mary und Louis sich 1933 kennenlernen, lehrt er Archäologie in Cambridge. Mary beginnt eine Liebesbeziehung mit ihm, während seine Frau Frida ihr zweites Kind erwartet. Die »wilde Ehe« mit Mary und die Scheidung von Frida sind ein Skandal, der Louis' Aussicht auf eine Professur zerschlägt. Zielstrebig organisiert Mary ihre Beteiligung an Louis' nächster Ostafrikaexpedition – Beginn einer lebenslangen, nicht immer unproblematischen professionellen Partnerschaft.

Es folgen mehrere Jahrzehnte Pionierarbeit in Kenia und Tansania. Die Teams von Mary und Louis machen dramatische Fossilienfunde, die das archäologische Wissen der Zeit revolutionieren. Mary findet die ältesten Stein- und Knochenwerkzeuge der Welt und dokumentiert eine menschheitsgeschichtliche Kontinuität wie niemand zuvor.

Die Arbeitsteilung war, grob gesagt, »She did the stones – he did the bones«. Durch und durch Wissenschaftlerin, versucht Mary, durch akribische Puzzlearbeit »die Wahrheit« zu ergründen, wenn nötig auch interdisziplinär mit Hilfe anderer KollegInnen. Louis hingegen tendiert zur Selbstdarstellung: Er will jeden neuen Fund am liebsten sofort ausposaunen und geht mit der Nomenklatur, Datierung und Interpretation der Fossilien zuweilen recht leger um.

Ihren größten Coup landet sie 1978, nachdem Sohn Richard ihr – erfolglos – den Ruhestand nahegelegt hatte: Ihr Team findet auf dem Laetoli-Plateau (50 km südöstlich von Olduvai) Fußspuren aus dem Pliozän, die viel größer und älter sind als alle bis dahin bekannten: weit über drei Millionen Jahre.

Mary Leakeys Artikel im Frühjahrsheft der Zeitschrift »Nature« (1979) war eine Eruption in der Welt der Archäologie. M.K.

Zarah Leander

geb. 15. März 1907 in Karlstad, Schweden
gest. 23. Juni 1981 in einem Krankenhaus bei Stockholm
schwedische Schauspielerin und Sängerin
Lit. 81, 575, 603, 626, 970, 1158

Die schwedische Diva mit der Baritonstimme wurde 1936 von der Ufa engagiert, um Marlene Dietrich, die Nazi-Deutschland den Rücken gekehrt hatte, zu ersetzen und der siechen deutschen Filmindustrie einen zugkräftigen Star zu verschaffen. Zarah enttäuschte nicht – ihre Filme zählten mit wenigen Ausnahmen zu den beliebtesten und profitabelsten im Dritten Reich. Sie selbst bekam eine höhere Gage als jeder andere Ufa-Angestellte, sogar mehr als Emil Jannings, Hans Albers oder Gustaf Gründgens. Ihre dunkle Stimme und ihr geheimnisvoller, schräg nach oben gerichteter Blick wurden zu ihrer Signatur; sie ließen auf lodernde Sinnlichkeit, verborgene Leidenschaft, unendliche Sehnsucht, Läuterung durch Verzicht – und was die Augen betrifft, starke Kurzsichtigkeit schließen.

Zarah Stina Hedburg wuchs mit vier Brüdern in einer gutbürgerlichen Familie in Karlstad, Schweden, auf. Sie heiratet den Schauspieler Nils Leander und bekommt zwei Kinder. Die Ehe geht bald schief (Leander ist Trinker), und Zarah tritt 1929 ihr erstes Engagement in einer Unterhaltungsrevue an. Wegen ihrer dunklen, »unweiblichen« Stimme wird sie zur Sensation, die auch den deutschen Filmbonzen nicht entgeht. Sie machen ihr ein großzügiges Angebot, Zarah akzeptiert. Die Ufa baut Zarah mit einem großangelegten Werbefeldzug systematisch zum neuen Star des deutschen Films auf.

Bis zu ihrer Rückkehr nach Schweden 1943 spielt Zarah in zehn Filmen der Ufa, darunter *Zu neuen Ufern* und *La Habanera*, beide 1937 unter der Regie von Detlev Sierck; *Heimat* (1938, Regie Carl Froelich); und drei Filmen unter dem Regisseur Rolf Hansen, *Der Weg ins Freie* (1941), *Die große Liebe* (1941/42) und *Damals* (1943). Ihre Lieder – z.B. »Kann denn Liebe Sünde sein?« (1938), »Davon geht die Welt nicht unter« (1942), »Ich weiß, es wird einmal ein Wunder gescheh'n« (1942) – wurden die beliebtesten Schlager der Nazi-Zeit.

Obwohl lange wegen ihrer guten Beziehungen zu den Nazis von ihren schwedischen Landsleuten geächtet, gelang Zarah Leander ab den 50er Jahren ein Comeback. Ihre größten Fans waren wieder Deutsche – vor allem verehrt das schwule Publikum sie, hingerissen von ihrer androgynen Stimme, ihrem exzessiven Stil, opulenten Aussehen und ihrer sinnlichen, offen zur Schau gestellten Sehnsucht. J.H.

geb. 7. April 1907 in Arras
gest. 28. Mai 1972 in Fauçon
französische Schriftstellerin
Lit. 180, 229, 521, 628, 909, 928

Kaum eine Schriftstellerin hat mit solch schonungsloser Offenheit ihre sexuellen Sehnsüchte und Erniedrigungen beschrieben wie Violette Leduc. In einem eigenwilligen Gemisch aus lyrischen Passagen von barocker Bilderfülle und minutiös-realistischen Beschreibungen legte sie die Abgründe ihres Wesens offen – die rastlose (und fast immer vergebliche) Suche nach sexueller Erfüllung, die Unfähigkeit zu einer gleichberechtigten Liebe, ihre Jagd nach Geld und Luxus, das Leiden an ihrer Häßlichkeit, das lebenslange Gefühl einer tiefgreifenden Einsamkeit. Als uneheliche Tochter eines Dienstmädchens, vom Vater – einem wohlhabenden Bourgeois aus Arras – nie anerkannt, wuchs Leduc in ärmlichen Verhältnissen auf. Mit einer Mitschülerin im Internat hatte sie ihre erste heftige sexuelle Beziehung (beschrieben in *Therese und Isabelle*) – und wurde von der Schule verwiesen. Neun Jahre lang lebte sie dann mit einer jungen Musiklehrerin.
Während des Krieges schrieb sie für verschiedene Frauenmagazine und Modehäuser. In ihrem Liebesleben folgte ein Drama dem anderen – jahrelange, unerwiderte Leidenschaften für Simone de Beauvoir und etliche homosexuelle Männer, denen gegenüber sie sich, enttäuscht, als »neutrales Geschlecht« empfand.
Sie hatte schon fünf Bücher veröffentlicht und uneingeschränktes Lob von den bedeutendsten LiteratInnen ihrer Zeit erhalten – Beauvoir, Camus, Jean Genet, Nathalie Sarraute –, als ihr 1964 mit ihrer Autobiographie *Die Bastardin* der Durchbruch gelang. Darin konnte sie dann auch die vorher der Verlagszensur zum Opfer gefallenen Passagen (besonders über ihre Beziehung zu Isabelle) veröffentlichen. Das Buch wurde ein großer Erfolg, sie selbst eine bekannte Persönlichkeit. Ihre modische Extravaganz und ihr provozierendes Verhalten amüsierten das Publikum. Die letzten Jahre ihres Lebens verbrachte sie in einem kleinen provenzalischen Dorf, täglich schreibend und keineswegs ausgesöhnt mit ihrem Schicksal – »Ich bin eine Wüste, die mit sich selbst spricht.«
A.S.

geb. 11. Januar 1899 in London
gest. 3. Juni 1991 in Weston, Conn.
amerikanische Schauspielerin
Lit. 621, 685, 935, 936, 980

Eva Le Gallienne war jahrzehntelang als »europäischste Schauspielerin der USA« und als Regisseurin, Übersetzerin, Theaterproduzentin und -leiterin die treibende Kraft des US-amerikanischen Repertoire-Theaters. Diese Leistung ist um so bewundernswerter, als sie sich zeitlebens gegen zerstörende Kräfte von innen und außen stemmen mußte. Ihr Biograph Robert A. Schanke schreibt: Eva Le Gallienne wurde »›der Nurejew der zwanziger Jahre‹ genannt. Ihr beginnender Ruhm nahm um 1918 eine dramatische Wendung, als sie eine Affäre mit der exotischen und berüchtigten Alla Nazimova anfing. In den darauffolgenden 30 Jahren erlagen viele Frauen ihrem Charme. ... Ihre Sexualität ... bestimmte ihr starkes Bedürfnis nach Rückzug, die Wahl ihrer Stücke, ihre Besetzungsentscheidungen, Managementpraktiken, Darstellungsweise und beeinflußte schließlich auch die Kritik.«

Einen Großteil ihrer Kindheit verbrachte Eva mit der Mutter in Paris; Theateraufführungen mit Sarah Bernhardt wurden ihr zum prägenden Erlebnis. Nach ihrer Schauspielausbildung ging sie nach Amerika und feierte schon 1920 ihren ersten Triumph am Broadway. Sie hatte sich vorgenommen, in den USA eine Theaterkultur zu etablieren, wie sie sie aus Europa kannte: Die klassischen, großen Stücke sollten im Repertoire ständig abrufbar und dem Publikum zu niedrigen Preisen zugänglich sein.

Weil die Kritik hinsichtlich ihrer »Unfähigkeit, weibliche Hingabe überzeugend darzustellen« zunehmend gemeiner wurde, machte die 27jährige Eva Le Gallienne sich 1926 selbständig und gründete mit dem Civic Repertory Theatre in New York das erste Repertoire-Theater auf amerikanischem Boden. In den sechs Jahren seines rühmlichen Bestehens produzierte sie 30 Stücke, führte in 28 davon Regie und spielte in den meisten tragende Rollen. 1932 mußte das Theater wegen der Wirtschaftsdepression schließen.

1946 gründete sie zusammen mit Margaret Webster und Cheryl Crawford das berühmte American Repertory Theatre (ART), ein Tourneetheater. Sie schrieb die beste Biographie der Duse in englischer Sprache, zwei Autobiographien und übersetzte viele Stücke von Ibsen.

Eva Le Gallienne blieb als Theaterschauspielerin aktiv bis in die achtziger Jahre des 20. Jahrhunderts – eine Jahrhundertgestalt des amerikanischen Theaters. 1986 verlieh ihr Ronald Reagan mit der *National Medal of Arts* die höchste künstlerische Auszeichnung der USA. L.F.P.

geb. 27. Februar 1888 in Perleberg, Brandenburg
gest. 26. August 1976 in Santa Barbara, Cal.
deutsch-amerikanische Sopranistin
Lit. 140, 526, 630-632, 1119, 1120

Immer noch gilt sie als eine der großen Sopranistinnen und Gesangslehrerinnen dieses Jahrhunderts. Erst kürzlich bestätigte der Hinweis des hochqualifizierten Baritons Thomas Hampson, zuerst bei einer Schülerin von Lotte Lehmann unterrichtet worden zu sein, ihr generationenübergreifendes Weiterwirken. Dabei: Weder hatte sie eine perfekte Stimmtechnik (Mozart sang sie sehr ungern ...), noch konnte oder wollte sie diese unterrichten; wichtiger war ihr die absolute Sorgfalt im Umgang mit dem Wort als Träger der Bedeutung musikalischer Phrasen: um sich in eine Rolle, eine Liedgestalt hineinzufinden, sich ihr anzuverwandeln und ihre Empfindungen nachgestaltend auszuleben, ein persönliches Schicksal darzustellen. Was Hörer und Dirigenten und vor allem die Komponisten Strauss und Puccini besonders ansprach und Lernende inspirierte, war der völlig unglamouröse lyrische und menschlich berührende, durchaus sinnliche Charme ihrer Stimme, ihr Ausdrucksreichtum und ihre Farbigkeit im Dienste der Interpretation.

Wichtigste Stationen ihres Bühnenwirkens waren die Wiener Oper (1914-1938), Salzburg, Dresden, Berlin, Stockholm, London, Paris, Südamerika, Australien, die USA und dort insbesondere die Met (1934 bis zum Bühnenabschied 1945); zu den bedeutendsten Partien (insgesamt 92 Rollen) gehören ihre unübertroffene Marschallin und Leonore, Mimi, Eva, Färbersfrau, Christine, Elisabeth und die ihr liebste, die Sieglinde.

Nach dem »Anschluß« Österreichs an Deutschland löste Lotte Lehmann vor allem wegen ihres jüdischen Mannes Otto Krause ihren Vertrag mit Wien und siedelte, wie viele deutsche EmigrantInnen, endgültig nach Kalifornien über. 1945 wurde sie amerikanische Staatsbürgerin und widmete sich noch intensiver der Verbreitung des Liedgesangs (z.B. lehnte sie es ab, an Liederabenden Arien zu singen), vor allem aber auch der Arbeit an der von ihrer Freundin, Wohngefährtin und Übersetzerin Frances Holden angeregten Musikakademie in Santa Barbara, wo sie ab 1951 eigene Meisterklassen abhielt, zuerst als Lied-, dann auch als Opernkurse – vorwiegend zur Literatur des 19. und frühen 20. Jahrhunderts. Neu war zu jener Zeit, daß diese Unterrichtsveranstaltungen öffentlich und daher einem erweiterten Kreis von Interessierten zugänglich waren. S.K.-K.

geb. 3. Februar 1901 in London
gest. 12. März 1990 in London
englische Schriftstellerin
Lit. 244, 633, 634, 646, 989

Rosamond Lehmann hat mit ihrem ersten Roman *Dusty Answer* (dt. *Dunkle Antwort*), den sie 1927 im Alter von 26 Jahren veröffentlichte, im angelsächsischen Sprachraum Geschichte gemacht – genauer: Lesben-Literatur-Geschichte. Bereits ein Jahr vor Virginia Woolfs *Orlando* und Radclyffe Halls *Well of Loneliness*, das einen Skandal auslöste, hatte Lehmann das Thema der leidenschaftlichen (platonischen) Liebe zwischen Frauen behandelt, allerdings so »unaufdringlich«, daß »man es bei einmaligem Lesen des Buches überhaupt nicht bemerkt«. (LeStourgeon) Viele LeserInnen haben damals sehr wohl etwas bemerkt. Frauen und Männer verliebten sich in die Heldin Judy und schickten der jungen Autorin glühende Liebesbriefe.

Rosamond Lehmann wuchs in einer gebildeten und wohlhabenden Familie in Buckinghamshire auf. Sie und ihre Geschwister Beatrix (Schauspielerin) und John (Schriftsteller) wurden bekannte Figuren der Literatur- und Kunstszene, eng verbunden mit dem Bloomsbury-Kreis um die Woolfs, Bells und Stracheys. Nach einem neusprachlichen Studium in Cambridge heiratete Rosamond Lehmann zum ersten Mal 1923. Mit ihrem zweiten Mann hatte sie zwei Kinder. Diese Ehe wurde 1942 geschieden. Neun Jahre lang war sie mit dem verheirateten Schriftsteller Cecil Day-Lewis liiert.

Lehmanns Hauptschaffenszeit waren die 30er Jahre. Neben dem Drama *No more Music* (1939) entstanden in dieser Zeit folgende Romane: *A Note in Music* (1930), *Invitation to the Waltz* (dt. *Aufforderung zum Tanz*) (1932) und *The Weather in the Streets* (dt. *Wie Wind in den Straßen*) (1936). Es folgten 1944 *The Ballad and the Source* und 1953 *The Echoing Grove*. Bis zu Lehmanns letztem Roman, *A Sea-Grape Tree* (1976) vergingen 23 Jahre.

1958 war ihre geliebte Tochter Sally mit 24 Jahren an Kinderlähmung gestorben. In ihrem Schmerz wandte sich Lehmann dem Spiritismus zu und versuchte, mit ihrer verstorbenen Tochter Kontakt aufzunehmen. Diese Erfahrungen verarbeitete Lehmann in drei spiritistischen Werken, darunter *A Swan in the Evening: Fragments of an Inner Life* (1967). Im Zuge der neuen Frauenbewegung wurden Lehmanns Romane, hochsensible und präzise Erkundungen überwiegend der Welt junger Mädchen und Frauen in lyrischer Prosa, in England wiederaufgelegt. Die meisten ihrer Bücher sind auch auf deutsch im Taschenbuch lieferbar. L.F.P.

geb. 19. Januar 1892 in Varaždin, Österreich-Ungarn
seit 1941 verschollen
ungarische Schriftstellerin und Journalistin
Lit. 133, 638, 639, 770, 984, 1100

Maria Leitner leistete durch ihre Reportagen, Erzählungen und Romane über die Lebensbedingungen der sozial Benachteiligten, besonders der Frauen, im Amerika und Europa der 20er Jahre einen einmaligen Beitrag zur Sozialgeschichtsschreibung. Aus einer kleinbürgerlichen jüdischen Familie stammend, wuchs sie deutschsprachig in Budapest auf. 1910-1913 studierte sie im Ausland und schrieb dann bis 1919 für linke Zeitungen in Budapest. In dieser Zeit wurde Leitner Mitglied der Kommunistischen Partei und Mitbegründerin des Kommunistischen Jugendverbandes Ungarns. Nach dem Sturz der ungarischen Räterepublik mußte sie mit ihren beiden Brüdern vor den Pogromen fliehen. Sie ging zunächst nach Wien, dann nach Berlin, wo sie als Lektorin im Verlag der Jugendinternationale arbeitete.

Zwischen 1925 und 1930 bereiste die unerschrockene Journalistin Nord-, Mittel- und Südamerika, wo sie sich durch Gelegenheitsarbeiten ihren Lebensunterhalt verdiente und authentisches Material für ihre Reportagen sammelte. Sie ging nach Britisch- und Französisch-Guayana, nach Curaçao und Haiti, berichtete über Prostituierte, Gefangene, Diamantengräber und Kolonialbeamte. Die besten dieser Reportagen gab Leitner 1932 als Buch, *Eine Frau reist durch die Welt*, heraus. Der Roman *Hotel Amerika* (1930) schildert einen Tag aus dem Leben einer Wäscherin in einem Luxushotel, die zum Schluß »nicht mehr auf den ersehnten Märchenprinzen wartet, sondern eine neue Lebensperspektive an der Seite ihrer Klassengenossen findet« (W. Emmerich). Das Buch wurde 1933 von der Nazi-Reichsschrifttumskammer verboten, und Leitner mußte noch einmal fliehen, wahrscheinlich erst nach Prag und dann nach Paris. Sie veröffentlichte 1936-39 noch Artikel in linken Exilzeitschriften (u.a. in *Die neue Weltbühne*). Die z.T. sehr genauen Berichte über Hitler-Deutschland lassen vermuten, daß sie noch mehrere Male illegal nach Deutschland zurückgekehrt ist. Ihr letzter Roman, *Elisabeth, ein Hitlermädchen*, erschien 1937 als Fortsetzungsroman in einer Pariser Zeitung. Er erzählt von einem Mädchen, das seinen blinden Glauben an die Ideologie zuletzt als Täuschung erkennt.

1940 wurde Leitner im französischen Frauenlager Gurs (Pyrenäen) interniert. Sie konnte aus dem Lager zuerst nach Toulouse, dann nach Marseille fliehen, wo sie sich um ein Visum für die USA bemühte. Zuletzt gesehen wurde sie im Frühjahr 1941 von Anna Seghers. Nach dem Krieg wurden Leitners Bücher nur in der ehemaligen DDR veröffentlicht. J.H.

geb. 27. Mai 1652 in Heidelberg
gest. 8. Dezember 1722 in Saint-Cloud
deutsche Briefschreiberin
Lit. 130, 211, 627, 817

Ein Band mit Briefen der Liselotte von der Pfalz gehört von jeher in den Bücherschrank gutbürgerlicher deutscher Familien. Ihr drastischer Stil, die kritischen Urteile, auch herzliche Anteilnahme an geliebten Menschen sind noch heute ein ungetrübtes Lesevergnügen und eine unerschöpfliche Quelle für zeitgeschichtliche Forschung.

Liselotte von der Pfalz, Tochter des pfälzischen Kurfürsten Karl Ludwig und seiner ersten Gemahlin Charlotte von Hessen-Kassel, war ein wildes und ungebärdiges Kind, fröhlich und frech. Um sie vor Familienstreitereien wegen seiner Geliebten zu schützen, schickte Karl Ludwig die 7jährige Tochter zu seiner Schwester Sophie von Hannover. Dort verlebte sie die glücklichsten Jahre ihrer Kindheit und bekam vielfältige geistige Anregungen, die Wissensdurst und Leseleidenschaft weckten. Nach vier Jahren wieder zurück in der Pfalz, führte sie ihr recht ungebundenes Leben weiter, leidlich gezähmt von einer Gouvernante. 1671 wurde Liselotte nach erzwungener Konversion zum Katholizismus mit Philipp von Orléans (Titel: »Monsieur«), dem jüngeren Bruder von Ludwig XIV., vermählt (»Papa hatte mich auf dem Hals, war bange, ich möchte ein alt Jüngferchen werden«).

51 Jahre lebte sie am französischen Königshof, ab 1701 als Witwe. Mit den Sitten des höfischen Lebens, den unzähligen Festlichkeiten, der Schmuck- und Prunksucht der Damen konnte sie sich nie abfinden. Sie litt unter den Intrigen der Höflinge und der Verschwendungssucht von Monsieur, dessen homosexuelle Neigung sie dagegen duldsam ertrug, solange seine Günstlinge sie nicht mit übler Nachrede verfolgten. Nachdem das Paar mit einiger Mühe seinen dynastischen Verpflichtungen nachgekommen war – Liselotte gebar drei Kinder –, schliefen sie getrennt, was Madame durchaus begrüßte (»Ich habe das Handwerck, Kinder zu machen, gar nicht geliebt ... Glücklich, wer nicht geheurat ist.«)

Die Zuneigung des Königs erleichterte ihr die ersten Jahre. Erst als Ludwig ihr seine Gunst entzog – wie sie annahm unter dem Einfluß seiner Mätresse Mme de Maintenon (»die alte Zott«) –, begann ihre Leidenszeit. Daß er unter dem Vorwand, die Erbrechte seiner Schwägerin zu verteidigen, in die Pfalz einfiel und das Land verwüstete, verzieh sie ihm nie. Sie lebte schließlich völlig isoliert, fand nur Trost im täglichen Schreiben seitenlanger Briefe.

Diese Briefe korrigieren das Bild von der naiven, ungehobelten deutschen Prinzessin am feinen französischen Hof. Sie beweisen umfassende Bildung und selbständiges Denken. U.S.

geb. 6. Oktober 1908 in Fort Wayne, Ind.
gest. 6. Januar 1942 bei Las Vegas
amerikanische Schauspielerin
Lit. 689, 786, 816, 1091

Carole Lombard dürfte vor allem mit ihrem letzten Film, ihrem 66. übrigens, in Erinnerung bleiben: To *Be Or Not to Be* von Ernst Lubitsch. Zu Lebzeiten war sie in den USA ein Idol, und die Nation trauerte, als sie bei einem Flugzeugunglück starb. Sie befand sich auf dem Rückflug von einer jener Veranstaltungen, mit denen die Kriegsbegeisterung der Amerikaner angefeuert wurde. Ihr zu Ehren nannte sich nun die Besatzung eines Flugzeugträgers »The Lombardians«, und ein Schiff wurde auf ihren Namen getauft.

Carole Lombards Weg zum Ruhm und Idol begann 1921, als die zwölfjährige Jane Peters ihr Filmdebut gab; schon im nächsten Film nannte sie sich Carole Peters; ihren endgültigen Künstlerinnennamen legte sie sich etwa 1928 zu. Eine Wandlung erfuhr nach einem Autounfall auch ihr Gesicht. Sie versuchte, ein Marlene Dietrich ähnliches Image zu gewinnen. 1934 spielte sie unter Howard Hawks in dem Film *20th Century*, der für sie zum durchschlagenden Erfolg wurde und damit den von ihr fortan vertretenen Typ prägte, der in den 30er und 40er Jahren in Hollywood dominierte und mit dem sie auch als Mensch identifiziert wurde: das All-American-Girl, die »gute Kameradin«. 1937 war sie der höchstbezahlte weibliche Star der Filmstadt; mehrfach für einen Oscar nominiert, erhielt sie ihn jedoch nie. Sie drehte unter zahlreichen Regisseuren und war Partnerin von fast allen berühmten amerikanischen Filmmännern ihrer Zeit. 1939, nach einer gescheiterten Ehe mit William Powell, heiratete sie Clark Gable. Wie die Legende berichtet, soll sie um ihn geworben haben: mit Hilfe eines über und über mit Papierherzen beklebten Autos.

In zahlreichen Lustspielen, auch Melodramen, löst sie einen Konflikt aus, weil sie gegenüber dem Partner ihre Unabhängigkeit bewahren will, die schließlich auch anerkannt wird. Freilich darf man in solcher Konstellation eher das Gegenteil heutiger Emanzipationsbestrebungen sehen: »Die Männer (…) finden in ihren Partnerinnen (…), wessen sie in ihren Kämpfen am meisten bedürfen: die gute Kameradin. Die Frau ist nicht Ziel des Kampfes, in den die Männer ziehen; dieses ist vielmehr vorzugsweise ein soziales Ideal. Der Kampf für Gerechtigkeit und Fortschritt wird als Sache des Mannes erachtet; die Frau kann ihm dabei nur dienen als tüchtige Hilfe, verläßlicher Begleiter und gutes Aushängeschild.« (E. Patalas) K.B.

geb. 9. Oktober 1882 in Wien
gest. 6. Juni 1950 in Wien
österreichische Schriftstellerin und Schauspielerin
Lit. 318, 403, 659, 685, 799

Lina Loos gehört zur Wiener Kunst- und Literatenszene. Altenberg, Friedell, Schnitzler, Csokor, Lehár, Kokoschka sind nur einige ihrer vielen Freunde, Bekannten und Verehrer. Am Peter-Altenberg-Kaffeehausstammtisch kommt es zu der schicksalhaften Begegnung mit dem Architekten Adolf Loos und zu seinem spontanen Heiratsantrag noch am selben Abend, den sie ebenso spontan akzeptiert. Die kaum 20jährige heiratet den um 12 Jahre älteren Mann, doch die Ehe hält nur drei Jahre. Lina ist viel zu kreativ und selbständig, um ein Leben als Muse führen zu können. »Dein unfehlbarer Geschmack, deine visionäre Sicherheit in der Beurteilung ... haben mich von vielen Zweifeln erlöst und mich und mein Werk erst lebensfähig gemacht«, schreibt Loos am Ende ihrer Ehe an sie. Lina, die eine Schauspielschule besucht hatte, tritt nun in Wien in Theatern, Kleinbühnen und Kabaretts auf. Gleichzeitig schreibt sie für verschiedene Zeitungen Feuilletons, Aphorismen und Theaterszenen. Sie besitzt eine scharfe Beobachtungsgabe, viel Witz, Ironie und Wiener Charme. Ihre schauspielerische Tätigkeit führt sie bis nach Berlin; ein halbes Jahr gastiert sie sogar in den USA. Doch ihr eigentlicher Lebensraum ist Wien. Nach dem Bankrott ihrer Eltern, die das noble Kaffeehaus Casa Piccola besaßen, muß Lina ein relativ bescheidenes Leben führen. Nach Hitlers Machtergreifung verliert sie viele Freunde, Csokor emigriert, Friedell begeht Selbstmord. Aber auch innerhalb ihrer Familie gab es tragische Ereignisse. Ihre Schwester, die damals anerkannte Schriftstellerin Helene Dülberg, verschwindet schon 1908 spurlos, ihr Bruder, der Schauspieler Carl Forest, fällt 1944 dem Euthanasieprogramm der Nationalsozialisten zum Opfer. Politischen Mut zeigt die 56jährige Lina Loos 1938, als in Wien die Synagogen brannten und die jüdischen Geschäfte geplündert wurden – sie begibt sich zu den Tatorten, folgt dem johlenden Troß und spricht an jedem Schauplatz immer wieder laut und vernehmlich die Worte: »Ich bin Zeugin! Ich bin Zeugin!« 1947 erscheint Lina Loos' einzige Buchveröffentlichung zu Lebzeiten, *Das Buch ohne Titel* – eine Sammlung der bereits in Zeitungen publizierten Feuilletons und Erinnerungen. Es gilt als zeitgeschichtliches Quellenwerk. Nach dem Zweiten Weltkrieg tritt Lina Loos dem »Österreichischen Friedensrat« bei und wird Vizepräsidentin des »Bundes demokratischer Frauen«. Die Autorin dieses kleinen Beitrags hat als Kind manchmal Lina Loos auf den Straßen Wiens gesehen: eine feine, sehr schöne alte Dame in etwas exzentrischer Kleidung, mit weltabgewandtem Blick und der Aura einer vergangenen Epoche. S.D.

geb. 2. August 1905 in Raidersburg, Mont.
gest. 14. Dezember 1993 in New York
amerikanische Filmschauspielerin
Lit. 541, 584, 860, 1091

Wäre ihre verwitwete Mutter nicht dem Provinznest Raidersburg entflohen, hätte Myrna Williams vielleicht eine Farm in Montana bewirtschaftet, statt 124 Filme zu drehen. Nach Abschluß der High School in Kalifornien debütierte sie wie Joan Crawford, Barbara Stanwyck und viele andere in Revuen und Stummfilmen. Obwohl ein Vorsprechen bei Rudolph Valentino mißglückte, erregte Myrna trotzdem die Aufmerksamkeit von dessen Frau, der Autorin und Produzentin Natascha Rambova. 1925 bekam sie eine Nebenrolle in Rambovas *What Price Beauty*. Dann meist als »exotische« Schönheit mit undurchsichtiger bis mörderischer Absicht eingesetzt, merkte Myrna langsam, daß der Typus *Femme fatale* ausgespielt hatte. Erst ein radikaler Imagewechsel brachte den Durchbruch. In *Topaz* (1933) ist bereits zu spüren, was das Publikum von *Der dünne Mann* (1934) begeistern sollte: Mit Intelligenz, Witz, Charme und Chic (die Hüte sind Spitze) löst Nora Charles im Team mit Ehemann Nick (William Powell) und Hund Asta vertrackte Kriminalfälle. MGM setzt das gewinnbringende Traumpaar immer wieder ein, wobei ab und zu ein »Seitensprung« zugelassen wird: siehe z.B. Loy und Clark Gable (*Test Pilot*), Cary Grant (*Wings in the Dark*), Warner Baxter (*To Mary – with Love*) oder Tyrone Power (*The Rains Came*). Mit zunehmendem Alter wird ihr die Mutterrolle zugewiesen (*Die besten Jahre unseres Lebens*, *Im Dutzend billiger*, *From the Terrace*), die sie überzeugend ausfüllte – auf der Leinwand. Typisch für Hollywood, konnte sie eine durchsetzungsfähige Frau und alleinerziehende Mutter erst in der Rolle einer Witwe darstellen: In *Belles on their Toes* (1952) setzt sie sich gegen männlichen Chauvinismus zur Wehr.

Myrna Loy trat für ihre politischen Überzeugungen ein: als Aktivistin für das Recht auf freie Meinungsäußerung während der McCarthy-Ära, als Delegierte für die UNESCO, Wahlkämpferin für die Demokratische Partei und Gegnerin von Rassendiskriminierung in Siedlungsprojekten. Die im Film »perfekte Ehefrau« entschied sich nach vier Scheidungen für ein streßfreies Leben als Single und bot der sensationshungrigen Presse wenig Einblick in ihr Privatleben. Von der *Academy of Motion Picture Arts and Sciences* bekam sie einen Preis für ihr Lebenswerk. M.K.

geb. 10. März 1776 in Hannover
gest. 19. Juli 1810 auf Schloß Hohenzieritz bei Neustrelitz
deutsche Königin
Lit. 373, 690, 791, 1037

Viele europäische Länder erlebten ihre Blütezeit unter weiblicher Herrschaft: Spanien unter Isabella, England unter Elizabeth I., Österreich unter Maria Theresia, Rußland unter Katharina der Großen. Deutschland und Frankreich hatten keine Herrscherinnen dieser Statur aufzuweisen; ihre »große Zeit« war die des »Sonnenkönigs« Ludwig XIV. bzw. Friedrichs des Großen, letzterer ein erklärter Frauenfeind.

Die bis heute bei weitem beliebteste deutsche Königin war Luise: schön, anmutig, sanft, heiter, natürlich, charmant, ohne Allüren und Dünkel und ihrem überforderten und oft verstimmten Gatten, dem preußischen König Friedrich Wilhelm III., bedingungslos ergeben – nach einer kurzen Phase jugendlichen Aufbegehrens, das ihr bald restlos ausgetrieben wurde. Sie war das genaue Gegenbild der selbstbewußten Machthaberinnen Isabella, Elizabeth, Maria Theresia oder Katharina und eignete sich daher besonders gut zum geliebten, bald mythisch verklärten Vorbild deutscher Frauen.

Luise war eine geborene Prinzessin von Mecklenburg-Strelitz. Als sie sechs Jahre alt war, starb ihre Mutter nach elf Geburten mit 30 Jahren im Kindbett. Ihr Vater brachte seine sechs überlebenden Kinder bei ihrer Großmutter in Darmstadt unter und begab sich auf Reisen. Auf die geistige Ausbildung von Prinzessinnen wurde damals kein Wert gelegt. Wichtig waren Schönheit und Liebreiz – um einen standesgemäßen Verehrer einzufangen. Nach der Heirat bestand ihre Hauptaufgabe im Gebären von – möglichst männlichem – Nachwuchs zur Sicherung der Dynastie. Viele Prinzessinnen starben an dieser mörderischen Prozedur in jungen Jahren – wie Luises Mutter. Auch Luise war, nachdem sie Ende 1793 mit 17 Jahren geheiratet hatte, bis zu ihrem Tod 17 Jahre später fast ununterbrochen schwanger. Sie hinterließ einen gebrochenen Mann, der sie, auf seine patriarchalisch-verklemmte Weise, wirklich treu und innig geliebt hatte, und sieben überlebende Kinder, unter ihnen den späteren König Friedrich Wilhelm IV. und den späteren Kaiser Wilhelm I.

Luises letzte Lebensjahre waren überschattet von den Folgen der Niederlage Preußens gegen Napoleon in der Schlacht bei Jena und Auerstedt 1806. Das Königspaar mußte fliehen und blieb bis Ende 1809 im Exil in Ostpreußen, oft unter entwürdigenden Bedingungen. Den Untergang Napoleons und die glanzvolle »Wiedergeburt« Preußens erlebte Königin Luise nicht mehr. L.F.P.

geb. 6. Februar 1887 in Lowell, Mass.
gest. 27. Oktober 1985 in Watertown, Mass.
amerikanische Frauenrechtlerin und Aktivistin
Lit. 162, 260, 1027

Florence Luscomb, die legendäre Aktivistin, wurde sehr alt, fast 99 Jahre. Befragt nach den möglichen Gründen für ihre Unverwüstlichkeit, meinte sie: »Ich rauche nicht und bleibe in Bewegung.«
Tatsächlich war sie bis zuletzt aktiv im Kampf für soziale Gerechtigkeit, einem Kampf, an dem sie über 80 Jahre lang an allen wesentlichen Fronten ununterbrochen und unermüdlich beteiligt gewesen war.
Sie war eine Kämpferin aus Leidenschaft, Überzeugung und Berufung, das zeigt das folgende – typische – Zitat ganz deutlich:
»Ich habe mich im Kampf für das Frauenstimmrecht engagiert, als es noch ein richtiger Kampf war, ein unpopulärer. Jetzt, wo der Kampf respektabel geworden ist, will ich die Arbeit (große, patriotische, lebenswichtige Arbeit, ich weiß –) denjenigen überlassen, die nur die respektablen Dinge tun mögen. Ich werde mich dem nächsten Kampf zuwenden, einem Kampf der Zukunft, der noch nicht so angesehen ist ... ich denke, es ist der Kampf für die ArbeiterInnen.« So begründete Luscomb 1922 ihren Entschluß, die *League of Women Voters* (Liga der Wählerinnen) zu verlassen. Luscomb hatte 1909 als eine der ersten Frauen an der angesehensten technischen Universität des Landes, dem MIT (Massachusetts Institute of Technology), ihren Abschluß als Architektin gemacht. Bis zu ihrem 46. Lebensjahr lebte sie mit ihrer Mutter zusammen, die sich hatte scheiden lassen, als die Tochter anderthalb Jahre alt war. Auch Hannah Luscomb, obwohl recht wohlhabend, setzte sich aktiv für Benachteiligte ein, kämpfte für das Frauenstimmrecht und für die ArbeiterInnenklasse. Sie war wohl der wichtigste Mensch in Florences Leben: »Meine Mutter hat mich zur Radikalen erzogen« – noch die über 90jährige hatte Tränen in den Augen, wenn sie von ihrer Mutter sprach.

Hannah Luscomb hinterließ ihrer Tochter genug Geld, so daß sie sich ganz ihrem gemeinsamen Ziel widmen konnte: dem Kampf gegen den Krieg und für die Sache der Frauen, der Schwarzen und der ArbeiterInnen.
»Die Diskriminierung der Frauen ist bitter, aber sie ist nicht annähernd so furchtbar wie die Diskriminierung der Schwarzen. Allerdings stützt eine Diskriminierung die andere. Es ist alles ein und derselbe Kampf.« (F. L.)
L.F.P.

Elisabeth Lutyens

geb. 9. Juli 1906 in London
gest. 14. April 1983 in London
englische Komponistin
Lit. 424, 670, 891

Die Tochter eines berühmten Architekten, der die Innenstadt von Neu-Delhi erbaute, und einer Adligen gilt als die musikalisch radikalste Komponistin ihrer Generation in England. Sie betrachtete ihre Musik im Sinne Strawinskys eher als ein Arrangement musikalischen Materials denn als Ausdruck seelischer Befindlichkeiten.

Ihre Tante, Lady Constance Lytton (1869-1923), eine engagierte Suffragette, wurde ihr Vorbild und ihre Freundin. Lutyens studierte Komposition in London und beschloß, beeindruckt von der Musik Debussys und Ravels, ihre Studien in Paris fortzusetzen. 1931 gründete sie zusammen mit einer Kollegin die bekannte MacNaghten-Lemare-Konzertreihe in London, in der Werke junger KomponistInnen aufgeführt wurden. Dort konnte sie auch viele eigene Werke erstmals hören.

Während des Zweiten Weltkrieges schrieb sie Musik für Dokumentarfilme (meist Propagandastreifen der britischen Luftwaffe), um überleben zu können. Schwierigkeiten mit ihrem Ehemann und der Kindererziehung führten zu Alkoholproblemen, die sie in ihrer Autobiographie schonungslos beschreibt und die sie schließlich überwand. Lutyens war die erste, die die serielle Kompositionstechnik in England anwandte. Weltoffenheit, ungewöhnliche Inspirationsquellen, vielseitige Instrumentation und strukturelle Durchorganisation prägen ihr Œuvre, das in Deutschland so gut wie unbekannt ist. Auffallend an ihrer Musik ist die Fähigkeit, mit der größtmöglichen Sparsamkeit der Mittel zugleich intensiv und leidenschaftlich zu komponieren. Zu ihren Freunden oder näheren Bekannten zählen u.a. Igor Strawinsky, Luigi Dallapiccola, Luigi Nono, Hanns Eisler, die Schriftsteller Dylan Thomas und Elias Canetti und der Maler Francis Bacon. Ihr breites Schaffen umfaßt unter anderem Opern, Ballett- und Bühnenmusiken, eine Sinfonie, große Orchesterwerke, Kammermusik (darunter sechs Streichquartette) und sakrale Musik.
E.R.

geb. 22. November 1907 in Paris
gest. 16. Juli 1997 in Paris
französische Fotografin und Malerin
Lit. 178, 660

Sie war, erinnert sich der Kunstsammler und Galerist Heinz Berggruen, »in allen Höhen und Tiefen ihres von Tragik getränkten Lebens ein Teil des Planeten Picasso«. Berühmt geworden war Dora Maar in der Tat als Picassos inspirierende Muse, sein Modell, seine Geliebte. Aber als die beiden sich 1936 in Paris im Café Deux Magots kennenlernten, war Dora Maar bereits eine etablierte Künstlerin mit starken politischen Überzeugungen. Sie hatte den Höhepunkt ihrer künstlerischen Laufbahn erreicht, ihre Fotografien waren zu Emblemen der Surrealistischen Bewegung geworden, sie selbst eine der schillerndsten Figuren des Surrealismus. Sie hatte mit Brassaï ausgestellt, mit dem sie sich Anfang der 30er Jahre eine Dunkelkammer teilte, war befreundet mit André Breton, Henri Cartier-Bresson, Jean Cocteau, Man Ray und hatte eine stürmische Liebesbeziehung mit Georges Bataille hinter sich. Nachdem sie 1937 Picassos Arbeit an Guernica fotografisch dokumentiert hatte, hörte Dora Maar, die ab 1926 in Paris Fotografie und Malerei studiert hatte, auf zu fotografieren. Sie malte wieder. 1944 stellte sie ihre Stilleben in der Galerie Jeanne Bucher aus. Es sei ihr gelungen, schrieb Brassaï damals, »sich von Picassos machtvollem Einfluß freizumachen«.

»Ich bin nicht Picassos Mätresse gewesen. Er war nur mein Meister«, kommentierte Maar ihre Beziehung zu Picasso Jahre später. Diese war immer schwierig gewesen. Als sie ihn kennenlernte, war Picasso mit Marie-Thérèse Walther liiert, deren gemeinsame Tochter Maya gerade ein Jahr alt. Diese Ménage à trois hielt sie aus, aber Picasso traf 1943 die 40 Jahre jüngere Françoise Gilot, und als er sich 1946 schließlich von ihr, Dora Maar, trennte, erlitt sie einen Nervenzusammenbruch und erholte sich erst nach Aufenthalten in der Psychiatrie, einer zweijährigen Psychoanalyse bei Jacques Lacan und der Hinwendung zu religiöser Mystik von diesem Trauma. Zum Abschied hatte ihr Picasso ein Haus in der Provence geschenkt. In Ménerbes verbrachte sie ihre Sommer, im Winter lebte sie in Paris, zurückgezogen, malend, Stilleben, Landschaften. 1957 stellte Berggruen in Paris ihre Landschaftsbilder aus, weitere Ausstellungen folgten, die letzte zu Lebzeiten 1995 in Valencia war ihrem Lebenswerk gewidmet. Zum Schluß war Dora Maar zu einem Pflegefall für das Sozialamt geworden. Dort hatte niemand die leiseste Ahnung, von welchen Schätzen sie in ihrer Wohnung umgeben war. Ihr Nachlaß – Arbeiten von Picasso sowie Fotos und Gemälde aus ihrem eigenen Atelier – brachte bei einer Versteigerung nach ihrem Tod rund 67 Millionen Mark ein. S.G.

Catherine Sawbridge Macauley

geb. 2. April 1731 in Wye, Kent
gest. 22. Juni 1791 in Binfield, Berkshire
englische Historikerin
Lit. 310, 548, 999, 1065

Catherine Macauley, laut Mary Wollstonecraft »die begabteste Frau, die dieses Land bis jetzt hervorgebracht hat«, war unter den Philosophinnen und Philosophen der Aufklärung die einzige Feministin. Sie war auch die erste Person in England, die ein umfangreiches, auf gründlichem Quellenstudium basierendes historisches Werk verfaßte (die achtbändige *History of England*, 1763-1783).

1760 heiratete sie den Arzt George Macauley und gebar eine Tochter. Der erste Band ihrer Geschichte Englands erschien 1763 und war sofort ein großer Erfolg. 1766 starb ihr Mann und hinterließ sie als wohlhabende Witwe. Macauley arbeitete weiter an ihrer Geschichte Englands und unterhielt einen radikalen Salon. Sie setzte sich für die rebellierenden amerikanischen Kolonien ein und wurde bei Besuchen in Paris in republikanischen Kreisen mit großen Ehren empfangen.

1774 zog sie mit einem älteren Verehrer nach Bath. Als sie zwölf Jahre nach dem Tod ihres 15 Jahre älteren Mannes einen 26 Jahre jüngeren Mann heiratete, brach ein Sturm der Entrüstung los; es scheint Macauley allerdings wenig gestört zu haben. 1784 reiste sie mit ihrem jugendlichen Gatten nach Amerika und war u.a. bei George Washington und Abigail und John Adams zu Gast und schloß Freundschaft mit Mercy Otis Warren, der Historikerin der amerikanischen Revolution.

Macauleys feministisches Vermächtnis *Letters on Education* (1790) behandelt viele der Probleme, die uns noch heute auf den Nägeln brennen. Beispielsweise votiert sie dafür, daß Mädchen und Jungen dieselbe Erziehung bekommen – aber nicht unbedingt diejenige, die bis dahin die Knaben bekamen: Es sei besser und ungefährlicher für Mädchen *und* Knaben, »sich der unschuldigen Beschäftigung des Knöpfemachens zu widmen, als tagelang ein harmloses Tier zu jagen, zum Schaden ihrer Gutartigkeit ...« L.F.P.

geb. 1. Juli 1925 in Rom
gest. 28. Oktober 1996 in Rom
italienische Journalistin
Lit. 682, 683, 756

»Den Beruf der Journalistin habe ich mir nicht ausgesucht, ich wurde hineingeboren.« Seit 1964 war Franca Magnani für die deutschen FernsehzuschauerInnen »die Stimme Italiens«. Ihre interessanten, unverwechselbaren Beiträge waren berühmt.

Im Alter von drei Jahren wurde Franca von Großvater Chino zu ihren Eltern nach Marseille gebracht. Dorthin war die Familie vor dem Faschismus Mussolinis geflohen. Der politische Riß ging durch die Familie. So arbeitete Großvater Ercole als Polizeipräsident für das faschistische System. Franca wuchs in den unruhigen und aufregenden Verhältnissen der Emigration auf. Ihr Elternhaus war ein Ort des Widerstandes. Viele Emigranten, unter ihnen Ignazio Silone und Sandro Pertini, trafen sich dort. Die Familie zog nach Zürich. Franca heiratete den Korrespondenten Arnold Künzli und ging 1947 mit ihm nach London. Von dort schickte sie ihre ersten Texte nach Bologna. Von 1949 bis 1951 lebte das Paar in Bonn: »Ich kam gerade rechtzeitig, um den Beginn jener Epoche mitzuerleben, in der viele Deutsche die Einführung der Demokratie als Bestrafung für ihre Untaten und die Wiederbewaffnung als Belohnung für zukünftige Dienste ansahen.« Franca trennte sich in Freundschaft von ihrem Mann und heiratete in Rom Valdo Magnani, die Liebe ihres Lebens. Die Kinder Sabina und Marco wurden geboren.

Franca Magnani war neben ihrer engagierten journalistischen Tätigkeit eine begeisterte Mutter und Gastgeberin. Sie war freie Autorin für alle wichtigen TV- und Printmedien in Deutschland und in der Schweiz. 1990 veröffentlichte sie ihre Erinnerungen an ihre Kindheit und Jugend: *Eine italienische Familie*. Das Buch wurde ein Bestseller.

Heinrich Böll würdigte Franca Magnani in seiner Laudatio anläßlich der Verleihung des Fritz-Sänger-Preises: »Was uns bevorstehen könnte, sind Einschüchterungsversuche, wie wir sie im Jahr 1970-1974, am massivsten im Jahr 1977 erlebt haben, in eben jenem Jahr, in dem man anfing, Sie, Franca Magnani, aus der Berichterstattung zurückzuziehen, und ich halte das nicht für einen Zufall. Sie haben getan, was für uns jetzt wichtig sein könnte: auf unserem Recht bestehen, von unserer Freiheit Gebrauch machen. Das ist nicht leicht, wie sich an Ihrem Prozeß zeigt. Es gehören Ausdauer und Mut dazu.« B.R.

Jeanne Mammen

geb. 21. November 1890 in Berlin
gest. 22. April 1976 in Berlin
deutsche Malerin
Lit. 524, 525, 667, 971

»Sorglose Kindheit und Jugend in Paris. Studium jäh unterbrochen durch Kriegsausbruch 1914, Flucht vor Internierung mit dem letzten Zug nach Holland. Ein halbes Jahr später Übersiedlung nach Berlin, mittellos.« So beginnt der von ihr verfaßte »äußerliche Kurzbericht«. Ihr Vater war ein wohlhabender Kaufmann aus einer ostfriesischen Bürgersfamilie, ihre Mutter gebürtige Holländerin. 1895 zog die Familie mit vier Kindern nach Paris. Jeanne nutzte ihre Möglichkeiten als höhere Tochter, besuchte das Lycée Molière und studierte Malerei in Paris, Brüssel und Rom. In der Berliner Anfangszeit (1916) nährte sie sich kümmerlich mit Fotoretusche, Kinoplakaten und Modezeichnungen. Ihre eigene Notlage schärfte den Blick und den »Strich«: die Menschen der Großstadt Berlin werden ihr Thema. Zeichnend durchstreift sie Kneipen, Straßen, Cafés, Salons. Doch was sie am meisten künstlerisch fasziniert, ist die *Frau.* Die junge Naive, die Spießerin, die Intellektuelle, die lesbische Frau, die »Verruchte« ... In skizzierten aquarellierten Momentaufnahmen, gekonnt, bissig-satirisch, erotisch, »cool«, hält sie sie fest. Höhepunkt ist eine Auftragsarbeit, Variationen zum Thema der lesbischen Liebe, eine Serie von Farblithos Anfang der dreißiger Jahre zu Pierre Louys' »Lieder der Bilitis«. Doch durch die politische Entwicklung wurde das Erscheinen des Buches verhindert. Jeanne Mammen war inzwischen bekannt als Illustratorin großer Unterhaltungsblätter (*Simpl, Uhu, Ulk* usw.) und konnte von Aufträgen leben. Von 1928 bis 1933 ist ihre »große Zeit«, danach verliert sie ihre Existenzgrundlage.

Sie übersteht das Elend des Zweiten Weltkrieges in ihrem Berliner Gartenhaus hinter dem Ku'damm, wo sie bis zu ihrem Tod (mit 85) allein lebt. R.R.

geb. 30. April 1899 in Berlin
gest. 18. Juli 1976 in Braunlage, Harz
deutsch-englische Schauspielerin und Regisseurin
Lit. 243, 635, 1123

Als Lucie Mannheim 1933 nach vielen Jahren als überaus erfolgreiche und beliebte Schauspielerin am Berliner Staatsschauspiel der Vertrag nicht verlängert wurde, da sie Jüdin war, brach für sie eine Welt zusammen. Seit 1918 war sie in Berlin vom Publikum und der Kritik gefeiert worden. Unter der Regie von Jürgen Fehling, mit dem sie lange Zeit eine intensive Liebesbeziehung verband, brilliert sie, beeinflußt von Stanislawski, in modernen Stücken wie *Die Wupper* von Else Lasker-Schüler (1926), aber auch als Marie in Büchners *Woyzeck* (1927) und als Ibsens *Nora* (1930).
Aufgewachsen in einem assimilierten gutbürgerlichen jüdischen Elternhaus, hatte sie sich immer als Deutsche und dazugehörig gefühlt. Sie flüchtete in die Tschechoslowakei und emigrierte schließlich 1934 nach England.
Doch Lucie Mannheim gab nie auf. Sie schaffte es, trotz anderer Sprache und Kultur, schnell in London Fuß zu fassen. Schon 1935 gab ihr Hitchcock eine Rolle in seinem Spionagefilm *Die 39 Stufen*, was zu weiteren Filmrollen in England führte. Und ihr erster Londoner Bühnenauftritt in Bruno Franks leichter Komödie *Nina* im selben Jahr wurde ein Sensationserfolg.

Obwohl Lucie Mannheim schließlich Engländerin wurde und 1941 ihren englischen Schauspielkollegen Marius Göring heiratete, fühlte sie sich in England nie völlig zu Hause: »Man kann nicht in Berlin geboren sein und mit der englischen Mentalität fertig werden, mit der unsichtbaren Mauer, die jedes Individuum dort um sich hat.« Doch auch nach Deutschland konnte sie nicht zurückkehren. Gleich 1947 kam sie zwar zur Truppenbetreuung mit ihrem Mann ins zerstörte Deutschland zurück und obwohl sie danach immer wieder in verschiedenen deutschen Theatern große Erfolge feiern sollte, so 1952 in der deutschen Erstaufführung von Tennessee Williams' *Tätowierter Rose* in Berlin oder 1965 in Hauptmanns *Die Ratten* in Hamburg, wurde sie doch nie wieder im Berliner Staatstheater eingestellt. Sie sah deshalb die späten Ehrungen, die ihr zuteil wurden, wie den Titel der »Berliner Staatsschauspielerin« (1963) und die Verleihung des Großen Bundesverdienstkreuzes, mit einer gewissen Ironie. Sie blieb eine Wanderin zwischen den Welten. Die letzten Jahre ihres Lebens verbrachte sie in ihrem Landhaus in Hampton Court, in St. Moritz und im Harz, wo sie 1976 starb. G.K.

geb. 18. Juli 1724 in München
gest. 23. April 1780 in Dresden
deutsche Komponistin, Dichterin und Malerin
Lit. 255, 352, 1106

In ihren Memoiren schreibt die Sängerin Elisabeth Mara über die Kurfürstin: »1767 kam sie nach der Leipziger Messe, ich hatte das Glück ihr zu gefallen und wurde bald darauf nach Dresden verlangt, um eine Rolle auf dem Opern-Theater zu spielen. Die Kurfürstin nahm mich freundlich auf, und als ich ihr meine Besorgnis, niemals eine Bühne betreten zu haben, äußerte, so übernahm sie es, mich zu unterrichten. Die Musik war von ihrer eignen Composition. Sie liess mich alle Morgen zu sich holen. Was Stellung und Gestikulation anbetraf, so hatte sie wenig Mühe, denn damit hatte mich mein Tanzmeister schon genug gequält, indem er behauptete, daß ich es doch gewiß einmal brauchen würde; aber das Rezitativ, worin ich noch sehr stark zurück war, habe ich ihr ganz zu verdanken.« Aus diesen wenigen Zeilen wird viel über die Kurfürstin deutlich: Sie war hilfsbereit und in musikalischen Dingen bestens bewandert. Die älteste Tochter des Kurfürsten von Bayern und der Erzherzogin Maria Amalia von Österreich erhielt ihre erste musikalische Ausbildung in München. Nach ihrer Heirat 1747 zog sie nach Dresden, wo sie Unterricht bei Nicola Porpora und J. A. Hasse erhielt, die zu den bekanntesten Komponisten der Zeit zählten. Ihre künstlerische Laufbahn begann sie als Dichterin. Ihre Texte wurden u.a. von Hasse, Ferrandini und Mann vertont. Dann verfaßte sie zwei Operntexte, *Talestri* und *Trionfo*, die sie beide vertonte (Elisabeth Mara sang ihr Debüt in *Talestri*). Kurz darauf gab sie das Komponieren auf und landete bei der Malerei. Oft spielte sie am Hof am Tasteninstrument oder übernahm Gesangspartien, darunter auch die ihrer eigenen Werke. Ihre Opern wurden verlegt, in mehrere Sprachen übersetzt und an anderen europäischen Höfen aufgeführt. Ihre Zeitgenossen schätzten sie wegen ihrer künstlerischen Vielseitigkeit. Selbst Friedrich der Große bewunderte ihre Begabung und schrieb ihr anerkennend. Musikalisch war sie stark von Hasse beeinflußt, jedoch zeigen ihre Opern durchaus eigenständige Gestaltungskraft und szenisches Geschick. Wie schade, daß sie als adelige Dame nicht ihr Geld mit Musik verdienen mußte, denn dann hätte die Nachwelt sicherlich einige Schätze aus ihrer Feder erhalten. E.R.

geb. 5. September 1500 in Jever
gest. 20. Februar 1575 in Jever
deutsche Landesherrin
Lit. 495, 826

»Fräulein Maria« war die Tochter Edo Wiemkens d.J. und seiner zweiten Ehefrau Heilwig, die 1501 bei der Geburt ihres vierten Kindes starb. Die Kinder wuchsen in politisch unruhiger Zeit auf. Der Vater, aufgerieben im ständigen Kampf gegen die sein Land bedrohenden Sturmfluten und die Übergriffe eroberungslüsterner Nachbarn, konnte sich wenig um sie kümmern. 1511 starb auch er.

Der Tod des 18jährigen Erben Christoph ließ drei Töchter als Erbinnen zurück. Sie mußten sich ständig gegen Edzard von Ostfriesland wehren, der Jever an sich zu bringen suchte. Zunächst bot er Maria einen Ehevertrag an, den sie in ihrer Not akzeptierte. Der Vertrag wurde jedoch bald gebrochen: Edzard präsentierte einen gefälschten Lehnsbrief, wonach Jever zu Ostfriesland gehören sollte, besetzte die Burg und schickte den Drosten Boing von Oldersum, der die jungen Frauen zur Übergabe zwingen sollte.

Durch diese Kränkungen steigerte sich Marias Haß auf die Ostfriesen fast zur Obsession, machte aus dem schüchternen, verängstigten Mädchen eine starke, selbstbewußte Frau, die hartnäckig um ihr Erbe kämpfte.

Boing von Oldersum erkannte, daß der Herrin von Jever Unrecht geschah, kündigte dem Ostfriesen die Gefolgschaft und unterstützte fortan Maria. Blutige Auseinandersetzungen wechselten jahrelang mit diplomatischen Verhandlungen. Maria suchte Hilfe bei der Königin Maria von Habsburg (Schwester Karls V., Statthalterin der Niederlande), der sie Jever als Lehen antrug. Bei ihren häufigen Aufenthalten am Hof in Brüssel erweiterte sich Marias Bildung, wurde ihr Interesse für Kultur und Lebensart geweckt. Die Königin war ihr freundlich gesonnen, förderte und unterstützte sie. Trotzdem hatte Maria Heimweh nach Jever, auch nach Boing, mit dem sie eine herzliche Zuneigung verband, die zum Verlöbnis führte. Wenige Briefe – ungewöhnlich liebevoll geschrieben in einer Zeit, da Ehen fast nur aus politischem und wirtschaftlichem Kalkül geschlossen wurden – sind fast die einzigen schriftlichen Zeugnisse von Maria.

Zur ersehnten Heirat kam es jedoch nicht, da Boing im Kampf gegen den Aggressor fiel. Maria war nun bis zu ihrem Tode 1575 ganz auf sich gestellt. Nachdem endlich ein Vertrag mit Ostfriesland zustande gekommen war, der Jever die Unabhängigkeit sicherte, begann sie, Burg und Stadt zu befestigen, die Deiche zu erneuern, Kunst und Kultur zu fördern. Sie führte die allgemeine Schulpflicht ein, gründete eine Lateinschule und regierte streng nach neuem Stadtrecht. U.S.

geb. 26. April 1573 in Florenz
gest. 3. Juli 1642 in Köln
französische Königin
Lit. 194, 223, 224

Maria von Medici, die sechste, ungeliebte Tochter des Großherzogs Francesco de Medici und seiner Frau Johanna von Österreich, verliert früh ihre Mutter und ist mit 14 Jahren Waise. Ihr Onkel will sie auf Frankreichs Thron sehen wie ihre Vorgängerin, Katharina von Medici. Aber König Heinrich IV. muß erst seine kinderlose Ehe mit Margarete von Valois annullieren lassen und sich von seinen Mätressen lösen. In Vorbereitung auf ihre zukünftige Aufgabe bekommt die blonde, hellhäutige, etwas üppige Maria Unterricht in Poesie, Malerei, Kupferstecherei und Musik. Sie ist als Malerin tätig, aber es bleiben nur zwei Mädchenbildnisse erhalten. Im Dezember 1600 endlich findet die Hochzeit mit großem Prunk statt. Neun Monate später wird der Dauphin, Ludwig XIII., geboren. Ihm folgen noch drei Töchter und zwei Söhne, die mit den illegitimen Kindern von Heinrichs Mätressen im Louvre erzogen werden. Maria gerät in ein Netz von Intrigen. Am 13. Mai 1610 wird sie mit großem Pomp zur Königin gekrönt; tags darauf wird Heinrich IV. bei einer Ausfahrt ermordet. Maria übernimmt die Regentschaft für den Dauphin, aber sie wird von habgierigen, falschen BeraterInnen, besonders von ihrer vertrauten Zofe Leonora und deren Mann Concini, hintergangen. 1617 betritt Kardinal Richelieu die politische Bühne. Er wird zunächst Marias Freund und Berater. Nach Concinis Ermordung (1617) übernimmt Ludwig XIII. die Regierung und verbannt seine Mutter nach Schloß Blois, von wo sie mit Richelieus Hilfe entfliehen kann. Es folgen Jahre politischer Wirren in Frankreich. Richelieu vermittelt zwischen Maria und ihrem Sohn und erreicht, daß sie wieder zum Staatsrat zugelassen wird. Aber der Gegensatz zwischen Mutter und Sohn verschärft sich, Richelieu wandelt sich allmählich zu ihrem Feind. 1631 wirft Ludwig seiner Mutter Hochverrat vor, läßt sie ächten und beschlagnahmt ihren Besitz. Sie flieht nach Brüssel, Holland, England und endlich nach Köln, wo sie vereinsamt und verbittert stirbt. A.ST.

geb. 19. Dezember 1778 in Versailles
gest. 19. Oktober 1851 in Frohsdorf, Niederösterreich
französische Herzogin
Lit. 172, 404, 641, 847, 907, 917

Ludwig XVI. und Marie Antoinette werden im Januar bzw. Oktober 1793 durch das Fallbeil hingerichtet.
Zurück im dunklen Kerker des Temple bleiben, getrennt voneinander, die Kinder des Königspaares: der 1785 geborene Dauphin (Ludwig XVII.) und die 15jährige Marie Thérèse, genannt Madame Royale. Beide werden einem unglaublichen körperlichen und seelischen Terror ausgesetzt, dem Ludwig (vermutlich) am 8. Juni 1795 erliegt. Marie Thérèses Fragen nach dem Schicksal der Mutter und des Bruders bleiben unbeantwortet, selbst die Bitte nach weiblicher Bewachung unerfüllt. Der Arrest wird noch verschärft. An ihrem 17. Geburtstag wird sie nach Wien ausgeliefert, dort aber kühl aufgenommen, stellt sie doch eine ständige Mahnung dar, daß das Haus Habsburg nichts unternommen hatte, um Marie Antoinette vor der Guillotine zu retten.
Erst 1799 kann Marie Thérèse nach Mitau reisen, um sich mit den rechtzeitig emigrierten Brüdern ihres Vaters, Ludwig XVIII. und dem späteren Karl X. zu treffen. Sie heiratet Karls Sohn, Louis Antoine von Bourbon, Herzog von Angoulême.
Zweimal kann Marie Thérèse nach Napoleons Sturz nach Frankreich zurückkehren. Die Vergangenheit läßt sie nicht los; sie wird als die »Waise des Temple« oder die »Tochter des Märtyrerkönigs« verehrt und rächt sich blutig an denen, die für den Tod ihres Vaters stimmten.
Die Julirevolution von 1830 vertreibt die Bourbonen endgültig vom Thron. In Frohsdorf findet Marie Thérèse mit ihrem kleinen Hofstaat nach vielen Stationen das letzte Exil, die letzten 40 Jahre ihres Lebens wird sie dort wohnen. Sie spendet die Hälfte ihres Vermögens für wohltätige Zwecke und kümmert sich liebevoll um die Kinder ihres ermordeten Schwagers (Herzog von Berry).

Daß die vornehme Dame, die mit einem ehrerbietigen Begleiter 1807 in Hildburghausen auftaucht und sich im nahen Schloß Eishausen vollkommen abkapselt (ein Schutzbrief des Herzogs von Sachsen-Hildburghausen verhindert polizeiliche Nachforschungen), die Madame Royale gewesen sein soll, wird bis heute von Forschern und Historikern vertreten. Viele glaubwürdige Indizien wurden zusammengetragen, aber Fakten und Beweise fehlen. A.ST.

Beryl Markham

geb. 26. Oktober 1902 in Leicestershire, England
gest. 3. August 1986 in Nairobi
englische Flugpionierin
Lit.

Gertenschlank, durchtrainiert, leuchtendblond und tollkühn – Beryl Markham war eine faszinierende Gestalt in der an extravaganten Persönlichkeiten nicht gerade armen Kolonialgesellschaft Britisch-Ostafrikas.
Als sie drei war, nahm ihr Vater sie 1906 von England mit ins kenianische Hochland. Als sie 17 war, machte er pleite, mußte alles verkaufen, einschließlich der etwa 100 Rennpferde, die er züchtete und trainierte. Er ging nach Peru, Beryl blieb in Kenia zurück, verdingte sich auf verschiedenen Farmen als Vollbluttrainerin und machte sich schnell einen Namen.
Anfang der 30er Jahre entdeckte sie eine neue Passion, die Fliegerei, und machte in kürzester Zeit als erste Frau in Ostafrika ihren Berufspilotinnenschein. Mit nichts weiter ausgestattet als einem Kompaß, soliden Kenntnissen in Navigation und einer außergewöhnlichen Intuition für Wind- und Geländeverhältnisse, startete sie Hunderte von Malen vom Wilson Airport in Nairobi, um wohlhabende Kunden in andere ostafrikanische Länder zu bringen, Kranke zu transportieren, Post auszuliefern, verunglückte Fliegerkollegen aus der Serengeti zu retten, Großwildjägern aus der Luft Größe und Position von Elefantenherden durchzugeben.
1936 erlangte sie ihren größten fliegerischen Erfolg – in einem 21 Stunden und 25 Minuten dauernden Alleinflug überquerte sie als erster Mensch überhaupt den Atlantik in Ost-West-Richtung von England nach Amerika, und obwohl das Unternehmen mit einer Bruchlandung in Nova Scotia endete, hatte sie erreicht, was sie beweisen wollte – daß es möglich war, eine direkte Flugverbindung von London nach New York einzurichten. Davon berichtet sie u. a. in ihrer 1942 erschienenen Autobiographie *Westwärts mit der Nacht*. Über die Höhen und Tiefen ihres privaten Lebens schwieg sie sich aus – die frühe Trennung von Mutter und Bruder, die in England zurückgeblieben waren, das zwiespältige Verhältnis zu ihrem bewunderten Vater, ihre drei (gescheiterten) Ehen, die Geburt ihres Sohnes (1929), den sie bei seinen Großeltern in England aufwachsen ließ, ihre zahlreichen Liebschaften. Nach Jahren, die sie in England und Kalifornien verbracht hatte, kehrte sie 1952 nach Kenia zurück und begann eine zweite, noch einmal sehr erfolgreiche Karriere als Pferdetrainerin. Sie starb mit 83 Jahren in ihrem Häuschen am Rande der Rennbahn von Nairobi.
A.S.

geb. 22. Februar 1921 in San Giorgio di Piano (nahe Bologna)
gest. 23. März 1994 in Rom
italienische Schauspielerin
Lit. 308, 553, 710, 711, 934

Die Filmfiguren der tragikomischen Gelsomina (*La Strada*, 1954), der Prostituierten Cabiria (*Die Nächte der Cabiria*, 1957) und der betrogenen Ehefrau Giulietta (*Julia und die Geister*, 1965) begründen Masinas Weltruhm und verknüpfen sie unauflöslich mit dem Regisseur dieser Filme – ihrem Ehemann Federico Fellini.
Ihre Eltern, eine Lehrerin und ein ehemaliger Berufsviolinist und späterer Kassierer in einer Kunstdüngerfabrik, unterstützen die künstlerische Begabung ihrer Ältesten. Während ihres Literaturstudiums an der Universität Rom steht sie als zierlicher, androgyner Typ in erstaunlicher Rollenvielfalt auf studentischen Theaterbühnen. Sie wirkt auch im Ensemble des Teatro comico-musicale am Rundfunksender EIAR mit, wo sie im Herbst 1942 Fellini kennenlernt. Kaum ein Jahr später heiraten beide mitten im Kriegschaos. An einer Fehlgeburt einige Monate darauf und dem Tod eines wenige Wochen alten Sohnes im Frühling 1945 tragen sie schwer. Ihr Filmdebüt hat Masina in Rossellinis *Paisà* (1946); zwei Jahre später erhält sie den italienischen Kritikerpreis für die beste Nebenrolle in Lattuadas *Ohne Gnade*. Nach weiteren Theaterengagements gewinnt sie 1951 den Donatello-Preis für ihre Rolle in Fellinis Regiedebüt (mit Lattuada), *Lichter des Varietés*; 1958 in Cannes den Preis für die Hauptrolle in *Die Nächte der Cabiria*.

Masina gilt als der weibliche Chaplin, als Charakterschauspielerin in der Tradition der großen Stummfilmdivas, die mit ausdrucksstarker Mimik und Gestik alle emotionalen Schattierungen wortlos vermitteln kann. Das selbstreflektierende und selbstbewußte Element der sichtbar gemachten Verwundbarkeit und Lebendigkeit ist dabei leicht zu übersehen. Aber es ist genau dies, was Fellini fasziniert. Masina ist nicht nur Vehikel seiner Inspiration oder Verkörperung des Enigmas Frau, sondern auch eine schauspielerisch eigendynamische Kraft, die über Film und Regisseur hinausweist. Wenn Masina von ihrer Ehe zu Fellini sagt, daß sie sich gegenseitig erzogen hätten, so gilt das ebenso für die gegenseitig ermöglichten künstlerischen Ausdrucks(frei)räume, wie es ihre letzte Zusammenarbeit in *Ginger und Fred* (1985) noch einmal verdeutlicht. I.L.

Katherine Mayo

geb. 24. Januar 1867 in Ridgway, Pa.
gest. 9. Oktober 1940 in Bedford Hills, N.Y.
amerikanische Schriftstellerin und Journalistin
Lit. 219, 714, 785

Aus wohlhabender Familie stammend, kam Katherine Mayo erst spät dazu, ihr eigenes Einkommen zu verdienen – mehr aus Langeweile denn aus Notwendigkeit begann sie, journalistisch zu arbeiten, und wurde nach einiger Zeit von der *New York Evening Post* angestellt. Sie fand Zugang zu journalistischen Kreisen um Oswald Garrison Villard, aus denen sie sich erst 1910 löste, als sie Moyca Newell kennengelernt hatte. Mit Moyca verband sie eine lebenslange Freundschaft. Katherine Mayo gehört mit ihrem Werk zu den Vorläuferinnen derjenigen Frauen, die fremde Kulturen aus der Sicht von Frauen beschreiben und bewerten. Ihr Hauptwerk *Mother India* (1927) wurde so schnell zum Gegenstand einer großen Kontroverse, da Mayo *nicht* distanziert von »kulturellen Bräuchen« berichtete, sondern das Schicksal unzähliger Inderinnen beim Namen nannte: Zwangsverheiratung im Mädchenalter, Witwenmord bzw. Witwen-Zwangs-Selbstmord. Das Material hatte sie auf Reisen durch Indien gesammelt.

Überhaupt reiste Mayo sehr viel. Zusammen mit ihrer Freundin Moyca unternahm sie Reisen nach Panama, Europa und auf die Philippinen. Wie auch bei *Mother India* dienten ihre Eindrücke ihr als Ausgangspunkt für die journalistische Arbeit.

Waren einige ihrer Ansichten auch prokolonialistisch (sie äußerte sich gegen die Unabhängigkeit Indiens und der Philippinen), so darf nicht außer acht gelassen werden, daß sie in erster Linie an die Lebensbedingungen von Frauen dachte – und ob diese sich durch eine nationale Unabhängigkeit verbessern würden.

Dieser Umstand mag ein Grund dafür sein, daß ihre zahlreichen Artikel und rund zehn Bücher heute fast völlig in Vergessenheit geraten sind. Andererseits ist dieses »Vergessen-Sein« Resultat eines Mechanismus, der dafür sorgt, daß frauenfreundliche/feministische Denk- und Sichtweisen nicht tradiert werden.

Katherine Mayo starb am 9. Oktober 1940 auf dem Anwesen, das sie mit Moyca Newell seit Jahrzehnten bewohnt hatte. B.S.

geb. 30. November 1858 in Wien
gest. 19. Januar 1938 in Wien
österreichische Schriftstellerin und Philosophin
Lit. 144, 319, 410, 715, 893

Die österreichische Feministin Rosa Mayreder war zugleich Soziologin, Philosophin, Schriftstellerin und Malerin.
Als Soziologin/Philosophin machte sie sich einen Namen mit ihrem Werk *Zur Kritik der Weiblichkeit* (1905 u. 1923). Sie verfaßte Novellen, Sonette und Romane und war korrespondierendes Mitglied des Aquarellisten-Klubs.
Zeit ihres Lebens setzte sie sich mit dem »Geschlechterproblem« auseinander und betonte dabei durchgängig die Notwendigkeit für Frauen, ihr Geschlechtsbild und ihre Persönlichkeit selbst zu bestimmen: »... denn solange man die Stellung der Frauen nach dem zu bestimmen sucht, was ›das Weib seiner Natur nach‹ ist, und von hier aus neue Normen zu gewinnen hofft, wird das weibliche Geschlecht trotz der Zuerkennung der bürgerlichen Gleichberechtigung keine wirkliche Freiheit der Selbstbestimmung besitzen.«
1883 gründete sie mit anderen Frauen den »Allgemeinen österreichischen Frauenverein«, dessen Vizepräsidentin sie bis 1903 war. Seit 1889 war sie Mitherausgeberin der Zeitschrift *Dokumente der Frauen* und arbeitete in der Internationalen Frauenliga für Frieden und Freiheit, deren Vorsitzende sie seit 1919 war.
Wie stark sich aber auch wohlwollende Stimmen gegen die von Mayreder geforderte Selbstdefinition sperrten, macht das folgende Zitat aus der *Wiener Zeitung* wo ihr dichterisches Werk kommentiert wird, deutlich: »... Ist schon diese männliche Gestaltungskraft bei den Gedichten einer Frau verwunderlich, so setzt der spekulative Drang, der in vielen Sonetten waltet, in noch höheres Erstaunen ...«

Mayreders These, nach der »man erst wissen (wird), was Frauen sind, wenn ihnen nicht mehr vorgeschrieben wird, was sie sein sollen«, hat nichts an Aktualität eingebüßt. B.S.

geb. 10. Juni 1895 in Wichita, Kan.
gest. 26. Oktober 1952 in Woodland Hills, Cal.
afroamerikanische Schauspielerin
Lit. 107, 480, 519, 786, 1091

Hattie McDaniel, die erste Afroamerikanerin, die einen Oscar bekam, erntete nicht nur Bewunderung, sondern erlebte auch starke Anfeindungen. In einer Branche, die schwarzen SchauspielerInnen nur sterotype Rollen bot, wurde McDaniel auf die korpulente, laute, lustige Mammi festgelegt. Jahrelang war sie wegen dieser Rollen in scharfe Konflikte mit der NAACP verwickelt – der führenden Organisation für die Rechte der Schwarzen in den USA.

Hattie wurde 1895 in eine musikalisch begabte Prediger-Familie geboren. Sie verließ vorzeitig die High School, um in der Tourneetruppe ihres Vaters als Sängerin und Schauspielerin aufzutreten.

1931 kam sie nach Hollywood. Sie spielte zunächst kleine Rollen, meistens Hausangestellte, ihr dramatisches und komisches Talent fand aber bald Anerkennung. Trotzdem mußte Hattie gelegentlich als Dienstmädchen arbeiten, um ihren Lebensunterhalt zu verdienen.

1939 spielte sie ihre berühmte Mammi in *Vom Winde verweht* und bekam den Oscar für die beste Nebenrolle. Alle darauffolgenden Rollen wiederholten dieses Muster. Außergewöhnlich war ihre Gestaltung der Minerva Clay in einem Film von 1941, *In this our Life*. Sie spielte die Mutter eines jungen Afroamerikaners, der unschuldig wegen Mordes angeklagt war. Ab 1947 ließen ihre Film-Engagements nach, und Hattie gestaltete die Titelrolle in der beliebten Radioserie *Beulah*. Sie spielte auch einige Folgen der Fernsehfassung, mußte aber wegen Krankheit aufhören.

Am 26. Oktober 1952 starb Hattie McDaniel mit 57 Jahren an Brustkrebs. Auf der Leinwand wurde McDaniel auf das wenig schmeichelhafte Hollywoodbild von Afroamerikanerinnen festgelegt, aber in ihrem persönlichen Leben setzte sie sich auf vielen Gebieten für Verbesserungen ein, z.B. indem sie sich weigerte, in ihren Filmen das Wort *Nigger* zu benutzen. McDaniel unterstützte viele aufstrebende schwarze EntertainerInnen. Während des Zweiten Weltkrieges trat sie vor schwarzen Truppen und gemischten Versammlungen auf und war immer bemüht, durch Unterhaltung oder soziales Engagement Freude in das Leben anderer zu bringen, auch wenn ihr eigenes Leben zunehmend freudloser wurde. K.E.H.

geb. 2. September 1901 in Berlin
gest. 5. Mai 1987 in London
deutsche Grafikerin und Malerin
Lit. 243, 486

Else Meidner stammte aus wohlhabender jüdischer Familie. Gegen den Widerstand ihrer Eltern erkämpfte sie sich die Erlaubnis zum Kunststudium, dazu suchte sie starke Verbündete – Käthe Kollwitz und Max Slevogt bestätigten ihr Talent.

Else Meidner war eine kesse Berlinerin, temperamentvoll und lebensfroh. Sie wollte »malen wie Michelangelo«. Als sie Ludwig Meidner begegnete, war sie Anfang 20, er Anfang 40. Er war ihr Zeichenlehrer und bereits ein anerkannter expressionistischer Künstler. 1927 heiratete sie ihn. In dieser Ehe trafen zwei sehr konträre Persönlichkeiten und unterschiedliche schöpferische Temperamente aufeinander: Ludwig Meidner war puritanisch, streng religiös und melancholisch bis depressiv. Schon bald mußte sie sich dagegen wehren, als sein »Anhängsel« zu gelten. Sie war eine eigenständige hervorragende Zeichnerin, Radiererin und später auch Malerin. Seinem Stil hat sie sich nie angepaßt.

Ab 1933 durfte sie in Deutschland nicht mehr ausstellen. Auf der Flucht vor den Nazis schickte sie 1938 zunächst ihren kleinen Sohn David zu ihrer Schwester nach London, ein Jahr später folgte sie selbst, zuletzt auch ihr Mann. So entging die Familie dem Schicksal des Großvaters, der in Theresienstadt ermordet wurde.

In der Notzeit des Zweiten Weltkriegs entdeckte Else Meidner die Farbe wieder und malte lebenssprühende Bilder, die ihr Mann herabsetzend als »eine Art Bauernmalerei« bezeichnete.

Die finanzielle Lage der beiden war so hoffnungslos, daß sie sich zeitweise als Dienstmädchen verdingte und er Nachtwachen bei Sterbenden hielt. 1953 wurde die Ehe geschieden. Ludwig Meidner kehrte nach Deutschland zurück und erlebte dort eine Art Renaissance, sie wurde britische Staatsbürgerin, obwohl sie von sich sagte: »Es gibt Pflanzen, die überall gedeihen, wenn man sie verpflanzt, aber ich konnte nie neue Wurzeln schlagen. Meine Wurzeln sind in Berlin geblieben.« Wegen der Gicht in ihren Händen konnte sie nicht mehr malen und wurde mit zunehmendem Alter pessimistisch bis zur Menschenfeindlichkeit. Einem Freund gegenüber nannte sie sich mit bitterer Ironie »die größte Sammlerin der Arbeiten von Else Meidner«. Hunderte von Bildern und Zeichnungen stapelten sich in ihrer kleinen Dachwohnung. Es gab noch einige Ausstellungen in Londoner Privatgalerien und 1969 in Deutschland, dann wurde es still um sie. Erst nach ihrem Tod wurde ihr Werk in Deutschland einem größeren Publikum vorgestellt, 1991 in der Kunsthalle Schirn, Frankfurt, und in der Kunsthalle Emden. R.R.

geb. 19. März 1889 in Kimberley, Südafrika
gest. 6. Juli 1968 in Johannesburg
südafrikanische Schriftstellerin
Lit. 734, 902

Die weiße Schriftstellerin aus Südafrika litt zeitlebens unter extremer Schlaflosigkeit, die sie oft in einen Zustand totaler Erschöpfung brachte. Weder chemische noch homöopathische Therapien halfen, ebensowenig eine Psychoanalyse. So sah Sarah Gertrude Millin im Schreiben die einzige Möglichkeit, sich zu helfen. Sie schrieb Romane, Erzählungen, Essays, Biographien, eine Autobiographie und ein Drehbuch und veröffentlichte ihre Kriegstagebücher.
Millin war mit einem bekannten Juristen (später Richter) verheiratet und hatte so Verbindung zu weißen Politikern Südafrikas. Sie engagierte sich gegen den wachsenden Antisemitismus (ihr Mann war jüdischer Abstammung) und setzte sich für jüdische Flüchtlinge aus Deutschland ein. Sie reiste durch Europa und Amerika, wo sie mit vielen bekannten Persönlichkeiten aus Politik und Kultur zusammentraf. Ihre Romane waren erfolgreich und wurden in mehrere Sprachen übersetzt.
Es kann hier nicht darum gehen, Millins Werk im einzelnen kritisch zu würdigen. Was aber auffällt, ist folgendes: Millin war zu Lebzeiten eine weltbekannte Schriftstellerin. Wie kommt es also, daß sie heute (fast) vergessen ist? Innerhalb von dreißig Jahren ist es offenbar dem Literaturbetrieb gelungen, eine bekannte Schriftstellerin in Vergessenheit »geraten« zu lassen.
Nach dem Tod ihres Mannes (der sie bei ihrer Arbeit nicht sonderlich unterstützt zu haben scheint) erfährt sie, was es heißt, wieder als »alleinstehende« Frau zu leben: Sie fühlt sich als Überbleibsel, von den anderen als überflüssig angesehen. Ihre Autobiographie drückt ihren Schmerz darüber aus und macht deutlich, daß Sarah Gertrude Millin auch eine große Briefschreiberin war. Sie starb, fast achtzigjährig, in Johannesburg. B.S.

geb. 5. April 1875 in Enghien-les-Bains
gest. 5. Januar 1956 in Bougival
französische Schauspielerin, Tänzerin, Varietékünstlerin
Lit. 128, 202, 234, 821

Ihre Kindheit und Jugend verbringt Mistinguett in einem Vorort von Paris in ärmlichen Verhältnissen und muß früh in Haushalt und Kleinbetrieb mithelfen, was sie verabscheut. Lieber trägt sie Rechnungen aus und treibt Geld ein – dabei kann sie ihr komödiantisches Talent sinnvoll einsetzen. Ihr viel jüngerer Bruder Marcel steht von Anfang an unter ihrem liebevollen Schutz und ihrer unerbittlichen Strenge; ihr ganzes Leben wird sie lieber kommandieren und auf »Ungehorsam«, Widerstand oder Rivalität empfindlich, temperamentvoll und wutentbrannt reagieren. Das bekommen später ihre Liebhaber oder Konkurrentinnen zu spüren. Schon mit 8 Jahren will Mistinguett zum Theater, ein Star werden und reich. Sie begreift bald, daß sie »es sich nicht leisten kann, einfach ein schönes Geschöpf zu sein«, denn sie ist nicht außergewöhnlich hübsch, hat zu große Zähne und ist knabenhaft schlank. Ihr größtes Kapital sind ihre ausdrucksstarken Augen, ihre berühmten Beine, ihre unglaubliche Energie und Arbeitswut, ihre Leidenschaft für die Bühne und für ihr Publikum. Ihre frechen oder naiven Lieder unterstreicht sie von Anfang an (mangels tragender Stimme) mit Gesten und Gebärden und fällt so durch Originalität und Spontanität auf. Es ist die Zeit von Toulouse-Lautrec, der Stars Jane Avril, Yvette Guilbert, der Tänzerinnen und Kurtisanen La Belle Otero und Liane de Pougy, die mit Natalie Barney eine Liebesbeziehung hatte und der auch eine kurze Affäre mit Mistinguett nachgesagt wird. In ihren Memoiren schweigt sich Mistinguett darüber aus. Um die Jahrhundertwende – sie hat sich gerade im »Eldorado« etabliert – wird sie höchst unpassend schwanger. Ihr Sohn Leopold wächst bei der reichen Familie seines Vaters in Brasilien auf und lernt seine Mutter erst Jahre später kennen. Da ist sie schon der gefeierte Star des Moulin Rouge, der Folies-Bergère, des Casino de Paris. Sie entdeckt und fördert Maurice Chevalier, die große Liebe ihres Lebens – und weigert sich, selbst ihn zu heiraten. Mistinguett spielt auch bei »ernsthaften« Theaterproduktionen mit und übernimmt Filmrollen. Aber ihr eigentliches Metier ist das Varieté: die phantasievollen Kostüme (immer mit Federn), die Lieder, die Tanznummern, die Sketche, nicht zuletzt der Kontakt mit ihrem Publikum. Als sie 80jährig in ihrem Haus in Bougival, dem ehemaligen Besitz der Dubarry, nach mehreren Herzattacken stirbt, geht eine Ära zu Ende.

A.v.H.

geb. 8. November 1900 in Atlanta, Ga.
gest. 16. August 1949 in Atlanta, Ga.
amerikanische Schriftstellerin und Journalistin
Lit. 279, 785, 858, 1148

Die Autorin des Bestsellers *Gone With the Wind* wird erst 35 Jahre nach dem Ende des amerikanischen Bürgerkrieges (1861-1865) in Atlanta geboren. Sehr lebendig jedoch wird der kleinen Margaret der verletzte Stolz der *Southerners*, von ihrer Großmutter in Form von Gutenachtgeschichten übermittelt. Zum Lernen verspürt sie wenig Lust, und ihre schulischen Leistungen sind dementsprechend schwach; lediglich das Schreiben stellt sich früh als Begabung heraus. Der Mutter zuliebe besucht Margaret das Smith College in Connecticut, doch als die Mutter noch während ihres ersten Jahres dort plötzlich stirbt, bricht sie ihre Ausbildung ab und kehrt nach Atlanta zurück, um sich um Vater und Bruder zu kümmern. Sie setzt ihre Ausbildung niemals fort und beginnt auch keine andere.

Bald lernt sie den Lebemann Red Upshaw kennen. Ihre Familie rät von dieser Verbindung ab, doch Peggy erliegt Reds Charme und heiratet ihn im Alter von 21 Jahren. Schon auf der Hochzeitsreise gibt es Spannungen und kurze Zeit später auch Gewalttätigkeiten, so daß Peggy sich noch im selben Jahr zur Scheidung entschließt. Sie wird berufstätig als – schnell erfolgreiche – Lokalreporterin beim *Atlanta Journal Magazine* und heiratet den Journalisten John Marsh, der sie bewundert und ihr Schreiben unterstützt. Auf Johns Wunsch beendet sie ihre Karriere als Reporterin und beginnt mit der Konzeption eines Romans, der den Bürgerkrieg, die Zerstörung Atlantas und die anschließende Rekonstruktion der Südstaaten thematisiert.

Obwohl sie mit Leidenschaft und Ausdauer schreibt, denkt Peggy trotz der neun Jahre, die sie mit Unterbrechungen an dem Roman arbeitet, nie an Veröffentlichung. Daß es doch dazu kommt, ist vor allem dem Umstand zu verdanken, daß die Verlage in diesen Tagen nach der Depression fieberhaft nach geeigneten Romanen suchen, die die Sehnsüchte der Menschen befriedigen können. Nun brauchte nur noch eine Freundin Peggys dem Verlag den entscheidenden Tip zu geben.

Der außerordentliche Ruhm, den *Gone With the Wind* ihr seit 1936 bringt, ist für Peggy einerseits schwer zu verkraften, andererseits leidet sie aber auch darunter, wenn die Aufmerksamkeiten nachlassen. Ihr Leben, die »Road to Tara«, hat sich mit der Veröffentlichung ihres einzigen Romans erfüllt. Wie schon in einer eigenen Vorahnung befürchtet, stirbt sie durch einen Autounfall, auf dem Weg ins Kino. Sie wurde nicht einmal 49 Jahre alt. C.H.

geb. 31. August 1870 in Chiaravalle
gest. 6. Mai 1952 in Nordwijk aan Zee
italienische Ärztin, Pädagogin
Lit. 103, 443, 741, 964, 1008

»Sie war eine phantastische Persönlichkeit. War sie da, war sonst nichts im Raum. Wir liebten sie sehr. Für uns kam sie gleich nach dem lieben Gott«, erinnert sich eine Schülerin. Um 1900 bedeutet Schule vorwiegend Drill und Züchtigung. Maria Montessori erzieht durch Liebe und Zuwendung: mit Hilfe selbst entwickelten Materials erreicht sie eine faszinierende Eigenaktivität des Kindes. Ihre Idee »Wissen läßt sich begreifen« machte bald über Italien hinaus Schule.

Maria Montessori fiel bereits mit 13 Jahren auf durch den für ein Mädchen ungewöhnlichen Besuch der naturwissenschaftlichen Sekundarschule. Nach erfolgreichem Medizinstudium in Rom erwirbt sie als erste Frau Italiens 1896 den medizinischen Doktorgrad. Parallel engagiert sich Montessori für die Rechte der Frau, hält bereits mit 26 Jahren aufsehenerregende Vorträge über Frauenemanzipation. Als Ärztin übernimmt sie 1897 eine Assistenz in der Psychiatrie der Universität Rom. Dort soll sie Kinder für pädagogische Zwecke in römischen Irrenanstalten aussuchen, sie findet sie zusammengepfercht und ohne Spielzeug. Ihr Ziel ist es, ihnen die Menschenwürde zurückzugeben, sie zur Unabhängigkeit von der Hilfe anderer zu bringen. Aus ihrer Erfahrung mit behinderten Kindern entwickelt sie ihre Methode, die bis dahin unerwünschte Eigeninitiative und Spontaneität des Kindes an normalen Schulen zu fördern. Dort begegnet sie auch ihrem Kollegen Dr. Montesano, mit dem sie später die Modellschule zur Lehrerausbildung für behinderte Kinder eröffnet. Beide gelten als Paar und haben einen gemeinsamen Sohn, den 1898 geborenen Mario. Erst als Montesano eine andere Frau heiratet, bricht die Verbindung ab und Montessori verläßt enttäuscht die Modellschule. Sie studiert Pädagogik, wird Dozentin für Anthropologie und Biologie in Rom und veröffentlicht ihre ersten Bücher. Für ihre Lebensaufgabe verzichtet sie auf eine eigene Familie doch nimmt sie ihren fünfzehnjährigen-Sohn zu sich. Mario wird später ihr zuverlässigster Begleiter und Organisator der Montessori-Bewegung. Gemeinsam bereisen sie die Kontinente, um ihre Lehre persönlich zu verbreiten. Als sie nach einigen Jahren in Indien 76jährig nach Europa zurückkehrt, hält sie Vorträge in vielen Ländern dieser Welt. Noch voller Pläne und Ideen stirbt Montessori mit 81 Jahren. C.R.

geb. 22. August 1933 in Chemnitz
gest. 6. Mai 1990 in Berlin
deutsche Schriftstellerin
Lit. 369, 419, 749, 788, 962, 993

»In diesen Weltzuständen ist Humor für mich ... eine Widerstandskraft gegen die Lähmung durch Angst ... Der Humor kann unseren aktiven Widerstand gegen die Bedrohung stützen.« Mittels Komik, Phantasie und genauer Beobachtung der Realität bemühte sich Irmtraud Morgner in ihren großangelegten, montageartigen Romanen, ihr Grundthema, den »Eintritt der Frau in die Historie«, literarisch zu bewältigen. Ihre formal wie inhaltlich kühnen Bücher, vor allem *Leben und Abenteuer der Trobadora Beatriz nach Zeugnissen ihrer Spielfrau Laura* (1974) und *Amanda. Ein Hexenroman* (1983), machten den Geschlechterkampf und die uneingelöste Gleichberechtigung der Frau in der DDR zum Thema. Sie wurden wegweisend sowohl für die darauffolgende Flut der Bearbeitungen dieses Problemkreises durch jüngere Schriftstellerinnen ihres eigenen Landes wie auch für Diskussionen innerhalb der westlichen Frauenbewegung.

Ihre ersten, noch der Tradition des sozialistischen Realismus verhafteten Schriften verwarf sie selbst, als sie Mitte der 60er Jahre begann, eine eigene, kritischere Schreibweise zu entwickeln. Im Roman läßt sie die legendäre Trobadora Beatriz de Dia nach einem Schlaf von 800 Jahren zurückkommen und in der DDR frauenfreundlicheres Klima suchen – natürlich vergebens. In der Fortsetzung *Amanda* ist die Welt noch düsterer. Die Hexe Amanda versucht, die anderen Hexen anzustiften, das destruktive männliche Sinnsystem umzustürzen.

Obwohl ihre Bücher den herrschenden DDR-Instanzen höchst unbequem waren, bekam Morgner viele Ehrungen, und auch im Westen hatten ihre Bücher großen Erfolg.

Nach vier Operationen und langem Leiden starb Morgner an Krebs, als ihr Land gerade die alten Schranken umstieß. Sie hoffte, daß die Frauen sich in dem Umbruch solidarisieren und für ihre Sache kämpfen würden: »Die Freude über den Aufbruch in meinem Land überwältigte mich fast. Die Freude, aber auch der Schmerz, gerade jetzt ans Bett gefesselt zu sein, nicht dabeisein zu können ...« J.H.

geb. 3. Januar 1793 in Nantucket, Mass.
gest. 11. November 1880 bei Philadelphia, Penn.
amerikanische Abolitionistin und Feministin
Lit. 34, 210, 232, 322, 785, 1016

Als Lucretia Mott und den anderen weiblichen Delegierten 1840 die aktive Teilnahme am Londoner Weltkongreß für die Abschaffung der Sklaverei verweigert wurde, ahnte wohl niemand, daß man sich dieses Kongresses nach 150 Jahren nur noch als des Auslösers der amerikanischen Frauenbewegung erinnern würde. Der heiß debattierte Ausschluß der Frauen, die nach herrschender Ansicht von Geburt minderwertig und moralisch ungeeignet für öffentliches Auftreten waren, war für Mott und Elizabeth Cady Stanton, die sie in London kennengelernt hatte, der Anlaß, etwas gegen diese Benachteiligung zu unternehmen. Acht Jahre später beriefen sie und drei andere Frauen in Seneca Falls, New York, die erste Frauenrechtsversammlung ein, die der amerikanischen Bewegung den entscheidenden Impuls gab. Fortan wurde die beredte Quäkerin, Geistliche und führende Abolitionistin zur »moralischen Kraft« auch dieser Bewegung und spielte als Rednerin, Organisatorin und vor allem Beraterin der jüngeren Frauen eine entscheidende Rolle.
Lucretia Coffin wuchs auf der Insel Nantucket vor Cape Cod auf, einem Zentrum der Walfang-Industrie Neuenglands mit langer Tradition weiblicher Gleichberechtigung. Als Tochter eines Schiffskapitäns, der meist auf See war, und einer tüchtigen Ladenbesitzerin erlebte sie aus erster Hand weibliche Selbständigkeit. Auch der Glaube der QuäkerInnen an die geistliche Gleichberechtigung der Geschlechter hat sie entscheidend geprägt.

Nach ihrer Hochzeit mit James Mott zog sie nach Philadelphia, dem Zentrum der QuäkerInnen-Gemeinde, wo sie mit 28 Jahren zur »Predigerin« ernannt wurde. Dadurch gewann sie wertvolle Erfahrung im öffentlichen Reden, die anderen Frauen verwehrt war. Ihr eigenständiges Urteil und ihr Scharfsinn wurden allseits anerkannt. Die Motts spielten bald als AbolitionistInnen eine wichtige Rolle; ihr Haus wurde zum Treffpunkt der Bewegung und auch zur Station der »Untergrundbahn« für geflohene SklavInnen. Als Frauen in die nationale Vereinigung gegen die Sklaverei aufgenommen wurden, gründete Mott 1833 die *Female Anti-Slavery Society,* die erste von vielen Frauen-Gruppierungen, die damals aus dem Boden schossen. Die GegnerInnen der Sklaverei – vor allem die Frauen, die in der Öffentlichkeit zu agieren wagten – wurden oft brutal bedroht. Aber Lucretia Mott schreckte niemals zurück, wenn es um die Verteidigung ihrer Grundsätze ging, und engagierte sich bis an ihr Lebensende tatkräftig für die Rechte der Frauen und der Schwarzen. J.H.

Constanze Mozart

geb. 5. Januar 1762 in Zell, Wiesental
gest. 6. März 1842 in Salzburg
Ehefrau von Wolfgang Amadeus Mozart
Lit. 169, 358, 884, 961, 1095

Kaum eine Frau ist in der Musikliteratur so verfemt worden wie Constanze Mozart. Dabei führten die Mozarts eine harmonische und – wenn man Wolfgangs Briefen glauben kann – sexuell erfüllte Ehe. Von dumpfer Triebhaftigkeit soll sie gewesen sein – ein Seitensprung ihrerseits ist allerdings bis heute nicht belegt. Die Ehebrüche Wolfgangs werden dagegen schmunzelnd als »Mannsbilderspäße« verbucht. Sie wird als schlechte Hausfrau bezeichnet, doch lobte Schwiegervater Leopold, der ihr nicht sonderlich zugetan war, ihre Haushaltsführung als »im höchsten Grade ökonomisch«. Biographen behaupten, sie hätte Krankheiten simuliert, und übersehen dabei, daß eine Frau, die in acht Jahren sechs Kinder austrägt, kräftemäßig ausgelaugt ist. Sie litt nach Aussage ihrer Schwester Sophie an einer lebensgefährlichen Beinkrankheit, die sie acht Monate lang ans Bett fesselte.

Der gern erhobene Vorwurf, Constanzes Lieblosigkeit sei der Grund für Wolfgangs Beerdigung in einem Massengrab, ist durch Nachforschungen über damalige Bestattungs-Gepflogenheiten widerlegt worden. Als Wolfgang starb, hinterließ er sie mit zwei Kindern, mit Schulden, einer unfertigen Partitur des Requiems, für die er vollständig entlohnt worden war, und einem Stapel ungeordneter und teils unvollständiger Musikautographen. Trotz Armut und Not verkaufte sie die Manuskripte nicht, für die sie sofort Geld bekommen hätte, sondern hütete sie sorgfältig. Erst 1799 veräußerte sie sie an den Verleger André. Es ist also maßgeblich ihr zu verdanken, daß Wolfgangs Autographe nicht in alle Welt verstreut sind. Dennoch wird sie bis heute als betrügerische Geschäftsfrau diffamiert. Sie war sicherlich kein Engel; so verzieh sie ihrem Schwiegervater nie die Demütigungen, die er ihr und ihrer Mutter zufügte. Eine triebhafte, lieblose, gefühlskalte und treulose Person, als die sie hingestellt wird, war sie jedoch nicht. E.R.

geb. 25. September 1892 in Hamburg
gest. 29. September 1933 in Hamburg
deutsche Psychologin
Lit. 346, 751-753

Die Volksschullehrerin Martha Muchow besuchte ab 1913 Vorlesungen des berühmten Psychologieprofessors William Stern. Stern war von der Begabung der jungen Studentin beeindruckt und erwirkte für sie eine Berurlaubung aus dem Schuldienst, um sie als wissenschaftliche Mitarbeiterin zu gewinnen. 1923 wurde Muchow promoviert und bekam die Stelle einer Wissenschaftlichen Rätin. Ihr Interesse galt schulpsychologischen, sozialpädagogischen, kinder- und jugendpsychologischen Problemen. Insbesondere ging sie der »Straßensozialisation« von Kindern nach – ein für damalige Begriffe revolutionäres Thema. Eine glänzende Karriere als Wissenschaftlerin schien vor ihr zu liegen; ihre zahlreichen Publikationen und in- und ausländischen Kongreßbeiträge machten sie in der Fachwelt über die Grenzen Deutschlands hinaus bekannt. Die nationalsozialistische Diktatur setzte dieser Entwicklung ein abruptes Ende. Das Psychologische Institut in Hamburg wurde geschlossen, die jüdischen Professoren entlassen und Martha Muchow als einzige Nichtjüdin beauftragt, die verwaltungsmäßige Übergabe des Instituts an einen nationalsozialistischen Erziehungswissenschaftler zu organisieren. Zu FreundInnen soll sie gesagt haben, daß sie in einer so ungerechten Welt nicht mehr leben wolle. Ein paar Tage nach ihrem 41. Geburtstag starb sie durch Selbstmord.
Martha Muchows Nachlaß wurde von ihrem jüngeren Bruder Hans Heinrich verwaltet, dessen jugendpsychologische Schriften in den 50er und 60er Jahren zum Repertoire fast jeder universitären Psychologieausbildung gehörten. So fielen jedenfalls ihre Forschungen nicht dem Vergessen anheim. »Ich habe versucht, das Erbe meiner Schwester zu verwirklichen« – äußerte er 1978. Er hat es getan. Doch wer kennt Martha Muchow? S.D.

Gabriele Münter

geb. 19. Februar 1877 in Berlin
gest. 19. Mai 1962 in Murnau
deutsche Malerin
Lit. 357, 563, 564, 1089

Ihre Erziehung war geprägt vom Pioniergeist und Freiheitswillen ihrer wohlhabenden deutsch-amerikanischen Eltern, die ihre Ausbildung zur Malerin unterstützten. Nach dem frühen Tod der Eltern, erstem, privatem Zeichenunterricht in Düsseldorf und einem zweijährigen Amerikaaufenthalt zog Gabriele Münter 1901 nach München. Weil Frauen zu dieser Zeit keine Aussichten auf einen Studienplatz an einer Kunstakademie hatten, trat die emanzipierte junge Frau in die »Phalanx«-Schule von Kandinsky ein, der bald nicht nur ihr Lehrer, sondern auch ihr Geliebter war. »Es hängt sehr viel ab von Dir. Du kannst nicht alles, aber nur durch Dich kann ich zu wirklich Großem kommen«, schrieb ihr der noch anderweitig Verheiratete im Oktober 1905. Da hatte er ihr längst die Ehe versprochen. Das Künstler-Paar unternahm zwischen 1904 und 1908 lange Reisen, nach Tunis, an die Riviera, nach Paris, wo Münter unter dem Eindruck von Matisse und den anderen Fauves zu einer ganz neuen Malweise klarer Formen fand. 1909 kaufte Münter in Murnau ein Haus, in dem sie die Sommermonate mit Kandinsky verbrachte. Es entwickelte sich rasch zum Treffpunkt der Münchner Avantgarde: Marianne Werefkin, Alexej Jawlensky und die späteren »Blauen Reiter« Franz Marc und August Macke gehörten zu den regelmäßigen Bewohnern der »Russen-Villa«. 1911 stellte sie zusammen mit Kandinsky und Franz Marc aus: ihr künstlerischer Durchbruch. Zwischen 1915 und 1920 lebte Münter in Skandinavien, um Kandinsky näher zu sein, der vor Kriegsbeginn nach Rußland zog. 1917 verschwindet Kandinsky kommentarlos aus ihrem Leben. Daß er 1917 zum zweiten Mal geheiratet hat, erfährt Münter erst Jahre später. »Bei mir ist es, als wenn Sand gestreut worden wäre. – Asche – und eine dicke Schicht auf meinem Leben und meinen Gefühlen läge ... Jemand muß kommen und aufkratzen und wegschaufeln ...« Seit 1929 lebte Münter mit dem Kunsthistoriker Johannes Eichner zusammen. Während der Zeit des Nationalsozialismus hatte sie Ausstellungsverbot. Die einstige Avantgardistin und Pionierin der neuen Kunst konnte sich erst 1949 mit der Gedächtnisausstellung »Der Blaue Reiter in München« wieder der Öffentlichkeit präsentieren und mit darauffolgenden Ausstellungen aus dem Schatten Kandinskys lösen. 1926 noch hatte sie enttäuscht festgestellt: »Ich war in vieler Augen doch nur eine unnötige Beigabe zu Kandinksy. Daß eine Frau ein ursprüngliches, echtes Talent haben und ein schöpferischer Mensch sein kann, das wird gern vergessen.« S.G.

geb. 28. Januar 1900 in Merion Square, Penn.
gest. 13. Oktober 1984 in New York
amerikanische Malerin
Lit. 7, 8, 63, 360, 478

Die Bilder der Malerin Alice Neel wurden selten gekauft, da sie niemals ihren Modellen schmeichelte. Ihre ungeschminkten Porträts wurden als bedrückend und schockierend empfunden, doch blieb sie ihrem realistisch-expressiven Stil jahrzehntelang treu.
Sie sagte sich früh von ihrer wohlhabenden Familie los und ging nach dem Studium Ende der 20er Jahre nach New York, heiratete einen kubanischen Studenten und zog später ihre zwei Söhne allein groß. Ihr Leben verlief sehr bewegt und meistens tragisch, sie verlor eins ihrer Kinder, hatte mehrere unglückliche Männerbeziehungen und unternahm nach einem Nervenzusammenbruch einen Selbstmordversuch; doch immer malte sie – Stadtlandschaften und ihre BewohnerInnen, Porträts von FreundInnen, NachbarInnen und der eigenen Familie, später auch Prominente der Kulturszene, z.B. Allen Ginsberg und Andy Warhol. Sie hatte den ungewöhnlichen Einfall, Persönlichkeiten der Kunstszene in ihr Atelier einzuladen und sie zu fragen, ob sie sich als Akt malen lassen würden. Einige willigten ein, entwaffnet durch diese direkte Bitte. Bekannt sind die Aktporträts des Kunstkritikers John Perreault, der Kritikerin Cindy Nemser und des New Yorker Dichters Joe Gould (den sie mit mehreren Genitalien darstellte). Neel war immer auch politisch engagiert; als junge Frau sympathisierte sie mit kommunistischen Ideen, später war sie aktiv in der neuen Frauenbewegung und malte Porträts bekannter Feministinnen wie Kate Millett und Bella Abzug. Mit ihren Aktdarstellungen von schwangeren, kranken oder alten Frauen stellte sie die konventionelle Präsentation des Weiblichen – jung, perfekt und arrangiert für den männlichen Betrachter – radikal in Frage. Alice Neels Akt-Selbstbildnis als 80jährige ist der Gipfel dieser langen Reihe unkonventioneller Porträts, in denen sie die Menschen mit allen Narben des Lebens malte. Ab 1932 stellte Neel zwar gelegentlich aus, doch ihre erste große Ausstellung fand erst 42 Jahre später statt. Heute gelten ihre Bilder als bedeutende Dokumente ihrer Zeit, als kritischer Kommentar zur amerikanischen Geschichte und Kultur des 20. Jahrhunderts. In ihren späten Lebensjahren wurde ihr Werk allseits anerkannt. Präsident Carter empfing sie im Weißen Haus, Ausstellungen wurden arrangiert, und sie trat im Fernsehen auf. Anläßlich ihres 100. Geburtstags fand im Philadelphia Museum of Art eine große Rückschau auf ihr Werk statt. R.R.

geb. 11. September 1881 in Kopenhagen
gest 25. Mai 1972 in Frederiksberg/Kopenhagen
dänische Schauspielerin
Lit. 217, 468, 776, 976

»Asta Nielsen ist ... die einzige Künstlerin im Film, die schlechtweg als Genie anzusprechen ist ... Daß sie – wie alle ganz Großen in der Kunst – nebenher auch ein bedeutender Mensch ist, deren überlegener Humor und tiefe Lebensweisheit einzig ist, weiß jeder, der das Glück ihrer Freundschaft genießt«, schrieb der Schauspieler und Regisseur Paul Wegener über die aus Dänemark stammende bedeutendste Schauspielerin des Stummfilms, den sie vom Jahrmarktsspektakel zur Kunstform erhob und in Deutschland von Anfang bis Ende beherrschte.

Überlegenen Humor und Lebensweisheit beweist Asta Nielsen auf jeder Seite ihrer wunderbaren, 1946 unter dem Titel *Die schweigende Muse* erschienenen Lebenserinnerungen. Humor hatte Nielsen auch nötig, besonders während ihrer Kindheit und Jugend, die sie in größter Armut verbrachte.

Mit 18 Jahren wurde Asta – bis dahin nicht aufgeklärt – schwanger. Sie lehnte es ab, den Vater ihres Kindes zu heiraten, obwohl sie ihn mochte und eine »ledige Mutter« um die Jahrhundertwende ein Skandal war.

Aber sie wollte ihr Kind ganz für sich haben. »Ein Kind zu haben scheint mir ungeheuer wichtig; einen Ehemann zu haben gar nicht so«, fand sie.

1935 kehrte Nielsen nach 25 triumphalen Jahren in Deutschland in ihre Heimat zurück. Obwohl sie sich bei einem Galadiner ihrem Tischherrn Hitler gegenüber »flegelhaft« benahm, hätte Nazideutschland sich gern weiter mit ihr geschmückt, aber sie hatte kein Interesse.

Für Spätberufene aller Art gibt es kein schöneres Vorbild als das erstaunliche Multitalent Asta Nielsen: Ihre schriftstellerische Karriere begann sie mit 65. Gleichzeitig fertigte sie wie besessen farbenfrohe Stoffcollagen an, mit denen sie ebenfalls großen Erfolg hatte.

Mit 86 Jahren führte sie zum ersten Mal Regie. Nachdem ein Film über ihr Leben nicht ihre Zustimmung gefunden hatte, machte sie sich selbst an die Arbeit.

Schließlich, mit 88 Jahren, heiratete sie ihren dritten Ehemann, den 18 Jahre jüngeren Kunsthändler Christian Theede. Er war die große Liebe ihres Lebens. Ihr Vermögen hinterließen sie einer Stiftung, die Reisen für bedürftige alte Menschen finanziert. »Es war so schön zu reisen«, sagte Asta Nielsen, »das wollen wir nun auch anderen ermöglichen.« L.F.P.

geb. 2. Februar 1826 in Pobles, Sachsen
gest. 20. April 1897 in Naumburg
deutsche Pfarrfrau
Lit. 384-386

Wohl kaum eine Frau ist in der Fachliteratur so falsch dargestellt worden wie Friedrich Nietzsches Mutter Franziska.

Sie habe ihre Kinder lieblos und kalt von sich gestoßen, sie einer strengen christlichen Erziehung unterworfen, in einer dunklen Ecke hockend und unablässig Gebete und Bibeltexte vor sich hinmurmelnd.

Nein, so war es nicht, obwohl bis heute weiter an dieser Legende gestrickt wird. Freilich, die Kinder haben dieser Interpretation Vorschub geleistet. Friedrich bezeichnet seine Mutter als »giftiges Gewürm« und »Höllenmaschine«, Elisabeth spricht von ihr als einer »Frau ohne Charakter«. Die sorgfältige Auswertung der in Fülle vorliegenden Dokumente ergibt ein anderes Bild: Franziska entstammte einer weltzugewandten, lebensfrohen Pfarrfamilie.

Doch durch die Ehe mit dem Pfarrer Carl Ludwig Nietzsche geriet sie in die ganz andere Welt der Erweckungsbewegung, die in ihrer glühenden Frömmigkeit und reaktionären politischen Haltung dem Geist ihres Elternhauses diametral entgegengesetzt war.

Wenige Jahre nach der Hochzeit erkrankte Carl Ludwig schwer und starb 1849. Unversorgt, mit zwei kleinen Kindern, ohne Erwerbsmöglichkeiten, war Franziska nun jahrelang abhängig von ihrer Schwiegermutter. Franziska behielt ihre Lebensfreude und Weltzugewandtheit. Sie pflegte ihren Freundes- und Familienkreis. Es gelang ihr, ihren Kindern – geschlechtsspezifisch – eine gute Bildung zu verschaffen. Beide behaupten einen Platz in der deutschen Kultur- und Geistesgeschichte, wobei freilich Elisabeths Nachgiebigkeit während der NS-Zeit nicht als Ruhmesblatt gewertet werden kann.

Als Friedrich zunehmend einer Geistesverwirrung verfiel, holte seine Mutter ihn in ihr Haus. Während Elisabeth publizistisch seinen Ruhm vermehrte und durch die Sammlung aller Lebenszeugnisse des Bruders die Grundlage für seine Weltgeltung legte, pflegte Franziska ihn geduldig und liebevoll bis zu ihrem Tode. Ihre Briefe an Friedrichs treuen Freund Franz Overbeck, in denen sie über ihren mühevollen Dienst an ihrem kranken Sohn berichtet, gehören als authentisches Zeugnis wahrhaft christlicher Humanität zu den schönsten Beispielen bürgerlicher deutscher Briefkultur. M.G.

Romola Nijinsky

geb. 19. Februar 1891 in Budapest
gest. 8. Juni 1978 in Paris
ungarische Tänzerin
Lit. 780, 781

Not, Ungewißheit, erschöpfende Pflege ihres immer mehr verfallenden Mannes, der einst in aller Welt als »Gott des Tanzes« gefeiert worden war, waren für 36 Jahre ihr Alltag – der grausam hohe Preis für eine große romantische Liebe?
Als Romola, verwöhnte Tochter der bekannten ungarischen Schauspielerin Emilie Markus, Waslaw Nijinsky zum erstenmal sieht, verliebt sie sich sofort in ihn. Um in seine Nähe zu kommen, gibt sie ihre Theaterausbildung auf, nimmt Ballettunterricht, und über Beziehungen gelingt es ihr, in Diaghilews *Ballets Russes* aufgenommen zu werden. Nun sucht sie zielstrebig nach Gelegenheiten, dem Star des Ensembles zu begegnen, doch er nimmt scheinbar keinerlei Notiz von ihr. Um so überraschter und wie betäubt vor Glück ist sie, als Nijinsky um ihre Hand anhält. Als Diaghilew, der Förderer und eifersüchtige Liebhaber Nijinskys, von der Hochzeit erfährt, entläßt er ihn und intrigiert fortan nur noch gegen ihn. Romola verzichtet auf ihre weitere künstlerische Entwicklung und unterstützt Nijinsky beim Aufbau einer eigenen Ballettgruppe. 1914, kurz nach der Geburt der Tochter Kyra, wird die junge russische Familie in Ungarn vom Krieg überrascht und für zwei Jahre interniert. Als sie endlich Ungarn verlassen können, gehen sie mit ihrer Ballettgruppe in England, Nord- und Südamerika auf Tournee. Die gewaltigen organisatorischen Anstrengungen überfordern Nijinsky, zumal es durch Diaghilews Intrigen immer wieder zu Katastrophen kommt. Erschöpft flüchten die Nijinskys nach St. Moritz. Nijinsky will nicht mehr tanzen, wird von einem religiösen Wahn befallen; es kommt zu brutalen, gemeingefährlichen Ausbrüchen. Ärzte diagnostizieren eine unheilbare Geisteskrankheit. Romola pflegt ihren Mann bis zu seinem Tod im Jahre 1950, immer auf ein Wunder wartend – daß Waslaw dem Leben, seiner Kunst und seiner Familie zurückgegeben würde.
L.S.

geb. 15. November 1876 in Paris
gest. 30. April 1933 in Paris
französische Dichterin
Lit. 231, 351, 605, 928

Geboren als Tochter eines rumänischen Prinzen und einer griechischen Prinzessin und aufgewachsen in einer von Gouvernanten und Hauslehrern dominierten Welt, schuf sich Anna de Brancovan schon als Kind ein eigenes poetisches Universum, das ganz aus ihren Empfindungen und Stimmungen gespeist war. Mehr als die orientalisch dekorierten Salons des Pariser Stadtpalais, in dem ihre schöne, musikalische Mutter für Vertreter des Hochadels und Geistesgrößen der Zeit Klavierkonzerte gab, liebte Anna die Parks, Gärten und Wiesenhänge am Ufer des Genfer Sees, wo sie im Landhaus der Familie ihre Sommer verbrachte. Hier entwickelte sie ihre tiefe Liebe zur Natur, mit der sie sich ganz verbunden, verschmolzen fühlte (»mein Bruder, der Weinstock, meine Schwester, die Johannesbeere«) und die sie schon als 13jährige in Gedichten voller Ekstase besang.

Mit 21 heiratete sie den Comte de Noailles, im folgenden Jahr kam ihr Sohn zur Welt, und sie veröffentlichte den ersten einer langen Reihe von Gedichtbänden, die von den Dichterkollegen, allen voran Marcel Proust, enthusiastisch gefeiert wurden und ihr den Ruf der bedeutendsten französischen, ja europäischen Dichterin ihrer Zeit einbrachten. Formal orientiert an der Sprache der französischen Romantik und unberührt von den Neuerungen der Surrealisten, begeisterte Anna de Noailles' Lyrik v.a. durch ihre gefühlvolle Thematik: Naturverbundenheit, Liebe, Leidenschaft und Schmerz, Angst vor Abschied und Tod. Mit dem Ersten Weltkrieg kamen politische Themen hinzu, sie beklagte die Schmerzen des Krieges und besang die Größe der französischen Nation und ihrer Helden.

Wegen ihrer Schönheit, Bildung und Eloquenz war Anna de Noailles strahlender Mittelpunkt der Pariser Salons, mußte sich allerdings mit Mitte 40 aufgrund ihrer fragilen Gesundheit fast ganz aus dem öffentlichen Leben zurückziehen, konnte ihre ausgewählten BesucherInnen nur noch liegend empfangen. 1910 wurde sie – vergeblich – für die Académie française vorgeschlagen (es sollte noch 70 Jahre dauern, bis die erste Frau, Marguerite Yourcenar, dort Platz nehmen durfte), aber elf Jahre später erhielt sie einen Sitz in der belgischen Akademie, der König gratulierte ihr persönlich zu dieser großen Ehrung.

Trotz zahlreicher weiterer Literaturpreise und Ehrungen ging ihre größte Sehnsucht nicht in Erfüllung – durch Schreiben Unsterblichkeit zu erlangen. Nach dem Zweiten Weltkrieg geriet die »Muse der französischen Republik« weitgehend in Vergessenheit. A.S.

geb. 3. Dezember 1897 in Limerick, Irland
gest. 13. August 1974 in Faversham, England
irische Schriftstellerin und Dramatikerin
Lit. 87, 150, 218, 879

In den 30er und 40er Jahren war die Irin Kate O'Brien eine bekannte Schriftstellerin. Schon ihr erstes Theaterstück *Distinguished Villa* (1926) lief erfolgreich in London, und für ihren ersten Roman, die irische Familiensaga *Das Haus am Fluß* (1931), erhielt sie zwei wichtige Literaturpreise. Ihr bekanntestes Werk, *Jene Dame*, über den leidenschaftlichen Kampf der Fürstin Eboli um ein eigenständiges Leben im intriganten Spanien Philipps II., wurde nach seinem Broadway-Erfolg 1947 sogar verfilmt. Danach wurde es still um die Autorin. Erst in den letzten Jahren sind ihre Bücher in England wiederaufgelegt worden.

Kate O'Brien hat dafür gesorgt, daß wir über ihr unruhiges Privatleben – mit Ausnahme ihrer Kindheit – nur wenig wissen. 1897 in Limerick in eine wohlhabende Familie der katholisch-irischen Bourgeoisie geboren, wurde sie nach dem frühen Tod der Mutter 1902 von Nonnen aufgezogen. Nach dem Studium begann ihr Wanderleben. Wie Joyce, mit dem sie verglichen worden ist, verbrachte sie die meiste Zeit ihres Lebens im selbstgewählten Exil, vor allem in England, aber auch in Spanien – das sie ihr Leben lang faszinierte –, den USA, Italien. Dazwischen zog es sie immer wieder nach Irland, wo sie zwischen 1950 und 1961 in Roundstone, Co. Galway, ein Haus besaß.

Was Kate O'Brien beschäftigt haben mag, können wir am ehesten aus ihren Werken ablesen. In vielen ihrer realistisch-psychologischen, elegant geschriebenen Romane setzt die Autorin sich teils kritisch, teils nostalgisch mit der Lebensweise der wohlhabenden irisch-katholischen Bourgeoisie, mit dem irischen Nationalismus und mit der katholischen Religion auseinander. Immer wieder geht es auch um romantische Liebe, das Künstlerinnendasein, um Heimat und Exil.

Ihre Werke zeichnen sich besonders durch die einfühlsame Darstellung von Frauengestalten aus. O'Brien beschreibt den Kampf von Frauen zwischen Familientradition und Selbständigkeit, zwischen der Erfahrung intensiver sexueller Gefühle und katholischem Sündenbewußtsein. G.K.

geb. 1. Juni 1889 in Stockholm
gest. 16. Juni 1943 in Magliaso, Tessin
deutsch-schwedische Sängerin
Lit. 502, 551, 822

Sigrid Onégin besaß eine der vollendetsten Altstimmen des 20. Jahrhunderts. Ihre Ausdrucksintensität, ihre Beherrschung der Technik und ihre Steigerungsfähigkeit beim Vortrag waren phänomenal.

Onégin wuchs in Paris auf. Als die Eltern sich trennten, blieb sie aus Pflichtgefühl bei der Mutter, die das Singen als Zeitvergeudung ansah. Der Vater verlor sein Vermögen und beging Selbstmord. Onégin unterstützte ihre Mutter und zwei jüngere Brüder, indem sie als Sekretärin, Hausdame und Dolmetscherin arbeitete. Ebenso mühevoll verdiente sie sich das Honorar für die ersten Gesangsstunden.

Sie heiratete den Pianisten und Komponisten Eugen Onégin und ging mit ihm auf Konzertreisen. Zuerst entdeckte sie Lied und Oratorium, dann folgte die Oper: 1912 debütierte sie als Carmen an der Stuttgarter Hofoper. Der Erste Weltkrieg zwang sie, den russischen Ehemann jahrelang in einer Wiesbadener Wohnung versteckt zu halten – für beide eine lebensgefährliche Unternehmung, die sie an die Grenzen ihrer psychischen Belastbarkeit brachte. Er litt gesundheitlich so sehr darunter, daß er kurz nach Kriegsende starb. Inzwischen hatte sie sich einen Namen als Konzertsängerin gemacht. Sie war die einzige europäische Sängerin, die sich über 15 Jahre lang im US-Konzertleben behaupten konnte.

Sie sang sich von Erfolg zu Erfolg, und noch heute gibt es Aufnahmen von ihr zu kaufen, auf denen wir ihre grandiose Technik, die makellose Schönheit, den weiten Umfang (vom tiefen F zum dreigestrichenen C) und die Resonanz ihrer Stimme bewundern können. E.R.

Ida Orloff

geb. 13. Februar 1889 in St. Petersburg, Rußland
gest. 9. April 1945 in Tullnerbach bei Wien
deutsch-österreichische Schauspielerin
Lit. 370, 465, 929

Schon mit 16 tritt die zierliche Blondine in einer Privatvorstellung von Wedekinds *Büchse der Pandora* auf. Daraufhin wird sie für Hauptmanns *Hanneles Himmelfahrt* ans Berliner Lessing-Theater engagiert. Die Kritik schwärmt: »Die kindliche Klarheit ihrer Züge nahm uns gefangen, ihr Adel und ihre durchgeistigte Jugend.« Ihr ganzes Wesen fesselte Hauptmann; Orloff stand Modell für seine Heldin in *Und Pippa tanzt*, eine Rolle, die sie berühmt machte. »Du bist mein Dichter«, schreibt sie ihm, »Du gehörst also zu mir, ich bin ein Stück von Deinem Geist und muß um Dich sein im Leben, fühlst Du das nicht?« Als die einjährige leidenschaftliche Freundschaft sich 1907 auflöst, heiratet Orloff ihren Jugendfreund Karl Satter, dem sie 1910 nach Wien folgt. Ein Engagement am Burgtheater endet aber 1913 mit einem Skandal und Entlassung. Praktisch ist ihre Laufbahn damit zu Ende.

Nach der Ehescheidung 1919 kann Orloff sich nur noch notdürftig mit Gastspielen an zweitrangigen Theatern durchbringen. Nur ihre klare, helle Stimme erinnert noch an die Gestalt und »den Schmetterlingsglanz« der Jugend. Von 1923 bis 1933 ist sie am Berliner Rundfunk fest angestellt; nebenbei verdient sie mit literarischen Übersetzungen aus dem Russischen. Sie geht mit ihrem zweiten Mann ins Exil, zuerst nach Florenz, dann nach London, wo sie die Familie mit Nähen und Bügeln ernährt. Diese Existenz wird ihr unerträglich; sie kehrt nach Deutschland zurück und läßt sich scheiden. In den Kriegsjahren trat sie in Vorstellungen für die Wehrmacht und wieder im Theater auf. Wegen der Bombardierung Berlins zog sie 1944 nach Wien. Wie so viele Frauen wurde sie von den einrückenden russischen Truppen »mißhandelt« (wahrscheinlich vergewaltigt). Tief verzweifelt nahm sie eine Überdosis Schlaftabletten. Begraben wurde sie im Garten des Dorfhauses, wo sie in diesen letzten Kriegswochen gehaust hatte. M.E.W.

geb. 26. März 1819 in Meißen
gest. 13. März 1895 in Leipzig
deutsche Frauenrechtlerin und Journalistin
Lit. 529, 574, 661, 728, 804

Durch ihre Aktivitäten als Schriftstellerin, Journalistin und Polemikerin prägte Louise Otto-Peters die frühe Frauenbewegung wie kaum eine andere.

Sie wurde 1819 in Meißen geboren, in gutbürgerlichen Verhältnissen. Dank einer Erbschaft war sie ihr Leben lang gut versorgt.

Die 1848er Revolution formte ihre politischen Ideale. Schon im Vormärz hatte sie zu schreiben begonnen, Gedichte, Romane, unter Pseudonym auch politische Aufsätze. Auf die dunkle Reaktionszeit der 50er Jahre folgte erneut politische Tätigkeit, die mit der Gründung des Allgemeinen Deutschen Frauenvereins 1866 ihren Höhepunkt erreichte.

1858 heiratete sie den liberalen Schriftsteller August Peters, die Ehe blieb kinderlos und brachte keine Unterbrechung ihrer politischen, journalistischen und schriftstellerischen Aktivitäten mit sich. Wenn Louise Otto auch »eine Gefangene ihrer Klasse« blieb, wie Klara Zetkin behauptet hat, versuchte sie doch auch manchmal, aus diesen Schranken auszubrechen. Besonders in den frühen Revolutionsjahren sprach und schrieb sie zur Sache der Arbeiterinnen; eine ihrer bekanntesten Schriften ist ihre *Adresse eines deutschen Mädchens*, ein Appell an die sächsische Kammer, nicht nur die Arbeit der Männer, sondern auch die der Frauen zu berücksichtigen. In späteren Jahren schrieb sie auch über die Notwendigkeit des Stimmrechts für Frauen. Ihre wichtigsten schriftlichen Leistungen erbrachte sie jedoch auf journalistischem Gebiet: Sie gründete und leitete die *Frauen-Zeitung* (1849-1852), eine liberale Zeitschrift für Frauen, die in ihren politischen Zielen bahnbrechend war. Und in Verbindung mit der Gründung des Allgemeinen Deutschen Frauenvereins gab Otto das Vereinsorgan *Neue Bahnen* heraus, von 1866 bis zu ihrem Tod im März 1895. Ihre vielen überwiegend sozialkritischen oder historischen Romane, ihre Gedichtbände und kunsthistorischen Schriften sind ein Spiegel ihrer bewegten Zeit. R.-E.B.J.

geb. 16. Januar 1898 in Dortmund
gest. 2. März 1977 in Lünen
deutsche Malerin
Lit. 298, 399

Gerta Overbeck besaß den Mut und das Selbstbewußtsein, sich in der Notzeit der zwanziger Jahre für eine künstlerische Ausbildung zu entscheiden. Die Neue Sachlichkeit lag in der Luft, und in Hannover bildete sich ein Kreis junger KunststudentInnen, die schonungslos nüchtern und kritisch die Welt darstellten, in der sie lebten. Zwei junge Frauen waren sehr aktiv an dieser Gruppe beteiligt: Gerta Overbeck und Grethe Jürgens. Die beiden waren lange Zeit eng befreundet, und ihre Arbeiten sind von Thema und Stil her nah verwandt.
Ihre Bildthemen fanden sie im proletarischen Milieu der Stadt. Der Alltag der meisten Menschen war bestimmt von Arbeitslosigkeit, politischem Radikalismus und Inflation, und auch die Lebensbedingungen der KünstlerInnen waren ärmlich. »Diese Armut hat uns damals zur Ehrlichkeit und Wahrheit geführt.« (Ernst Thomas, Freund und künstlerischer Weggefährte Overbecks)
Politisch standen sie alle weit links. Overbeck war sogar kurze Zeit Mitglied der KPD. Nach dem Studium konnte keiner von ihnen von der Kunst leben. Sie arbeiteten in Fabriken und Büros und malten ihre Bilder abends und nachts.
Overbeck ging als Zeichenlehrerin ins Ruhrgebiet, wo sie eine Zeitlang bei einer Bergarbeiterfamilie neben der Grube wohnte. In ihrer Freizeit malte sie mit unbestechlichem Blick: Hinterhöfe, Baustellen und Industrielandschaften mit Halden, Hochöfen und Stahlwerken. Sie vertrat die Ansicht, daß die Kunst auch für den einfachen Menschen »verständlich und zugänglich bleiben muß«.
In der Zeitschrift *Wachsbogen* (Hannover 1931/32), die sie selbst mit herausgab und verteilte (Overbeck und Jürgens per Fahrrad!), formulierten sie noch einmal ihre künstlerischen Vorstellungen, ehe 1933 die politische Wende kam.
In den sechziger Jahren wurde die Neue Sachlichkeit wiederentdeckt, und Gerta Overbeck und ihr Werk erfuhren eine späte Anerkennung. Heute gelten Overbeck und Jürgens als bedeutende Vertreterinnen dieser Richtung.
R.R.

geb. 8. Januar 1902 in München
gest. 22. März 1993 in Dresden
deutsche Tänzerin, Choreographin, Pädagogin
Lit. 295, 522, 597, 809, 810

»Ich will nicht hübsch und lieblich tanzen!« ist die Parole der jungen Elevin Palucca – und folgerichtig bricht sie ihr Ballettstudium ab. Dabei spürt sie schon seit frühester Kindheit den Wunsch, zu tanzen, der sich später bis zur Besessenheit steigern wird. Ihrem autodidaktischen Training, zuerst als Rollschuhtänzerin, dann als Sportlerin, bis hin zur Akrobatik, verdankt sie ihre unglaubliche Gelenkigkeit, Elastizität und einzigartige Sprungkraft. Nach der mißglückten Balletterfahrung findet Palucca in der Ausdruckstänzerin Mary Wigman die entscheidende Lehrerin; erste öffentliche Auftritte mit der Wigman-Tanzgruppe folgen. Palucca unterscheidet sich von Anfang an durch die pure Lebensfreude, die ihr Tanzen ausstrahlt, ihr Temperament, die grotesken Elemente, akrobatischen Einlagen, die Leichtigkeit im Schweben von der Tanzauffassung Wigmans. 1923 kommt es nach einem in Wigmans Choreographie nicht vorgesehenen Extrasprung (mit Szenenapplaus) zum Bruch; Paluccas Karriere als Solotänzerin beginnt. Ein Jahr später eröffnet sie eine eigene Schule in Dresden. Durch ihre Schwiegermutter, eine bekannte Kunstmäzenin, knüpft sie Kontakte zu vielen BauhauskünstlerInnen. Für Moholy-Nagy ist Palucca die einzige Tänzerin, die die neue Ästhetik des Bauhausgedankens gestaltet, »für uns das neu gefundene Gesetz der Bewegung …«. 1930 wird ihre Ehe mit dem Industriellensohn Friedrich Bienert freundschaftlich geschieden; nach dem Zweiten Weltkrieg lebt Palucca über zwanzig Jahre mit einer Kinderärztin zusammen. Ihr Privatleben hält sie geheim, wohl auch als Schutzfunktion gegenüber den verschiedenen politischen Systemen, in denen Palucca versucht, ihre Vorstellungen von Tanz und Bewegung zu bewahren. Unter den Nazis anfangs erfolgreich, spielte sie als »deutscheste Tänzerin« eine bedeutende Rolle bei den Eröffnungsfeierlichkeiten zu den Olympischen Spielen 1936 in Berlin. Als Halbjüdin erhält sie jedoch wenig später Auftrittsverbot, ihre Schule wird 1939 geschlossen. Nach dem Krieg gelingt es Palucca, im ausgebombten Dresden wieder zu unterrichten. Trotz Schwierigkeiten und Auseinandersetzungen mit den Kulturfunktionären der DDR bleibt Palucca letztendlich in Dresden. Inmitten sozialistischem Realismus schafft sie eine künstlerische Insel, in der sie ihren SchülerInnen vor allem Kreativität, Eigenständigkeit, Spontanität, Verantwortungsbewußtsein für den eigenen Weg vermittelt und in den internationalen Sommerkursen, die seit 1957 in Dresden stattfinden, Kontakte auch zu westlichen TänzerInnen ermöglicht. A.V.H.

geb. 5. Mai 1882 in Manchester
gest. 27. September 1960 in Addis Abeba, Äthiopien
englische Schriftstellerin, Sozialistin und Frauenrechtlerin
Lit. 47, 173, 652, 676, 811

Die Biographien der drei Pankhurst Frauen – Mutter Emmeline und ihrer Töchter Christabel und Sylvia – sind über viele Jahre hinweg fast identisch mit der Geschichte des Kampfes um das Frauenwahlrecht in Großbritannien Anfang dieses Jahrhunderts.
Obwohl der Vater früh stirbt, kann Sylvia dank eines Stipendiums Kunst studieren. Zunehmend engagiert sie sich mit Mutter und Schwester in der von Emmeline 1903 in London gegründeten WSPU (Women's Social and Political Union). Ihre Teilnahme an den Märschen und Demonstrationen führt wiederholt zu Verhaftungen und Gefängnisstrafen, wodurch sie die erbärmlichen Zustände im Londoner Frauengefängnis Holloway kennenlernen, die Sylvia später in ihrem Buch *The Suffragette Movement* (1931) anprangern wird.
In der Frage des Frauenwahlrechts bewegt sich aber nichts, so daß die Aktionen der WSPU im Laufe der Jahre immer militanter werden. Es kommt zu Brandstiftungen und Bombenanschlägen.
In dieser Zeit wendet sich Sylvia, deren Motivation eher pazifistisch und sozialistisch ist, der Situation der Arbeiterfrauen in Londons East End zu. Sie organisiert Spenden, um konkrete Projekte wie Sozialzentren für Kinderbetreuung mit Verpflegung, Kleidung und medizinischer Versorgung ins Leben zu rufen.
Zum Bruch zwischen Sylvia und ihrer Schwester und Mutter kommt es mit dem Ausbruch des Ersten Weltkrieges. Während die WSPU sämtliche Aktivitäten zugunsten der Arbeit an der sogenannten Heimatfront einstellt, um England zum Sieg zu verhelfen, kann Sylvia als Pazifistin den Krieg nicht gutheißen. Sie setzt ihre Arbeit im East End fort, die jetzt nötiger denn je ist, denn viele Männer sind fort, und die Frauen müssen ihre Familien nun allein durchbringen und zudem noch in der Kriegsproduktion arbeiten, natürlich nicht für den gleichen Lohn wie die Männer.
Mit 44 Jahren bekommt sie ihr erstes Kind, ihren Sohn Richard. Mit Richards Vater, einem italienischen Exilsozialisten, lebt sie auch ohne Ehe in einer glücklichen Beziehung, die ihr genug Zeit für ihre eigenen Projekte läßt.
Den Zweiten Weltkrieg versteht Sylvia als Kampf gegen den Faschismus. Als Mussolini 1935 in Äthiopien einmarschiert, geht sie dorthin, um die Bevölkerung in ihrem Kampf gegen die Unterdrückung zu unterstützen.
Bis an ihr Lebensende wirkt sie dort politisch und sozial. An ihrer Beerdigung nimmt sogar der äthiopische Kaiser Haile Selassie teil. C.H.

geb. 24. November 1891 in Krakau
gest. 9. Juli 1945 in Manchester
polnische Lyrikerin
Lit. 233, 728, 920

»Die Hexe aus Krakau«, wie der polnische Dichter Tuwim sie nannte, stammte aus einer adligen Familie mit ausgeprägten künstlerischen Neigungen. Ihr Vater, ihr Großvater und ihr Bruder waren bekannte Maler; ihre jüngere Schwester Magdalena ebenfalls Schriftstellerin. Maria Kossak bekam zu Hause eine hervorragende Ausbildung und begann früh zu schreiben. 1915 heiratete sie einen Offizier. Nach vier Jahren trennte sie sich von ihm und heiratete den Dichter und Bergsteiger Jan Pawlikowski. 1922 erscheint ihr erster Gedichtband, *Tagträume*. Es folgen u.a. die Gedichtsammlungen *Küsse* (1926), *Windenballett* (1935) und *Kristallisationen* (1937). 1935 wird das Gesamtwerk der 44jährigen mit dem Goldenen Lorbeer der Polnischen Literaturakademie ausgezeichnet.

Maria Pawlikowska-Jasnorzewska kehrt sich in ihren Werken, die auch heute noch von vielen gelesen werden, von allen männlichen Traditionen ab und entwirft ihr eigenes Bild der Weiblichkeit. So kämpft sie in den Dramen für die Gleichberechtigung in der Liebe und gegen die Mutterschaft, der sie sich selbst verweigerte. In ihren Gedichten schildert sie mit großer Kühnheit, Offenheit und Präzision intime Liebeserlebnisse.

Nach dem Kriegsausbruch geht Pawlikowska mit ihrem dritten Mann, dem Lotsen Stefan Jasnorzewski, in die Emigration; seit 1942 sind sie in England. Maria erkrankt an Krebs. Hingebungsvoll gepflegt von ihrem Mann, stirbt sie in einem Krankenhaus in Manchester. »Ihre Krankheit scheint eine Metapher zu sein, ... eine physische Übertragung dessen, was Pawlikowska damals fühlte und dachte«, schreibt Terlecki, der ihre Werke herausgab. Ohnmächtiger Protest gegen den Krieg und unstillbare Sehnsucht nach ihrer Familie und Heimat zerrütteten ihre Widerstandskraft. H.B.

geb. 19. Oktober 1850 in Providence, R.I.
gest. 16. Juli 1935 in New York
amerikanische Bergsteigerin
Lit. 36, 685, 786

Annie Smith Peck war das jüngste Kind einer wohlhabenden Familie aus Providence, Rhode Island. Ihre drei älteren Brüder wollten sie nie mitspielen lassen, und Annie schwor, daß sie es ihnen schon zeigen würde. Zunächst einmal brillierte sie auf akademischem Gebiet. 1878 machte sie einen glänzenden Studienabschluß. 1884 ging sie nach Europa; in Hannover studierte sie ein Jahr Deutsch und Musik; in Athen wurde sie die erste weibliche Studentin der American School of Classical Studies. Wieder zurück in den Staaten, lehrte sie an verschiedenen Colleges und hielt Vorträge über Archäologie. Ab 1892 war sie hauptberuflich als Vortragsrednerin tätig.
Ihre Liebe zum Bergsteigen entdeckte Annie Peck 1885 während ihrer Reise von Deutschland nach Griechenland. Nach einigen mittelhohen Bergen in Europa und dem Mount Shasta in Kalifornien (4383 m) bezwang sie 1895 das Matterhorn. Sie wurde schlagartig berühmt, um nicht zu sagen berüchtigt, besonders wegen ihres eigenwilligen Outfits: Knickerbocker, hüftlange Tunika, feste Stiefel, Wollstrümpfe und ein weicher Filzhut, den sie mit einem Schleier festgebunden hatte.
Nun aber wollte sie es mit einem Berg aufnehmen, den vor ihr noch kein Mensch bezwungen hatte. Deshalb wandte sie sich der südamerikanischen Bergwelt zu. Inzwischen über 50, machte sie sich auf die Suche nach einem Gipfel, der höher sein sollte als der bereits erstiegene Aconcagua in Argentinien (6960 m). Nach einem mißlungenen Versuch erreicht sie 1908, begleitet von zwei erfahrenen Schweizer Bergführern, die Nordspitze des auf 7600 m geschätzten Huascarán in Peru. Wegen heftiger Stürme konnten sie die Höhe nicht genau messen und schätzten sie auf 7300 m. Damit war der Huascarán als höchste Erhebung Südamerikas etabliert. Annie Peck wurde mit internationaler Anerkennung belohnt. Aber die Bergsteigerin Fanny Bullock Workman, die im Himalaya eine Höhe von 7100 m erklommen hatte, machte Annie Peck den Rekord streitig und ließ den Huascarán mittels Triangulation messen: Man errechnete eine Höhe von »nur« 6648 m. 1927 wurde die Nordspitze des Huascarán der Erstbesteigerin zu Ehren Cumbre Aña Peck genannt. Ihren letzten Berg, den 1638 m hohen Mount Madison in New Hampshire, erstieg Annie Smith Peck im Alter von 82 Jahren! L.F.P.

geb. 9. August 1738 in Zürich
gest. 17. Dezember 1815 in Iferten
Ehefrau Pestalozzis
Lit. 653, 938, 987

Anna ist die einzige Tochter der reichen Kaufmannsfamilie Schultheß in Zürich. Von der streng religiösen Erziehung durch ihre Eltern kann sie sich nie mehr freimachen. Sie glaubt unerschütterlich, oft selbstquälerisch, an die göttliche Vorsehung und liest täglich in der Bibel.
Als sie den acht Jahre jüngeren »armen Schlucker« Heinrich Pestalozzi kennenlernt, muß sie die Beziehung geheimhalten. Gegen den Willen der Eltern heiratet sie ihn im September 1769.
Im ersten Ehejahr führt sie ein »moralisches Tagebuch«. Nach diesen Aufzeichnungen verlebt sie die heitersten Stunden, wenn ihr Mann auf dem Feld arbeitet oder einige Tage nach Zürich verreist. Eigentlich möchte Anna zu ihrem Heinrich aufblicken, sein »schwaches Weib« sein, bald aber widerstreben ihr bestimmte Eigenschaften dieses Mannes. Er ist oft heftig, in seinen Unternehmungen sprunghaft und unbedacht und von lähmender Hypochondrie: Ständig hat er Angst zu sterben, überlebt Anna aber letztlich um zwölf Jahre.
Heinrich versucht sich als Landwirt, erwirbt von 60 (!) Gläubigern Land, um eine Landwirtschaft und Baumwollindustrie aufzubauen. Anna läßt sich ihr Erbteil auszahlen, wird deshalb von ihren Eltern verstoßen und lebt in ständiger Angst vor dem Bankrott. Pestalozzi läßt Kinder auf seinen Feldern arbeiten, nimmt 37 von ihnen in sein Heim auf, und Anna muß sie alle versorgen. Noch vor dem Ende des ersten Ehejahres hat Heinrich Annas Vermögen verwirtschaftet und das Vertrauen seiner Freunde verloren. Er beginnt zu schreiben; damit hat er mehr Erfolg.
1770 wird ihr einziges Kind Hans Jakob geboren, so genannt nach Jean-Jacques Rousseau. Er ist Epileptiker und stirbt mit 31 Jahren. Anna hat seinetwegen zeitlebens schwere Schuldgefühle. Ihre alte Lebensfreude kommt nur durch, wenn sie ihre Freundin Franziska Romana von Halwil besucht. Sie verbringen die Tage mit gemeinsamem Musizieren, Lektüre, Handarbeiten und Kartenspiel.

Als Pestalozzi endlich ein geachteter und berühmter Pädagoge ist, ist Anna etwa 60 Jahre alt und krank; sie hat wunde Beine und quälende Hustenanfälle. In Iferten, wo Pestalozzi ein Internat errichtet, verlebt sie die letzten Jahre, als »Mutter Pestalozzi« die Seele des Hauses, geliebt und geachtet. U.R.

geb. 12. Oktober 1911 in Old Saybrook
gest. 28. April 1997 in Old Saybrook, Conn.
amerikanische Schriftstellerin
Lit. 189, 296, 480, 497, 827

Die afroamerikanische Schriftstellerin Ann Petry gibt in ihren sozialkritischen Romanen und Short Stories einen genauen, entlarvenden Einblick in die Welt schwarzer und weißer AmerikanerInnen. *The Street,* ihr berühmtester Roman, schildert ungeschminkt die verzweifelte Lage der Schwarzen in den Elendsvierteln amerikanischer Großstädte der 40er Jahre. Der Roman erschien 1946, wurde 1,5 Millionen Male verkauft und machte sie in ganz Amerika bekannt. Noch heute wird Ann Petry geschätzt und gelesen: So würdigen schwarze Feministinnen *The Street* als den ersten afroamerikanischen Roman, in dem Mutterschaft eine wichtige Rolle spielt.

Ann Petry wurde 1908 oder 1911 in Old Saybrook in Connecticut in einer ländlichen, überwiegend weißen Gegend geboren. Sie war die zweite Tochter eines Apothekers und einer Unternehmerin. Eine bürgerliche, wohlsituierte Familie – zwei ihrer Tanten hatten ein College besucht, und unter ihren Vorfahren waren viele Apotheker.

Noch während sie zur High School ging, begann Ann, Short stories und Stücke zu schreiben. Nach Abschluß der Ausbildung zur Apothekerin Anfang der 30er Jahre arbeitete sie mehrere Jahre im Drugstore ihrer Familie. 1938 heiratete sie den Kriminalautor George D. Petry, zog mit ihm nach New York und fand bald Arbeit als Reporterin für zwei Harlemer Zeitungen. Ab 1943 veröffentlichten *The Crisis, Opportunity* und andere afroamerikanische Zeitschriften ihre Short stories.

1944 arbeitete Ann Petry für die New-York-Stiftung an einer soziologischen Untersuchung über Auswirkungen der Rassentrennung auf Ghetto-Kinder. Petrys frühe Romane sind stark von dem Leben in den Großstadtghettos beeinflußt, wie sie es als Reporterin, Sozialarbeiterin und engagierte Afroamerikanerin erlebte.

1948 zogen die Petrys nach Connecticut, wo sie weiter schriftstellerisch arbeiteten und ihre Tochter großzogen. Ann Petry verfaßte u. a. ein Kinderbuch, *The Drugstore Cat* (1949), und zwei historische Romane, *Harriet Tubman: Conductor on the Underground Railroad* (1955) und *Tituba of Salem Village* (1963), um Jugendliche über die historischen Leistungen afroamerikanischer Frauen zu informieren und das Selbstwertgefühl der Schwarzen zu stärken. S.K.H.

geb. 8. April 1893 in Toronto
gest. 29. Mai 1979 in Santa Monica
amerikanische Schauspielerin
Lit. 299, 448, 834, 897, 1122

Vielleicht zitterte dem Friseur ein wenig die Hand, als er die Schere ansetzte, vielleicht zuckte die Frau unter dem Frisierumhang ein wenig zusammen, als sie den ersten Schnitt spürte: kein Haarschnitt wie tausend andere, da fielen die goldblonden Locken von »America's Sweetheart« Mary Pickford.

Zwanzig Jahre lang waren sie ihr Markenzeichen, gab es einen Ansturm auf die Kinokassen, wenn wieder ein Film mit »The Girl with the Curl« angekündigt war.

Nun hatten auch die anderen Stars des frühen amerikanischen Stummfilms diese engelhaften Korkenzieherlocken, diesen seelenvollen Augenaufschlag, diesen schmalen Körper einer Kindfrau, aber keine war so erfolgreich wie Mary Pickford. Vierzig Dollar in der Woche hatte sie für ihren ersten Film erhalten, aber bald war es schwieriger (und zeitraubender), mit ihr einen Vertrag auszuhandeln, als mit ihr einen Film zu drehen, denn dieser goldlockige Engel war äußerst geschäftstüchtig: 1914 waren es erst bescheidene 2000 Dollar pro Woche, 1918 kassierte sie für drei Filme pro Jahr dann eine Million! Sie, nicht der Produzent, bestimmte, welche Rolle sie spielte, welcher Regisseur den Film drehte, wer ihre Filmpartner waren – aber auf der Kinoleinwand war und blieb sie das Kind. Für ihr Publikum sollte sie ewig das Hängerkleidchen – es durfte ruhig schmutzig sein, denn besonders beliebt war sie in der Rolle des gewitzten Straßenkindes oder der armen Waise – tragen, ewig die Ringellocken wippen lassen ... 36 Jahre war sie, als die Locken endlich fielen, alle drei Filme, die sie dann noch drehte, waren Mißerfolge an der Kinokasse. B.W.

Rosa Ponselle

geb. 22. Januar 1897 in Meriden, Conn.
gest. 25. Mai 1981 in Baltimore, Md.
amerikanische Sängerin und Opernintendantin
Lit. 11, 253, 551, 832, 844

»Wie schade, daß ich diese Stimme nicht früher gehört habe!« meinte Puccini, als er 1924, gegen Ende seines Lebens, die Sopranistin Rosa Ponselle kennenlernte. Die Sängerin, der dieses Lob galt, hatte eine höchst ungewöhnliche Karriere.

Rosa Ponzillo wuchs in Meriden, Connecticut, als Tochter italienischer ImmigrantInnen auf, die einen Lebensmittelladen hatten. Sie ging ungern zur Schule, liebte aber die Musik. Ihre schöne Stimme brachte ihr bald erste kleine Jobs, z.B. Gesangseinlagen in einem Kino oder in in einem Restaurant.

1915 arbeitete Rosa in New York in einem Vaudeville-Theater. Als sie einmal einen freien Tag hatte, weil für höhere Gagen gestreikt wurde, sang sie bei der Metropolitan Opera vor. Am 15. November 1918 debütierte die erst 21jährige Rosa Ponselle – nach nur minimaler musikalischer Ausbildung – an der Met als Leonora in Verdis *Macht des Schicksals*. Ihr Partner war Caruso; die Kritik war begeistert.

Rosa Ponselle sang 19 Spielzeiten lang an der Met und verkörperte 23 verschiedene Partien; außerdem unternahm sie viele Konzerttourneen. Von 1929 bis 1932 sang sie in Covent Garden in London und wurde enthusiastisch gefeiert, wie auch in Italien beim ersten Maggio Musicale Fiorentino.

1937 verließ Ponselle die Met – sie kam mit der neuen Leitung nicht zurecht. Sie trat nie wieder öffentlich auf, machte aber – bis 1977! – zahllose Schallplattenaufnahmen und Radiosendungen.

1936 heiratete Ponselle Carle A. Jackson, von dem sie sich nach zehn Jahren scheiden ließ. 1939 zogen sie nach Baltimore; Rosa war bis 1979 künstlerische Leiterin der Baltimore Opera Company. Sie förderte besonders junge SängerInnen, und das Opernhaus florierte.

Berühmt für ihren außerordentlichen Stimmumfang, ihre zarten Pianissimi, die Klarheit ihres Tons und ihre Ausdruckstiefe, arbeitete Rosa unablässig an der Entwicklung und Pflege ihrer Stimme. Die unglaubliche Beherrschung ihrer musikalischen Mittel täuschte über das entsetzliche Lampenfieber hinweg, unter dem sie seit ihrem Debüt an der Met litt. Sie studierte ihre Rollen sorgfältig und gründete ihre Interpretationen nicht nur auf das Libretto, sondern auf genaue Recherchen zur Stoffgeschichte. K.E.H

geb. 7. Januar 1890 in Magdeburg
gest. 15. Oktober 1960 in Berlin
deutsche Filmschauspielerin
Lit. 62, 468, 1091

Henny Porten war eine Schauspielerin, die ihre Popularität allein der Kinoleinwand verdankte. Sie war von Anfang an dabei: Die 16jährige posiert, oft zusammen mit Vater und Schwester, in Tonbildern, einer pantomimischen Interpretation bekannter Opern- und Operettenarien; um 1910 spielt sie erste kleine Rollen in den von Hugo Meßter, einem Pionier des deutschen Stummfilms, produzierten kurzen Filmen; bald folgen Hauptrollen, und schon 1913/14 startet die erste Henny-Porten-Starfilm-Serie. Sie, die nie eine Schauspielausbildung erhalten hat, steht mit Partnern wie Emil Jannings, Ernst Deutsch, Fritz Kortner vor der Kamera, arbeitet mit Regisseuren wie Jeßner (*Die Hintertreppe*, 1921), Lubitsch (*Kohlhiesels Töchter* und *Anna Boleyn*, 1920), Dupont (*Die Geierwally*, 1921) und wird neben Asta Nielsen zum Liebling des Kinopublikums: »Es findet sich in Deutschland kein Ort, wo ihre Gestalt, ihre Taten nicht tausendmal gezeigt wurden; im fernsten Gebirgsnest strömt zu ihr das Publikum wie in die Großstadt-Kinos …« Es sind die »Taschentuch«-Filme, in denen ihr Publikum sie am liebsten sieht, tränenreiche Geschichten von Liebe und Leid, Aufopferung und Verzicht. Künstlerische Experimente wie der expressionistische Film *Die Hintertreppe* (Porten hat den Film auch finanziert, ihre Produktionsfirma besteht, mit Unterbrechungen und wechselnden Partnern, von 1921 bis 1932) werden zwar von der Kritik gelobt, aber die Kinokassen bleiben leer. Für viele Stummfilmstars bedeutet das Aufkommen des Tonfilms das Ende ihrer Karriere, nicht für Henny Porten: 1930 dreht sie ihren ersten Tonfilm – wieder ein Erfolg. Nach 1933 sind die Nationalsozialisten durchaus daran interessiert, sie in großen Rollen als ideale Darstellerin »deutschen Frauentums« einzusetzen, aber sie stellen eine Bedingung: Henny Porten soll sich von ihrem jüdischen Ehemann trennen. Ihre Weigerung und ihr Kampf um das Überleben ihres Mannes haben für Porten bittere Folgen: dank ihrer Popularität darf sie zwar weiterhin arbeiten, aber über Jahre hinweg erhält sie kaum Angebote, nur sehr selten Hauptrollen – eine Schauspielerin, die Zigtausende ins Kino gelockt hat, wird »kaltgestellt«. Vom deutschen Nachkriegsfilm erhofft sich Henny Porten einen Neuanfang – vergeblich: Nur drei Filme hat sie nach 1945 gedreht; ihre letzte Rolle ist das alte *Fräulein von Scudéri*. B.W.

geb. 15. Mai 1890 in Indian Creek, Tex.
gest. 18. September 1980 in Silver Spring, Md.
amerikanische Schriftstellerin
Lit. 382, 453, 454, 479, 1025

Katherine Anne Porter, eine der bedeutendsten amerikanischen SchriftstellerInnen des 20. Jahrhunderts, berühmt vor allem als unübertroffene Meisterin der kurzen Form, hinterließ trotz ihres langen Lebens (sie wurde 90) ein nur schmales Werk. Ihr singulärer Ruhm gründet sich auf ihre drei Erzählungsbände *Flowering Judas* (1930), *Pale Horse, Pale Rider* (1939) und *The Leaning Tower* (1944) – insgesamt etwa 500 Seiten. Der Roman *Ship of Fools* (1962), an dem sie 30 Jahre lang arbeitete, gilt der Kritik als weniger gelungen, dafür machte er sie endlich reich.
Porters Mutter starb, als sie zwei Jahre alt war; ihr Vater wurde darüber depressiv. Er war unfähig, sich um seine Kinder zu kümmern. Diese Aufgabe übernahm seine energische und selbstbewußte Mutter, die für Katherine Anne zum Vorbild wurde. Porters schwacher, unerreichbarer, aber gutaussehender Vater scheint eine der Ursachen für ihre zahllosen Affären mit schwachen, gutaussehenden Männern um die 30 gewesen zu sein, vermutet ihre Biographin Joan Givner.
In den 20er Jahren arbeitete Porter hart an ihren schriftstellerischen Projekten und verdiente ihren Lebensunterhalt als Journalistin – häufig in Mexiko, dem Schauplatz ihrer frühen Stories.
1931 bekam Porter für ihren ersten Erzählungsband *Flowering Judas* ein Guggenheim-Stipendium und reiste mit dem deutschen Passagierdampfer Werra von Veracruz, Mexiko, nach Bremen. Die Eindrücke dieser Reise verarbeitete sie in den kommenden 3 Jahrzehnten zu ihrem einzigen Roman, *Ship of Fools*, dessen Titel und Form sich an *Das Narrenschiff* (1494) von Sebastian Brant anlehnen. Der Roman schildert Schicksale einer zufällig zusammengewürfelten Gesellschaft an Bord eines Schiffs am Vorabend der Nazidiktatur, die ihre tiefen Schatten vorauswirft. Der Bestseller wurde von Stanley Kramer mit internationaler Starbesetzung (u.a. Simone Signoret, Oskar Werner, Vivien Leigh, Heinz Rühmann) verfilmt und brachte der Autorin so viel Geld ein, daß sie – nach einem langen Leben in mageren Verhältnissen – fortan äußerst komfortabel leben konnte. Sie gab die Lese- und Vortragsreisen auf, mit denen sie sich bis dahin über Wasser gehalten hatte, und genoß ihren Ruhm und ihren Reichtum im Alter. L.F.P.

geb. 6. Juni 1913 in Oswestry, Shropshire
gest. 11. Januar 1980 in Oxford
englische Schriftstellerin
Lit. 244, 498, 761, 857, 1147

Barbara Pym wuchs mit ihrer jüngsten Schwester Hilda, mit der sie ihr Leben lang eng verbunden blieb, in einer wohlhabenden Rechtsanwaltsfamilie auf. Von 1931 bis 1934 studierte sie in Oxford englische Sprache und Literatur. Danach schrieb sie an ihrem ersten Roman; die ersehnte schriftstellerische Karriere wurde allerdings durch den Krieg zunächst vereitelt.

Nach dem Krieg findet sie eine Anstellung beim International African Institute in London, ab 1958 als Redakteurin der Zeitschrift *Africa*. An ihren Romanen arbeitet sie frühmorgens und an den Wochenenden. Ihr Erstling *Some Tame Gazelle* (1950) wird von der Kritik freundlich aufgenommen, noch mehr Lob bekommt *Excellent Women* (1952). Es folgen *Less than Angels* (1955), *A Glass of Blessings* (1958) und *No Fond Return of Love* (1961). Ihr siebter Roman, *An Unsuitable Attachment*, den sie 1963 abschließt, wird von ihrem Verlag abgelehnt und auch von allen anderen Verlagen, bei denen sie ihn einreicht. Ihre sanft ironischen Romane über den unspektakulären Alltag lediger Frauen in mittlerem Alter passen nicht in die Swinging Sixties. Obwohl tief enttäuscht, schreibt Pym weiter, versucht sogar, sich dem Zeitgeschmack ein wenig anzupassen: Ihr nächster Roman *The Sweet Dove Died*, den sie 1968 fertigstellt und ebenfalls bei keinem Verlag unterbringen kann, behandelt die Liebe einer neurotischen Frau zu einem jüngeren Schwulen.

1971 erkrankt Pym an Brustkrebs; diese Erfahrung verarbeitet sie in ihrem zweitletzten Roman *Quartet in Autumn*, den viele für ihren besten halten.

1977 endlich tritt die Wende ein. Die renommierte Literaturbeilage der *Times*, *The Times Literary Supplement*, veröffentlicht die Ergebnisse einer Umfrage unter ExpertInnen: Sowohl Philip Larkin als auch Lord David Cecil nennen, unabhängig voneinander, Barbara Pym als die am meisten unterbewertete SchriftstellerIn des 20. Jahrhunderts. Sofort erhebt sich ein unglaublicher Medienrummel: Die in der Schublade schmorenden Romane werden publiziert, die lange vergriffenen Romane der 50er Jahre werden neu aufgelegt und erscheinen erstmals auch in den USA. Barbara Pym genießt die späte Anerkennung, aber viel Zeit bleibt ihr nicht. Anfang 1980 stirbt sie an Krebs. L.F.P.

Jeannette Pickering Rankin

geb. 11. Juni 1880 bei Missoula, Mont.
gest. 18. Mai 1973 in Carmel, Cal.
amerikanische Politikerin und Pazifistin
Lit. 291, 322, 786

Die Amerikanerin Jeannette Pickering Rankin war die erste Frau, die in das Repräsentantenhaus gewählt wurde und zugleich das einzige Mitglied im Kongreß, das beide Male gegen die Teilnahme der USA an den Weltkriegen gestimmt hat.
Als Mitglied der weißen oberen Mittelklasse erhielt sie eine gute Universitätsausbildung und besaß auch eine gewisse finanzielle Unabhängigkeit – beides ermöglichte ihre politische Tätigkeit. Rankin setzte sich zunächst für das Frauenwahlrecht und die Friedenspolitik ein und wurde 1917 in den Kongreß gewählt. Ihre Entscheidung gegen den Kriegseintritt begründete sie in den dreißiger Jahren folgendermaßen: »Ich wußte, daß wir für einen Handelskrieg stimmen sollten, daß keine unserer idealistischen Hoffnungen erfüllt werden würde, und ich war mir über die Verlogenheit eines großen Teils der Pro-Kriegspropaganda im klaren.«
1919 fährt sie zu einer Anti-Kriegskonferenz nach Zürich, aus der die Internationale Frauenliga für Frieden und Freiheit hervorging. Zurück in den USA, wird sie sozialpolitisch tätig und setzt sich besonders für Frauen und Kinder ein. Sie schließt sich verschiedenen Anti-Kriegsorganisationen an und wird zu Beginn der 40er Jahre erneut als republikanische Pazifistin in den Kongreß gewählt, wo sie im Dezember 1941, einen Tag nach dem japanischen Angriff auf Pearl Harbour, erneut gegen einen Kriegseintritt der USA stimmt – diesmal als einziges Mitglied überhaupt. Diese Kompromißlosigkeit verhinderte erwartungsgemäß bei der nächsten Wahl ihre Rückkehr in den Kongreß.
Auf Auslandsreisen, besonders in Indien, macht sie sich mit den Strategien des zivilen Ungehorsams vertraut, tritt aber öffentlich kaum mehr auf. Erst durch den Vietnam-Krieg wird sie wieder politisch aktiv. 1967 wird die Jeannette-Rankin-Brigade organisiert, die sich aus äußerst verschiedenen Mitgliedern zusammensetzt, die 1968 in Washington gegen den Krieg demonstrieren. Doch zu einer dritten Kandidatur der nun schon 88jährigen sollte es aus Gesundheitsgründen nicht kommen. Dennoch setzt sie ihre Kampagne gegen den Krieg fort. Am 18. Mai 1973 stirbt Rankin an einem Herzinfarkt. B.S.

geb. 4. Dezember 1777 in Lyon
gest. 11. Mai 1849 in Paris
französische Salonière
Lit. 46, 458, 636, 646, 983

Juliette hatte bestimmt, daß nach ihrem Tode ein Köfferchen voller Briefe – eigene und an sie gerichtete – ungelesen verbrannt werden sollte. Damit blieben die Rätsel der wahren Persönlichkeit Juliettes ungelöst.

War der 42 Jahre alte Bankier Récamier, dem die 15jährige angetraut wurde, wirklich ihr Vater, der ihr während der Schreckensherrschaft ihr Vermögen erhalten wollte? Die Ehe wurde nie vollzogen – warum, bleibt unbekannt.

Juliette blieb noch zwei Jahre im Hause der Eltern, erst dann präsentierte Herr Récamier in einem eleganten Hause seine Frau der Öffentlichkeit. Ihre bezaubernde Erscheinung, die fast schmucklose Eleganz, die allenfalls durch sparsam verwendete Perlen unterstrichen wurde, das scheue, zurückhaltende Auftreten zog sofort alle Männer in ihren Bann. Sie kokettierte, aber sie wahrte Distanz, so daß keiner ihrer Bewunderer sich rühmen konnte, ihr nähergekommen zu sein. Sie verstand die seltene Kunst, ihre Verehrer in lebenslange Freunde zu verwandeln.

Aber Juliette war weit mehr als eine bewunderte Schönheit. Napoleons (eindeutiges) Angebot, Palastdame Joséphines zu werden, lehnte sie dreimal ab, was ihr seinen Zorn eintrug. Als sie später gegen sein Verbot die nach Coppet verbannte Mme. de Staël besuchte, wies Napoleon sie für Jahre aus Paris aus und verweigerte jede Hilfe, als das Bankhaus Récamier geschlossen werden mußte. Juliette verkaufte ihr Haus und sämtliche Kostbarkeiten ohne Klage. Sie mietete vom eigenen Geld eine bescheidene Wohnung in einer säkularisierten Abtei, die sie mit ihrer Adoptivtochter und einer Kammerfrau bezog. Ihren Mann und seine Verwandten ließ sie von dort aus versorgen. Sie hielt weiterhin »Hof«, und keiner ihrer Freunde ließ es sich verdrießen, die Stufen zu ihrer »Petite Cellule« hinaufzusteigen.

Bevorzugter Gast wurde der Dichter und Staatsmann Chateaubriand, zu dem Juliette trotz seiner stürmischen Liebschaften eine tiefe seelische Bindung entwickelte. Madame Récamier blieb bis zu seinem Tode über 30 Jahre lang der ruhende Pol in seinem exzentrischen Leben.

Nach dem Tode seiner Frau machte Chateaubriand Juliette einen Heiratsantrag, aber sie gab ihm einen Korb wie 40 Jahre zuvor dem Prinzen August von Preußen.
A.ST.

geb. 2. April 1788 in Braunschweig
gest. 22. Februar 1848 in Döhlen bei Dresden
deutsche Luftschifferin
Lit. 740

Johanne Wilhelmine Siegmundine Schmidt aus Braunschweig, Tochter des Herzoglichen Mundschenks und seiner Ehefrau, heiratete 1806 Johann Carl Gottfried Reichard, einen begeisterten Anhänger der Luftschiffahrt. Die beiden zogen nach Berlin, wo Gottfried als Privatlehrer arbeitete. Gemeinsam bauten sie ihren ersten Heißluftballon. Am 16. April 1811 stieg Wilhelmine, als erste deutsche Frau, im Garten der Berliner Tierarznei-Schule vor großem Publikum auf. Sie erreichte eine beachtliche Flughöhe und landete eine halbe Stunde später gesund und munter auf einer Wiese.
Die ersten Luftschiffer überhaupt waren, nur 28 Jahre zuvor, die beiden Franzosen de Rozier und d'Arlandes gewesen. Schon ein halbes Jahr später, am 4. Juni 1784, erhob sich als erste Frau der Welt die Sängerin Elisabeth Tible in die Lüfte. Als 1798 Madame Garnerin mit ihrem Mann eine Luftreise antreten wollte, erhielt sie Polizeiverbot, »... weil die Luftreise von zwei Personen verschiedenen Geschlechts unmoralisch und weil es nicht ausgemacht sei, ob nicht der Druck der Luft den zarten Organen eines jungen Mädchens gefährlich werden könnte.«
Wilhelmines zweite Luftreise fand im Beisein der königlichen Familie statt. Bei ihrer dritten Fahrt im Herbst 1811 in Dresden war es sehr stürmisch – Gottfried wollte Wilhelmine von ihrem Vorhaben abbringen, ohne Erfolg. Wilhelmine war eine mutige Frau, auch wollte sie ihr Publikum nicht enttäuschen. Bei diesem Aufstieg erreichte sie eine Höhe von etwa 8000 Metern und wäre fast ums Leben gekommen, denn der Ballon stürzte ab, blieb jedoch zum Glück in einem Baum hängen. Später stürzte sie noch zweimal ab. Bis 1820 unternahm sie 14 weitere Luftfahrten. 1818 überflog sie die Landschaft ihrer Kindheit: »Mit nie empfundener Rührung erblickte ich unter mir so viele meinem Herzen theure Personen. Ihr lauter und gewiß inniger Glückwunsch begleitete mich, aber mein Gefühl hatte keine Worte ... Eine liebliche Vergangenheit, so manches erfreuende Jugendgefühl rauschte schnell an dem Herzen vorüber, als ich nun immer höher steigend die Welt meiner Kindheit übersah ... Die Ruhe der Luft, das Bewußtseyn völliger Sicherheit ließen ganz ungetrübt den gehofften Genuß mich finden. ... Noch über der Stadt feuerte ich ein Pistol ab, als Symbol des Dankes für die Glückwünsche, welche noch in leisen Klängen mein Ohr zu berühren schienen.« L.F.P.

geb. 21. Juli 1933 in Burg bei Magdeburg
gest. 20. Februar 1973 in Berlin, DDR
deutsche Schriftstellerin
Lit. 418, 728, 854, 871-874

Mit 22 Jahren veröffentlichte sie ihr erstes Buch, ein Jahr später wurde sie in den Schriftstellerverband aufgenommen, mit 28 erhielt sie den ersten Literaturpreis und mit 30 wurde sie in den Vorstand des Schriftstellerverbands gewählt – anscheinend die Bilderbuchkarriere einer DDR-Schriftstellerin. Und: mit der Auflösung der DDR könnte auch Reimanns Wert als Autorin in Frage gestellt werden. Wer ihre Prosa jedoch wieder liest, kommt zu anderen Schlüssen. Ihre frühen Romane und Erzählungen – so *Ankunft im Alltag*, nach dem für eine ganze Reihe von Texten der Begriff »Ankunftsliteratur« geprägt wurde, oder *Die Geschwister*, in dem (noch vor Christa Wolfs *Der geteilte Himmel*) die Gräben gezeigt werden, die der deutsche Mauerbau in menschliche Beziehungen riß – sind literaturhistorische Marksteine. An ihnen kann abgelesen werden, wie die junge Generation der Intellektuellen den Aufbau der DDR in den 50er und 60er Jahren erlebte.
Brigitte Reimann starb mit 39 Jahren an Krebs. In den letzten Jahren ihres Lebens publizierte sie nur das Tagebuch einer Sibirienreise, schrieb aber mit großer Intensität an ihrem letzten Roman *Franziska Linkerhand*: »Das Buch muß fertig werden, das enthält wenigstens eine Spur dessen, was ich zu sagen habe, ist andeutungsweise Selbstanalyse (Befreiung) – aber das genügt nicht, es bleibt im Ansatz stecken, zuviel Rücksichtnahme (auf mich, auf andere ...), nicht genug Mut, die Existenz aufs Spiel zu setzen ...« *Franziska Linkerhand* wurde 1974 posthum veröffentlicht. M.M.

geb. 2. Juni 1899 in Berlin
gest. 19. Juni 1981 in Dettenhausen
deutsch-englische Scherenschnittkünstlerin
Silhouettenfilmerin und Trickfilmpionierin
Lit. 186, 291, 420, 671, 877, 1026

Eigentlich wollte Lotte Reiniger Filmschauspielerin werden – undenkbar für eine Berliner Bankierstochter! – und zum Film kam sie dann auch: auf Umwegen und anders als gedacht, aber zielstrebig. So erreichte sie es zunächst, daß sie die Schauspielschule Max Reinhardts am Deutschen Theater besuchen konnte. Auch wenn es nur zu Statistenrollen reichte, so war diese Lehrzeit mit hervorragenden Bühnenbildnern, Ausstattern, SchauspielerInnen und Regisseuren prägend für ihr ganzes zukünftiges Schaffen und lebenslanges Interesse an Film und Theater, entwickelte ihren Sinn für Szenenaufbau und plastische Darstellung, ausdrucksvoll-typische Gestik, differenzierte Bühnenbilder. Heimlich besuchte sie die Proben und schnitt dann zu Hause Porträtsilhouetten der großen KünstlerInnen in für sie charakteristischen Szenen – »nicht nur bedeutsame ... Kunstwerke, sondern ... auch wichtige Dokumente der Theatergeschichte« –, vor allem von Paul Wegener. Er wurde denn auch bald auf das spezielle Talent dieses »verrückte(n) Silhouettenmädchen(s)« aufmerksam, beauftragte sie mit der Herstellung von (Zwischen-)Titeln zu zweien seiner Filme und regte sie zu ihrem – dem! – ersten Trickfilm, *Das Ornament der verliebten Herzen*, mit bewegten Silhouetten (1919) an. Nach Werbefilmen, einer Bühnenausstattung für Heinz Hilpert und ersten Märchenverfilmungen arbeitete sie von 1923 bis 1926 an ihrem wohl berühmtesten und dem ersten abendfüllenden Trickfilm, dem bezaubernden *Die Abenteuer des Prinzen Achmed*, der ihr auch die Bekanntschaft mit Béla Balázs, Bert Brecht, Willy Haas und Jean Renoir vermittelte. Es folgen weitere Märchenfilme (Grimm, Andersen u.a.), eine köstliche Carmen-Parodie und ihre erste Auseinandersetzung mit dem geliebten Mozart (*Zehn Minuten Mozart* 1931); weiterhin entstanden neben Scherenschnittserien zu Mozartopern 1936 *Papageno*, als erster farbiger Silhouettenfilm, 1958 *Seraglio* und die von ihr selbst besonders geliebte *Zauberflöte* für große Schattenbühne (London 1973).

Gleich zu Beginn der Nazi-Diktatur verließ Lotte Reiniger Deutschland – da ihr »diese Hitler-Veranstaltung nicht paßte und weil ich sehr viele jüdische Freunde hatte, die ich nun nicht mehr Freunde nennen durfte« – und arbeitete schließlich in England. 1980 kehrte sie nach Deutschland zurück, wo sie 1981, hochgeehrt, starb. Ingesamt schuf sie 40 Silhouettenfilme; nur 30 von ihnen sind verfügbar; ein Teil ist verschollen. S.K.-K.

geb. 2. März 1865 in Wien
gest. 21. Juni 1943 im KZ Theresienstadt
österreichische Romanistin
Lit. 192, 351, 549, 882, 1005

Elise Richter wächst in einem sehr kultivierten, liberalen, großbürgerlichen Elternhaus auf. Sie liest viel und stößt bei der Lektüre von Mommsens *Römischer Geschichte* auf sprachwissenschaftliche Probleme. Nun wünscht sie sich nichts sehnlicher, als Indogermanistik zu studieren oder doch zumindest ein Lateinlehrbuch geschenkt zu bekommen. »Ja, wenn du ein Bub wärst!« heißt es dazu. »Wir haßten unser Geschlecht!« schreibt Elise. Mit 20 Jahren bekommt sie dann doch eine griechische Grammatik. Nach fünf Monaten liest sie bereits Homer im Original.

1896 gestattet man den Frauen, Matura (Abitur) zu machen. Elise Richter legt 1897, immerhin 32jährig, als Externe die Matura ab und beginnt sofort als ordentliche Hörerin Romanistik, Sprachwissenschaft, klassische Philologie und Germanistik zu studieren. 1901 wird sie als erste Frau in Österreich und Deutschland zur Dr. phil. promoviert. Die Dissertation erregt in der Fachwelt Aufsehen. Elise Richter strebt die wissenschaftliche Laufbahn an: »... ich hatte oft die Empfindung, wenn ich nicht (wissenschaftlich) arbeiten könnte, würde ich zerspringen.«

1905 besteht sie, wieder als erste Frau in Österreich, glanzvoll das Habilkolloquium, muß allerdings noch zwei Jahre auf die Lehrbefugnis warten. Antisemitismus und Sexismus sind Ursachen dieser Verzögerung. Sie wird zur begeisterten und begeisternden Universitätslehrerin; ihre Publikationen sind von internationalem Rang. Und doch bekommt sie 1921 nur den Titel einer außerordentlichen Professorin. Unentgeltlich lehrt und forscht sie, bis sie 1938 als Jüdin von der Universität gewiesen wird.

Das Herz krampft sich einer zusammen bei dem Gedanken an die letzten Lebensjahre dieser hochgelehrten Frau. Unermüdlich wissenschaftlich forschend, bietet sie auf ihre Weise den körperlichen Nöten und der politischen Barbarei die Stirn. Nach einem Zwangsaufenthalt in einem Altersheim wird Elise Richter mit ihrer 80jährigen Schwester am 9. September 1942 in einen Zug gesetzt, der um 20 Uhr 25 Wien in Richtung Theresienstadt verläßt. S.D.

geb. 12. August 1876 in Pittsburgh
gest. 22. September 1958 in New York
amerikanische Schriftstellerin
Lit. 196, 252, 678, 889, 890

Mary Roberts Rinehart war in der ersten Hälfte des 20. Jahrhunderts die bei weitem populärste und meistverdienende Schriftstellerin der Vereinigten Staaten, ähnlich wie ihre Hauptkonkurrentin Agatha Christie in England. Zu ihren enthusiastischen LeserInnen gehörten auch Gertrude Stein und Präsident Hoover. Obwohl Rinehart mit ihren Liebesromanen am meisten Kasse machte, ist sie doch heute vorwiegend wegen ihrer witzigen Kriminalromane bekannt, die noch immer gedruckt und gelesen werden.

Mary Roberts wuchs in einfachen Verhältnissen in Pittsburgh auf. Während ihrer Ausbildung zur Krankenschwester lernte sie den Arzt Dr. Stanley M. Rinehart kennen und heiratete ihn 1896. Sie hatten drei Söhne. Wie bei so vielen Frauen verdankt sich ihre Karriere der finanziellen Not. Um nach dem Börsencrash von 1903 das Familienbudget aufzubessern, schrieb Mary Kurzgeschichten für Zeitschriften und ein Theaterstück, das auch aufgeführt wurde. Da aber mit Fortsetzungsromanen am meisten Geld zu verdienen war, widmete sie sich diesem Genre. Ihr erstes auf diese Weise entstandenes Werk war »The Circular Staircase« (dt. *Die Wendeltreppe*), das 1908 auch als Buch erschien. Mit der für sie typischen Mischung aus Spannung, Humor und Schauerelementen war es eine echte Innovation auf dem bereits heftig umkämpften Krimi-Markt und sollte ihr größter Erfolg werden. Bis Mitte der 50er Jahre waren über 800 000 Exemplare verkauft.

Als Rinehart in mittleren Jahren an Brustkrebs erkrankt und erfolgreich operiert worden war, veröffentlichte sie darüber einen unbeschönigten Erfahrungsbericht im *Ladies' Home Journal.* Obwohl damals wie heute viele Frauen an Brustkrebs starben, war dies das erste Mal, daß das als »extrem peinlich« geltende Thema öffentlich abgehandelt wurde. Die Zeitschrift bekam zu Rineharts Beitrag mehr Leserinnen-Zuschriften als je zuvor.

Ähnlich unerschrocken und unkonventionell wie Rinehart selbst waren auch ihre Heldinnen, in der Regel lebhafte und humorvolle unverheiratete Frauen, eine Art amerikanischer Miss Marples, nur etwas jünger und aktiver – wobei zu betonen ist, daß es Rinehart war, die den Typus 1908 kreierte – damals war Agatha Christie 18 Jahre alt. L.F.P.

geb. 30. Januar 1890 in Würzburg
gest. 7. Februar 1971 in Mainz
deutsche Bildhauerin
Lit. 223, 290, 372, 758

Geschlossenheit der Form, Einfachheit sind Emy Roeders künstlerische Maximen. Ihre Objekte sind Frauen und Tiere – männliche Plastiken sind die Ausnahme; ihre Themen sind die Einsamkeit der einzelnen und ihre Geborgenheit in der Gruppe, die in Geschwister- und Freundinnengruppen, aber auch Ziegen- und Rinderpaaren Ausdruck finden.
1910 verläßt Emy Roeder Würzburg und begibt sich auf künstlerische Wanderschaft. Sie landet schließlich in Berlin, tritt 1918 der »Neuen Secession« bei und 1919 der »Novembergruppe«. Im selben Jahr geht Emy Roeder für einen längeren Arbeitsaufenthalt nach Fischerhude. Die Einsamkeit, die sie dort erlebt, ist prägend für ihr zukünftiges Werk. Sie vermittelt ihr die existentielle Erfahrung von Leben, das »Kosmische allen Seins«. Es entstehen Plastiken von Schwangeren, sogar die eines Embryo.
1920 erhält Emy Roeder für ihr Werk den Preis der Preußischen Akademie, eine Werkmonographie erscheint, sie heiratet. Anstelle von Stein wählt sie nun Bronze und Holz als Werkstoff. Die Plastiken sind immer kleinformatig, aber sie erhalten durch die ruhige, einfache Formensprache eine kraftvolle Ausstrahlung, die besonders bei den Porträtköpfen zu beobachten ist.
1933 verläßt Emy Roeder Berlin. Sie reist nach Paris und Rom mit ihrem Mann, der aber wohl die Faschisten faszinierender findet als sie. Sie trennen sich. 1936 erhält sie den Villa-Romana-Preis und geht für eine Zeit nach Florenz. Im Jahr darauf wird ihre 1919 entstandene Figur »Schwangere« als »entartet« ausgestellt, sie erhält Ausstellungsverbot. Emy Roeder deutet die Zeichen richtig und geht zurück nach Florenz. Erst 1950 kehrt sie nach Deutschland zurück und lebt fortan in Mainz, wo sie einen Lehrauftrag erhält. Die karge Formensprache, der unpathetische Stil treffen nach den Jahren heroischen Schwulsts in der deutschen Kunst den Nerv der Zeit. Sie erhält etliche hochdotierte Preise und das Bundesverdienstkreuz. C.S.

geb. 15. Dezember 1913 in New York
gest. 12. Februar 1980 in New York
amerikanische Schriftstellerin
Lit. 244, 461, 527, 648, 908

Muriel Rukeyser inspirierte mit ihren leidenschaftlichen, lebensbejahenden Gedichten und dem mutigen, jahrelangen Einsatz für soziale Gerechtigkeit viele LeserInnen und SchriftstellerInnen unserer Zeit. In ihrer 50jährigen Laufbahn veröffentlichte die enorm produktive Frau 16 Gedichtbände, drei Biographien, zwei Romane, einen Essayband, Übersetzungen und 6 Kinderbücher. Rukeyser sah ihre Aufgabe darin, sich selbst und andere durch das dichterische Ringen um Kommunikation zu verwandeln und dadurch neue Wirklichkeiten zu erfahren.

Muriel Rukeyser war die erste Tochter einer sehr reichen jüdisch-amerikanischen Familie und erlebt eine privilegierte, geschützte Kindheit. Sie studiert zwei Jahre am Vassar College, hört aber auf, als das Unternehmen ihres Vaters während der Weltwirtschaftskrise bankrott macht, und beginnt zu schreiben. Wegen ihrer Reportagen und Gedichte über sozialpolitische Themen wird Rukeyser mit den proletarischen SchriftstellerInnen der 30er Jahre verglichen. Sie schreibt über die Ungerechtigkeit gegen Schwarze im Süden (im Prozeß der »Scottsboro Boys«), über Lungenkrankheit unter Bergbauarbeitern in West Virginia und über den spanischen Bürgerkrieg.

1947 bekommt sie einen Sohn und zieht ihn allein auf. Während der nächsten 15 Jahre veröffentlicht Rukeyser wenig, unterrichtet aber weiter, zum Beispiel am Sarah Lawrence College für Frauen. Hier muß sie sich gegen konservative MoralistInnen behaupten, die in der »ledigen Mutter« und politischen Radikalen ein bedenkliches Vorbild für ihre Töchter sehen.

In den letzten 15 Jahren ihres Lebens wird Rukeyser wieder literarisch und politisch aktiv. 1972 unternimmt sie zusammen mit der Dichterin Denise Levertov eine inoffizielle Friedensmission nach Hanoi, und 1973 fährt sie als Präsidentin des amerikanischen PEN-Zentrums nach Südkorea, um sich für den zum Tode verurteilten Dichter Kim-Chi Ha einzusetzen.

Rukeysers Gedichte hatten von Anfang an oft frauenzentrierte Themen, kritisierten das Stumm-Machen (silencing) der Frau in der Gesellschaft, feierten ihre Stärke und durchbrachen Tabus – so schrieb sie unsentimentale Gedichte über Schwangerschaft und Geburt, über Menstruation und die sexuellen Gefühle älterer Frauen. Sie besang Liebesbeziehungen mit Männern und mit Frauen und nennt im Gedicht »Käthe Kollwitz« Androgynie als wichtiges Element künstlerischer Produktivität. J.H.

getauft 3. Juni 1664 in Den Haag
gest. 12. August 1750 in Amsterdam
niederländische Stillebenmalerin
Lit. 393, 398, 763, 971, 1077

Rachel Ruysch gehört zu den wenigen Künstlerinnen, deren Ruhm über ihre Lebzeiten hinaus erhalten blieb und deren Einfluß noch Generationen später spürbar ist. Den überwiegenden Teil ihres Œuvre machen Blumenstilleben aus, von kleinen Sträußchen und Blumengirlanden bis zu großen, exquisit in Szene gesetzten Blumenarrangements in kostbaren Vasen; sie bevorzugt dabei einen einheitlich dunklen Hintergrund, fügt jedoch manchmal Architekturelemente mit Ausblick in die Landschaft hinzu, um ihren Bildern eine größere Tiefe zu geben. Zu ihrem Repertoire gehören auch Früchtestilleben und Pflanzenensembles in freier Natur.

Rachel wurde 1664 in Den Haag als Tochter des berühmten Anatomie- und Botanikprofessors Frederik Ruysch geboren, der, selber ein begabter Amateurmaler, das Talent seiner Tochter erkannte. Im Alter von 15 Jahren begann sie eine Lehre bei dem bekannten Maler Willem van Aelst, dessen Einfluß auf die Komposition sich in Ruyschs Werken bis zu ihrer mittleren Schaffensperiode nachweisen läßt. Typisch ist die S-förmige Kurve, die sich von links unten nach rechts oben zieht und zusammen mit einer raffinierten »Chiaroscuro-Technik« den Bildern räumliche Tiefe gibt. In ihren späteren Werken verwendet Ruysch eine hellere Farbpalette und vermindert die »Helldunkel-Malerei«, so daß die Blumensträuße weniger dreidimensional, dafür um so dekorativer wirken. Damit ebnet sie den »feinsinnig-festlichen Blumenbildern des Rokoko« den Weg.

1693 heiratet Ruysch den Porträtmaler Juriaen Pool und dieser wohl glücklichen Ehe entspringen 10 Kinder, von denen merkwürdigerweise keines die Begabung der Eltern erbt. Weitaus erfolgreicher als ihr Ehemann (ihre Bilder erreichen Traumpreise bis über 1000 Gulden), arbeitet Ruysch trotz der zahlreichen Nachkommenschaft weiter. 1708 wird sie von Kurfürst Johann Wilhelm von der Pfalz zu seiner Hofmalerin ernannt und hält sich zusammen mit ihrem Mann zweimal in Düsseldorf auf. Die Gemälde aus dieser Zeit werden alle von ihrem Mäzen gekauft. Insgesamt sind heute noch ungefähr 100 Bilder von Ruysch bekannt, die meisten von ihnen signiert und manche auch datiert – das früheste 1681, das späteste 1747. Ruysch hat also bis in das enorm hohe Alter von 83 Jahren gemalt! Ihr erster Biograph Jan van Gool, der Ruysch zwei Jahre vor ihrem Tod persönlich aufsuchte und zu ihrem Leben befragte, zeigte sich gleichermaßen von ihrer Persönlichkeit wie von der immer noch ausgeübten Kunstfertigkeit beeindruckt. A.V.H.

geb. 9. November 1871 in Central City, Colo.
gest. 3. Oktober 1953 in Denver, Colo.
amerikanische Medizinerin
Lit. 99, 161, 594, 786, 915

Florence Rena Sabin war eine der wenigen Frauen, denen es gelang, in der Frühzeit der modernen Medizin in Forschung, Lehre und Gesundheitspolitik hervorzutreten.

In Colorado geboren, wuchsen sie und ihre Schwester Mary bei Verwandten im Osten der USA auf. Ihr Medizinstudium absolvierte sie an der berühmten Johns Hopkins Medical School in Baltimore. Noch als Studentin entwickelte sie ein dreidimensionales Gehirnmodell vom Hirnstamm. Das Modell sowie der daraus entwickelte Anatomie-Atlas wurden in der Lehre eingesetzt.

Als sie 1913 Professorin wurde, war sie die erste Frau der Hochschule in diesem Rang. Sie lehrte fast 25 Jahre an der Johns Hopkins Universität. Wie für ihren Freund und Lehrer Franklin Paine Mall waren Forschung und Lehre für sie nicht zu trennen. Ihre StudentInnen regte sie zu eigener Forschung an, damit sie auf diese Weise intensiver lernten. Sie selbst zerriß nach jeder Vorlesung ihr Manuskript, damit sie es wieder neu erarbeiten mußte. Ihr Enthusiasmus steckte ihre StudentInnen an, von denen sie viele für eine wissenschaftliche Karriere begeisterte. 1924 wurde sie – als erste Frau in diesem Amt – Präsidentin der American Association of Anatomists. 1925 startete sie eine neue Karriere am Rockefeller Institute. 13 Jahre lehrte und forschte sie in New York mit dem gleichen Elan wie zuvor in Baltimore. Neben ihrer Arbeit schrieb sie die Biographie ihres Lehrers: *Franklin Paine Mall: The Story of a Mind.*

1938 kehrte sie nach Colorado zurück, um wieder mit ihrer Schwester zusammenzuleben, die ihr immer sehr nahe geblieben war. Im Alter von 73 Jahren begann sie ihre dritte Karriere. Auf Bitte des Gouverneurs kümmerte sie sich um das unzureichende Gesundheitswesen von Colorado. Unermüdlich reiste sie herum, sammelte Fakten, hielt Vorträge und schrieb. So brachte sie die Verantwortlichen dazu, das »Sabin-Programm« zur Neuordnung des öffentlichen Gesundheitswesens zu verwirklichen.
P.Z.-M.

geb. 6. Februar 1898 in Berlin-Spandau
gest. 2. März 1972 in Mainz
deutsche Sängerin
Lit. 602, 651, 807, 918

Über außergewöhnliche Stimmen dieses Jahrhunderts zu sprechen heißt, an Erna Sack nicht vorbeihören zu dürfen. Leider gibt es von dieser Sängerin, deren 100. Geburtstages wir gedenken, nur wenige Zeugnisse auf LP oder CD, und wenig auch wurde über sie geschrieben. Ihrer Karriere nachzuspüren soll hier versucht werden.
Erna Dorothea Luise Sack (eigentlich: Weber) wurde am 6. Februar 1898 in Berlin-Spandau geboren. Nach Gesangsstudien in Berlin und Prag kam sie 1928 als Elevin an die Berliner Staatsoper, wo sie kleine Alt-Partien sang. Der Wechsel zum Koloratursopran fand 1930 statt, mit dem Engagement am Stadttheater Bielefeld. Die weiteren Stationen: 1932 Staatstheater Wiesbaden, 1934 Oper Breslau, 1935 Dresdner Staatsoper, wo sie im selben Jahr die Isotta in der Uraufführung von Richard Strauss' *Die schweigsame Frau* sang. Schon ab 1933 gastierte sie an der Staatsoper Berlin (wo man sich ihrer Alt-Partien kaum erinnerte), wurde gefeiert in Mailand und Wien, Paris und London, in Hamburg und bei den Salzburger Festspielen und 1936 erstmalig auf einer triumphalen Nordamerika-Tournee. Während des Zweiten Weltkrieges trat die Künstlerin – die längst die »deutsche Nachtigall« genannt wurde – vor allem in Schweden, in der Schweiz und der Türkei auf. 1947 begab sie sich auf eine fünfjährige Welt-Tournee, nach Kanada, Südamerika und Australien. Zwei große Konzertreisen durch Nordamerika folgten 1954/55. Nach dem Weltkrieg lebte sie in Kalifornien und Kanada, nach Deutschland übersiedelte sie erst wieder 1956. Sie starb am 2. März 1972 in Mainz.

War Erna Sack eine »große« Sängerin? Ich glaube, sie war eine kluge Frau, die nicht über ihr Fach und ihre stimmlichen Möglichkeiten hinausging. Die allerdings erregten Aufsehen und festigten ihren weltweiten Ruf. Sie erreichte die unwahrscheinliche Tonhöhe des viergestrichenen C (die sie auch dort anwendete, wo sie künstlerisch nicht gerechtfertigt schien, aber das Publikum sehr beeindruckte).
Dazu ein Zitat von Franziska Martienssen-Lohmann aus ihrem Buch *Der wissende Sänger* über das Phänomen des »überhohen« Registers von Erna Sack: »... Die Höhe wirkt hier unbegrenzt und ist durch eine spezielle phänomenale Geschicklichkeit im Umgehen mit der Pfeifstimme auch einwandfrei in Verve, Tempo und Intonationssicherheit ...« Dem ist hinzuzufügen: und Textverständlichkeit (heute leider eine Ausnahme). J.S.

Salote Tupou III.

geb. 13. März 1900 in Nuku'alofa
gest. 16. Dezember 1965 in Auckland
Königin von Tonga
Lit. 160, 404, 651, 669, 912

Fast niemand in dem von hierarchischen und patriachalischen Strukturen geprägten Königreich erwartete ernsthaft, daß die junge Salote Mafile'o Pilolevu tatsächlich regieren würde. Ihre Heirat mit dem 13 Jahre älteren Tungi Mailefihi, durch die zwei der drei tongaischen Königslinien zusammengeführt wurden, war daher in staatspolitischer Hinsicht sorgfältig geplant. Doch es zeigte sich bald, daß Salote die wichtigsten »staatsmännischen« Voraussetzungen mitbrachte: Weisheit und Scharfsinn, Gerechtigkeit, Redegewandtheit, Autorität, Würde, politische Weitsicht und nicht zuletzt eine tiefe Liebe zu ihren UntertanInnen. Westlichen Einflüssen und Modernisierungen durchaus aufgeschlossen, verstand sie es, diese in die Traditionen ihres Landes einzubinden und so die Identität ihres Volkes zu bewahren. Darin glich sie ihrem Ururgroßvater George Tupou I., der Mitte des 19. Jahrhunderts ein christliches Königreich nach britischem Vorbild errichtete, ohne die Selbständigkeit preiszugeben. Salotes Vater, der ihm auf den Thron folgte, war dagegen mehr an der Finanzierung seines aufwendigen Lebensstils interessiert und mußte schließlich einer Umwandlung Tongas in ein britischen Protektorat zustimmen. Salote hatte daher ein schweres Erbe anzutreten, als sie kurz nach ihrem 18. Geburtstag hochschwanger Königin wurde. Schon in den ersten Regierungsjahren konnte sie sich Respekt verschaffen, indem sie sich weder durch feindlich gesinnte, einflußreiche Aristokraten noch durch britische Regierungsbeamte einschüchtern ließ, auf ihre in der Verfassung festgeschriebenen Rechte pochte und diese auch durchsetzte. Ausbau des Gesundheitswesens, Entwicklung der Landwirtschaft und gute schulische Ausbildungsmöglichkeiten für alle waren vorrangige Ziele. Am Ende ihrer 47jährigen Regierungszeit hatte Salote ihr Land von einem isolierten Agrarstaat behutsam zu einer teils städtischen weltoffeneren Gesellschaft geführt und mit schrittweisen Abkommen wieder mehr Regierungskompetenzen in tongaische Hände gelegt. A.V.H.

geb. 1. Juli 1804 in Paris
gest. 8. Juni 1876 in Nohant
französische Schriftstellerin
Lit. 321, 921, 922, 942, 943

Sie war wohl die erste Frau, die Männerkleider trug, Pfeifen und Zigarren rauchte. Denn »ich wollte so weit Mann sein, daß ich in Bereiche und Milieus eindringen konnte, die mir als Frau verschlossen waren«, schreibt sie in der »Geschichte meines Lebens«. Sie machte ihre Liebschaften öffentlich, zu einer Zeit, als für Frauen noch Zuchthaus auf Ehebruch stand. Seit 1822 war George Sand mit dem wesentlich älteren Casimir Dudevant verheiratet, aber 1831 läßt sie den Ehemann und ihre beiden Kinder in der Provinz zurück und geht nach Paris, wo sie mit ihrem jugendlichen Liebhaber Jules Sandeau eine Mansardenwohnung teilt. In Worten und Taten predigt sie die leidenschaftliche Liebe und spricht sich heftig gegen die Einengung durch die Institution der Ehe aus. Ihre Beziehungen mit Alfred de Musset, Prosper Mérimée, Frédéric Chopin, der Schauspielerin Marie Dorval sind legendär. Bereits ihr erster, 1833 erschienener Roman, *Indiana*, wurde ein Erfolg. »Indiana ist ein Typus: die Frau, das schwache Geschöpf, dem es obliegt, die gehemmten, oder, wenn Ihnen dies lieber ist, die durch die Gesetze unterdrückten Leidenschaften darzustellen ...«, sagt George Sand. Und weil Indiana nicht nur einen Ehemann, sondern auch zwei Liebhaber hat, richte dieses Buch, so z.B. der deutsche Literaturwissenschaftler Ludwig Spach, »unsägliches Unheil im Innern der Familienkreise und am häuslichen Herd an« und führe zur »systematischen Untergrabung der Ehe«. Hingegen Balzac: »Ich kenne nichts, das schlichter geschrieben, köstlicher ersonnen wäre.« Als 1833 ihr zweiter Roman, *Lélia*, erschien, war sie eine über die Grenzen Frankreichs hinaus bekannte Schriftstellerin, berüchtigt und umstritten.

Während der 40er Jahre schrieb George Sand ihre »sozialistischen« Romane, *Consuela* (1842) z.B. oder *Horace* (1841). Deren Utopie vom Verschmelzen der Klassen brachte ihr viel Kritik ein. Immer mehr interessierte sich George Sand für die politischen und sozialen Probleme Frankreichs, sie bezeichnete sich als Sozialistin, später als Kommunistin. Als 1848 die Revolution ausbrach, reiste sie nach Paris, wo sie das Bulletin der Republikaner redigierte. »Ich habe das Volk gesehen«, schwärmte sie, »groß, erhaben, aufrichtig, weitherzig – das Volk von Frankreich, vereint im Herzen Frankreichs, im Herzen der Welt ... Wir sind verrückt, wir sind berauscht vor Freude darüber, daß wir, im Schlamm eingeschlafen, zwischen den Sternen erwachen!«

Nach Niederschlagung des Aufstandes zog sie sich auf ihr Gut nach Nohant zurück, wo sie bis zu ihrem Tod ein zurückgezogenes Leben führte. S.G

geb. um 612 vor Chr. in Eressos auf Lesbos
gest. 557 vor Chr. auf Lesbos
griechische Dichterin
Lit. 264, 375, 806, 925, 1048

»Sappho feiert weder Hausarbeit noch Fruchtbarkeit, noch die Rolle der guten Ehefrau, sondern vielmehr die Erinnerung und die Sehnsucht nach der abwesenden Geliebten, die Liebe und Lust, die Frauen auf weichen Betten miteinander teilen. Wir ... können die Geschichte der Sexualität nicht ohne Sappho schreiben. Wir müssen mit dieser Frau zurechtkommen, die das Fundament der westlichen Kultur und der Geschichte der Sexualität erschüttert, ... mit dieser Frau, die von ihrem Begehren spricht.« (Dubois) Über das Leben der berühmtesten Dichterin des Abendlandes ist wenig bekannt. Geboren wurde sie um 612 vor unserer Zeitrechnung auf der griechischen Insel Lesbos unweit der Küste Kleinasiens (heute Türkei). Die Aristokratin bewegte sich in einem Kreis von Mädchen und jungen Frauen, vielleicht Freundinnen, vielleicht Schülerinnen, vielleicht beides, vielleicht Jüngerinnen eines Aphrodite-Kultes.

Sapphos Ruhm gründet sich auf das übereinstimmende Zeugnis antiker Autoren, die weit mehr von ihrem Werk kannten, als uns heute überliefert ist, sowie auf ein einziges vollständig erhaltenes Gedicht und eine Reihe von Fragmenten, von denen nur 40 aus mehr als ein paar Worten bestehen. Was ihre Gedicht-Fragmente auch heute noch zum »Inbegriff des Lyrischen« macht, ist ihre Frische und Unmittelbarkeit des Tons, ihre Leidenschaft und Intimität. In ihrem wohl berühmtesten Gedicht schildert Sappho mit klinischer Präzision die körperlichen Symptome verzehrender Eifersucht und Begierde:

Wenn ich dich erblicke, geschiehts mit einmal, daß
ich verstumme
Denn bewegungslos liegt die Zunge, feines
Feuer hat im Nu meine Haut durchrieselt,
mit den Augen sehe ich nichts, ein Dröhnen braust
in den Ohren.
Und der Schweiß bricht aus, mich befällt ein
Zittern
aller Glieder, bleicher als dürre Gräser
bin ich, bald schon bin einer Toten gleich ich
anzusehn ...

Es heißt, daß sie eine Tochter namens Kleis hatte. Vielleicht war Kleis aber auch eine junge Geliebte ...: »Hab ein schönes Kind / goldnen Blumen wohl vergleichbar / ist sein feiner Wuchs: / Kleis heißt sie, mein Alles ...« L.F.P.

geb. 18. Juli 1902 in Iwanowo Wosnessensk, Rußland
gest. 19. Oktober 1999 in Paris
französische Schriftstellerin
Lit. 48, 593, 836, 914, 926, 927

Fünf Jahre lang – von 1932 bis 1937 – arbeitete Nathalie Sarraute an ihrem ersten literarischen Text, dann suchte sie zwei Jahre lang einen Verleger. Als das Buch unter dem Titel *Tropismes* 1939 schließlich erschien, kam es zu früh, blieb bei Kritik und Publikum fast völlig unbeachtet. Erst Mitte der 50er Jahre entwickelte sich in der französischen Literatur jene den klassischen Erzählroman gründlich zersetzende Strömung (der »nouveau roman«), die Nathalie Sarraute mit ihren ersten Veröffentlichungen vorweggenommen und in ihrer Aufsatzsammlung *Das Zeitalter des Mißtrauens* literaturtheoretisch untermauert hatte. Sarrautes Romangestalten, soweit sie im Gewirr der Stimmen überhaupt auszumachen sind, haben keine Gesichter, keine Namen, stehen außerhalb von Ort und Zeit, ihre Theaterfiguren »handeln« nicht, sind allenfalls durch neutrale Buchstaben oder Nummern differenziert. Was die Autorin interessiert, sind nicht die menschlichen Dramen, wie sie der traditionelle Roman den Leserinnen als real suggeriert, sondern die unsichtbaren, kaum erfaßbaren psychischen Regungen, die von einem Begriff, einem Satz ausgelöst werden – »Orkane im Wassertropfen unter dem Mikroskop« (François Bondy).
Nathalie Sarraute, geboren als Natascha Cerniąk in Rußland, Tochter einer Schriftstellerin und eines antizaristisch eingestellten Chemikers, verbrachte ihre frühe Kindheit abwechselnd bei den getrennt lebenden Eltern an verschiedenen Orten in Rußland, Frankreich und der Schweiz. Mit acht Jahren kam sie endgültig zum Vater nach Paris, erhielt dort eine gute, klassisch geprägte Schulbildung, studierte Anglistik und Soziologie in Oxford und Berlin, schließlich Jura in Paris, wo sie nach Abschluß des Studiums als Rechtsanwältin arbeitete. Mit 25 heiratete sie den Juristen Raymond Sarraute, brachte drei Töchter zur Welt und begann, kurz vor der Geburt ihres dritten Kindes, zu schreiben. Während des Krieges mußte sie sich – als Jüdin denunziert – in der französischen Provinz versteckt halten. Nach dem Krieg kaufte sie in derselben Gegend ein Landhaus, wo in den folgenden Jahrzehnten die meisten ihrer Bücher (Romane, Theaterstücke, Hörspiele, Aufsätze) entstanden. A.S.

Vera Ivanovna Sassulitsch

geb. 29. Juli (8. August) 1849 in Michajlovka, Rußland
gest. 8. Mai 1919 in Petrograd, UdSSR
russische Revolutionärin
Lit. 75, 368, 588, 637, 724

»Noch vor allen ›revolutionären Träumereien‹ […] machte ich dumme Pläne, wie ich wohl am besten einem Gouvernantendasein entgehen könnte: Ein Junge hätte es an meiner Stelle natürlich viel leichter gehabt, […] aber das ferne Trugbild einer Revolution machte mich einem Jungen gleich: Ich konnte über ›die Sache‹, ›Heldentaten‹ und ›den Kampf‹ träumen …« Träumereien, die Vera Sassulitsch (Zasulja) schon früh in die Realität umsetzt: für ihre volksaufklärerischen Ambitionen, Teilnahme an politischen Zirkeln und vermeintlichen linksextremistischen Aktivitäten steht sie 1869 erstmals vor Gericht und wird zu zwei Jahren Haft verurteilt, denen vier Jahre Verbannung im Norden Rußlands folgen. 1875 schließt sich die Lehrerin der Bewegung *Gang ins Volk* an. Der u.a. von ihr geleitete *Kreis der Aufständischen* wird jedoch 1877 zerschlagen. Aber Sassulitsch verharrt nicht lange in der erzwungenen Untätigkeit. Am 24. Januar 1878 geht sie durch das Attentat auf den Moskauer Stadtkommandanten Trepov, der widerrechtlich einen politischen Häftling hatte auspeitschen lassen, in die revolutionäre Geschichte ein. Die Tat polarisiert die Öffentlichkeit. Sensationellerweise wird Sassulitsch, die später jeden politischen Terrorismus ablehnt, freigesprochen, muß jedoch trotzdem emigrieren, da der Zar interveniert. Im Genfer Exil entwickelt sie eine rege journalistische und politische Tätigkeit u.a. als Mitbegründerin der ersten russischen marxistischen Gruppierung *Befreiung der Arbeit*. 1899 lernt sie Lenin kennen, mit dem sie im folgenden in der Zeitschrift *Der Funke* zusammenarbeitet. Spätestens in der II. Internationale dividieren sich die Positionen jedoch so weit auseinander, daß eine Zusammenarbeit unmöglich wird. Die überzeugte Sozialdemokratin Sassulitsch findet nach ihrer endgültigen Rückkehr nach Rußland 1905 keinen Anschluß mehr an die dominierenden radikal-revolutionären Bolschewiki und steht auch – unbestechliche Zweiflerin und Idealistin in einer Person – der Oktoberrevolution 1917 skeptisch gegenüber. Nur anderthalb Jahre nach dieser politischen und persönlichen Niederlage stirbt Vera Sassulitsch, die zeit ihres Lebens der früh erträumten ›Sache‹ absoluten Vorrang vor ihrem von Entbehrungen und Einsamkeit geprägten Privatleben gab. S.ST.

geb. 29. Februar 1892 in Green Cove Springs, Fla.
gest. 26. März 1962 in Bronx, N.Y.
amerikanische Bildhauerin
Lit. 480, 786

Schon in der Familie lernte die schwarze Bildhauerin Augusta Savage sich durchzusetzen und den Mut nicht zu verlieren. Der tiefreligiöse Vater empfand die Tonfiguren, die sein Kind (das siebte von 14) modellierte, als Gotteslästerung und zerstörte zunächst alles, was er fand. Unbeirrt arbeitete Augusta weiter, bis der Vater sie gelten ließ. Als Erwachsene verließ sie Florida und ging nach New York, um sich weiterzubilden. Sie war talentiert und wurde beachtet. 1923 bewarb sie sich für die Sommerakademie von Fontainebleau. Wegen ihrer Hautfarbe wurde sie abgelehnt, was sie und ihre FreundInnen zum Anlaß nahmen, die Sache an die Öffentlichkeit zu bringen. Den Platz bekam sie dennoch nicht, dafür viel Publicity, die ihrer Karriere diente. 1929 konnte sie mit Hilfe von Stipendien nach Europa fahren, wo ihre Werke in vielen Galerien gezeigt wurden. 1932 eröffnete sie in New York ihre eigene Kunstschule. Unterricht wurde ihr zu einem Hauptanliegen. Auch im Rahmen des staatlichen Kunstprogramms FAP arbeitete sie für die Förderung schwarzer KünstlerInnen. Höhepunkt ihrer Karriere ist ihr Beitrag für die Weltausstellung 1939-1940: eine gut fünf Meter hohe Harfe aus singenden jungen Schwarzen. Für diese Arbeit ließ sie sich von ihrem Amt bei der FAP beurlauben. Als sie sie beendet hatte, mußte sie feststellen, daß ihre Stelle inzwischen vergeben war. Die Plastik, die nur aus Gips war, wurde beim Abräumen der Ausstellung zerstört. Ab 1939 leitete sie die einzige Galerie für zeitgenössische Kunst der Schwarzen, die bald mangels Geschäften einging. 1945 zog Savage zurück aufs Land. Ohne die Anregungen der Weltstadt verlor sie ihren künstlerischen Schwung. Sie lebte vom Geflügel- und Eierverkauf und modellierte gelegentlich noch für Touristen. 1962 starb sie an Krebs. C.S.

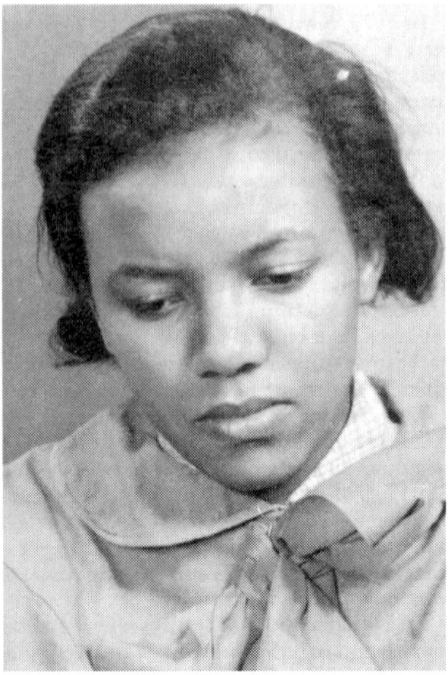

geb. 6. August 1865 [oder 1858] in Danzig
gest. 18. November 1930 in Meran
deutsche Schriftstellerin und Frauenrechtlerin
Lit. 133, 595, 1103

Sie war radikale Feministin und konservative Nationalistin. Wofür sie sich begeisterte oder worüber sie sich empörte, immer schlugen ihre Gefühle hohe »Flammen«, so der Titel ihrer 1921 erschienenen Autobiographie. Aus einer Danziger Kaufmannsfamilie stammend, begnügte sie sich nicht mit dem für höhere Töchter obligaten Lehrerinnenexamen, viel zu groß sind ihr Unternehmungsgeist, ihre Reiselust und Wißbegierde. Bis 1887 studiert sie romanische Sprachen in Paris und geht dann als Oberlehrerin nach Liverpool, England. Beim Unterricht versagen ihr die Stimmbänder, die langwierige Heilung droht ihre Karriere zu beenden. Mit ersten schriftstellerischen und publizistischen Arbeiten überbrückt sie die lange Zeit bis zur Genesung. Sie setzt ihre Studien 1893 in Zürich fort und promoviert dort 1895. Der Auftrag, eine Voltaire-Biographie zu schreiben, erlaubt ihr, wieder in Paris zu leben.

Es gehört zu den Widersprüchen in Käthe Schirmachers Leben, den »Verband fortschrittlicher Frauenvereine« (1899) und den deutschen »Verband und Weltbund für Frauenstimmrecht« (1902) maßgeblich mitzubegründen, wegen ihrer zunehmend antidemokratischen und -semitischen Haltung aber bald in heftige Auseinandersetzungen mit den Mitbegründerinnen, Anita Augspurg und Gustava Heymann, zu geraten und dennoch eine Geschichte über die englische Frauenbewegung: *Die Suffragettes* (1912) zu schreiben. In ihren ersten schriftstellerischen Werken (*Der Libertad, Halb*) greift sie die doppelte Moral und die Prostitution an. Ihrem 1911 erschienenen Buch *Das Rätsel Weib,* einer Sammlung von Aphorismen über die Erniedrigung der Frauen, gibt sie das Leitmotiv: »Dies ist ein Buch der Tränen und des Zorns.«

Ab 1910 lebt sie gemeinsam mit ihrer Freundin Clara Schleker in Warlow, Mecklenburg. Beide kämpfen leidenschaftlich für die preußische Ostmarkpolitik und opfern 1914 ihr gesamtes Vermögen den Kriegsanleihen. 1919 wird Käthe Schirmacher als deutschnationale Abgeordnete für Westpreußen in die Nationalversammlung gewählt. Sie gehört zu den wenigen Frauen, die von ihren publizistischen und schriftstellerischen Arbeiten (mit den Themen Literatur, Politik, Frauenbewegung, Volkswirtschaft) leben konnten. Am 18. November 1930 stirbt sie während einer Reise in Meran.
H.SCH.

geb. 26. November 1919 in Reetz, Pommern
gest. 21. Mai 1983 in Berlin
deutsche Politikerin
Lit. 93, 506

In einem autobiographischen Aufsatz beschreibt die Sozialdemokratin Marie Schlei ihren Lebensweg als geprägt durch die Armut, in der sie bis nach Kriegsende lebte. Diese Erfahrung hat sie sensibel gemacht für soziale Ungerechtigkeit, die Menschen aufgrund ihres Geschlechts, ihrer Klasse oder Rasse zu spüren bekommen. Ihr Vater starb, als sie 16 war, ihre Mutter starb auf der Flucht vor der Roten Armee. Mit ihrem Sohn ging Schlei 1945 nach Berlin, wo sie ab 1947 als Lehrerin arbeitete und ihre Familie allein durchbrachte – ihr Mann war 1944 im Krieg umgekommen. In Berlin sah sie die Chance, das Bildungswesen zu reformieren, und wurde 1957 Rektorin einer Grundschule. 1964 wurde sie Schulrätin und setzte sich energisch dafür ein, daß Mädchen und Jungen die gleichen Bildungschancen erhielten. 1969 ging sie als sozialdemokratische Abgeordnete nach Bonn. Von 1969 bis 1974 war sie Mitglied des Bundestagsausschusses für Jugend, Familie und Gesundheit, arbeitete im Ausschuß für Arbeit und Sozialordnung und im Petitionsausschuß. 1973 wurde sie in den Fraktionsvorstand gewählt. 1974 wurde sie unter Helmut Schmidt Parlamentarische Staatssekretärin und vertrat ihn kraft ihres Amtes in den verschiedensten Gremien. In ihrer Schilderung wird immer wieder deutlich, wie sehr Marie Schlei Bürokratie und »Duckmäusertum« zuwider waren. Als sie 1976 Bundesministerin für wirtschaftliche Zusammenarbeit wurde, kam es schnell zu Differenzen zwischen ihr und dem Kanzler; die CDU/CSU-Opposition kritisierte ihren Einsatz gegen industrielle Großprojekte. Wegen ihrer unkonventionellen Art der Amtsführung wurde sie 1978 als Ministerin entlassen.

1980 wird sie als erste Frau zur Stellvertretenden Fraktionsvorsitzenden gewählt, muß aber 1981 wegen ihrer Krebserkrankung alle Ämter und ihren Sitz im Bundestag aufgeben. Marie Schlei starb 1983 im Alter von 64 Jahren. B.S.

geb. 3. August 1833 in Breslau
gest. 10. Juni 1902 in Leipzig
Pionierin der deutschen Frauenbewegung
Lit. 248, 333, 748, 843, 1111

Auguste Schmidt – wer war das denn? So fragen auch feministisch belesene Frauen. Mit den Namen Otto-Peters, Dohm, Lange, Bäumer, Braun, Augspurg und Heymann verbinden sich für viele inzwischen plastische Vorstellungen, aber die Gestalt Augustens bleibt seltsam blaß. Dabei war sie immerhin Mitbegründerin des *Allgemeinen Deutschen Frauenvereins* (ADF) von 1865, Mitherausgeberin seines Vereinsorgans *Neue Bahnen*, Mitbegründerin des *Vereins deutscher Lehrerinnen und Erzieherinnen* von 1869, Mitgründerin des *Allgemeinen Deutschen Lehrerinnenvereins* (ADLV) von 1890 und Erste Vorsitzende des *Bundes deutscher Frauenvereine* von 1894 bis 1899. Das bestimmende Wort dieses Lebens scheint das »mit« ; sie war die geborene »rechte Hand«, eine großartige Rednerin zwar, wie ihr alle bescheinigen, ansonsten aber wohl ebenso unauffällig wie unentbehrlich. Diese Funktion brachte ihr übrigens in Judy Chicagos *Dinner Party* einen ehrenvollen Platz unter den 999 »Women of Achievement« des »Heritage Floor« ein, mit der bezeichnenden Erläuterung: »Working with Otto-Peter [sic], Schmidt helped found the German women's movement.«
Nach dem Tod des verehrten Vorbilds Louise Otto-Peters stand die 62jährige Auguste Schmidt ab 1895 dann im Schatten der jüngeren Generation, von der sie sich teils angreifen, teils verteidigen lassen mußte. Vorgeworfen wurde ihr unter anderem ›Vereinsmeierei‹ und Zurückweichen vor dem Männerstaat. Helene Lange schreibt in ihren Lebenserinnerungen: »Es hat sich so gefügt, daß ich ... den Kampf mit [den Radikalen] in der vordersten Linie zu führen hatte. Es war erst ein Verteidigungskrieg, den ich mit für die zu solchem Kampf wenig geeignete Auguste Schmidt führte ...«
Wieso wenig geeignet? Dazu wieder Helene Lange: »Sie war die Verkörperung dessen, was man mit dem uns heute etwas altmodisch anmutenden Begriff ›gütig‹ bezeichnet.« L.F.P.

geb. 23. September 1938 in Wien
gest. 29. Mai 1982 in Paris
deutsche Filmschauspielerin
Lit. 67, 534, 569, 947, 963

»Wenn es nach mir ginge, würde ich sofort Schauspielerin werden. So wie Mammi«, schreibt die 14jährige Rosemarie Magdalena Albach 1952 in ihr Tagebuch. Ein Jahr später spielt sie, zusammen mit ihrer Mutter, in *Wenn der weiße Flieder wieder blüht* ihre erste Rolle. Danach verläßt sie die Schule. Zwischen 1954 und 1957 spielt sie in vier Filmen jene Rolle, die sie bis zum Lebensende nicht mehr los wird: »Die Sissi pappt mir an wie Grießbrei.« Ihre Karriere wird vom Stiefvater, dem Gastronomieunternehmer Hans-Herbert Blatzheim, geschickt vermarktet. Daß »Daddy« ihr in dieser Zeit auch nachstellte, kann sie erst 20 Jahre später formulieren: »Il a clairement proposé de coucher avec moi.«

1958 dreht sie u.a. *Mädchen in Uniform* und, die erste ausländische Produktion, mit Alain Delon *Christine*. Sie verliebt sich in ihn. Sie befreit sich aus den familiären Zwängen und zieht nach Paris. »Es gibt drei Menschen, die mein Leben entscheidend verwandelt haben: Alain, Visconti und Coco Chanel.« Diese hatte aus dem »kleinen gesunden Pummel« inzwischen eine aparte Pariserin gemacht. Und 1961 arbeitete sie zum ersten Mal mit Visconti. Unter seiner Regie spielt sie im Théâtre de Paris mit Alain Delon in *Schade, daß sie eine Dirne ist*. Ebenfalls 1961 dreht Visconti mit ihr *Boccaccio 70*. Sie wird zur actrice française. Mit Kafkas *Prozeß* in der Regie von Orson Welles erfährt sie auch in Deutschland Anerkennung. 1962 geht sie nach Hollywood. 1971 schreibt *Paris Match*: »Vierzig Jahre nach Greta und Marlene, fünfzehn Jahre nach Marilyn hat die Leinwand wieder einen großen Star.« Da hatte sie bereits 40 Filme gedreht, bis zum Ende ihres Lebens werden es 61 sein, zweimal erhält sie den begehrten César.

Weniger Fortune erlebte Romy Schneider in ihrem Privatleben. Die Beziehung zu Delon scheitert ebenso wie ihre Ehe mit Harry Meyen, dem Regisseur, von dem der 1966 geborene Sohn David-Christopher stammt. Die Ehe mit Daniel Biasini, ihrem Privatsekretär – 1977 wird die gemeinsame Tochter Sarah Magdalena geboren – endet im Desaster. »Ich kann nichts im Leben, aber alles auf der Leinwand.« Schon lange nimmt sie Schlaf- und Aufputschmittel, trinkt zu viel. Am 29. Mai 1982 stirbt sie in ihrer Wohnung in Paris. »Natürliches Ableben durch Herzinfarkt«, heißt es in der Sterbeurkunde. »Aber«, kontert Magda Schneider, »was um Himmels willen ist natürlich am Tod einer schönen jungen Frau von 43 Jahren.« S.G.

geb. 9. Juli 1766 in Danzig
gest. 17. April 1838 in Jena
deutsche Schriftstellerin
Lit. 274, 380, 668, 941, 950

Die deutsche Schriftstellerin Johanna Schopenhauer wurde 1766 in Danzig als älteste Tochter des Kaufherrn Chr. Heinrich Trosiener und seiner Frau Elisabeth geboren. Wie viele Mädchen ihres Standes wurde sie zum Studium der Sprachen (besonders Englisch und Französisch) und der schönen Künste ermuntert und erhielt eine entsprechende Privaterziehung.
Im Alter von 18 Jahren heriatete sie den 20 Jahre älteren Kaufmann Heinrich Floris Schopenhauer. Kurz nach der Heirat unternehmen beide eine ausgedehnte Reise, die sie u.a. nach Berlin, Hannover, Brüssel, Paris und London führte. Zwei Monate vor der Geburt ihres Sohnes Arthur kehrten die Eheleute nach Danzig zurück. Von nun an war Johannas Zeit mit Haushaltsführung und Kindererziehung ausgefüllt – ein Umstand, der sie nicht sonderlich gestört zu haben scheint. Aufgrund der politischen Lage siedelte die Familie nach Hamburg über. 1797 wurde ihre Tochter Adele geboren. Als diese sechs Jahre alt war, ging die Familie wieder auf Reisen. Kurz nach der Rückkehr 1805 starb Johannas Mann. Johanna verkaufte den Besitz in Hamburg und zog mit ihrer Tochter nach Weimar, wo ihr Haus bald zum gesellschaftlichen Zentrum wurde. Bei ihr trafen sich u.a. Wieland, Goethe und der Philosoph Fernow. Besonders mit den beiden letztgenannten verband sie eine enge Freundschaft. Der Tod Fernows (1808) bringt sie dazu, sich schriftstellerisch zu betätigen: 1810 erscheint die Biographie des Freundes, und 1813/14 veröffentlicht sie in zwei Bänden ihre Reisebeschreibungen. Johanna Schopenhauer wurde zu einer der meistgelesenen Schriftstellerinnen ihrer Zeit. Dieser Umstand mag auch zu der Entfremdung zwischen ihr und ihrem Sohn Arthur Schopenhauer beigetragen haben: Johanna war erfolgreich und ihre Bücher wurden viel gelesen; Arthur fast unbekannt. Außerdem versuchte er, sich aus der Ferne in das Leben seiner Mutter und Schwester einzumischen – was Johanna sich allerdings verbat.

1819 wurde sie durch den Bankrott ihres Bankhauses fast ruiniert; das Schreiben wurde so ihre wichtigste Einnahmequelle. Zehn Jahre später zog sie zusammen mit ihrer Tochter Adele in die Nähe von Bonn. Als Gründe dafür werden der gesundheitliche Zustand der Tochter und auch finanzielle Schwierigkeiten genannt. Doch richtig heimisch fühlte sie sich dort nicht. 1837 übersiedelte sie nach Jena, wo sie am im Alter von 71 Jahren starb. B.S.

geb. 9. Dezember 1881 in Hannover
gest. 17. November 1939 in Oerlerse
deutsche Dichterin
Lit. 323, 952, 953, 1118

Fotos von Julie Schrader: verhüllt bis zum Kinn, das Haar ordentlich aufgesteckt – ein Inbild ehrbarer Weiblichkeit im wilhelminischen Deutschland. Der Eindruck trügt: Julie Schrader dichtet, und in ihren Gedichten wird heftig und deftig geliebt.
Ganz unverhüllt besingt sie die körperlichen Vorzüge ihrer Liebhaber, von »August Meyer« bis hin zum Operettenkomponisten Leo Fall:

»Vor mir steh'n zwei Spiegeleier
In des Speckes Lauge.
Und ich sehe still sie an
Mit der Sehnsucht Auge.
August kommt in meine Sinne,
Der sie oft bestellte
Und durch ihre schöne Kraft
Hinterher mich fällte.«

Aber Julie Schrader liebt beileibe nicht alle Männer. Sie hat zwar, nach Tätigkeiten als Vorleserin bei einer hannoverschen Baronin und als Haus- und Anstandsdame in Harburg und Bremen, einige Jahre in Berlin verbracht, trotzdem:

»Nein, nein, es darf kein Preuße
In meinen Hafen zieh'n.
Geschlossen ist die Schleuse,
Kommt einer aus Berlin.«

Die Preußen, besonders Bismarck, reißen sie zu wahren Haßgesängen hin, und in dem Melodram *Genoveva oder Die weiße Hirschkuh* gerät ihr Wilhelm II. zu einer grandiosen Karikatur – die Rache der eingefleischten Welfin.

Aus dem lebens- und liebeslustigen »Welfischen Schwan« wird eine einsame, verbitterte Frau. Julie Schrader lebt nach einer spät geschlossenen, wenig glücklichen Ehe in einem kleinen Dorf. Sie wird als »Städtische« von der Familie ihres Mannes und der dörflichen Umwelt nicht anerkannt; die Geburt eines Sohnes zerrüttet ihre Gesundheit – Julie Schrader setzt ihrem Leben ein Ende. B.W.

geb. 11. September 1853 in Baden bei Wien
gest. 18. April 1940 in Wien
österreichische Schauspielerin
Lit. 415, 432, 704, 722

»Die Schratt ist vielleicht die letzte Meisterin der alten Wiener Kunst des Plauschens, in der noch einmal alle guten Geister unserer gemütlichen Eleganz versammelt sind.« So Hermann Bahr 1904 über die Schauspielerin nach ihrem letzten Bühnenauftritt. Von dieser Kunst des Plauschens wurde über drei Jahrzehnte lang vor allem Franz Joseph I., der letzte regierende Kaiser der k.u.k. Monarchie, erfreut. Die Beziehung zu der gefeierten Schauspielerin wurde von Kaiserin Elisabeth, der Gemahlin Franz Josephs, schon 1885 eingefädelt. Elisabeth wollte ungestört ihren eigenen Interessen nachgehen, vor allem aber dem düsteren, steifen Wiener Hofzeremoniell fernbleiben. Ruhelos reiste sie durch ganz Europa, und Franz Joseph sollte derweil nicht ungetröstet allein in Wien seinen Regierungsgeschäften nachgehen müssen. Katharina Schratt vertrieb ihm auf kurzweiligste Art Sorgen, Langeweile und Einsamkeitsgefühle. Sie versorgte den Kaiser mit Tratsch aus den Wiener Salons und hielt ihn über Theaterintrigen auf dem laufenden. Sie besaß einen drolligen Humor, war komisch und schlagfertig – der Kaiser soll Tränen gelacht haben –, aber sie war auch taktvoll und warmherzig.

Das Verhältnis zwischen der Schratt und dem Kaiser wurde immer enger. Er besuchte sie täglich um halb sieben am Morgen in ihrer prunkvollen Hietzinger Villa und frühstückte mit ihr Kaffee und Guglhupf. Er schenkte ihr kostbare Juwelen, unterstütze ihren aufwendigen Lebensstil und bezahlte ihre Spielschulden. Bis zu seinem Tod 1916 unterhielt und tröstete sie den Kaiser; er dankte es ihr mit einer glänzenden finanziellen Absicherung.

Katharina Schratt war aber nicht nur als Freundin den Kaisers bekannt. Sie war auch eine sehr berühmte Schauspielerin. Die besten Bühnen rissen sich um sie, Gastspiele führten sie nach Berlin (wo auch Fontane sich ihrem Liebreiz nicht verschließen konnte), Budapest, Petersburg, Riga, Triest, New York. Ihr Repertoire reichte von den Klassikern bis zu trivialen Komödien; besonders bejubelt wurde sie in volkstümlich-humorvollen Rollen. Es wird vermutet, daß Katharina Schratt, nachdem ihr getrennt lebender Ehemann 1910 gestorben war – der Kaiser war schon seit 1898 Witwer –, mit Franz Joseph eine sogenannte »Gewissensehe« einging. So legalisierte die katholische Kirche eine geheimgehaltene Verbindung. Katharina Schratt überlebte den Kaiser um 24 Jahre. Sie verbrachte diese Zeit mit täglichen Kirchgängen und leidenschaftlichem Puzzlespiel. S.D.

geb. 14. Januar 1751 in Guben, Schlesien
gest. 23. August 1802 in Ilmenau, Thüringen
deutsche Schauspielerin, Sängerin, Komponistin und Malerin
Lit. 102, 342, 444, 576

»Sie geistert durch [Goethes erste] Weimarer Jahre als eine Gestalt, die schon die Zeitgenossen nicht recht begriffen. Tochter eines armen Regimentsmusikers, früh als Wunderkind dressiert, muß sie zu früh singen, zu viel üben, zu rasch auf die Bühne. Zu hoch hinauf will der Vater die Stimme treiben. Mit zwanzig ist sie nach Erfolgen, die sie zur großen Hoffnung machten, fast ohne Singstimme. Sie ist schön, gebildet, sie spricht vier Sprachen … Sie kleidet sich mit Geschmack und griechischer Note, was noch ungewöhnlich ist.« So Richard Friedenthal in seiner Goethe-Biographie über Corona Schröter.

Was »die [männlichen] Zeitgenossen nicht recht begriffen«, ist vor allem ihre »Unnahbarkeit« und »Kälte einer Marmorstatue von klassischer Schönheit«: Wie war es einer jungen ungebundenen Frau nur möglich, einen Herzog zurückzuweisen oder gar einen Goethe?! Eine nicht so abwegige Erklärung hat Pasig parat: »… kein Anbeter [fand] Erhörung. Um so inniger gestaltete sich das Freundschaftsverhältnis zu Wilhelmine Probst, welche ihr bis zu ihrem Tod nicht von der Seite wich.« (*Ilmenau, Goethe und Corona Schroeter*, 1911)

Ohne Mann an ihrer Seite stand ihren künstlerischen Interessen nichts im Wege. Die erste Vertonung von Goethes »Erlkönig« stammt von ihr (ihre Version lag Goethe übrigens weit mehr als die geniale Komposition des jungen Schubert). Goethe hatte Corona Schröter schon als Student in Leipzig bewundert, später fuhr er zu ihr, um sie nach Weimar für das neu gegründete Liebhabertheater abzuwerben. Noch aus Leipzig schrieb er an Frau von Stein: »Die Schröter ist ein Engel – wenn mir doch Gott so ein Weib bescheren wollte, dass ich Euch könnt' in Frieden lassen.« Am 6. Januar 1777 notiert er in sein Tagebuch: »Bis 10 Uhr bey Kronen. Nicht geschlafen. Herzklopfen und fliegende Hizze.«

Im April 1779 spielte Schröter in Weimar die Titelrolle der soeben fertiggestellten »Iphigenie« an der Seite von Goethe, der den Orest gab. Ab 1782 widmete sie sich nur noch der Malerei und ihren Kompositionen; außerdem gab sie Schauspielunterricht. Ende der neunziger Jahre begann sie zu kränkeln und zog der besseren Luft wegen mit Wilhelmine Probst nach Ilmenau, wo sie 1802 starb. L.F.P.

geb. 13. Juni 1888 in Merseburg/Saale
gest. 23. April 1952 in New York
deutsche Sängerin
Lit. 502, 551, 762, 855, 1119

Im Jahr 1888 wurden drei große deutsche Sopranistinnen geboren: am 27. Februar Lotte Lehmann, am 18. April Frida Leider und am 13. Juni Elisabeth Schumann. Lehmann und Leider erreichten ein hohes Alter, 88 bzw. 87 Jahre, während Schumann, die »Jüngste« der drei, schon ein Vierteljahrhundert vor ihnen starb.
Frida, die »Hochdramatische« ging einen anderen Weg als Lotte und Elisabeth, die »Lyrischen«, die beide bei Mathilde Mallinger (1847-1920) in Berlin studierten, miteinander befreundet waren und häufig in einem Atemzug genannt werden: »Die Geschichte der Oper hat nur wenige Künstler zu verzeichnen, die erfolgreich den Übergang von der Bühne zum Konzertpodium unternehmen konnten ... Die Generation, die zwischen den Kriegen heranwuchs, hatte das Glück, an Elisabeth Schumann und Lotte Lehmann zwei Sängerinnen zu besitzen, die auf beiden Gebieten unübertreffliche Leistungen gezeigt haben.« (Natan)
Über ihren gemeinsamen Auftritt im »Rosenkavalier« schreibt Bruno Walter: »Elisabeth Schumann war gesanglich und schauspielerisch die ideale Sophie, und in Lotte Lehmanns Marschallin erstrahlte schon damals eine der bedeutendsten Leistungen der zeitgenössischen Opernbühne.« – Übrigens war die »ideale Sophie« mit Richard Strauss eng befreundet und die beste Sängerin seiner Lieder.
Von 1909 bis 1919 war Schumann Mitglied des Stadttheaters Hamburg. Danach ging sie für fast 20 Jahre an die Wiener Staatsoper. Nach der Annexion Österreichs emigrierte sie mit ihrem (zweiten) Mann, dem Dirigenten und Pianisten Karl Alwin (oft ihr Begleiter am Klavier), in die USA.
Schumanns Liedbegleiter Gerald Moore schreibt über sie: »Elisabeth war keiner niedrigen Handlung fähig, und ich hörte sie niemals ein unfreundliches Wort über irgend jemanden sagen ... Wann immer sie vor das Publikum trat, gewann sie die Herzen der Zuhörer durch ihr strahlendes Lächeln, ihren Charme und ihre Einfachheit. Sie vermittelte ihnen sofort die Freude, die sie selbst beim Singen empfand ... und man war überzeugt davon, daß sie dieses Leuchten nicht nur für diesen Abend angenommen und gleichsam mit ihrem Abendkleid angelegt hatte. Man spürte, daß der heitere Glanz, der sie umgab, die Frau selbst sei, und ich kann versichern, dieses Gefühl war richtig.« L.F.P. und U.R.

geb. 1. Dezember 1851 in Düsseldorf
gest. 25. September 1938 in Bern
deutsche Musikschriftstellerin
Lit. 111, 887, 958, 959

Sie war das siebte und jüngste Kind, das ihren Eltern in elf Ehejahren geboren wurde, und verlor ihren Vater, den Komponisten Robert Schumann, mit fünf Jahren. Ihre Mutter, die berühmte Pianistin Clara Schumann, mußte den Familienunterhalt sichern und konzertierte in ganz Europa; die Kinder wurden auf Internate geschickt. Eugenie besuchte ein strenges Mädchenpensionat in Rödelheim bei Frankfurt, wo sie sich unglücklich fühlte. Im Internat der fortschrittlichen Pädagogin Henriette Schrader-Breymann in Wolfenbüttel (1866-1869) ging es ihr viel besser. Ab 1869 studierte sie Klavier an der Berliner Musikhochschule. Dort freundete sie sich 1873 mit der Sängerin Marie Fillunger (Fillu) an, die ebenfalls in Berlin studierte. Die beiden wurden ein Liebespaar und blieben trotz einiger schmerzlicher Trennungen bis zum Lebensende zusammen.

Als Clara mit der Familie 1878 nach Frankfurt zog, zog Fillu mit und lebte elf Jahre lang in der Schumannschen Hausgemeinschaft, von wo aus sie ihre Konzerttourneen unternahm. Eugenie und ihre Schwester Marie assistierten Clara, die am Frankfurter Konservatorium eine Professur für Klavier hatte. 1889 entstand ein Konflikt zwischen Clara und Fillu, der wahrscheinlich von Marie aus Eifersucht angezettelt worden war. Fillu zog nach London, wo sie eine erfolgreiche Laufbahn als Konzertsängerin begann. Eugenie blieb kreuzunglücklich in Frankfurt. Eine schwere psychosomatische Krankheit brach 1892 aus; Fillu eilte herbei, um sie zu pflegen, und Eugenie beschloß nach der Genesung, endgültig zur Freundin überzusiedeln. Sie arbeitete als Klavierlehrerin in England, konzertierte aber nicht, weil sie an übermäßigem Lampenfieber litt.

Nach dem Ersten Weltkrieg zog Eugenie nach Interlaken, wo ihre Schwester Marie lebte. Kurz darauf folgte ihre Geliebte. Die Inflation fraß Eugenies Ersparnisse auf, so daß sie beschloß, sich schriftstellerisch zu betätigen, um Geld zu verdienen. Sie verfaßte zwei Bücher: eins über ihr eigenes Leben im elterlichen Hause (*Erinnerungen*) und eins über ihren Vater (*Robert Schumann: Ein Lebensbild meines Vaters*). Beide Werke offenbaren eine große Begabung und geben lebendig und witzig Einblick in das Leben und Wirken des Ehepaars Schumann. Es ist bedauerlich, daß Eugenie nicht früher ihr literarisches Talent pflegte.

Eugenie liegt zwischen der Schwester und der Geliebten in Wilderswil bei Interlaken begraben. E.R.

geb. 14. Februar 1621 in Greifswald
gest. 31. Juli 1638 in Greifswald
deutsche Dichterin
Lit. 58, 132, 1140, 1156

Das Leben der Dichterin Sibylla Schwarz fällt in die Zeit des Dreißigjährigen Krieges. Als Sibylla sieben Jahre alt war, wurde Greifswald von den kaiserlichen Truppen unter Mißachtung der Pommerschen Neutralität belagert und finanziell ausgepreßt; in der überfüllten Stadt brach eine Seuche aus, die die Lage der Bevölkerung noch verschlimmerte.

Als Tochter einer Patrizierfamilie hatte Sibylla zwar keine physische Not zu leiden, erlebte aber die Verwüstungen durch die Kriegstruppen als Bedrohung ihres kleinen Lebenskreises. Eine gewisse Ruhe trat erst wieder ein, als König Gustav Adolf von Schweden in die Stadt einzog.

In ihrer Kindheit erhielt Sibylla eine gründliche Privaterziehung, was für ihre Zeit nicht selbstverständlich war – auch nicht für Töchter aus wohlhabenden Bürgerfamilien. Sie fängt schon früh an, Gedichte zu schreiben, und wird dabei von ihrem Bruder Christian und ihrem Freund und Berater Samuel Gerlach unterstützt (er war es auch, der ihre Werke zwölf Jahre nach ihrem Tod in Danzig herausgab). Ihre Gedichte werden als Gelegenheitsgedichte bezeichnet, was die Herausgeber von Literaturgeschichten zunächst nicht daran hindert, ihr gebührende Anerkennung zu bezeugen. Erst später geraten ihre Gedichte in Vergessenheit.

1634, als 13jährige, tritt sie mit einem Gedicht zum ersten Mal an die Öffentlichkeit: Sie begrüßt darin die Ankunft des jungen Herzogs Ernst von Croy und Arschott, der in Greifswald studieren sollte. 1637 dichtet sie den *Trauergesang auf ihres seligsten und letzten Landesfürsten Tod* (Bogislav XIV.?). Sie schreibt Gedichte, die die Liebe, den Tod, die Freundschaft und die Trauer zum Inhalt haben, äußert sich aber auch sarkastisch gegenüber dem Adel (*An den unadligen Adel*).

Einen Teil ihrer Jugend verbringt sie zusammen mit ihrer Freundin Judith Tank auf dem elterlichen Gut Fretow. Eingeschränkt wird dieses Leben durch den Krieg und ihre häuslichen Verpflichtungen, die sie seit dem Tode ihrer Mutter zu erfüllen hat. Als das Gut Fretow durch die Schweden 1637 zerstört wird, schreibt sie das *Trauerspiel wegen Einäscherung ihres Freudenortes Fretow*.

Die ruhigen Zeiten sollten nicht zurückkehren. 1638 stirbt die »pommersche Sappho« 17jährig, vermutlich an einer Darminfektion. B.S.

geb. 7. Januar 1901 in Frankfurt/M.
gest. 29. Oktober 1986 in Frankfurt/M.
deutsche Politikerin
Lit. 2, 452, 508, 876, 919

Elisabeth Schwarzhaupt gehört zu der Gruppe von Amtsträgerinnen und Politikerinnen, die sich schon während der Weimarer Republik und in der Frühgeschichte der Bundesrepublik für die Reform des Familienrechts einsetzten, um die rechtliche Stellung von Frauen (nach 1949: im Sinne des Grundgesetzes) zu verbessern.

Schwarzhaupt wuchs in Frankfurt/Main in einem liberalen Elternhaus auf. Ab 1921 studierte sie Jura und arbeitete nach den erforderlichen Staatsexamina ab 1931 als Richterin. In diesen Arbeitszusammenhängen war sie immer mit der damals gesetzlich zementierten Bevormundung und Benachteiligung von Frauen konfrontiert, was dauerhaft ihr politisches Denken bestimmen sollte.

Da nach faschistischen Vorstellungen Frauen nichts in verantwortungsvollen öffentlichen Ämtern zu suchen hatten, erhielt sie 1933 Berufsverbot. Darüber schrieb sie später: »Danach haben sich nach mindestens sechs Erlassen die Herren Dr. Nadler, Dr. Freisler und Frick zu der Beschäftigung von Frauen in der Justiz geäußert. Diese Erlasse stellen einen belustigenden Eiertanz der führenden nationalsozialistischen Rechtswahrer um die lapidare Erklärung des Führers dar, nach der Frauen nicht Richter sein können. Ich habe diese Handhabung des Rechts gegenüber Frauen etwas ausführlich beschrieben, weil sie in grotesker Weise eine zählebige Praxis darstellt, eine Vermischung eines bestimmten überlieferten Rollenbildes der Frau mit der jeweils nach Lage auf dem Arbeitsmarkt stärker oder schwächer werdenden Konkurrenz der Männer.«

Trotz dieser schwierigen Bedingungen promovierte sie und arbeitete von 1934 bis 1936 für die Zentrale des Deutschen Rentnerbundes, von 1936 bis 1953 für die »Evangelische Frauenarbeit in Deutschland«, deren Geschäfte sie ab 1947 ehrenamtlich leitete.

1953 wurde sie Mitglied des Deutschen Bundestages (CDU-Fraktion) und 1961 Gesundheitsministerin: Als erste weibliche Ministerin der Bundesrepublik wurde Schwarzhaupt die Ansprechpartnerin für »Frauenfragen schlechthin«. Ihr verdanken wir diverse Reformen, die oft über Parteigrenzen hinweg von vielen Parlamentarierinnen unterstützt wurden. Hauptsächlich ist hier die Verbesserung der rechtlichen Stellung von Müttern und nichtehelichen Kindern zu nennen. B.S.

geb. 15. Oktober 1607 in Le Havre
gest. 2. Juni 1701 in Paris
französische Schriftstellerin und Salonière
Lit. 585, 675, 728, 739, 775, 928

Unter den berühmten, von Frauen gegründeten literarischen Salons im Paris des 17. Jahrhunderts verdient der von Mlle de Scudéry besondere Beachtung. Bis dahin waren diese Zusammenkünfte, die für eine gewisse Autonomie der Frauen wichtig waren, Adligen und einer kleinen Zahl von SchriftstellerInnen vorbehalten. Scudéry wählte dagegen in ihren Kreis vorwiegend bürgerliche Frauen und Männer, deren Anliegen es war, Sprache und Sitten zu verfeinern und alle Tugenden, besonders die der Freundschaft, zu pflegen.
Eine neue Spielart erotischer Beziehungen, die sich auf den Austausch zärtlicher Gedichte, Briefe und Gespräche beschränkten, war ihre Erfindung. Sie wachte streng über die Einhaltung der Grenzen. »Tendresse« (Zartheit, Zärtlichkeit, Feingefühl), nicht Leidenschaft war das Ideal, dem sie zeit ihres Lebens anhing und das sie auch in der langjährigen Freundschaft mit Paul Pellisson, dem Mann ihres Lebens, nicht aufgab. Ihr älterer Bruder Georges und sie hatten eine gute Ausbildung bekommen. Ab 1630 lebten sie in Paris; Georges hatte mit Dramen Erfolg. Von 1649 bis 1653 erschien der zehnbändige heroische Abenteuerroman *Le grand Cyrus*, danach der ebenso umfangreiche *La Clélie*, beide unter seinem Namen, obwohl sie die Autorin war. Diese heute kaum noch lesbaren weitschweifigen Schlüsselromane hatten ungeheuren Erfolg und literarischen Einfluß nicht nur in Frankreich. Besonders die PariserInnen versuchten, sich in den Romanfiguren wiederzuerkennen, und legten sich deren griechische oder römische Namen zu. Dies wurde eine Art Gesellschaftsspiel, nicht nur bei Madeleines »Samedis« in ihrem seit 1652 im Pariser Stadtteil Marais unterhaltenen Salon. Sie selbst war Sappho, der sie sehr moderne Ansichten in den Mund legte. »Sappho« empfahl u.a. mehr Bildung für Frauen und den Verzicht auf die Ehe als weibliches Lebensziel. Berühmte literarische Größen wie Boileau und Molière (*Les précieuses ridicules*) attackierten Scudéry mit boshaften Satiren, ohne ihren Triumph schmälern zu können.

Nach den großen Romanen erschienen u.a. noch Novellen und eine Chronik des Salons. Trotz schmerzhafter rheumatischer Beschwerden und schließlich absoluter Taubheit hielt Madeleine de Scudéry bis ins hohe Alter mit umfangreicher Korrespondenz die Verbindung zu FreundInnen aufrecht. Sie überlebte fast alle, zu ihrer großen Trauer auch ihren 16 Jahre jüngeren Freund Pellisson, bis sie mit 94 Jahren starb. U.S.

geb. 9. Oktober 1919 in Köngetried, Allgäu
gest. 24. November 1988 in Wien
österreichische Sopranistin
Lit. 303, 517, 1092

Mit fünf Jahren bekommt die Lehrerstochter Irmgard Seefried von ihrem gestrengen Vater den ersten Musikunterricht (Gesang vor allem, Klavier und Geige). Mit zwölf singt sie unter seiner Leitung die Gretel in Humperdincks Märchenoper und trotzt ihm drei Jahre später die Erlaubnis zum Musikstudium ab. Die Bedingung, so ernsthaft zu arbeiten, daß sie in fünf Jahren reif sei für Bayreuth, erfüllt sie allerdings »nur halb«: Nach ihren fünf Lehrjahren (Augsburger Konservatorium und erstes Engagement in Aachen, bei dem sie mit 25 einstudierten Partien antritt) beginnt sie ihre eigentliche Karriere 1943 gleich an der Wiener Oper unter Karl Böhm – mit sieben Premieren in der ersten Saison. 1976 singt sie dort zuletzt die Titelrolle in Janáceks *Katja Kabanova*. Dazwischen liegt ihre Entwicklung zu einer der phantasievollsten und gefeiertsten Mozartinterpretinnen ihrer Zeit (deren Reiz weniger im Glanz perfekter Technik oder perlender Koloraturen als im charakteristischen Klang ihrer Stimme und im erfüllten Gestalten, in der – wie sie es nannte – die »Person des Singschauspielers« lag) – und vor allem zur Liedgestalterin. Zentral in ihrem Repertoire sind natürlich Schumann, Schubert, Wolf und Brahms, doch früh setzt sie sich auch für die verfemten Komponisten Hindemith und Bartók oder Egk ein und wagt andererseits im Konzertsaal Lieder von Peter Cornelius oder Volkslieder von Brahms. Operngastspiele, die Arbeit mit den großen Dirigenten ihrer Zeit und Lied-Tourneen (ihr Begleiter ist Eric Werba) führen sie in alle Welt. – In den 60er Jahren entstehen für sie und ihren Mann, den Geiger Wolfgang Schneiderhan, Rolf Liebermanns *Capriccio*, Henzes *Ariosi* und Frank Martins *Magnificat*. S.K.-K.

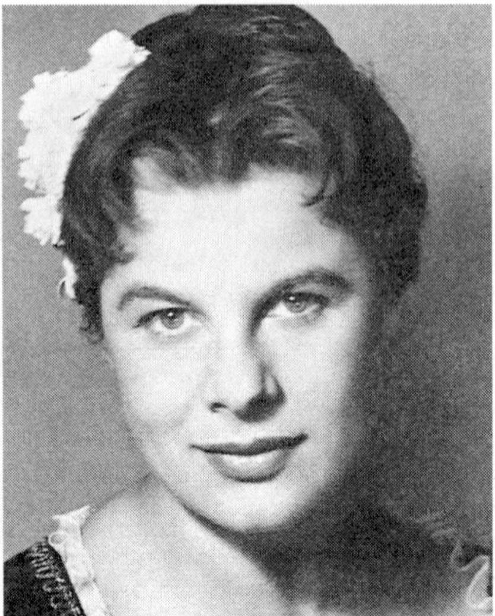

geb. 19. Juli 1799 in St. Petersburg
gest. 31. Januar 1874 in Paris
französische Schriftstellerin
Lit. 592, 606, 928

Sophie de Ségur (geb. Rostoptschina) begann in den fünfziger Jahren des vorigen Jahrhunderts, nachdem sie acht Kinder geboren und großgezogen hatte, als Großmutter Erzählungen für ihre Enkelkinder aufzuschreiben, die bald ein großes Lesepublikum fanden. Im Gegensatz zu anderen KinderbuchautorInnen wollte sie die Kinder mit ihren Büchern nicht unbedingt erziehen oder belehren – sie wollte sie unterhalten. Viele Generationen von begeisterten jungen LeserInnen dankten es ihr: 1981 meldete ihr Verlag Hachette, daß in den vergangenen 126 Jahren insgesamt 28 Millionen Exemplare ihrer Werke verkauft worden seien, die zahllosen Wiederauflagen von 23 anderen Verlagen und die Übersetzungen in andere Sprachen nicht mitgerechnet .

Sophie de Ségur, Tochter des Grafen Fjodor Rostoptschin und der Gräfin Jekaterina Rostoptschina, wuchs auf dem riesigen Gut Woronowo in Rußland auf. Auf ihren Vater, den persönlichen Berater des Zaren Paul I., ging der Plan zurück, Moskau in Schutt und Asche zu legen, um die Einnahme der Stadt durch Napoleon zu vereiteln. Sophies Mutter war eine kaum weniger starke Persönlichkeit; ja, sie konnte so unbarmherzig streng sein, daß es zwischen ihr und dem gutmütigeren Vater oft Streit gab.

Der Vater fiel später in Ungnade und emigrierte mit seiner Familie nach Frankreich. Die 18jährige Sophie wurde in die französische Gesellschaft eingeführt und heiratete bald einen jungen Adligen, Eugène de Ségur, der es mit der ehelichen Treue nicht sehr genau nahm und dessen Mutter das neue Familienmitglied als ungeschliffen und ländlich ablehnte. Graf Rostoptschin kam seiner unglücklichen Tochter zu Hilfe und schenkte ihr ein Landgut in der Normandie, auf dem sich die Gutsherrin in den langen Sommermonaten erholen konnte. Sophies ganze Liebe galt ihren Kindern; leider erkrankte sie nach der Geburt ihres achten Kindes schwer und war 13 Jahre lang bettlägerig. Als sie endlich wieder gesund war, waren die Kinder aus dem Haus, und Sophie hielt den Kontakt zur Familie durch Briefe aufrecht. Auch begann sie, Romane zu verfassen. Bis zu ihrem Tode im Jahre 1874 veröffentlichte sie pro Jahr ein bis drei Bücher. Sie war finanziell nicht zu rastloser Produktivität gezwungen, sondern gab eher dem Drängen des Verlags nach, der der Nachfrage nach Büchern seiner beliebtesten Autorin kaum Herr werden konnte. L.F.P.

geb. 29. November 1888 in Biebrich
gest. 26. Juni 1964 in New York
deutsche Politikerin
Lit. 143, 243, 946, 972

Aufgewachsen in einer bürgerlichen jüdischen Familie löste Sender sich früh von diesem Hintergrund, um sich zu einer Sozialistin zu entwickeln, die entschieden und konsequent für ihre Ziele eintrat.

Nach dem Besuch der Handelsschule in Frankfurt ging sie als Fremdsprachensekretärin nach Paris, wurde Mitglied der französischen sozialistischen Partei und war in der Frauenagitation tätig. Nach Beginn des Ersten Weltkrieges kehrte sie nach Deutschland zurück, wo sie sich gegen die Kriegspolitik der SPD wandte. Konsequenterweise trat sie der USPD bei, die den oppositionellen Gruppen in der SPD eine politische Heimat bot. Toni Sender war maßgeblich an der revolutionären Bewegung in Frankfurt beteiligt und wurde im März 1919 Stadtverordnete für die USPD und 1920 Abgeordnete im Reichstag.

Hinsichtlich der Rolle von Frauen in der Politik schrieb sie, daß Frauen zwar mehr zu leisten hätten als Männer, dann aber die Chance hätten, als ebenbürtig anerkannt zu werden. Aus heutiger Sicht mag das stark nach Zweckoptimismus klingen – für die damalige Zeit aber war es vielleicht eine der wenigen Chancen, mit der »Sonderrolle« als Politikerin fertig zu werden.

Neben ihrer parlamentarischen Tätigkeit arbeitete sie als Journalistin und nahm an zahlreichen Kongressen teil. Einen Einschnitt, aber nicht ein Ende findet diese Lebensweise, als Toni Sender Deutschland 1933 verlassen muß und über verschiedene Zwischenstationen ins amerikanische Exil geht.

1939 veröffentlichte sie ihre Autobiographie (*The Autobiography of a German Rebel*). Es folgt die Arbeit im Office of Strategic Services (bis 1944) und in der UNO (ab 1944), wo sie als Wirtschaftsexpertin tätig war. Seit 1947 war sie beim Wirtschafts- und Sozialrat der UNO und dem Internationalen Bund Freier Gewerkschaften tätig. 1956 mußte sie ihre Arbeit aufgeben, weil sie an der Parkinsonschen Krankheit litt.

In ihrem Nachruf schreibt die ›New York Times‹ über Toni Sender: »Sie war ein vertrauter Anblick bei den Vereinten Nationen. Aufgrund ihres politischen Hintergrunds war sie eine großartige Rednerin. Dabei war sie ganz Spitze und Wohlgeruch – trotz des immer präsenten Aktenkoffers.« B.S.

Anne Sexton gehört zur selben Generation wie Sylvia Plath, Ingeborg Bachmann, Marlen Haushofer und Caroline Muhr. Sie schrieb Lyrik von unerhörter Offenheit, Kühnheit und Präzision über »intime, private« Themen und verstand ihre Gedichte, in Anlehnung an Kafka, als »eine Axt für das gefrorene Meer in uns«.

geb. 9. November 1928 in Newton, Mass.
gest. 4. Oktober 1974 in Weston, Mass.
amerikanische Lyrikerin
Lit. 208, 244, 732, 786, 973-975

Sexton besuchte für kurze Zeit das College, brannte aber bald mit einem Sohn aus reichem Hause durch. Sie gebar zwei Töchter und sah sich als »Opfer des amerikanischen Traums«, mit »dem alles beherrschenden Wunsch nach Ehe, Kindern, einem normalen Familienleben, um jeden Preis«. Aber es quälten sie »Albträume, Visionen, Dämonen«; seit 1954 war Sexton ständig in psychiatrischer Behandlung und kam mehrmals in die Anstalt. Nach einem Selbstmordversuch begann sie, Gedichte zu schreiben. In ihrem ersten Buch *To Bedlam and Part Way Back* (1960) verarbeitete sie ihre Erfahrungen in der Psychiatrie.

Sexton wurde sofort als bedeutende Lyrikerin anerkannt und überallhin zu Lesungen und Poetik-Vorlesungen (u.a. Harvard) eingeladen. Ihr zweiter Gedichtband, *All My Pretty Ones* (1962), wurde für den *National Book Award* nominiert. *Live or Die* (1966), für das sie den Pulitzer-Preis bekam, kreist um das Thema der Todessehnsucht. 1969 folgten die *Love Poems* und 1971 *Transformations*, brillante satirische Re-Visionen Grimmscher Märchen. Sexton war eng befreundet mit der Lyrikerin Maxine Kumin; als beider Kinder noch klein waren, pflegten sie ihre Gedichtproduktion per Telefon durchzusprechen.

Sextons späte Gedichte, geschrieben in wachsender Verzweiflung, ohne die Sorgfalt und Disziplin ihrer ersten Arbeiten (ein frühes Gedicht schrieb sie 300mal um), handeln überwiegend von Tod und Sehnsucht nach Glauben. 1973 ließ Sexton sich scheiden. Im Jahr darauf beging sie Selbstmord. J.H.

geb. 24. August 1915 in Chicago, Ill.
gest. 19. Mai 1987
amerikanische Schriftstellerin
Lit. 573, 986, 988, 998, 1064

»Wer, was ist Tiptree?« fragte Robert Silverberg im Vorwort zu einer Kurzgeschichtensammlung von James Tiptree, Jr., und gab auch die Antwort: »Ein Mann, der viel von der Welt gesehen und viel eingesehen hat.« Er hatte in fast allem recht. Tiptree erhielt von Anfang an große Beachtung, galt lange als »Alibi-Mann« zum Thema Frau in der SF (Science fiction), es hagelte Preise und Nominierungen, doch eines blieb verborgen: die Identität.

Durch Tiptrees umfangreiche Korrespondenz mit Fans gelang es schließlich einem von ihnen, das Geheimnis aufzudecken: Tiptree war eine Frau. Das warf auch ein ganz neues Licht auf das Verständnis von »männlichem« und »weiblichem« Schreiben. »Aber das Wundervollste an ihm ist, daß er gleichzeitig Alice Sheldon ist«, schreibt Ursula K. LeGuin.

Alices Mutter war Schriftstellerin und vielseitig interessiert. Sie begleitete ihren Mann auf Afrikareisen und sammelte und übersetzte Stammeslegenden. Alice Hastings Bradley wurde auf diesen Reisen mitgenommen; später ging sie in Chicago und Lausanne zur Schule. Im Zweiten Weltkrieg trat sie als Offizierin in die Army ein. Sie war die erste Frau in der US-Army, die auf dem Gebiet Photoaufklärung in der Spionage tätig war. 1945, nach Kriegsende, ließ sie sich nach Europa versetzen und heiratete dort im selben Jahr ihren kommandierenden Offizier Huntingdon D. Sheldon, mit dem sie bis zu ihrem gemeinsamen Freitod zusammenlebte. Alice wirkte beim Aufbau der CIA mit.

1955 verließ sie die Army, weil ihr die zunehmende heimliche Kriegführung der CIA widerstrebte. Sie studierte Psychologie und promovierte 1967 über Struktur und Organisation der Wahrnehmung. Danach zog sie sich vom akademischen Leben zurück. Sie legte großen Wert auf ihre Privatsphäre und hielt sich meist schüchtern im Hintergrund. Ihre ersten Science-fiction-Kurzgeschichten schrieb sie zum Vergnügen während der Arbeit an der Dissertation, sie wurden sofort zur Veröffentlichung angenommen.

Mit scharfem Blick analysiert Alice Sheldon/James Tiptree das Verhältnis zwischen Menschen und Aliens, zwischen Frauen und Männern. Preisgekrönt sind die Geschichten, in denen sie leidenschaftlich und auf fast zynische Weise die Unterdrückung der Frau thematisiert. A.HE.

geb. 19. Juni 1896 in Blue Ridge Summit, Penn.
gest. 24. April 1986 in Paris
Herzogin von Windsor
Lit. 97, 470, 706, 990

Ihr Leben beginnt bereits mit einem Skandal – der »Muß-Heirat« der Eltern, die der Oberschicht Baltimores entstammen. Wallis Warfield verbringt ihre Mädchenjahre mit der Suche nach einem »standesgemäßen« Ehemann und heiratet mit neunzehn einen Oberleutnant der Air Force. Doch die Ehe scheitert an Alkoholproblemen und der Gewalttätigkeit des Mannes. 1921 flieht Wallis zu ihrer Mutter nach Washington, wo sie sich in einen argentinischen Diplomaten verliebt. Als dieser ihr aber nach zweijähriger Beziehung zu verstehen gibt, die Heirat mit einer Geschiedenen behindere seine Karriere, strebt Wallis eine Versöhnung mit ihrem Ehemann an, der inzwischen in China lebt, wohin seine Frau ihm nachreist. Doch kehrt sie 1927 enttäuscht in die USA zurück. Dort wird nun endgültig die Scheidung ausgesprochen.

Ein Jahr später ehelicht Wallis den Erben einer englischen Schiffahrtsfamilie, Ernest Simpson. Das Paar zieht nach London und verkehrt in höchsten Kreisen. Schließlich lernt Wallis Kronprinz Edward kennen, dessen Geliebte sie 1934 wird. Die Beziehung beider ist von Anfang an sehr vielschichtig und kann keineswegs, wie oft geschehen, auf rein sexuelle Aspekte reduziert werden. Als Edward nach dem Tod seines Vaters 1936 König wird und Wallis heiraten will, widersetzen sich Parlament und Premierminister diesem Plan. Auch beim Volk findet die Ehe mit einer nun schon zweimal geschiedenen Frau wenig Zustimmung. Edward VIII. dankt noch im Jahr seiner Thronbesteigung zugunsten seines Bruders ab. Die Trauung mit Wallis findet am 3. Juni 1937 in Frankreich statt.

Der politisch eher naive Edward erhält den Titel »Herzog von Windsor« und wird mit unbedeutenden Posten abgespeist. Von 1940-1945 wohnt er mit seiner Frau als Gouverneur auf den Bahamas. Das weitere Leben der beiden spielt sich auf High-Society-Schauplätzen der ganzen Welt ab. Zur Krönung Elizabeth' II., 1953, werden sie jedoch nicht eingeladen.

Wallis, die keine Kinder bekommen kann, ist ihrem Mann Mutterersatz, Geliebte und Freundin zugleich. Sie toleriert lebenslang seine Bisexualität, teilt seine Interessen und pflegt ihn schließlich bis zu seinem Krebstod 1972. Selbst danach gibt es keine wirkliche Versöhnung mit der englischen Königsfamilie. A.E.R.

geb. 14. März 1865 in Lübeck
gest. 10. Mai 1931 in Berlin
deutsche Malerin
Lit. 74, 136, 223, 654, 697

Der zeitgenössischen Kunstkritik galt sie als Verfechterin der Moderne und eine der bedeutendsten MalerInnen, Käthe Kollwitz bewunderte ihr sicheres Gefühl für Farben: Zu Unrecht ist Slavona, die französischste unter den deutschen ImpressionistInnen, heute fast unbekannt. Ihre Porträts, Landschafts- und Stadtansichten, Blumenstilleben, nicht zuletzt die entzückenden, lebendigen Tierstudien sind Momentaufnahmen: anders als ihre lebenslange Freundin Kollwitz empfindet sich Slavona nicht als Gesellschaftskritikerin, sondern als reine Malerin.

Aufgewachsen ist die Tochter des angesehenen Lübecker Apothekers Theodor Schorer in einem fortschrittlichen Elternhaus, in dem auch die vier Mädchen eine Berufsausbildung erhielten. Mit siebzehn Jahren geht Slavona nach Berlin, zuerst an das Kunstgewerbemuseum – die Akademie ist ihr als Frau versagt –, später an die Malschule des Vereins der Künstlerinnen, an der die angehenden Malerinnen nach Aktmodellen zeichnen und Anatomiestudien betreiben durften. Später genießt Slavona die Freiheit am Münchner Künstlerinnenverein: In langen leinenen Malkitteln können die Studentinnen ungehindert mit Farben und Palette hantieren! Die Entdeckung der modernen französischen Malerei erweckt ihre Sehnsucht nach Paris. Bestärkt wird sie darin von dem jungen dänischen Maler Willy Grétor. Zusammen gehen sie 1890 nach Paris, das für 16 Jahre Slavonas zweite Heimat wird und wo sie die wohl glücklichste und schöpferischste Zeit erlebte, obwohl die ersten Jahre privat schmerzhaft enttäuschend waren. Als 1891 ihre geliebte Tochter Lilly zur Welt kommt, ist die Beziehung mit Grétor schon beendet. In der Pariser Kunstszene anerkannt, nimmt Slavona ab 1893 regelmäßig an den großen Ausstellungen teil; Sammler beginnen, ihre Bilder zu erwerben. 1900 heiratet sie den von Kunst besessenen Schweizer Schriftsteller, Sammler und Kunsthändler Otto Ackermann – ihre Wohnung wird zum Treffpunkt illustrer GästInnen: Munch, Leistikow, Kollwitz, Ibsen, Rilke, der junge Theodor Heuss, Bertha von Suttner … Nach einem dreijährigen Intermezzo in Lübeck läßt sich die Familie 1909 in Berlin nieder. Nach dem Ersten Weltkrieg verschlechtert sich die wirtschaftliche Lage, bei Slavona zeigen sich die ersten Anzeichen einer schleichenden Krankheit, sie fühlt sich künstlerisch und körperlich erschöpft. Ruhe und Entspannung findet sie in dem mit großen finanziellen Anstrengungen erbauten Haus am Starnberger See, dessen Umgebung zusammen mit Blumenstilleben das bevorzugte Motiv der letzten Lebensjahre wird. A.V.H.

geb. 31. Oktober 1825 in Melrose, Schottland
gest. 3. April 1910 in Norwood, Australien
australische Autorin, Reformerin, Feministin und Predigerin
Lit. 5, 658, 681, 1000, 1052

Das Lebenswerk der »Grand Old Woman of Australia« war beeindruckend – trotzdem geriet Catherine Helen Spence in Vergessenheit. Völlig zu Unrecht, denn Spence war gleich auf mehreren Gebieten eine Pionierin.
Sie schrieb viele Kurzgeschichten und sechs Romane, von denen die *Sydney Mail* einen als »zu sozialistisch und daher gefährlich« zurückwies, weil die Autorin von *Handfasted* es darauf angelegt hatte, den »Bund der Ehe zu lockern«! Lange vor Charlotte Perkins Gilman ersann sie eine feministische Utopie mit wechselnden Ehen auf Probe, forderte mehr Bildung für Mädchen als für Jungen, soziale und berufliche Privilegien für Waisen und ungeplante Kinder und vieles mehr. Als geachtete Essayistin und Rezensentin war Spence in verschiedenen Magazinen regelmäßig vertreten. Das Geld brauchte sie dringend: Im Laufe ihres Lebens zog sie allein drei Generationen von Waisenkindern auf.
Sie war die erste Frau im Beirat des Bildungsministeriums, und ihre zukunftweisende Monographie *The Laws we Live Under* (1880) war das erste an australischen Schulen verwendete Sozialkundebuch. Ihre theoretischen Untersuchungen und ihr Aktivismus zeugen von einem ausgeprägten sozialen und politischen Bewußtsein: Als Autorin und Inhaberin zahlreicher Ämter engagierte sie sich für die familiäre Unterbringung von Waisen und vernachlässigten Kindern, die Betreuung ehemals straffälliger Kinder, die Gründung von Kindergärten und von höheren Schulen für Mädchen, die Verbesserung der Arbeitsbedingungen von TextilarbeiterInnen, die Reform des Wahlsystems, das Frauenwahlrecht und bessere Bildungschancen für Frauen.

Der wachsende Erfolg förderte Catherines außerordentliches Talent als Rednerin. Als erste Frau hielt sie am South Australian Institute Vorlesungen. 1893 wurde Spence zur Weltausstellung nach Chicago entsandt, um als Delegierte mehrerer Organisationen Vorträge zu halten. Auf anschließenden Vortragsreisen in den USA, Großbritannien und der Schweiz löste ihre direkte, natürliche und zuweilen schroffe Art in Verbindung mit der erstaunlichen Belesenheit Faszination und Enthusiasmus aus.
M.K.

geb. 19. Oktober 1911 in Wien
gest. 30. November 1990 in Wien
österreichische Schriftstellerin
Lit. 243, 728, 867, 1003, 1004, 1126

Hilde Spiels erste Erinnerungen gehen zurück in die Zeit des Ersten Weltkrieges, zu einer Wohnung in Heiligenstadt, ebenerdig mit Garten. »Der Krieg war weit. Er hatte den blutjungen Vater weggerufen. Die blutjunge Mutter, im langen Rohseidenkleid mit selbstgestickter Perlbrosche, saß träumerisch, die Frisur im Nacken schmachtend, am Klavier und sang.« Beide Eltern stammten aus alten jüdischen Familien, doch wurde die Tochter katholisch erzogen. Hilde Spiel wuchs in Wien auf, studierte an der Universität Philosophie und Völkerpsychologie und promovierte 1936. Sie war erst 22 Jahre alt, als sie ihren ersten Roman *Kati auf der Brücke* veröffentlichte, in dem sie von der ersten Liebe eines jungen Mädchens zu einem Fotojournalisten erzählt und gleichzeitig ein Bild der jungen Generation auf der Suche nach ihrem Glück zeichnet.

Spiel trat 1933 in die Sozialdemokratische Partei ein und war Mitglied bis zu deren Zerschlagung durch die Dollfuß-Regierung 1934. Ende 1936 emigrierte sie nach London und heiratete dort den Schriftsteller und Journalisten Peter de Mendelssohn. Im Exil wurde Schreiben zum Brotberuf. Ihre essayistischen Texte waren gefragt, doch viel lieber wollte sie all ihre Energie für Romane einsetzen. Daß dies neben der Arbeit für zwei kleine Kinder (geboren 1938 und 1945) und der finanziellen (Mit-)Verantwortung für die Familie kaum realisierbar war, konnte sie nicht akzeptieren. Zeitlebens blieb das Gefühl, den großen Roman verpaßt zu haben. Erst 1963 kehrte Hilde Spiel nach Wien zurück. Sie bekannte sich zu einer »fast blinden Passion für alle Verkörperungen des nur noch rudimentär und illusionär vorhandenen alten Österreich« und blieb dennoch einem liberalen Humanismus verpflichtet.

In ihrer zweiten Ehe mit dem Schriftsteller Hans Flesch-Brunningen, den sie schon lange gekannt hatte und 1972 heiratete, fand Hilde Spiel nicht das langersehnte Glück. Vielmehr wurde, »was so lange ein Zusammenleben von einzigartiger Gleichgestimmtheit war, nun zur Hölle. In dem verblendeten Mann (Flesch hatte sich in eine fünfzig Jahre jüngere Frau verliebt) kommt ein Dämon zum Vorschein, den ich nie in ihm vermutet hätte, der mich täglich mehr peinigt, der mir keine Kränkung erspart.« Bis zu Fleschs Tod 1981 dauerte die Hölle an. Hilde Spiel fand weder Erklärung noch Entschuldigung für ihr Ausharren. Sie starb am 30. November 1990 in Wien. L.ST.

geb. 12. Juni 1827 in Hirzel, Kanton Zürich
gest 7. Juli 1901 in Zürich
Schweizer Schriftstellerin
Lit. 347, 472, 530, 655, 939, 966

Johanna Spyri ist mit Abstand die in aller Welt bekannteste Persönlichkeit der Schweiz. Ihren Weltbestseller und beispiellosen »Dauerbrenner« *Heidis Lehr- und Wanderjahre* schrieb sie als 52jährige im Herbst 1879 in wenigen Wochen nieder. Er erschien 1880; ein Jahr darauf folgte der zweite Band *Heidi kann brauchen, was es gelernt hat*. Die Geschichte des Waisenmädchens Heidi, das bei seinem knorrigen Großvater in den Schweizer Alpen aufwächst und später der gelähmten Tochter einer reichen Frankfurter Kaufmannsfamilie wieder neuen Lebensmut gibt, wurde in über 50 Sprachen übersetzt und viele Male verfilmt. Johanna Spyris Humor, ihre tiefe Frömmigkeit und vor allem ihr ganz ungewöhnliches Verständnis für die Gedanken- und Gefühlswelt von Kindern scheinen unwiderstehlich.

Johanna Spyri, Tochter des Arztes Johann Jacob Heusser und der pietistischen Dichterin Meta Heusser-Schweizer, heiratete 1852 den Juristen und Redakteur Bernhard Spyri, der 1868 Stadtschreiber von Zürich wurde. Die beiden hatten einen Sohn, Bernhard. Er starb 1884, mit 28 Jahren, an Schwindsucht, sein Vater starb noch im selben Jahr.

Es war keine glückliche Ehe. Bernhard Spyri war ein Workaholic und Wagner-Fan, der für seine junge Frau wenig Interesse aufbrachte. Johanna Spyri geriet während der Schwangerschaft in eine tiefe Depression, die jahrelang anhielt. Ein Trost in diesen schweren ersten Ehejahren war ihre Freundschaft mit Betsy Meyer, der Schwester Conrad Ferdinand Meyers. Diese Beziehung scheint die innigste ihres Lebens gewesen zu sein – Johanna schreibt Betsy liebevolle, sehnsüchtige, ja leidenschaftliche Briefe –, aber Betsy Meyer zieht sich zurück.

Ein befreundeter Pfarrer ermuntert Johanna Spyri zum Schreiben; 1871 erscheint ihre erste Erzählung, *Ein Blatt auf Vronys Grab*, und wird ein großer Erfolg. Weitere Veröffentlichungen folgen – und dann: Heidi! Das liebenswerte, fröhliche Naturkind verschafft seiner Schöpferin einen sehr komfortablen Lebensabend.

Während ihrer letzten Lebensjahre schreibt die Witwe Johanna Spyri weiter ihre Geschichten für Kinder, reist viel und hat regelmäßig freundschaftlich-professionellen Austausch mit Conrad Ferdinand Meyer. Emilie Kempin-Spyri, die erste Schweizer Juristin, war die Nichte ihres Mannes. Johanna selbst hält nicht viel vom Frauenstudium. Als sie aber 1901 an Krebs erkrankt, läßt sie sich von Marie Heim-Vögtlin, der ersten Schweizer Ärztin, versorgen. L.F.P.

geb. 16. Juli 1907 in New York
gest. 20. Januar 1990 in Santa Monica, Cal.
amerikanische Schauspielerin
Lit. 246, 291, 411, 680, 1086

In bitterer Armut aufgewachsen, erarbeitete sich Barbara Stanwyck ein Vermögen und internationalen Ruhm als Filmschauspielerin

Ruby Stevens, so ihr eigentlicher Name, wurde mit vier Jahren praktisch Waise. Nach dem tödlichen Unfall der Mutter verschwand der alkoholsüchtige Vater für immer, die Geschwister wurden auseinandergerissen. Ohne Schulabschluß schuftete sie schon mit dreizehn als Telefonistin, Verkäuferin und Bürohilfe. Fest entschlossen, ein Star zu werden, trat sie mit fünfzehn in Clubs und Revuen auf und schaffte den Einstieg ins Showgeschäft. Ende der 20er Jahre wurde sie für den neuen Tonfilm entdeckt.

Vor allem unter der Regie von Frank Capra kann die ehrgeizige und disziplinierte Autodidaktin ihr Talent entfalten. Mit ihrer vielgelobten intuitiv-realistischen Spielweise avanciert Barbara Stanwyck in den 30er Jahren zu einer der bedeutendsten DarstellerInnen des Hollywood-Kinos. 1943 ist sie sogar die bestbezahlte Frau in den USA, obwohl der legendäre Ruhm einer Bette Davis oder Joan Crawford unerreichbar bleibt. Ihr Repertoire umfaßt Komödien, Western, Krimis, Thriller u.v.m. Natürlich waren die über 80 Filme, in denen sie mitwirkte, nicht alle beeindruckend, aber ihre überzeugende schauspielerische Leistung etwa in *Annie Oakley, Stella Dallas, Union Pacific, Frau ohne Gewissen* oder *Bei Anruf Mord* bleibt in Erinnerung.

In der TV-Serie *Big Valley* verkörpert sie mit der energischen, zähen und klugen Chefin des Barkley-Clans einen Charakter, der ihr selbst nahegekommen sein mag. Der silbergraue Star mit der rauhen Stimme war bis in die 80er Jahre gefragt: Das Fernsehpublikum erinnert sich an *Die Dornenvögel* und *Die Colbys*.

Barbara Stanwyck war zweimal verheiratet: Der Entertainer Frank Fay ertränkte seinen Neid auf ihren Erfolg im Alkohol; der Schauspieler Robert Taylor ging fremd. 1982 bekam sie für ihr Gesamtwerk den ersehnten Oscar. M.K.

geb. 25. Dezember 1742 in Weimar
gest. 6. Januar 1827 in Weimar
deutsche Hofdame und Schriftstellerin
Lit. 78, 101, 266, 342, 712

Charlotte von Steins Trauerspiel *Dido* wurde erst 1867 veröffentlicht. Sie hatte das um 1794 geschriebene Drama nicht für den Druck bestimmt, wohl auch nicht für eine Aufführung. Bis zu dieser Publikation galt die berühmte Freundin Goethes als das Urbild der weiblichen Idealgestalt *Iphigenie* (1779/1786). Jetzt mußte man erkennen, daß Frau von Stein wohl auch eine »weniger edle«, eben menschliche Seite gehabt hatte. Der Freund Goethe war 1786 nach Italien gereist, ohne ihr vorher auch nur das mindeste mitzuteilen. Als er nach zwei Jahren zurückkam, fing er ein Verhältnis mit seiner Haushälterin an. In *Dido* rächt sich Charlotte von Stein gewissermaßen. Ihr Porträt von Goethe ist äußerst unsympathisch. Und die Szenen mit dem Dichter, Ogon, sind auch noch ausgesprochen witzig ...

Charlotte von Schardt war die Tochter eines schlecht bezahlten Hofbeamten und einer streng pietistischen Mutter. Mit 16 Jahren trat sie in den Dienst der Herzogin von Sachsen-Weimar, Anna Amalia. Die Familie konnte froh sein, als sie 1764 den biederen Stallmeister des Hofes, den Freiherrn von Stein, heiratete. In zehn Jahren gebar Charlotte sieben Kinder – nur die drei Söhne blieben am Leben. Ihre Briefe lassen erkennen, wie sehr sie unter den Schwangerschaften und überhaupt unter dem Los der Frau gelitten hat. Sie war überzeugt, daß Frauen die Welt besser regieren würden, obwohl sie selber keine Lust dazu verspürte.

Die wohl platonische Freundschaft mit Johann Wolfgang muß der begabten Charlotte viel gegeben haben, und um so schwerer traf sie der Verlust. Im Alter verkehrten sie aber wieder freundschaftlich miteinander. In den letzten zehn Jahren ihres langen Lebens – sie wurde 84 Jahre alt – war sie fast blind und taub. Sie starb, umgeben von Freundinnen und Freunden, in ihrem Haus in Weimar. K.R.G.

geb. 12. Oktober 1891 in Breslau
ermordet 9. August 1942 in Auschwitz
deutsche Philosophin
Lit. 292, 307, 414, 455, 1011, 1012

»Was Heilige kennzeichnet, ist eine ausgeprägte Persönlichkeit« (Régine Pernoud). Dies trifft besonders auf die 1998 kanonisierte jüdische Philosophin und Karmelitin Edith Stein zu. Ihr Leben stand unter der Spannung von Gegensätzen, galt dem Bemühen um eine Synthese zwischen Judentum und Christentum, zwischen Philosophie und Religion, mystisch erlebtem Glauben und tätiger Nächstenliebe.

Als Jüngste wuchs Edith Stein mit 6 Geschwistern in einer jüdischen Familie auf. Nach dem Tod des Vaters führte die Mutter den verschuldeten Holzhandel allein weiter und ermöglichte allen Kindern eine gute Ausbildung. Sie war eine fromme Jüdin, während ihr Lieblingskind, die eigenwillige, hochbegabte Edith, schon früh und bewußt den jüdischen Glauben aufgab und sich selbst als Atheistin bezeichnete.

Edith schloß ihr Studium der Geschichte und Germanistik in Breslau 1915 mit dem Staatsexamen ab; danach ging sie nach Göttingen und wurde Schülerin und später Assistentin des berühmten Philosophen Husserl. Bei ihm promovierte sie auch, doch blieb ihr als Frau die Habilitation und damit eine wissenschaftliche Laufbahn verwehrt. Diese bittere Erfahrung trug dazu bei, daß sie sich für Frauenrechte einsetzte. Von 1922 bis 1933 arbeitete sie als Lehrerin und Dozentin. Ihre leidenschaftliche Suche nach Wahrheit führte sie auch zu Religionsfragen, auf die sie schließlich im Christentum endgültige Antwort fand. 1922 entschloß sie sich zur Taufe. Ab 1933, dem Jahr der Machtergreifung der Nationalsozialisten, durfte sie nicht mehr veröffentlichen; auch die Tätigkeit als Dozentin wurde ihr untersagt. Nun schien ihr die Zeit gekommen, nur noch ihrem Glauben zu leben und als Ordensfrau in den Kölner Karmel einzutreten. Ihre Familie war entsetzt und fühlte sich verraten in dieser Zeit der Verfolgung und Vernichtung. In Wahrheit hatte Edith nie aufgehört, sich dem jüdischen Volk zugehörig zu fühlen. Sie versuchte – vergeblich – den Papst zu einer Enzyklika gegen die Judenverfolgung zu bewegen.

Als ihr Aufenthalt zu einer Gefährdung des Kölner Klosters wurde, flüchtete sie in den Echter Karmel in Holland. Sie wurde mit vielen anderen holländischen Juden von der Gestapo verhaftet, nach Auschwitz verschleppt und in der Gaskammer ermordet. Ihren gelassen erwarteten Tod nannte sie selbst ein »Sühneopfer« für ihr Volk. U.S.

geb. 5. November 1894 in Kaunas, Litauen
gest. 20. Mai 1958 in Moskau
russische Malerin und Bühnenbildnerin
Lit. 518, 1143

Am Aufbruch der russischen Kunst zu Beginn unseres Jahrhunderts bis in die 30er Jahre waren besonders viele Frauen beteiligt.
Eine der jüngsten Vertreterinnen dieser weiblichen Avantgarde war Warwara Stepanowa. Während ihres Malereistudiums lernte sie ihren späteren Mann Alexander Rodschenko kennen, mit dem sie ein Leben lang zusammenarbeitete. Sie stellte schon mit 19 Jahren in Moskau aus. Während des Krieges arbeitete sie als Buchhalterin und Sekretärin, nach der Revolution begann sie, »transrationale Gedichte« zu schreiben und entwickelte ihre »visuelle Poesie«. Diese Schöpfungen wurden auch als »Anti-Bücher« bezeichnet. Dann wandte sie sich wieder der Malerei zu und entwickelte ihre »Figurenbilder«, aus geometrischen Formen bestehende Gestalten, die sie mit Erfolg ausstellte.
Die wichtigste Ausstellung dieser Jahre war *5 x 5 = 25*, 1921 in Moskau – fünf KünstlerInnen waren mit je fünf Werken vertreten, unter den drei Frauen auch Stepanowa. Hier wurden die Weichen gestellt für die neue »Produktionskunst« und der »Tod der reinen Malerei« erklärt. Die KünstlerInnen sollten nicht mehr Empfindungen und Ideen darstellen, sondern »die materiellen Dinge selbst konstruieren und neue Formen schaffen«. Stepanowa war mit ihrer ganzen Person an dieser Entwicklung beteiligt. Anfang der 20er Jahre begann sie mit dem Entwurf von Bühnenbildern und Kostümen und arbeitete mit ihrer Kollegin Ljubow Popowa für die erste staatliche Textilfabrik in Moskau an Entwürfen für Stoffmuster und Kleidung. Sie lehrte als Professorin und war eine gesuchte Mitarbeiterin bei der Gestaltung von Zeitschriften und Büchern.
Mit dem Diktat des sozialistischen Realismus 1934 ging die Zeit der formalen Experimente zu Ende. Stepanowa und Rodschenko befaßten sich nun hauptsächlich mit der Herausgabe von Fotobänden über die Entwicklung der Sowjetunion. Die frühen Arbeiten der beiden galten jetzt als dekadenter Irrweg. Stepanowa starb zwei Jahre nach Rodschenko 1958 in Moskau.
R.R.

geb. 19. August 1871 in Rochester, N.Y.
gest. 11. Mai 1944 in New York
amerikanische Malerin
Lit. 98, 118, 367, 782, 785

Zu ihrem unverwechselbaren, eigenwilligen Stil findet Florine Stettheimer erst als Mittvierzigerin; mit liebevoll-satirischem Blick porträtiert sie Menschen und Szenen im New York der 20er und 30er Jahre. Auf ihren realistischen und zugleich phantastischen Gemälden erscheinen neben der Künstlerin und ihrer Familie der FreundInnenkreis aus der Kunst- und Intellektuellenszene auf Parties, Picknicks, Soireen aber auch in Stettheimers gemalten Träumen und Reflexionen. Die posthum von ihrer jüngeren Schwester Ettie unter dem Titel *Chrystal Flowers* herausgegebenen Gedichte und Florines Tagebücher spiegeln, den Gemälden gleich, die scharfe Beobachtungsgabe und ironische Distanz wider, mit der Stettheimer die Schwächen und Hohlheiten der Gesellschaft entlarvt. Geboren in die vermögende deutsch-jüdische Geschäftswelt New Yorks und lebenslang finanziell unabhängig, braucht Stettheimer auf die Bedürfnisse eines Kunstmarkts keine Rücksicht zu nehmen. Trotzdem malt sie nicht aus Zeitvertreib, sondern sieht in der Kunst ihren Beruf. Auf ihren Bildern verteilt sie miniaturhaft und ohne Rücksicht auf gewohnte Perspektiven, meist in lebhaften Farben, die wellenförmig schwingenden, gewichtlosen, androgynen Figuren in den sie umgebenden Raum.

Stettheimer wächst in einer matriarchalisch geprägten Atmosphäre auf, zumal der Vater noch in ihrem Kindesalter auf Nimmerwiedersehen verschwindet. Die drei jüngeren Schwestern, Carrie, Florine und Ettie, beschließen nach ihrer teilweise in Europa verbrachten Schulzeit, zusammen mit ihrer Mutter zu leben. Hochbegabt und kreativ schaffen sie sich eine eigene Welt; die jüngste Schwester Ettie promoviert in Philosophie, und Florine beginnt 1892 an der Art Student's League eine vierjährige akademische Ausbildung. Erst in den 30er Jahren tritt sie allmählich aus ihrem privaten Bereich in die Öffentlichkeit. Es entstehen die vier großformatigen *Cathedrals*, in denen sie mit ihrer satirisch-pointierten Sehweise das New Yorker Leben darstellt. In ihnen erscheinen Elemente einer anderen wichtigen Arbeit Stettheimers, die von der Presse enthusiastisch gefeiert wird: der Entwurf der Kostüme, des Bühnenbilds und der Beleuchtung für Virgil Thomsons Oper *Four Saints in Three Acts* nach einem Libretto von Gertrude Stein. Dieser plötzliche Ruhm verstärkt in Florine den Wunsch nach mehr Unabhängigkeit; nach dem Tod der Mutter zieht sie ganz in ihr Studio, das sie sich mit selbstentworfenen Möbeln und Zellophanvorhängen als Gesamtkunstwerk einrichtet. Anfang 1943 erkrankt Stettheimer an Krebs, dem sie im Jahr darauf erliegt. A.V.H.

geb. 26. Dezember 1874 in Bündken/ Ostpreußen
gest. 20. Januar 1970 in Hamburg
deutsche Botanikerin
Lit. 121, 317, 651, 1023, 1024

Rose Stoppel wuchs als Jüngste von sieben Geschwistern auf einem Gutshof in Ostpreußen auf. Roses Vater starb früh, und ihre Mutter mußte die Leitung des Gutes übernehmen. Nach ihrer Schulzeit arbeitete Rose 12 Jahre lang als Hausgehilfin, was ihr überhaupt nicht zusagte. Nach einem längeren Besuch bei ihrer im Kaukasus verheirateten Schwester beschloß sie, beeindruckt von der urtümlichen Naturlandschaft, Botanik zu studieren. Zur Vorbereitung darauf machte sie zunächst eine Gartenbaulehre und arbeitete dann zwei Jahre lang als Zeichnerin am Botanischen Museum in Berlin.

Nachdem sie 30jährig 1904 als Externe am Realgymnasium Einbeck das Abitur gemacht hatte, war sie die erste deutsche Frau, die – in Berlin, Straßburg und Freiburg – Naturwissenschaften studierte. Schon im zweiten Semester entdeckte sie beim Mikroskopieren einen auf eingetrockneter Marmelade wachsenden Schimmelpilz, der bis dahin nur einmal, 1874 in Breslau, gefunden worden war. Ihr Professor bot ihr sofort einen Arbeitsplatz im Institut an, und 1907 begann sie ihre lange Reihe von Veröffentlichungen mit einer Abhandlung über den Pilz »Eremascus fertilis Stoppel«.

1909 promovierte sie in Freiburg mit einer Arbeit »Über den Einfluß des Lichts auf das Öffnen und Schließen einiger Blüten« – ein Thema, das sie fortan nicht mehr loslassen sollte. Sie fand heraus, daß das Öffnen und Schließen der Blüten nicht vom täglichen Beleuchtungswechsel verursacht wird, sondern ein autonomer Prozeß ist, der vom Licht nur reguliert wird. Damit trat sie in Widerspruch zu einer Autorität ihres Fachs, Prof. W. Pfeffer. Er gab ihr recht, lehnte aber eine Diskussion mit ihr strikt ab – er sei ein Gegner des Frauenstudiums und wünsche in seinem Institut keine Frau zu sehen!

14 Jahre später, nach verschiedenen Stellen als wissenschaftliche Hilfskraft und Angestellte, konnte sie sich 1924 an der Universität Hamburg habilitieren. Rose Stoppel war mittlerweile 50 Jahre alt. Nach ausgedehnten Forschungsreisen nach Island zum Studium der Tagesperiodizität von Pflanzen, Tieren und Menschen unter den Bedingungen des hohen Nordens wurde sie 1928 von der Universität Hamburg zur nichtbeamteten, außerordentlichen Professorin ernannt.

1944 wurde die 70jährige Rose Stoppel pensioniert; sie hatte noch ein Vierteljahrhundert zu leben. Zunächst arbeitete sie noch für das Hamburger Tropeninstitut über pathogene Pilze, bis sie diese Tätigkeit aufgeben mußte, weil ihre Augen immer schlechter wurden und sie fast taub war. L.F.P.

geb. 14. Juni 1811 in Litchfield, Conn.
gest. 1. Juli 1896 in Hartford, Conn.
amerikanische Schriftstellerin
Lit. 341, 445, 728, 785, 1148

Harriet Beecher Stowe war eine der populärsten US-amerikanischen SchriftstellerInnen des 19. Jahrhunderts. Sie schrieb zahlreiche Kurzgeschichten und etliche Romane, ist aber heute vor allem berühmt wegen ihrer flammenden Anklage gegen die Sklaverei, des Romans *Onkel Toms Hütte* (*Uncle Tom's Cabin*), der in über 40 Sprachen übersetzt wurde.

Stowe stammte aus einer Intellektuellenfamilie und bekam eine ungewöhnlich gute Ausbildung. Sie profitierte zudem von dem Pionierinnengeist ihrer elf Jahre älteren Schwester Catharine, die eine Vorkämpferin der Mädchenbildung in Amerika wurde.

In Cincinnati traf Harriet Calvin Stowe, einen Theologieprofessor, den sie 1836 heiratete und der ihre literarische Tätigkeit zeitlebens unterstützte. In den ersten vier Ehejahren gebar Stowe vier ihrer sieben Kinder und versuchte das immer knappe Familienbudget durch Schreiben aufzubessern. In den 40er Jahren publizierte sie bereits in der beliebtesten Frauenzeitschrift, *Godey's Lady's Book*, und 1843 wurde eine Sammlung ihrer Erzählungen unter dem Titel *The Mayflower* veröffentlicht. *Onkel Toms Hütte* erschien ab 1851 in Fortsetzungen in der Zeitschrift *National Era* und kam ein Jahr darauf als Buch heraus.

Stowes Einstellung zur Sklaverei war beeinflußt durch die Predigten ihres Vaters und verfestigte sich durch den Umzug von Neuengland nach Cincinnati, wo sie die ganze Brutalität der Sklaverei unmittelbar vor Augen hatte. Stowe stimmte allerdings den Abolitionisten nicht in allem zu; sie fand z. B., daß auch die Sklavenbesitzer Opfer des Systems waren und auf friedlichem Wege um ihr Besitzrecht über andere Menschen gebracht werden müßten.

Ihr plötzlicher, enormer Ruhm sicherte all ihren weiteren Werken, in denen sie überwiegend Charaktere und Landschaft ihrer Heimat Neuengland schildert, großen Erfolg. K.E.H.

geb. 4. Februar 1862 in Ingolstadt
gest. 13. Mai 1950 in Garmisch
Opern- und Liedsängerin
Lit. 236, 238, 684, 727, 956

Einerseits: »Meisterhaft geschult, nicht heroisch, humorvoll, mit anmutiger Poesie, Tiefe seelischen Ausdrucks, warm, weich, freundlich, innig, mit feinster Durchdringung des dichterischen Gehaltes, einem sicheren und schönen Darstellungstalent« – so wurde das Singen von Pauline Strauss beschrieben. Ihr Mann fügte 1947 im Alter von 83 Jahren noch hinzu: »Schade, daß sie sich zu früh dem schönen Beruf einer ... ausgezeichneten Hausfrau und Mutter zugewandt hat!«
1887 lernte Fräulein de Ahna Richard Strauss kennen und folgte ihm mit 27 als Schülerin nach Weimar; ihre Karriere (sie wird in wenigen Jahren etwa 25 Opernpartien gesungen haben) beginnt; wieder fünf Jahre später antwortet sie auf seinen Heiratsantrag: »Es ist mir ... manchmal entsetzlich bang. ... ach Gott, und nun soll ich plötzlich ein wahres Muster von Hausfrau werden ... So schnell ... brauchen wir wirklich nicht zu heiraten; wenn sich jedes zuerst allein gewöhnen könnte, in seinem Berufe alles Glück zu finden ... Bitte lassen *Sie* mich hier wenigstens noch ... viele Partien singen; das wird mir über manches hinweghelfen.« Familie oder Beruf? Drei Jahre später wird Sohn Franz geboren; Pauline ist 32 und zieht sich langsam von der Bühne zurück, widmet sich immer mehr und auch international höchst erfolgreich dem Liedgesang – vorwiegend den, von ihr inspirierten, Werken Richards. Ab 1906 kommt sie kaum mehr zum Singen; bis 1918 entstehen auch keine Lieder mehr. Pauline widmet sich nun ganz der Familie und dem wachsenden Erfolg ihres Mannes; ein- bis zweimal täglich erhält sie einen liebevollen Brief von dem so oft Abwesenden ... Beide führen 53 Jahre eine Ehe voll Achtung, unverbrüchlicher Liebe und Treue, tiefer Verbundenheit.
Andererseits: Pauline war immer schon eine ehrgeizige und temperamentvolle, willensstarke Frau, die sehr derb-direkt ihre Meinung sagen konnte, aufopfernd für Sohn und Mann und doch in ihrer Eigenart beharrend. Ihre Taktlosigkeiten waren gefürchtet, ihre Hausfrauenpedanterie berüchtigt, die ihre ganze Ehe lang währenden lautstarken, wenn auch stets bald wieder endenden Streitigkeiten nicht zu bemerken unmöglich! Wehrte sich hier vielleicht nur eine Frau in der Zeit wachsender Freiheit? Ist es vielleicht doch – subtil, naiv? – perfid, wie Richard vor allem im selbstgetexteten *Intermezzo* die Schwächen seiner Frau erst öffentlich macht, diese dann aber durch seine psychologisch genau sezierenden, milde-nachsichtig und »fair« geäußerten Beobachtungen nicht ent-, sondern belastet und sie, die Unbeherrschte, herablassend doppelt ins Unrecht setzt? Kein Wunder, daß sie ihre Wut zeigen muß!? S.K.-K.

geb. 24. Mai 1898 in Cambridge, Mass.
gest. 20. Mai 1986 in Kennett Square, Penn.
amerikanische Chirurgin
Lit. 41, 651, 1039

Als Begründerin der Herzheilkunde für Kinder erfuhr Helen Taussig große Anerkennung und Dankbarkeit im ganzen Land.
1927 schloß sie das Medizinstudium an der Johns Hopkins Universität ab und übernahm kurz danach die Leitung der Herzklinik des *Harriet Lane Home.* In diesem Heim für schwerbehinderte Kinder bildete sie sich schnell zur Expertin für Kinderherzkrankheiten weiter. Anfangs beschäftigte sie sich nicht viel mit PatientInnen mit angeborenen Herzfehlern, denn diese Fälle galten damals als hoffnungslos. Mehr als trösten, pflegen und abwarten konnten die ÄrztInnen nicht. Taussig aber machte diesem Elend ein Ende, indem sie, zusammen mit ihrem Mitarbeiter Alfred Blalock, die *Blue Baby Operation* entwickelte (1944). Diese Operation hat blausüchtige Kinder, die aufgrund eines angeborenen Herzfehlers an starkem, ja sogar lebensbedrohlichem Sauerstoffmangel litten, geheilt und dadurch zahllosen Kindern das Leben gerettet.
Taussig hat als erste bewiesen, daß Fehler in den Lungen sowie im Herzen durch Röntgen-Aufnahmen diagnostiziert werden können, was zu der Zeit keiner für möglich hielt. Diese Methode beschreibt sie in ihrem Buch *Congenital Malformations of the Heart.* Jetzt konnten angeborene Herzfehler auch von NichtspezialistInnen festgestellt werden. Dies hatte weitreichende praktische Folgen: Die Behandlung von Herzkranken verbesserte sich schlagartig.
1962 reiste die »First Lady der Cardiologie« nach Deutschland, um den Contergan-Fall zu studieren. Schwangere Frauen, die das Beruhigungsmittel Contergan einnahmen, gebaren in bis dahin unbekannter Häufigkeit Kinder mit fehlgebildeten Gliedmaßen. Taussigs Bemühungen führten dazu, daß es in den USA zu keiner Contergan.krise kam und daß Tausende von Kindern und werdenden Eltern vor diesem Medikament sicher waren. Als Dank für ihren Einsatz gegen die Verbreitung des Contergans wurde ihr von Präsident Johnson die *Medal of Freedom*, die höchste Auszeichnung der USA, verliehen.

Helen Taussig wurde 1959 die erste Professorin der medizinischen Fakultät der *Johns Hopkins University.* 1986 kam sie bei einem Autounfall ums Leben. R.F.

geb. 27. August 1910 in Skopje
gest. 5. September 1997 in Kalkutta, Indien
albanisch-indische Nonne und Wohltäterin
Lit. 9, 184, 249, 960, 1154

Heilige, gibt's die? Sie wurde von vielen dafür gehalten: Mutter Teresa von Kalkutta (Agnes Gonxha Bojaxhiu), die Missionarin der Nächstenliebe. Als die Friedensnobelpreis-Trägerin 1997 starb, sprach alle Welt von ihrer selbstlosen Hingabe, ihrer fast übermenschlichen Leistung im Dienst an den Ärmsten der Armen in den Slums von Kalkutta, in Leprastationen und Heimen für Tbc- und Aidskranke, für verlassene Kinder und Sterbende, um die sich niemand kümmerte.

Es war ein langer Weg, bis sie so berühmt und erfolgreich war (manche nannten sie die mächtigste Frau der Welt). Der Anfang war unglaublich schwierig, bewältigt durch ihre vielgerühmte Willensstärke und Zähigkeit. Geboren in Skopje, setzte sie ihren Wunsch durch, sich dem irischen Loreto-Orden anzuschließen, der in Indien missionierte. Mit 18 Jahren wurde sie nach Kalkutta geschickt an die St. Mary's Highschool, wo sie jahrelang unterrichtete und schließlich die Leitung übernahm.

Ein erschütterndes Berufungserlebnis bewog sie, dieses relativ komfortable Leben aufzugeben, um nur noch den Armen zu dienen. Unterstützt wurde sie bei ihrer Arbeit von vielen Frauen, die unentgeltliche Hilfe anboten und sich nicht von schrecklichen Verstümmelungen und stinkenden Wunden abschrecken ließen. Mutter Teresa war überall der Mittelpunkt, verbreitete Fröhlichkeit angesichts schlimmsten Elends. Woher nahm sie die Kraft? Für sie gab es nur eine Antwort: »Nicht ich, Gott tut alles.«

Bei aller christlichen Frömmigkeit lag penetrantes Missionieren ihr fern; sie beachtete beim Tode von Moslems und Hindus deren Sterberituale. Zwar hielt sie unbeirrt an den offiziellen Vorschriften der katholischen Kirche fest, vor allem, was Abtreibung und Empfängnisverhütung betraf, sie war aber bereit, jedes ungewollte Kind aufzunehmen, versuchte, Adoptiveltern für die Verlassenen zu finden. Diese Einstellung fand nicht überall Zustimmung. Auch von Ärzten gab es Kritik, da die Hygienevorschriften bei der Krankenpflege in den oft primitiven Unterkünften nicht beachtet wurden, Menschen mit ansteckenden Krankheiten nicht isoliert werden konnten. Auf den Vorwurf, nichts zu unternehmen, um die allgemeinen Lebensbedingungen in Indien zu verbessern, antwortete sie: »Wir sind keine Krankenschwestern, wir sind keine Sozialarbeiter, wir sind Nonnen.« U.S.

geb. 4. März 1894 in Berlin
gest. 25. Juli 1982 in London
deutsche Journalistin und Schriftstellerin
Lit. 133, 613, 1040-1042, 1100

Gabriele Tergit (Pseudonym für Elise Hirschmann, verh. Reifenberg) war schon eine weibliche Pionierin der Gerichtsreportage bei großen Berliner Zeitungen, als sie durch ihren zeitkritischen Roman *Käsebier erobert den Kurfürstendamm* (1931) schlagartig berühmt wurde. Ihre literarische Laufbahn wurde durch Hitler aber jäh unterbrochen, und wie Irmgard Keun vergaß man sie als Schriftstellerin nach dem Krieg weitgehend. Aber die Emigrantin gab nie auf und trotz ausbleibender Erfolge in der Bundesrepublik arbeitete sie während ihrer letzten 25 Jahre in London unermüdlich als ehrenamtliche Sekretärin des PEN-Zentrums deutschsprachiger AutorInnen im Ausland.
Die Tochter einer Münchnerin und eines jüdischen Fabrikanten besuchte die Soziale Frauenschule von Dr. Alice Salomon. Mit 19 Jahren veröffentlichte sie ihren ersten Zeitungsartikel und beschloß, Journalistin zu werden, zu welchem Zweck sie dann auch Geschichte und Philosophie studierte.
1925 wurde Tergit Gerichtsberichterstatterin beim *Berliner Tageblatt*; ihre lebendige Sprache und sozialkritische Perspektive machten die Gerichtsreportage zu einem eigenen literarischen Genre. Ihre Berichte erschienen u.a. auch in dem kämpferischen antifaschistischen Journal *Die Weltbühne*. Der Erstlingsroman *Käsebier* ..., eine Satire auf die korrupte, sensationshungrige Gesellschaft (und Presse) Berlins in der späten Weimarer Republik, wurde damals als der beste Zeitroman gepriesen.
Nachdem 1933 eine Horde SA-Männer in ihre Wohnung eingedrungen war, emigrierte Tergit mit Mann und Sohn in die Tschechoslowakei und dann nach Palästina. Seit 1938 in London, veröffentlichte sie 1951 den 1933 begonnenen Familienroman *Effingers* in der Bundesrepublik, aber diese »jüdischen *Buddenbrooks*« fanden keinen großen Widerhall. Ihre Erinnerungen *Etwas Seltenes überhaupt* erschienen 1983. J.H.

Johanna Tesch

geb. 24. März 1875 in Frankfurt/M.
gest. 13./14. März 1945 im KZ Ravensbrück
deutsche Politikerin, Frauenrechtlerin,
Opfer des Nazi-Terrors
Lit. 137, 287, 506, 531, 708

Nahe dem ehemaligen Wohnhaus von Johanna Tesch im Frankfurter Stadtteil Riederwald erinnern ein Platz und die zugehörige U-Bahnstation an jene Frau, die »mit ihrem politischen Wirken und ihrem unbeirrbaren Festhalten an der Menschenwürde, mit ihrem Kampf gegen ungerechte Verhältnisse und politische Vorurteile, mit ihrem Mut ... der Stadt Frankfurt ein Vorbild geschenkt hat« (Kulturdezernentin Linda Reisch anläßlich der Enthüllung einer Gedenktafel).

Johanna Tesch kannte aus eigener Anschauung die Nöte und Sorgen der »kleinen Leute«. Praktisch und hilfsbereit veranlagt, bemühte sie sich bald nach ihrer Heirat mit dem Sozialdemokraten Richard Tesch um bessere Arbeits- und Lebensbedingungen besonders für die benachteiligten Frauen. Bis zum Ende des Ersten Weltkrieges übernimmt sie trotz ihrer Berufstätigkeit und einer Familie mit drei Söhnen noch zahlreiche soziale Aufgaben. Kennzeichnend für ihr politisches Wirken sind ihr Gerechtigkeitsgefühl, ihre Toleranz und nicht zuletzt Güte und Uneigennützigkeit. Als 1919 bei der Wahl zur verfassunggebenden Nationalversammlung erstmals auch Frauen das Stimmrecht erhielten, geht Tesch für Hessen-Nassau nach Weimar, dann bis 1924 in den deutschen Reichstag nach Berlin. Früh sieht sie die Gefahr durch reaktionäre Kräfte und setzt sich für eine Einigung der Arbeiterbewegungen ein. Mit der Machtübernahme der Nazis und dem Verbot der SPD verliert Teschs Mann seine Stelle bei der sozialdemokratischen Zeitung »Volksstimme«, so daß neben allem anderen konkrete wirtschaftliche Sorgen das Alltagsleben bestimmen. Trotzdem läßt sich Tesch nicht entmutigen. Ihren jüngsten Sohn Carl, der nach dem Auffliegen einer illegalen Gruppe gerade noch in die Schweiz entkommen kann, hält sie über Deckadressen mit Informationen aus Hitler-Deutschland auf dem laufenden. Nach dem mißglückten Attentat vom 20. Juli 1944 wird auch Johanna Tesch von der Gestapo verhaftet und nach einmonatigen Verhören in das KZ Ravensbrück eingeliefert. Ein halbes Jahr übersteht die schwer herz- und nierenkranke Frau die unmenschlichen, brutalen Haftbedingungen, bevor sie kurz vor ihrem 70. Geburtstag völlig entkräftet stirbt.

A.V.H.

geb. 29. Juli 1890 in Mohrungen, Ostpreußen
hingerichtet am 8. September 1944 in Berlin
deutsche Pädagogin und Widerstandskämpferin
Lit. 70, 665

Nach einem zynischen Prozeß unter Leitung des berüchtigten Richters Freisler am Volksgerichtshof in Berlin wurde die engagierte Pädagogin Elisabeth von Thadden neun Monate vor Kriegsende als Verräterin enthauptet. Ihr Verbrechen: Menschlichkeit im unmenschlichen Staat. Ein Spitzel, der ihre Offenheit gegenüber jungen Menschen mißbrauchte, denunzierte ihre Kontakte zu Freunden im schweizerischen Exil und zu Kreisen des Widerstandes in Deutschland. Elisabeth von Thadden wuchs auf dem elterlichen Gut in Pommern auf, um das sie sich nach dem frühen Tod der Mutter kümmerte. Beflügelt von den Ideen der Helene Lange, wußte sie, daß ihr mehr zukam als die Enge des bürgerlichen Frauendaseins. Geprägt von christlicher Ethik und den pädagogischen Vorstellungen Kurt Hahns, gründet sie 1927 ein Internat für Mädchen in der Nähe von Heidelberg. Das Heim gewinnt Anerkennung, die Unternehmung ist erfolgreich. Elisabeth von Thaddens pädagogische Prinzipien »Verantwortlichkeit«, »Vertrauen« und »Gemeinschaft« machten sie zunächst für nationalsozialistische Ideen empfänglich – bis sie erkannte, daß Menschlichkeit damit nicht vereinbar war.
Erste Konflikte treten auf, als sie von einer Schülerin wegen »mangelnder Erziehung im neuen Sinn« denunziert wird (an ihrer Schule gab es noch immer jüdische Schülerinnen). 1941 wird ihr die Leitung der Schule entzogen, »da dieses Unterrichtsunternehmen keine ausreichende Gewähr für eine nationalsozialistisch ausgerichtete Erziehung der Jugend bietet«.
Sie hat Kontakt zu ExilantInnen in der Schweiz, hat weitverzweigte Verbindungen zu kirchlichen Kreisen, die teilweise im Widerstand engagiert sind. Sie geht nach Berlin.

Eine Geburtstagsfeier ihrer Schwester wird zum Verhängnis für fast alle Anwesenden, da die politischen Bemerkungen von einem Spitzel an die Gestapo weitergeleitet werden. Opfer waren: Elisabeth von Thadden, Otto Kiep, Hilger van Scherpenberg, Fanny von Kurowsky, Irmgard Zarden. Elisabeth von Thadden und Otto Kiep werden hingerichtet.
B.S.

geb. um 955 in Byzanz (?)
gest. 15. Juni 991 in Nimwegen
deutsche Kaiserin
Lit. 284, 297, 349, 356, 505

Die Tochter von Konstantinus Skleros und Sophia Phokaina entstammte der kaiserlichen Familie, die damals über das byzantinische Reich herrschte.
Kaiser Otto I. wollte seinen Sohn, den Erben des Abendlandes, mit einer Repräsentantin des Ostreiches verheiraten. Der Plan schien in endlosen Verhandlungen, dann in bewaffneten Streitigkeiten unterzugehen, aber schließlich fand 972 in Ravenna die Trauung statt. Der mit Theophano etwa gleichaltrige Otto war beinahe noch ein Knabe.
Die Griechin Theophano gewöhnte sich an das kalte Deutschland, verschaffte sich bei Hof Respekt und bemühte sich, mit Otto eine glückliche Ehe zu führen. Schon 973 wurde sie an seiner Seite Kaiserin, als ihr Schwiegervater Otto I. starb.
Das neue Herrscherpaar sorgte bald für Nachwuchs: Theophano gebar Sophia (später Äbtissin von Gandersheim und Essen), Adelheid (Äbtissin von Quedlinburg u.a.) und Mathilde. Der Thronfolger Otto kam 980 zur Welt.
Kaiser Otto II. starb 28jährig an einer Darmkrankheit, als der Thronfolger erst drei Jahre alt war. Theophano floh erst einmal zur Schwiegermutter nach Pavia. In Deutschland setzten sich derweil treue Vasallen für die Rechte des Thronerben ein, dem die Mutter eine umfangreiche Bildung zuteil werden ließ. U.a. bestellte sie den kunstsinnigen Hildesheimer Bischof Bernward zum Lehrer für Otto.
Als Regentin leistete die Witwe Beachtliches; mitten in allen Wirren um die Frage der Nachfolge setzte sie sich durch und schaltete alle aus, die Ottos Herrschaftsanspruch bedrohten, als erste Schwiegermutter Adelheid.
Theophano starb mit 35 Jahren. Sie liegt in Köln begraben, in der Kirche St. Pantaleon. A.E.R.

geb. 5. Juni 1889 in Wien
gest. 7. November 1974 in Wien
österreichische Schauspielerin und Intendantin
Lit. 3, 315, 1047, 1146

Aus einer Familie stammend, die dem Theater verschworen war, kam Helene Thimig schon in jungen Jahren zum Theater. Entscheidend für ihr Leben war das Engagement am Deutschen Theater in Berlin 1917, wo sie Max Reinhardt kennenlernte. Fast 26 Jahre, bis zum Tod Reinhardts, dauerte die große Liebe und künstlerische Zusammenarbeit. Thimig spielte nicht nur die klassischen Rollen, wie z.B. die Stella oder die Iphigenie (für sie die wichtigsten ihres Lebens) – auch in Stücken von Wedekind, Hofmannsthal, Hauptmann, Ibsen und Strindberg feierte sie Triumphe. Ihre Stärke war, ihre Rollen denkerisch so intensiv zu durchdringen, daß Schmerz und Tragik über das Subjektive hinaus erhoben wurden.
Während Reinhardts zahlreicher Gastspielreisen vertrat Thimig ihn als Theaterleiterin. Als Reinhardt 1918 das Barockschloß Leopoldskron bei Salzburg kaufte, hatte sie ein großes Haus zu führen – Leopoldskron wurde zum Treffpunkt in- und ausländischer KünstlerInnen und KunstliebhaberInnen. In diesen Jahren wirkte sie vor allem bei den von Reinhardt 1920 gegründeten Salzburger Festspielen mit und übernahm viele Rollen in dem von ihm gepachteten Wiener Josefstädter Theater. Eine jähe Wende in dieser für beide künstlerisch wie persönlich sehr glücklichen Zeit brachte das Jahr 1937, als sie Reinhardt in die Emigration folgte. Seinen Inszenierungen in den USA war kein Glück beschieden, und so war ihr Leben auch von finanzieller Not überschattet. Der gemeinsam gegründete Workshop in Hollywood wurde weitgehend von Helene Thimig allein geführt. 1946 kehrte sie nach Österreich zurück und spielte in Wien und Salzburg bis ins hohe Alter Theater. Sie übernahm die Leitung des Reinhardt-Seminars, einer weltberühmten Schauspielschule in Wien. Helene Thimig war auch eine große Lehrerin der Schauspielkunst und Regieführung. S.D.

geb. 24. Juni 1897 in St. Avold, Lothringen
gest. 7. November 1980 in Wien
deutsch-österreichische Schriftstellerin
Lit. 151, 589, 590, 1049, 1050

Adrienne Thomas' (Ps. für Hertha Strauch, verh. Deutsch) erstes Buch, der durch eigene Erfahrung geprägte Antikriegsroman *Die Katrin wird Soldat* (1930), machte sie mit einem Schlag weltbekannt – 100 000 Exemplare wurden in einem Jahr verkauft, und der Roman ist in 15 Sprachen übersetzt worden.
Katrin, die während des Ersten Weltkriegs als Rotkreuzhelferin in Metz tätig ist, wird wie Thomas selber zur überzeugten Pazifistin. Aber durch die »braune Pestwelle« des Nationalsozialismus entwickelte sich die Autorin zur kämpferischen Oppositionellen. Ihre Erfahrungen der Emigration und der Flucht durch Spanien und Portugal in die USA liegen dem spannenden Roman *Reisen Sie ab, Mademoiselle!* (1944) zugrunde.
Hertha Strauch wuchs zweisprachig in einer jüdischen Familie im damals deutschen Lothringen auf. Im Ersten Weltkrieg arbeitete sie als Rotkreuzschwester. 1919 zog sie mit ihrer Familie nach Berlin, absolvierte eine Gesangs- und Schauspielausbildung – und heiratete. Erst nach dem Tod ihres Mannes begann sie zu schreiben. 1932 zog sie in die Schweiz, 1934 nach Paris und von dort nach Wien.
Adrienne Thomas war eine der ersten Autorinnen, die von den Nazis für »unerwünscht« erklärt wurden, und als Österreich besetzt wurde, reagierte sie auf die gefährliche Situation mit Beobachten und Aufschreiben. »Ein Zuhause hatte ich nicht mehr. Zuhause war nur noch an irgendeinem Schreibtisch.« Von den Nazis entdeckt, floh sie nach Frankreich. 1940 wurde sie im Frauenlager Gurs im Süden von Frankreich interniert, konnte aber entkommen und sich nach New York einschiffen.
Hier arbeitete Thomas als Journalistin und schrieb ihren Exil-Roman zu Ende. 1941 heiratete sie den sozialistischen Politiker Julius Deutsch, mit dem sie 1947 nach Wien zurückkehrte. In ihren Büchern – sechs Romanen, vier Kinderbüchern, Essays – wie in ihrem Leben zeigte Adrienne Thomas Mut und Optimismus, gerade auch in Krisenzeiten: »Ich war überall gern. Ich hab' das Beste daraus gemacht, hab' mich nicht unterkriegen lassen.« J.H.

geb. 24. Januar 1843 in Bidamitz, Rügen
gest. 5. Mai 1927 in Berlin
deutsche Ärztin
Lit. 353, 471, 843, 1056

»Frauen sind für das Medizinstudium wegen ihrer schwachen Konstitution und ihrer intellektuellen Minderbegabung – schließlich haben sie eine geringere Gehirnmasse als Männer – ungeeignet. Außerdem wird ihr Zart- und Schamgefühl im Seziersaal verletzt, und eine Frau im Operationssaal kann nur Heiterkeit erregen.«
So lauteten die Aussagen zeitgenössischer Medizinprofessoren, als es in Deutschland um die Zulassung von Frauen zum Medizinstudium ging. Franziska Tiburtius ließ sich nicht abschrecken, sondern ging 1871 zum Studium nach Zürich. 1876 bestand sie ihr Doktorexamen mit »sehr gut«, ging zunächst mit ihrer ebenfalls promovierten Freundin Emilie Lehmus als Assistenzärztin nach Dresden, um sich dann als praktizierende Ärztin in Berlin niederzulassen. Trotz wiederholter Gesuche erhielten die beiden Ärztinnen nicht die Approbation, konnten aber wegen der in Preußen geltenden Gewerbefreiheit auch ohne offizielle Anerkennung praktizieren. Nach einem Gerichtsbeschluß durfte Tiburtius ihren Doktortitel nicht tragen, und so firmierte sie als »Dr. med. der Univ. Zürich«, doch dies schadete ihrem Ansehen nicht. Ihr ganzes Berufsleben lang kämpfte sie mit Intelligenz und Mut erfolgreich gegen Vorurteile, Niedertracht und Dummheit. Vom schlechten Gesundheitszustand der Berliner Arbeiterfrauen erschüttert, gelang es ihr unter Mühen, eine Poliklinik für Frauen einzurichten, in der sie täglich mit ihrer Freundin bis in die Nacht hinein arbeitete. Die Einkünfte deckten kaum die Auslagen, doch die Tüchtigkeit der beiden Ärztinnen sprach sich herum und zog auch Patientinnen aus der bürgerlichen Schicht an. Franziska Tiburtius bleibt ein lebendiges Vorbild. S.D.

Sophie Tieck

geb. 28. Februar 1775 in Berlin
gest. 1. Oktober 1833 in Reval
deutsche Schriftstellerin
Lit. 76, 129, 133, 728, 949

»Sie hat gewiß herrliche Geistesanlagen; aber Leidenschaftlichkeit und Ehrgeiz haben, wie es mir scheint, ihre Seele sehr zerrüttet.« So Friedrich Schlegel am 12. Mai 1813 an Ludwig Tieck. Es geht um dessen Schwester Sophie. Der Brief sagt nichts über das »Warum«; Ursachen, die für Sophies seelische Zerrissenheit verantwortlich sein könnten, werden nicht genannt.
Sophie ist das zweite von drei Kindern des Seilermeisters Ludwig Tieck und seiner Frau Anna Sophie Tieck. Das älteste Kind war der Liebling des Vaters, das jüngste das der Mutter. Und während Ludwig das Gymnasium besucht und studiert und Friedrich als Bildhauer bei Schadow lernt, wird Sophie zur Ehefrau und Mutter »erzogen«. Sie reagiert mit Krankheit, Trotz, Aggression. Folge der frühen Zurücksetzung: Sie fühlt sich minderwertig, ungebildet. Und zugleich war da der Ehrgeiz der Schriftstellerin: Sie schreibt an ihren Bruder Ludwig: »Wenn du noch die frühere Meinung von mir hast, so wirst du wohl selbst glauben, daß er (gemeint ist ihr Roman *Evremont*) nicht zu den Armseligkeiten der schreibenden Frauen unserer Zeit gerechnet werden darf, deren Werke im Grunde bloß das Bekenntnis enthalten, wie sie lieben, und geliebt sein möchten, und das ist oft kläglich genug.« – Stolzes Bekenntnis einer Frau, die sich klar unterschied von den schreibenden Zeitgenossinnen, sich immer als Schriftstellerin sah und daraus keinen Hehl machte. Aber sie hatte zeitlebens gegen das Gefühl des Gescheitertseins anzukämpfen. James Trainer schreibt von ihrem »oft traurigen, geistig unerfüllten« Leben, von der Schriftstellerin, die »nicht das erreicht hatte, dessen sie sich fähig fühlte«. Die Belastungen eines unbefriedigenden, zudem aufreibenden Lebens machten sie oft leidend. 1799 hatte sie den Freund und ehemaligen Lehrer des Bruders, August Ferdinand Bernhardi, geheiratet. Die Ehe war kalt und lieblos. Sophie floh, mit zwei Kindern: Bernhardi forderte die Herausgabe der Kinder – zuletzt mit Polizeigewalt, nachdem Sophie durch halb Europa geirrt war. Die Scheidung wird zu einem Skandal. Ruhe scheint sie erst nach 1810 gefunden zu haben, als sie den Estländer Karl Gregor von Knorring heiratete. Von 1812 bis zu ihrem Tod am 1. Oktober 1833 lebt sie auf seinem Gut in Erwita/Estland. s.s.

geb. 25. September 1896 in Moskau
gest. 16. Juni 1970 in St. Arnould-en-Yelines
russisch-französische Schriftstellerin
Lit. 490, 491, 677, 703

Es herrschte ein Klima der Aufklärung im Hause der jüdischen Familie Kagan in Moskau, wo man sich gegenüber revolutionären Ideen aufgeschlossen zeigte. Die Mutter war Pianistin, der Vater ein Rechtsanwalt, spezialisiert auf Verträge mit Künstlern. Einer von ihnen war Wladimir Majakowskij, mit dem die 16jährige Elsa Jurewnaja eine kurze Liebesaffäre hat, bis er dem Charme ihrer fünf Jahre älteren Schwester Lilja erliegt. Schließlich lernt die von vielen umschwärmte Frau den konservativen französischen Offizier André Triolet kennen, den sie 1919, nach Abschluß ihres Architekturstudiums 1918, heiratet. Das Paar lebt auf Tahiti, aber 1921 bereits kehrt Elsa nach Europa zurück, enttäuscht von dem treulosen Mann. Sie arbeitet in einem Konstruktionsbüro in London und zieht schließlich nach Berlin, in der großen russischen Künstlerkolonie findet sie die Anregung , die sie so lange vermißt hat. Maxim Gorki ermuntert sie zum Schreiben, und zwischen 1925 und 1927 erscheinen die ersten drei von fast zwanzig Romanen.
Seit 1924 pendelt Elsa zwischen Moskau und Paris. »Mit einem Mann muß einen mehr verbinden als die Liebe«, sagte sie nach dem Scheitern ihrer Ehe. Im November 1928 trifft sie in der Bar »La Coupole« Louis Aragon. Das Paar zieht in eine kleine Atelierwohnung. Sie übernimmt Schreibarbeiten, übersetzt aus dem Russischen – Majakowskij und Tschechow –, und für Pariser Couturiers stellt sie eigenwilligen Schmuck her, den Aragon verkauft. Von den Surrealisten, die Triolet und Aragon stalinistische Verblendung vorwerfen, hat sich der 1927 der KP beigetretene Aragon gelöst. 1938 beginnt Triolet wieder zu schreiben, jetzt in französischer Sprache. Seit 1940 arbeitete das Paar für die Résistance, lebte mit falschen Pässen in Lyon, später in der Provence. 1945 erhielt Triolet für ihre Novellensammlung *Das Ende hat seinen Preis* den Prix Goncourt, eine Würdigung ihrer literarischen Résistance.

»Mit einem Mann muß einen mehr verbinden als die Liebe.« In 42 Bänden erscheinen zwischen 1964 und 1974 die Prosawerke von Triolet und Aragon, die 1939 geheiratet haben. Die gemeinsame Werkausgabe als Dokument ihrer Liebe. S.G.

geb. 30. Januar 1912 in New York
gest. 6. Februar 1989 in Greenwich, Conn.
amerikanische Historikerin
Lit. 305, 396, 1074, 1075

Nicht als große Theoretikerin, sondern als anschaulich beschreibende Autorin hat sich Barbara Tuchman einen Namen gemacht, der von der historischen Zunft nie ganz anerkannt war. Ihre Werke hatten immer einen Unterhaltungswert, mit dem die zunftgerechte Fachliteratur nur selten konkurrieren konnte. Zehn Bücher, zwei Pulitzerpreise, eine Goldmedaille für Geschichte von der »American Academy of Arts and Letters« sowie 22 (zweiundzwanzig!) Ehrendoktorate kennzeichnen ihre professionelle Laufbahn, die sie als Assistentin der Zeitschrift *The Nation* begann, nachdem sie 1933 ihren Abschluß am Radcliffe College gemacht hatte. *The Nation* hatte ihr Vater gekauft, um die Zeitschrift vor dem Bankrott zu bewahren.
Tuchmans journalistische Tätigkeit umfaßte die Berichterstattung über Franklin D. Roosevelts Präsidentschaftskampagne wie über den spanischen Bürgerkrieg. Nach ihrer Heirat mit Lester R. Tuchman (1940) konzentrierte sich Tuchman auf die Familie und bekam drei Töchter, um sich erst nach 15 Jahren wieder ihrem Beruf zuzuwenden. Ein Jahr später veröffentlichte sie ihr erstes Buch *Blood & Sword: England and Palestine from the Bronze Age to Balfour*.
Tuchman hat sich selbst nie als analytische Historikerin, sondern vielmehr als historische Erzählerin gesehen. Ihre Werke behandeln äußerst unterschiedliche Themen wie z.B. das Mittelalter, den Ersten Weltkrieg oder den Nahen Osten.
Barbara Tuchman starb 77jährig an einem Schlaganfall. B.S.

geb. 21. Dezember 1744 in Paris
gest. 28. Februar 1818 in Paris
französische Malerin
Lit. 223, 301, 360, 398, 425, 730

Anne Vallayer-Coster lebte als selbständige, sehr erfolgreiche Blumen- und Stillebenmalerin in Paris. Die neben Vigée-Lebrun und Labille-Guiard bedeutendste französische Künstlerin des 18. Jahrhunderts gilt fälschlicherweise als Schülerin Chardins, von dem sie sich schon in ihren frühesten Gemälden durch die detailgetreuere Darstellung der Gegenstände und vor allem durch einen viel kräftigeren Kolorismus unterschied. Bei ihren Werken ist sofort spürbar, daß sie sich vor allem für das Zusammenspiel von Formen und Farben in ihrer malerischen Wirkung interessierte.

Vallayer-Coster wuchs als Tochter eines Goldschmieds in der künstlerischen Atmosphäre der königlichen Werkstätten auf, wo sie schon früh MalerInnen und KunsthandwerkerInnen beobachten konnte. Sie ist ein Naturtalent. Im Juli 1770 bewirbt sie sich – noch keine 26 Jahre alt und ohne besondere Protektion – an der *Académie Royale de la Peinture et Sculpture* und wird sofort einstimmig aufgenommen. Eine kleine Sensation, wurden doch Frauen nur in Ausnahmefällen zugelassen. Es ist ihre erfolgreichste Zeit. Sie stellt regelmäßig im Salon der *Académie* aus, und die Kritiker, darunter Diderot, feiern sie enthusiastisch. Marie Antoinette wird auf sie aufmerksam und läßt sich von ihr porträtieren. Die Protektion der Königin verschafft Vallayer-Coster Aufträge aus den höchsten Hofkreisen und ebnet ihr den Weg zu einem der begehrten Appartements mit Atelier im Louvre, in das sie 1780 einziehen kann. Ein Jahr später heiratet sie 37jährig als vermögende Frau den angesehenen Anwalt Coster. Trotz ihrer königstreuen Haltung während der Revolution übersteht sie die Wirren der Zeit unbeschadet. Erst 1806 muß sie ihr Appartement – wie alle anderen MalerInnen – verlassen. Vallayer-Costers Glanzzeit ist mit dem Ausbruch der Revolution zu Ende: Gefragt ist jetzt die klassizistische Historienmalerei eines David. 1818 stirbt sie mit 73 Jahren in Paris. Obwohl ihre Gemälde sechs Jahre nach ihrem Tod noch gute Preise erzielen, gerät ihr Werk im Laufe des 19. Jahrhunderts immer mehr in Vergessenheit und wird erst in unserer Zeit neu entdeckt. A.V.H.

geb. 19. Mai 1771 in Berlin
gest. 7. März 1833 in Berlin
deutsche Schriftstellerin
Lit. 22, 968, 1017, 1043

»Mit welcher Freiheit und Grazie wußte sie um sich her anzuregen, zu erhellen, zu erwärmen! ... Kolossale Sprüche hörte ich von ihr, wahre Inspirationen, oft in wenigen Worten, die wie Blitze durch die Luft fuhren, und das innerste Herz trafen«, so beschrieb Graf Salm die junge Bankierstochter Rahel Levin in ihrem ersten Berliner Salon (1790-1806). Hier trafen sich SchauspielerInnen mit Adligen und den Dichtern der Romantik, um über Literatur, Kunst, Philosophie zu disputieren und Rahels »Dachstubenwahrheiten« zu hören. Rahel wurde für ihre geistreiche Konversation und ihre klugen Urteile verehrt, begeisterte sich für Literatur, aber auch für die neuen Wissenschaften. Da sie als Frau nicht studieren durfte, bildete sie sich selbst durch Lesen der wichtigsten klassischen und zeitgenössischen Literatur, oft in der Originalsprache.

Rahel verausgabte sich für ihre FreundInnen, beriet und half, wenn es um heimliche Liebesaffären oder uneheliche Kinder ging. Sie selbst – eine glühend Liebende – durchlebte zwei langjährige, leidenschaftliche Liebesbeziehungen, die erste zu dem Grafen Karl von Finckenstein, die zweite zu dem spanischen Gesandtschaftssekretär Don Raphael D'Urquijo. Als eigenständige Frau sieht sie die Ehe kritisch, hofft aber durch Heirat der »Schmach« und dem »Unglück« ihrer jüdischen Geburt zu entkommen. Beide Lieben scheitern. Schließlich heiratet sie – frisch getauft – mit 43 einen 14 Jahre jüngeren Mann, Karl August Varnhagen von Ense, der sie verehrt und ihre Arbeit fördert. Sie führen ab 1819 gemeinsam einen Salon. In dieser Zeit der politischen Reaktion verkehren fortschrittlich Denkende bei ihnen: Hegel, Ranke, Börne und der junge Heine, in dem Rahel einen geistigen Erben findet. Eine wichtige Freundin wird ihr Bettine von Arnim.

Zeit ihres Lebens litt Rahel an den ihr als Jüdin und Frau auferlegten Grenzen und sah darin die Ursache ihrer vielen Krankheiten. Sie erkannte sehr wohl ihre Besonderheit: »Ich bin so einzig, als die größte Erscheinung dieser Erde. Der größte Künstler, Philosoph oder Dichter ist nicht über mir.« Ihre große Begabung lag im Gespräch und in Briefen, die unmittelbar und echt in einer ganz eigenen Sprache ihre Gefühle und Gedanken wiedergaben. Sie selbst hat erst spät einige wenige Texte anonym drucken lassen, aber mit Varnhagen zusammen Teile ihrer Briefe und Tagebücher zur Veröffentlichung vorbereitet, so daß schon drei Monate nach ihrem Tode das erste von vielen posthumen Werken erscheinen konnte: *Rahel. Ein Buch des Andenkens für ihre Freunde* (1833). G.K.

geb. 21. November 1840 in London
gest. 5. August 1901 auf Schloß Friedrichshof bei Kronberg im Taunus
deutsche Kaiserin
Lit. 49, 293, 755, 805, 808, 851

Victoria, das erste Kind von Queen Victoria und Prinz Albert, wuchs geliebt und behütet auf. Sie war hochbegabt und wißbegierig. Mit 17 Jahren heiratete sie den 9 Jahre älteren, blendend aussehenden preußischen Kronprinzen Friedrich, der politisch ähnlich liberal und idealistisch dachte wie »Vicky«. Die beiden führten eine glückliche Ehe. Vicky gebar zwischen 1858 und 1872 alle zwei Jahre ein Kind. Zu ihrer Mutter hatte Vicky ein sehr inniges Verhältnis, dokumentiert in Tausenden von Briefen.

Damit ist das Glück, das diese Frau erleben durfte, allerdings bereits aufgezählt. Ansonsten war ihr ein schier übermenschliches Maß an physischem und psychischem Schmerz beschieden: Ihren ersten Sohn, den späteren Kaiser Wilhelm II., gebar sie unter stundenlangen gräßlichen Qualen. Der Thronfolger trug Geburtsschäden davon, die für die deutsche Geschichte folgenschwer waren. Sein linker Arm war gelähmt, außerdem erlitt er wegen Sauerstoffmangels einen Gehirnschaden.

Vicky und Kronprinz Friedrich waren auf ihre Regierungsaufgaben glänzend vorbereitet – 30 Jahre lang warteten sie ungeduldig darauf, in Preußen bzw. (ab 1871) im säbelrasselnden, chauvinistischen deutschen Kaiserreich eine liberale, fortschrittliche Politik einzuführen. Als Kaiser Wilhelm I. 1888 mit 91 Jahren starb, war Friedrich bereits todkrank – er regierte in diesem »Dreikaiserjahr« nur 99 Tage lang, dann folgte ihm sein politisch unfähiger, ultrakonservativ und militaristisch eingestellter Sohn Wilhelm II. und regierte 30 Jahre lang. Seine Politik führte 1914 – neben anderen Faktoren – zum Ersten Weltkrieg. Bismarck polemisierte und intrigierte zeit Lebens mit Gusto gegen das Kronprinzenpaar, und als Friedrich unter fürchterlichen Qualen gestorben war, setzte Vickys Sohn Wilhelm die Demütigungen systematisch fort. Vicky baute sich in Kronberg im Taunus ihren Alterssitz »Friedrichshof«, so zentral gelegen, daß die durchreisenden königlichen Hoheiten Europas, fast alle irgendwie mit ihr verwandt, gern und oft bei ihr Station machten. Vicky las, studierte, malte und war karitativ tätig. Allmählich bahnte sich auch ein friedlicherer Ton zwischen Mutter und Sohn an. Kurz: es waren Vicky noch einige schöne Jahre beschieden, bevor sie 1899 an Brustkrebs erkrankte. Die Krankheit verlief wie die ihres Mannes außerordentlich qualvoll. Anfang 1901 starb Queen Victoria einen schnellen und sanften Tod. Ihre Älteste folgte ihr im August desselben Jahres. L.F.P.

geb. 27. März 1875 in Annecy in Savoyen
gest. 4. Mai 1962 in Cambridge, England
französisch-deutsche Hirnforscherin und Nervenärztin
Lit. 617, 930, 1002

Dreißig Gehirne waren die Aussteuer, die Cécile Mugnier im Frühjahr 1899 in ihre Ehe mit dem deutschen Nervenarzt Oskar Vogt und ihre gemeinsame, lebenslang andauernde wissenschaftliche Arbeit einbrachte. Cécile, die mit 18 Jahren ihr Medizinstudium in Paris begonnen hatte, schlug den Weg zur Forschung bei Pierre Marie, einem der führenden Neurologen seiner Zeit, ein und legte im Winter 1898/99 als eine von wenigen Frauen ihr medizinisches Staatsexamen ab. 1899 lernte sie Oskar Vogt in Paris kennen. Cécile folgt ihm kurz darauf nach Berlin, wo die Reihe ihrer gemeinsamen Institute und Forschungstätigkeiten beginnt.

Die Ehe mit einem Wissenschaftler und die Arbeit in außeruniversitären, zumeist privatwirtschaftlich organisierten Instituten boten Cécile die Möglichkeit, ungehindert forschen und publizieren zu können. Vogt wiederum profitierte von ihrer hochqualifizierten, unbezahlten Arbeitskraft und ihren engen Kontakten zu bedeutenden Pariser Neurologen.

Céciles Leidenschaft galt der genetisch orientierten, gehirnanatomischen Forschung. Die serielle Herstellung von Hirnpräparaten – ob komplett präpariert oder in paraffingestärkte Scheiben geschnitten – wurde von ihr systematisch aufgebaut. Sie selbst hatte Präparatorinnen für diese (Frauen-) Arbeit, die absolute manuelle Geschicklichkeit und Sorgfalt erforderte, ausgebildet. Die ab 1901 im Berliner Neurobiologischen Institut und bis 1959/60 im Neustädter Institut kontinuierlich hergestellten Schnittserien durch menschliche und tierische Gehirne bilden bis heute weltweit die größte Sammlung dieser Art. Und obwohl Cécile zwei Töchter zur Welt brachte, forschte sie auch danach mit gleicher Intensität weiter.

Höchste wissenschaftliche Anerkennung, aber auch öffentliche und politische Konflikte prägten das Leben des Forscherpaares, das zu den bedeutendsten in der ersten Hälfte dieses Jahrhunderts zählt. Beide »legten wesentliche Grundlagen zum heutigen Verständnis des neuroanatomischen Baues des Großhirns des Menschens und der Säugetiere« (Satzinger). Cécile, die bis zu ihrem 84. Lebensjahr arbeitete, zog nach dem Tod ihres Mannes zu ihrer Tochter Marthe nach Cambridge, wo sie am 4. Mai 1962 starb. S.DÖ.

geb. August 1924 in Tuscaloosa, Ala.
gest. 14. Dezember 1963
amerikanische Jazzsängerin
Lit. 21, 107, 215, 480

Die »Queen of Blues« wurde 1924 in Tuscaloosa geboren. Als sie drei Jahre alt war, zog die Familie nach Chicago, wo sie in ärmlichen Verhältnissen aufwuchs. Ihr Vater war häufig abwesend, und ihre Mutter bemühte sich, als Hausangestellte für den Unterhalt der Familie zu sorgen. Sie war es auch, die ihrer Tochter den Zugang zur Musik eröffnete: In der St. Luke's Baptist Church erhielt Ruth Lee Jones musikalischen Unterricht und begann, Gospels zu singen.

Schon mit elf Jahren spielte sie Klavier und hatte, zusammen mit ihrer Mutter, Auftritte in anderen Gemeinden. Mit 15 gewinnt sie einen Wettbewerb und schließt sich ein Jahr später den Sallie Martin Singers an, mit denen sie im Süden und Mittelwesten auf Tournee geht. Ruth Lee Jones will sich aber nicht auf Gospels beschränken und entdeckt den Blues für sich. Sie ändert ihren Namen und heißt fortan Dinah Washington.

Sie ist erfolgreich, lebenslustig und exzentrisch – und immer auf der Suche nach »dem richtigen Mann«: Dinah Washington war neunmal verheiratet und hatte zwei Söhne. Ihr Lebensstil paßte nicht in das Bild der 50er Jahre, da sie sich nicht vorschreiben ließ, wie sie zu leben hatte. Dieser Lebensstil forderte aber auch seinen Tribut: Sie war tabletten- und alkolholabhängig (»Dinah hatte eine Tablette für alles und jedes«).

Dinah Washington war als Sängerin offenbar nicht ausgelastet, denn sie eröffnete in Detroit ein Restaurant, gründete eine Wohlfahrtsorganisation (»The Ballantine Belles«) und eine Konzertagentur, die u. a. für Sammy Davis Jr., Muhammed Ali und Aretha Franklin arbeitete.

Musikalisch ließ die »Queen of Blues« sich nicht bevormunden und wurde so auch in der Pop-Musik erfolgreich. Dinah Washington beeinflußte sowohl Nina Simone als auch Esther Phillis, die mit Dinahs Song »What a difference a day makes« ein Comeback hatte.

Sowenig ihr Lebensstil einerseits dem traditionellen Muster entsprach, so wenig konnte sie sich andererseits von einem tödlichen Schönheitsideal lösen: Über zwanzig Jahre lang schluckte sie Schlankheitstabletten und machte unzählige Diäten. Dieser Belastung konnte ihr Körper nicht standhalten. Dinah Washington starb 1963 im Alter von 39 Jahren an einer Tabletten- und Alkoholvergiftung. E.R.

geb. 2. August 1870 in Oerlinghausen bei Bielefeld
gest. 14. März 1954 in Heidelberg
deutsche Wissenschaftlerin und Frauenrechtlerin
Lit. 142, 397, 869, 1107, 1108

Marianne Weber war eine anerkannte Expertin für Rechts- und Sittlichkeitsfragen in der ersten Frauenbewegung. Ihr Hauptwerk gilt den Rechten der Frau in der Geschichte des Ehe- und Familienrechts. Andere Beiträge behandeln Fragen der Koedukation und Probleme der Sittlichkeit. Ihr populärstes Werk ist *Die Frauen und die Liebe*. Das Thema erschöpft sich für sie nicht in Heterosexualität, sondern umfaßt auch »die nicht durch das Geschlecht bestimmten Weisen des Liebens reifer Frauen: Freundschaft, Wahlmutterschaft, soziale Mütterlichkeit«.

In der Frauenbewegung war Marianne Weber an herausragender Stelle tätig. 1919 löste sie ihre Freundin Gertrud Bäumer als Vorsitzende des Bundes deutscher Frauenvereine ab.

Nach einer liebevollen, aber durch das bürgerliche Weiblichkeitsideal beschränkten Erziehung durch Großmutter und Tante heiratete Marianne Schnitger 1893 den bedeutenden Soziologen Max Weber. Sie zogen erst nach Freiburg und 1897 nach Heidelberg, das Marianne Webers eigentliche Heimat wurde.

Die Webers führten in ihrer schönen Villa am Neckarufer einen unkonventionellen Haushalt; sie luden Gäste beiderlei Geschlechts zu offenen Diskussionsnachmittagen ein. Diese Form akademischer Geselligkeit setzte Marianne Weger noch als Witwe bis ins hohe Alter fort. 1898 begannen die schweren Nervenleiden Max Webers, die ihn jahrelang arbeitsunfähig machten und Marianne Weber Hilfe, Unterstützung, Geduld und Zuspruch abverlangten.

Der plötzliche Tod ihres Mannes 1920 stürzt sie in eine schwere Krise, die sie nur durch das Schreiben seiner Biographie langsam überwindet. Kritiker haben ihr vorgeworfen, ihre Ehe mit Max Weber idealisiert und seine Liebesbeziehung zu der gemeinsamen Freundin Else von Richthofen verschwiegen zu haben. Es spricht für die Souveränität beider Frauen, trotz ihrer Rivalität in der Liebe zu Max, daß sie bis zum Tod Mariannes im Jahre 1954 enge Freundinnen geblieben sind.

Weber erhielt für die Monographie über ihren Mann den Ehrendoktor der Universität Heidelberg. H.SCH.

geb. 11. September 1860 in Tula, Rußland
gest. 6. Februar 1938 in Ascona
russisch-schweizerische Malerin
Lit. 60, 135, 586, 699, 1110

Die russische Malerin Marianne Werefkin ist zweifellos eine der großen europäischen Künstlerinnen.
Sie wuchs in einer weltoffenen und begüterten Familie auf und wurde schon früh gefördert. 1883 nimmt sie ihr Studium in Moskau auf; drei Jahre später wird der bedeutende russische Realist Ilja Repin ihr Privatlehrer. Es folgen Ausstellungen in Rußland und schließlich 1896 der Umzug nach München.
Ihre von Repin beeinflußte realistische Phase war zu Ende, und Werefkin beschloß, eigene Wege zu gehen. Entscheidend dafür war der Beginn ihrer Freundschaft mit Jawlensky, den sie in jeder Hinsicht unterstützte, weshalb sie ihr eigenes Werk zunächst zurückstellte: »Drei Jahre vergingen in unermüdlicher Pflege seines Verstandes und seines Herzens. Alles, alles, was er von mir erhielt, gab ich vor zu nehmen, – alles, was ich in ihn hineinlegte, gab ich vor, als Geschenk zu empfangen ... damit er nicht als Künstler eifersüchtig sein sollte, verbarg ich vor ihm meine Kunst.«
In München wurde Marianne Werefkins Salon bald das Zentrum der Schwabinger Szene, zu der u.a. Kandinsky, Klee und Marc gehörten. Dort wurde auch 1909 die Neue Künstlervereinigung München gegründet. Werefkin war aber nicht nur Medium, sie war sich sehr wohl ihrer eigenen Kunst und ihrer Natur bewußt: »Es gibt ein Ding, das meine Natur nicht ertragen kann, und das ist die Knechtschaft. Niemand und nichts hat das Recht, mich zu besitzen.«
Zu Beginn des Ersten Weltkrieges flieht sie in die Schweiz, wo sie u.a. mit Claire Goll und Else Lasker-Schüler zusammentrifft. Bis zu ihrem Tode – sie stirbt 77jährig am 6. Februar 1938 in Ascona – blieb Marianne Werefkin künstlerisch tätig und hinterließ ein umfangreiches Werk.
B.S.

Anne Whitney

geb. 2. September 1821 in Watertown, Mass.
gest. 23. Januar 1915 in Boston
amerikanische Bildhauerin
Lit. 785, 819, 825, 878, 1053

Als Tochter einer alten Bostoner Familie hatte sie eine Privaterziehung erhalten. Zwar durch Status und Bildung privilegiert, durfte sie dennoch den Mann, den sie liebte, nicht heiraten. Später lernte sie die 14 Jahre jüngere Malerin Adeline Manning kennen, die ihre Lebensgefährtin wurde. Zuerst versuchte es Whitney als Lehrerin, dann als Dichterin. Eines Tages spielte sie zufällig mit nassem Ton und stellte dabei fest, daß sie Talent zum Modellieren hatte. Sie war schon Mitte Dreißig. Eine Ausbildung in Rom vereitelte der Bürgerkrieg. So studierte sie einstweilen Anatomie. Ihr erstes großes bildhauerische Werk, eine Lady Godiva, verfertigte sie 1861.

Whitney war tief beeinflußt von der romantischen Poesie, aber ihre Gedichte und Skulpturen zeigen auch realistische Tendenzen und ihr Interesse für Tagespolitik. Sie hatte Kontakt mit Frauenrechtlerinnen und Abolitionistinnen. Ihre liberale, soziale Einstellung zeigt sich besonders in zweien ihrer berühmtesten Werke: Roma (1869), die die ewige Stadt als Bettlerin symbolisch darstellt, und die monumentale Frauenfigur Harriet Martineau (1883). Diese Statue wurde von verschiedenen Bostoner Institutionen abgelehnt, bis sie in der Wellesley College Hall aufgestellt wurde, wo Whitney auch unterrichtet hatte.

Zwischen ihrem fünfzigsten und achtzigsten Lebensjahr erhielt die Bildhauerin viele wichtige Aufträge: ein Denkmal für Samuel Adam (1873) für die Rotunda des Capitols und für Leif Ericson (1887), das an der Commonwealth Avenue in Boston steht. 1875 hatte sie auch einen anonymen Wettbewerb gewonnen. Als sich herausstellte, daß das Werk von einer Frau stammte, vergab die Jury den Auftrag an einen Mann. Whitney schrieb an die Familie: »Um mich auszulöschen, braucht es schon etwas mehr als eine Bostoner Kunst-Jury.« Sie hatte recht; seit 1902 steht ihre überlebensgroße Bronze von Charles Sumner in Harvard Square. Es sollte ihr letztes großes Werk sein. Mit Manning verbrachte sie seit 1882 die Sommer in Shelburne, New Hampshire. Nun gab sie ihr Atelier in Boston auf.

Die überarbeiteten und neugeordneten Gedichte wurden 1906 privat veröffentlicht. Whitney überlebte die meisten ihrer Zeitgenossinnen. Als sie 1915 95jährig im Charlesgate Hotel starb, war ihr Name schon vergessen. M.E.W.

geb. 28. September 1839 in Churchville, N.Y.
gest. 17. Februar 1898 in New York
amerikanische Temperenzlerin und Frauenrechtlerin
Lit. 113, 275, 785, 1128, 1129

Frances Elizabeth Caroline Willard, die Führerin der Temperenz-Bewegung in den USA, betrachtete ihre Organisation, die *Women's Christian Temperance Union* (WCTU), vor allem als Mittel, Frauen für die Frauenstimmrechtsbewegung zu mobilisieren. Die kühne Strategin baute in den 20 Jahren iher Präsidentinnenschaft die größte Frauenorganisation des Jahrhunderts auf und konnte über 200 000 (meist konservative) Frauen in einer mächtigen Bewegung vereinen. Willard hatte als Lehrerin gearbeitet, bevor sie, auch durch den Kontakt mit der berühmten feministischen Rednerin Anna Dickinson, ihre wahre Berufung als Organisatorin und Rednerin entdeckte. Sie wechselte leidenschaftliche Briefe mit Dickinson und wählte sich Frauen als Lebensgefährtinnen (Kate Jackson, dann Anna Gordon).

1873 war es Gruppen betender Frauen gelungen, in sechs Monaten über 3000 Saloons zu schließen. Als Willard sich der Bewegung anschloß, stieß sie bei konservativen Frauen zunächst auf Widerstand mit ihrer Ansicht, das Frauenstimmrecht sei notwendig für die Verteidigung der »weiblichen Sphäre« gegen die Folgen des Alkoholmißbrauchs der Männer. Aber sie wurde schnell weithin berühmt als brillante Rednerin, die massenhaft Publikum anzog. 1879 wurde sie Präsidentin der WCTU und blieb es bis zu ihrem Tod. Da sie die traditionellen Ansichten über getrennte Sphären für Frauen und Männer gelten ließ, gewann Willard viele »typische Hausfrauen« für ihre Ziele. Ihr Handbuch *Do Everything* (1895) zeigt allerdings, daß sie weit mehr »im Schilde führte« als nur Temperenz: Es ging ihr um Frieden, Arbeitsreform, Abschaffung der Prostitution, Gesundheit, Wohlfahrt in den Städten und Gefängnisreform. Willard gründete die internationale WCTU und wurde zur Präsidentin gewählt. 1894 hatte die Organisation 2 Millionen Mitglieder aus 21 Nationen. J.H.

Mary Lou Williams

geb. 8. Mai 1910 in Atlanta, Ga.
gest. 28. Mai 1981 in Durham, N.C.
amerikanische Jazzpianistin und Komponistin
Lit. 672, 840, 1046, 1081

Während ihre Mutter am Klavier übte, saß die dreijährige Mary Lou auf ihrem Schoß und lauschte. Als zweites von zwölf Kindern lernte sie früh, sich durchzusetzen, und verdiente sich bereits mit sechs Jahren Geld mit dem Spielen von Boogie Woogies, Liedern im Volkston und klassischen Stücken auf dem Klavier. In einer Vaudeville-Gruppe traf sie den Saxophonisten John Williams, den sie mit 16 Jahren heiratete. Nach dem Eintritt des Ehepaars in die Andy Kirk Band wurde sie dort bald die musikalisch führende Kraft, nicht nur als Jazzpianistin, sondern auch als geniale Arrangeurin. 1947 trat sie mit einer reinen Frauenband, den *Girls Stars*, erfolgreich auf. Sie ging auf unzählige Tourneen mit verschiedenen Jazz-Formationen; im Laufe ihres Lebens spielte sie mit den bekanntesten Jazzern wie Thelonious Monk und Bud Powell zusammen und arrangierte u.a. für Duke Ellington. 1946 wurde ihre *Zodiac-Suite* in der Carnegie Hall aufgeführt: eine Begegnung zwischen Jazz und symphonischer Musik. In den fünfziger Jahren unternahm sie eine Tournee durch Europa. Nach ihrer Rückkehr wandte sie sich der Religion zu und konvertierte zum katholischen Glauben. Sie meditierte viel über liturgische Stücke und komponierte religiöse Musik – eine reizvolle Mischung aus Jazz, Gospel und Klassik.

Mary Lou Williams veröffentlichte über 350 Kompositionen religiösen Inhalts, darunter drei Messen. Im Alter von 67 Jahren erhielt sie einen Lehrauftrag an der Universität Durham, North Carolina. Ihre Vorlesungsreihe »History of Jazz« war so erfolgreich, daß sie immer wieder zu Vorträgen an andere Colleges und Universitäten gerufen wurde. Die große alte Dame des Jazz starb nach langer Krankheit am 28. Mai 1981. E.R.

geb. 30. Januar 1833 in Wien
gest. 24. September 1891 in Wien
österreichische Sängerin
Lit. 10, 283, 604, 807

Die Mutter stirbt bei Maries Geburt, der Vater ist unbekannt, das Kind landet im Findelhaus. Die 15jährige weiß, daß sie Sängerin werden will, doch das vernichtende Urteil des Gesangsprofessors – »Aber Sie haben ja gar keine Stimme!« – treibt Marie 1852 in die Ehe mit dem Ingenieur Wilt. Marie kann jahrelang kaum sprechen, geschweige denn singen. Überraschend entwickelt die Stimme dann jedoch Volumen und Schönheit, so daß die bald 30jährige, gegen den Willen des Mannes, 1863 endlich eine Gesangsausbildung beginnt. Die Londoner Covent Garden Opera engagiert sie sofort nach ihrem Debüt 1865. Zielstrebig erarbeitet Signora Vilda sich alle wichtigen Partien ihres Fachs und gastiert an fast allen bedeutenden Opernhäusern, lehnt aber ständige Engagements (u.a. nach USA und Italien) ab, um an der Wiener Hofoper im Ensemble zu wirken – obgleich sie durch den Spott der Wiener Karikaturisten über ihren Körperumfang immer wieder tief verletzt wird. Dabei waren die wohllautende Kraft ihrer Stimme mit einem Umfang von dreieinhalb Oktaven, ihr unerhörter musikalischer Gestaltungswille sowie ihr Ruhm als Lieder- und Oratoriensängerin unbestritten. Endlich willigt ihr Mann in die Scheidung ein: unter der Bedingung, daß sie die Heimatstadt verläßt. Von Leipzig aus leitet sie den neuen Abschnitt ihrer Karriere ein, von der sie sich als Donna Anna im Jahrhundert-Don Giovanni 1887 in Salzburg verabschiedet. Marie lebt nun ganz zurückgezogen, Depressionen stellen sich ein; unbewältigt sind die enormen Anstrengungen, Widerstände und Kränkungen. Vor allem fehlen ihr der Inhalt und die Ausdrucksmöglichkeit ihres Lebens: der Gesang. Beim Mozartfest im Sommer 1891 tritt sie noch einmal auf, doch bei der »Martern«-Arie versagt der ›Großen Wilt‹ die Stimme. Im September stürzt sie sich aus dem Fenster. S.K.-K.

Christa Winsloe

geb. 23. Dezember 1888 in Darmstadt
gest. 10. Juni 1944 bei Cluny, Frankreich
deutsche Schriftstellerin
Lit. 133, 951, 979, 1138

Christa Winsloe stammte aus einer armen Offiziersfamilie. Ihre Mutter stirbt früh, und sie kommt in das Kaiserin-Augusta-Stift in Potsdam, anschließend in ein Schweizer Internat. Nach dem Schulabschluß läßt sie sich zum Entsetzen ihrer Verwandten zur Bildhauerin ausbilden.

Christa Winsloe heiratet den ungarischen Zuckerbaron Hatvany. Auf dem Gut Hatvan fühlt sie sich wohl: Sie kann dort ihre geliebten Tiere halten und in ihrem Garten Tierplastiken modellieren; außerdem beginnt sie mit ihrer schriftstellerischen Tätigkeit.

1930 hat in Leipzig Winsloes Stück *Ritter Nerestan* (später umbenannt in *Gestern und heute*) Premiere: Die Geschichte der Liebe einer früh verwaisten Internatsschülerin zu ihrer Lehrerin. Ein Jahr später wird der Stoff unter dem Titel *Mädchen in Uniform* von Leontine Sagan verfilmt. Die Rolle der Lehrerin, Fräulein von Bernburg, spielt Dorothea Wieck. Sowohl das Theaterstück als auch der Film sind große Publikumserfolge. Das Buch zum Film, *Das Mädchen Manuela*, erscheint allerdings schon nicht mehr in Deutschland, sondern 1934 in Wien. Christa Reinig über *Mädchen in Uniform* (in den fünfziger Jahren gab es ein Remake mit Lilli Palmer und Romy Schneider in den Hauptrollen): »Es ist eine Liebestragödie zwischen Manuela und Elisabeth, und in dem ganzen Stück gibt es keine Männerrolle, keinen Mann, an den eine der beiden Tragödinnen zum happy end vermählt werden könnte.«

Die Ehe mit Hatvany geht auseinander, als Winsloe die US-amerikanische Zeitungskorrespondentin Dorothy Thompson kennenlernt, Ehefrau des Schriftstellers und späteren Nobelpreisträgers Sinclair Lewis. Christa und Dorothy verlieben sich ineinander, und 1933 gehen die beiden zusammen in die USA. Aber auch diese Beziehung zerbricht, und Winsloe kehrt nach Europa zurück, lebt in ärmlichen Verhältnissen in Südfrankreich, engagiert sich in der Flüchtlingshilfe, schreibt weitere Romane, ein Drehbuch, Feuilletons und Gesellschaftskomödien. Zusammen mit ihrer neuen Lebensgefährtin, der Schweizer Schriftstellerin Simone Gentet, plant sie die Rückkehr nach Deutschland. Dazu kommt es nicht mehr. Beide Frauen werden am 10. Juni 1944 in einem Wald bei Cluny von »einem ganz gewöhnlichen Kriminellen« erschossen. Der Mörder wird freigesprochen. U.R.

geb. 20. Juli 1938 in San Francisco
gest. 29. November 1981 auf Santa Catalina Island, Cal.
amerikanische Filmschauspielerin
Lit. 426, 520, 1051, 1091, 1144

Mit 43 Jahren ertrank Natalie Wood, geboren als Natasha Gurdin, Tochter einer Ballettänzerin und eines Bühnenausstatters, aus bisher ungeklärten Gründen. Ihr Tod unterbrach eine der kontinuierlichsten Karrieren der Filmgeschichte. Die »jüngste Veteranin Hollywoods« hatte seit ihrem ersten Auftritt im Alter von fünf Jahren fast ständig vor der Kamera gestanden. Anscheinend mit Leichtigkeit bewegte sie sich durch die Minenfelder ihres Berufs, in denen die meisten ihrer KollegInnen scheiterten. Sie schaffte einen glatten Übergang von der Kinderdarstellerin zum Teenager-Star, und es gelang dem Starlet, sich in eine Charakterdarstellerin zu verwandeln. Da sie nie als große Schauspielerin gehandelt worden war – in der Filmbranche machte man sich über die Grenzen ihres Talents lustig –, gibt ihr Durchhaltevermögen Rätsel auf. Ihre Entwicklung zum Star wurde durch den Erfolg der *West Side Story* beschleunigt. Jedoch erwarb sie sich erst mit *Splendor in the Grass* Respekt als Charakterschauspielerin. Als eine junge Frau, deren sexuelle Impulse durch die Moral der Gesellschaft gebremst werden, traf sie den Nerv ihres Publikums. Die Rolle brachte ihr die zweite Oscar-Nominierung. Die erste hatte es für *Rebel without a Cause* (mit James Dean) gegeben. Ihre größte Leistung stellt *Love with the Proper Stranger* dar (ihre dritte Nominierung).

Wood schien sich während ihrer ganzen Karriere am wohlsten im Halbschatten zu fühlen. Ihre Fähigkeit, im Filmgeschäft zu überleben, hatte mit dieser Zurückhaltung zu tun. Sie schien damit zufrieden zu sein, ihre MitspielerInnen zu unterstützen, statt mit ihnen zu konkurrieren. Ihr Vermächtnis besteht aus einer bemerkenswerten Reihe von Film-Porträts, die ein deutliches Licht auf die sich verändernden Sitten ihrer Generation warfen.

Natalie Wood war dreimal verheiratet – zweimal mit demselben Mann, dem Schauspieler Robert Wagner. Sie hatte zwei Kinder. S.G.

Muriel Hazel Wright

geb. 31. März 1889 bei Lehigh, Choctaw Nation (später Okla.)
gest. 27. Februar 1975 in Oklahoma City
amerikanische Historikerin
Lit. 47, 400, 719, 786

Muriel Wright stammte väterlicherseits von Choctaw-Indianerinnen ab (ihr Großvater war Choctaw-Häuptling) und wurde berühmt als Historikerin der Geschichte Oklahomas, besonders der indianischen. Sie spielte auch eine zentrale Rolle bei den Bemühungen der Choctaw, für die Plünderung und Annexion ihrer Territorien eine angemessene Entschädigung von der Regierung zu erwirken. 1971 bekam Wright von der *North American Indian Women's Association* den Titel »überragende Indianerin des 20. Jahrhunderts« – eine von vielen Ehrungen, die ihr zuteil wurden. Wright hatte eine für damalige Verhältnisse hervorragende Ausbildung bekommen, die sie mit glänzenden Ergebnissen abschloß. Ab 1924 widmete sie sich überwiegend Forschungen und Publikationen über die IndianerInnen Oklahomas. Über 50 Jahre lang war sie als Mitarbeiterin und dann Herausgeberin für *The Chronicles of Oklahoma*, die Vierteljahresschrift der *Oklahoma Historical Society*, tätig; die Herausgeberinnentätigkeit (1955-73) brachte ihr nationale Anerkennung für die Qualität und Originalität des veröffentlichten Materials, einschließlich ihrer eigenen Forschungsergebnisse. Sie war außerdem Co-Autorin einer vierbändigen Geschichte Oklahomas und schrieb drei Standardtexte über die Geschichte Oklahomas sowie das ausgezeichnete Nachschlagewerk *A Guide to the Indian Tribes of Oklahoma* (1951). Wright beteiligte sich an den Versammlungen der Choctaw und beriet bei ökonomischen Fragen im Zusammenhang mit der Übergabe von Besitzungen des Stamms in Privathand nach der Gründung des Staates Oklahoma im Jahre 1907. Sie war maßgeblich beteiligt an der Ein- und Durchführung eines staatlichen Programms zur Erhaltung historischer Stätten, z.B. des *Choctaw Council House* in Tuskahoma. Wright arbeitete unermüdlich, bis zuletzt. Sie starb mit 85 Jahren an einem Schlaganfall. J.H.

geb. 20. April 1909 in Wien
gest. 11. Dezember 1993 in Wien
österreichische Schriftstellerin
Lit. 1152, 1153

Die Großmutter, Köchin in der k.u.k. Hofküche, weigerte sich im Ersten Weltkrieg standhaft, Kriegsanleihen zu kaufen, die Mutter, Hausnäherin in adligen Familien, hatte Karl Kraus' *Fackel* abonniert und war »eine Rote«. Beide waren sie »sehr energische, fast präpotente, prägende Figuren«. Ihr Vater, sagt Dorothea Zeemann, war eine eher blasse Figur. Vielleicht ist das der Grund, daß sie in ihren Beziehungen zu Männern so oft den väterlichen Freund suchte. 1924, sie hat gerade ihre »Idole« Franz Kafka und Sigmund Freud entdeckt, lernt sie den 12 Jahre älteren Maler Robert Holzinger kennen, den sie 1929 heiratet. Er führt sie ein in den Wiener Kreis der Literaten und Bohemiens. Dort begegnet sie dem Schriftsteller und Kulturhistoriker Egon Friedell, er wird ihr Lehrer und Vorbild und animiert die Autodidaktin zum Schreiben. Das damals entstandene Buch – *Ottilie. Ein Schicksal um Goethe* – erscheint erst 1949. Ihr wohl eindringlichstes Buch, der Roman *Rapportbuch*, erschienen 1959, entstand aus eigenem Impuls. Hier schildert sie, die 1936 eine Ausbildung zur Krankenschwester begann, u.a. die Diskriminierung von Juden in ihrem Krankenhaus. Ein wichtiger Freund wurde der Philosoph Walther Schneider (ihn wird sie 1946 heiraten), der ihr im Zweiten Weltkrieg von der Front schreibt, Briefe, die das Bewußtsein der Nazigegnerin schärfen. Sie selbst kann sich mit Holzinger, der Kirchen ausmalt, durch die Kriegszeit lavieren.

Seit 1945 schreibt Dorothea Zeemann in Wien Rezensionen, Theaterkritiken und Geschichten. In den 50er Jahren wird sie zur mütterlichen Mentorin der »Wiener Gruppe«. Zwischen 1979 und 1991 hat sie sechs weitere Bücher veröffentlicht, darunter die autobiographischen Bände *Einübung in Katastrophen* und *Jungfrau und Reptil*. Mit der schonungslosen Wahrheitsliebe, mit der sie über sich und andere, im zweiten Band vor allem über Heimito von Doderer schreibt, mit dem sie von 1956 bis 1966 liiert war, macht sie sich nicht nur Freunde. »Ich stehe sicher in der Tradition der Mutzenbacher«, sagt die unwürdige, weil jung gebliebene 80jährige kokett, als sie 1989 ihren erotischen Roman *Die Liebhaberin* publiziert. Bis zum Schluß war ihr das eigene Werk unheimlich: »Ich bin ganz und gar darauf eingestellt, vom Mann abzuhängen. Hetäre, Geisha, irgendeine Art von Schuhfetzen bin ich gern, und da hab' ich ein Buch in der Hand und finde es genierlich, daß ich der Autor bin.« S.G.

Anhang

BeiträgerInnen

Carlotta Althaus (C.A.)
Karsten Bartels (K.B.)
Hanka Blaszkowska (H.B.)
Ruth-Ellen Boetcher Joeres (R.-E.B.J.)
Andrea C. Busch (A.C.B.)
Elisabeth Dickmann (E.D.)
Sybille Dörr (S.DÖ.)
Sibylle Duda (S.D.)
Anna Dünnebier (A.D.)
Wiebke Eden (W.E.)
Regine Elsässer (R.E.)
Rachel Freudenburg (R.F.)
Marianne Goch (M.G.)
Katharine R. Goodman (K.R.G.)
Susanne Gretter (S.G.)
Annegret Heitmann (A.H.)
Cornelia Heuer (C.H.)
Almuth Heuner (A.HE.)
Adriane von Hoop (A.V.H.)
Katherine E. Horsley (K.E.H.)
Joey Horsley (J.H.)
Sarah K. Horsley (S.K.H.)
Martina Jalloh (M.J.)
Gabriele Koch (G.K.)
Swantje Koch-Kanz (S.K.-K.)
Marion Kremer (M.K.)
Ernst Kroch (E.K.)
Imke Lode (I.L.)
Nancy Lukens (N.L.)
Madeleine Marti (M.M.)
Luise F. Pusch (L.F.P.)
Birgit Rabofski (B.RA.)
Ursula Reis (U.R.)
Eva Rieger (E.R.)
Renate Rochner (R.R.)
Anna Eunike Röhrig (A.E.R.)
Birgit Rühe (B.R.)
Christina Rüppell (C.R.)
Beate Schräpel (B.S.)
Christiane Schreiter (C.S.)
Hiltrud Schroeder (H.SCH.)
Lore K. Schulz (L.S.)
Andrea Schweers (A.S.)
Ursula Schweers (U.S.)
Sulamith Sparre (S.S.)
Jürgen Speckmann (J.S.)
Adelheid Steinfeldt (A.ST.)
Susanne Strätling (S.ST.)
Liliane Studer (L.ST.)
Margaret E. Ward (M.E.W.)
Brigitte Warkus (B.W.)
Keiko Yamane (K.Y.)
Petra Zagermann-Muncke (P.Z.-M.)

Literatur

1 Aaron, Jane. 1991. *A Double Singleness: Gender and the Writings of Charles and Mary Lamb*. Oxford. Clarendon Press.
2 Abgeordnete des Deutschen Bundestages: *Aufzeichnungen und Erinnerungen*. Bd 2: Curt Becker, Franz Marx, Ernst Paul, Hans Schütz, J. Hermann Siemer, Anton Storch, Elisabeth Schwarzhaupt. Vorwort Richard Stücklen. München/ Wien 1983. Oldenbourg.
3 Adler, Gusti. 1983. *Max Reinhardt ... aber vergessen Sie nicht die chinesischen Nachtigallen. Erinnerungen von Gusti Adler*. München. dtv Biographie 10111.
4 *Afrikanische Schriftsteller im Gespräch*. Wuppertal. Peter Hammer. 1983.
5 Albinski, Nan Bowman. 1989. »Handfasted: An Australian Feminist's American Utopia«, *Journal of Popular Culture*, Bd. 23, Heft 2, S. 15-31.
6 Alice, Großherzogin von Hessen und bei Rhein, Prinzessin von Großbritannien und Irland. 1884 (1883). *Mittheilungen aus ihrem Leben und aus ihren Briefen*. 5. Aufl. Hg. Carl Sell. Darmstadt. Arnold Bergsträsser.
7 *Alice Neel: The Woman and Her Work*: 7 September-19 October 1975. Athens, Ga., 1975. Georgia Museum of Art, University of Georgia.
8 Allara, Pamela. 1991. *Alice Neel: Exterior/Interior*. Medford, Mass. Tufts University Art Gallery.
9 Allegri, Renzo. 1993. *Mutter Teresa*. München. Verlag Neue Stadt.
10 *Allgemeine Deutsche Biographie*. 1898. Hg. von der Historischen Kommission bei der Königlichen Akademie der Wissenschaften. Fotomechanischer Nachdruck 1971. Berlin. Duncker & Humblot.
11 Aloi, Enrico. 1994. *My Remembrances of Rosa Ponselle*. New York. Vantage.
12 Andersen, Jens. 1997. *Til døden os skiller: Et portræt af Tove Ditlevsen*. Kopenhagen. Gyldendal.
13 Anderson, Margaret. 1970 [1930]. *My Thirty Years' War*. New York. Horizon.
14 Anderson, Margaret. 1970 [1951]. *The Fiery Fountains*. New York. Horizon.
15 Anderson, Margaret. 1970 [1969]. *The Strange Necessity*. New York. Horizon.
16 Andreas-Friedrich, Ruth. 1986. *Der Schattenmann: Tagebuchaufzeichnungen 1938-1945*. Nachwort von Jörg Drews. Frankfurt/M. Suhrkamp TB 3189.
17 *Annäherung an sieben Komponistinnen*. Bd IX: Wilhelmine von Bayreuth, Johanna Kinkel, Sophie-Carmen Eckhardt-Gramatté, Iris ter Schiphorst, Francesca Caccini, Ljubica Maric, Florentine Mulsant. Kassel. Furore. 1998.
18 Antheil, George. 1954. *Peggy Glanville-Hicks*. American Composers Alliance Bulletin 4.1, S. 2-9.
19 Anthony, Evelyn. 1968. *The Cardinal and the Queen*. New York. Coward-McCann.
20 *Arbeit und Alltag: Soziale Wirklichkeit in der belgischen Kunst 1830-1914*. Katalog der NGBK. Berlin 1979.
21 Archer, Robyn & Diana Simmonds. 1986. *A Star is Torn*. London. Virago.
22 Arendt, Hannah. 1981 [1959]. *Rahel Varnhagen: Lebensgeschichte einer deutschen Jüdin aus der Romantik*. München. Serie Piper 230.
23 Arendt, Hannah. 2000 [1964]. *Eichmann in Jerusalem: Ein Bericht von der Banalität des Bösen*. Aus d. Engl. von Brigitte Granzow. Mit einem Essay von Hans Mommsen. München. Serie Piper 308.

24 Ariyoshi, Sawako. 1987. *Eine Braut zieht flußabwärts*. Roman. Aus d. Japan. von Marion Dill. Reinbek bei Hamburg. Rororo 5833.

25 Ariyoshi, Sawako. 1989. *Die drei Alten*. Eine Erzählung aus Japan. Berlin. Galrev.

26 Ariyoshi, Sawako. 1990. *Kae und ihre Rivalin*. Roman. Aus d. Japan. von Urs Loosli. Zürich u.a. Theseus.

27 Arnauld, Jacqueline Marie Angélique. 1737 [1742-44]. *Mémoires pour servir à la vie de la révérende Mère Marie Angélique de Sainte-Madeleine Arnauld*. 3 Bde. Zürich.

28 Arndt, Susan. 2000. *Feminismus im Widerstreit: Afrikanischer Feminismus in Gesellschaft und Literatur*. Münster. Unrast.

29 Aust, Stefan. 1997. *Der Baader-Meinhof-Komplex*. Stark erweiterte u. aktualisierte Ausgabe Hamburg. Hoffmann u. Campe.

30 Avé, Lia. 1990. *Das Leben der Hedwig Courths-Mahler*. München/Wien. Drei Ulmen.

31 Avé-Lallemant, Ursula. 1965. »Hedwig Conrad-Martius, eine große Philosophin unserer Zeit«, in: *Jahrbuch der evangelischen Akademie Tutzing*, Bd. XV, S. 203-213.

32 Bâ, Mariama. 1984 [1982]. *Der scharlachrote Gesang*. Aus d. Frz. von Irmgard Rathke. Frankfurt/M. Fischer TB 3746.

33 Bâ, Mariama. 1994 [1980]. *Ein so langer Brief*. Aus d. Frz. von Irmgard Rathke. Frankfurt/M./ Berlin. Ullstein TB 30142.

34 Bacon, Margaret Hope. 1980. *Valiant Friend: The Life of Lucretia Mott*. New York. Walker.

35 Baden-Powell, Olave. 1973. *Window on my Heart: The Autobiography of Olave Lady Baden-Powell, as told to Mary Drewery*. London. Hodder & Stoughton.

36 Baker, Daniel B. (Hg.) 1993. *Explorers and Discoverers of the World*. Detroit/ Washington, D.C./London. Gale Research Inc.

37 Baker, Josephine. 1978 [1976]. *Ausgerechnet Bananen*. Aus d. Frz. von Simon Saint-Honoré. München/Zürich. Knaur TB 520.

38 Baker, Josephine. 1980 [1927]. *Ich tue was mir paßt: Vom Mississippi zu den Folies Bergères*. Aufgeschrieben von Marcel Sauvage. Aus d. Frz. von Lilly Ackermann. Frankfurt/M. Fischer TB 2472.

39 Balch, Emily Greene. 1910. *Our Slavic Fellow Citizens*. New York. New York Charities Publication Committee.

40 Balch, Emily Greene. 1941. *The Miracle of Living* [Gedichte]. New York. Island Press.

41 Baldwin, Joyce. 1992. *To Heal the Heart of a Child: Helen Taussig, M.D.* New York. Walker.

42 Ball, Lucille mit Betty Hannah Hoffman. 1996. *Love, Lucy*. New York. Putnam.

43 Ball-Hennings, Emmy. 1987 [1938]. *Blume und Flamme: Geschichte einer Jugend*. Geleitwort Hermann Hesse. Frankfurt/M. Suhrkamp TB 1355.

44 Ball-Hennings, Emmy. 1987 [1940]. *Das flüchtige Spiel: Wege und Umwege einer Frau*. Frankfurt/M. Suhrkamp TB 1502.

45 Ball-Hennings, Emmy. 1990. *Betrunken taumeln alle Litfaßsäulen: Frühe Texte und autobiographische Schriften 1913-22*. Mit einem Nachwort hg. von Bernhard Merkelbuch. Reihe Randfiguren der Moderne. Hannover. Postscriptum.

46 Ballanche, Pierre-Simon. 1999. *Vie de Madame Récamier.* Frankfurt/M. u.a. Lang.
47 Banks, Olive. 1985. *The Biographical Dictionary of British Feminists.* Vol. I: 1800-1930. New York. New York UP.
48 Barbour, Sarah. 1993. *Nathalie Sarraute and the Feminist Reader: Identities in Process.* Lewisburg, Pa. Bucknell UP.
49 Barkeley, Richard. 1959. *Die Kaiserin Friedrich: Mutter Wilhelms II.* Dordrecht. Reidel.
50 Barnes, Djuna. 1985 [1928]. *Ladies Almanach.* Nachwort von Brigitte Siebrasse. Aus d. Engl. von Karin Kersten. Berlin. Wagenbach.
51 Barnouw, David & Gerrold van der Stroom (Hg.). 1989. *The Diary of Anne Frank: The Critical Edition.* Aus d. Niederl. von Arnold J. Pomerans & B.M. Mooyaart-Doubleday. New York. Doubleday.
52 Baron, Stanley mit Jacques Damase. 1995. *Sonia Delaunay: The Life of an Artist.* New York. Abrams.
53 Barrow, Kenneth. 1985. *Helen Hayes: First Lady of the American Theater.* Garden City, N.Y. Doubleday.
54 Barz, Paul. 1985. *Dr. Struensee: Rebell von oben.* Hamburg. Kabel.
55 Baum, Marie. 1950. *Leuchtende Spur: Das Leben Ricarda Huchs.* Tübingen/Stuttgart. R. Wunderlich.
56 Baum, Marie. 1950a. *Rückblick auf mein Leben.* Heidelberg. Kerle.
57 Beck, Adolf (Hg.). 1980. *Hölderlins Diotima – Susette Gontard.* Gedichte, Briefe, Zeugnisse; mit Bildnissen. Frankfurt/M. Insel TB 447.
58 Becker-Cantarino, Barbara. 1987. *Der lange Weg zur Mündigkeit: Frau und Literatur (1500-1800).* Stuttgart. Metzler.
59 Beckett, Wendy. 1992. *Peggy Glanville-Hicks.* London. Harper Collins.
60 Behr, Shulamith. 1988. *Künstlerinnen des Expressionismus.* Aus d. Engl. von Anne Steeb und Bernd Müller. Oxford. Phaidon.
61 Beise, Arnd. 1992. *Charlotte Corday: Karriere einer Attentäterin.* Marburg. Hitzeroth.
62 Belach, Helga. 1986. *Henny Porten: Der erste deutsche Filmstar 1890-1960.* Mit Beiträgen von Hans Feld, Knut Hickethier, Corinna Müller, Helmut Regel und autobiografischen Texten von Henny Porten. Berlin. Haude & Spener.
63 Belcher, Gerald L. & Margaret L. Belcher. 1991. *Collecting Souls, Gathering Dust: The Struggles of two American artists, Alice Neel and Rhoda Medary.* New York. Paragon.
64 Bell, Gertrude. 1993. *Ich war eine Tochter Arabiens.* Bern/München/Wien. Scherz.
65 Bell, Gertrude. 1997. *Miniaturen aus dem Morgenland. Reiseerinnerungen aus Persien und dem Osmanischen Reich im Jahre 1892.* Wien. Promedie.
66 Bell, Gertrude Lowthian. 1947. *The Letters of Gertrude Bell, selected and edited by Lady Bell.* London. E. Benn.
67 Benichou, Pierre J.-B. & Sylvanie Pommier. 1982 [1976]. *Romy Schneider: Ihre Filme – ihr Leben.* Aus d. Frz. von Renate Reimann; Red. Bernd Eckhardt. München. Heyne Filmbibliothek 35.
68 Benn, Gottfried. 1928. »Wie Edith Cavell erschossen wurde«, in: *Gesammelte Werke in 8 Bänden.* Wiesbaden: Limes 1960-68. Bd. 4, S. 194-201.
69 Benstock, Shari. 1986. *Women of the Left Bank, Paris, 1900-1940.* Austin, Tex. Univ. of Texas Press.

70 Benz, Wolfgang & Walter H. Pehle (Hg.). 1994. *Lexikon des deutschen Widerstands*. Frankfurt/M.

71 Beradt, Charlotte. 1994. *Das Dritte Reich des Traums*. Frankfurt/M. Suhrkamp TB 2321.

72 Berberian, Cathy. 1988. *MagnifiCathy: The many voices of Cathy Berberian*. [Schallplatte]. Mainz. Wergo.

73 Berger, Erna. 1988. *Auf Flügeln des Gesanges*. Zürich. Atlantis.

74 Berger, Renate. 1982. *Malerinnen auf dem Weg ins 20. Jahrhundert: Kunstgeschichte als Sozialgeschichte*. Köln. Dumont TB 121.

75 Bergman, Jay. 1983. *Vera Zasulich: A Biography*. Stanford, Cal. Stanford UP.

76 Bernhardi, Sophie. 1991. *»Bei aller brüderlichen Liebe«: The letters of Sophie Tieck to her brother Friedrich*. Hg. von James Trainer. Berlin u.a. de Gruyter.

77 Bertaux, Pierre. 1987 [1981]. *Friedrich Hölderlin*. Frankfurt/M. Suhrkamp TB 686.

78 Bertholdt, Sybille. 1999. *Mir geht's mit Goethen wunderbar: Charlotte von Stein und Goethe – die Geschichte einer Liebe*. München. Langen Müller.

79 Bertisch, Klaus. 1989. *Ruth Berghaus: Regie im Theater*. Hg. Claudia Balk. Frankfurt/Main. Fischer.

80 *Beruf der Jungfrau: Henriette Davidis und Bürgerliches Frauenverständnis im 19. Jahrhundert*. Redaktion: Gisela Framke & Gisela Marenk. Hg. Museum für Kunst und Kulturgeschichte der Stadt Dortmund. Oberhausen. Graphium 1988.

81 Beyer, Friedemann. 1991. *Die UFA-Stars im Dritten Reich: Frauen für Deutschland*. München. Heyne Filmbibliothek 131.

82 Biedenkapp, Georg. 1910. *Sophie Germain, ein weiblicher Denker*. Jena. H.W. Schmidt.

83 Bierman, John. 1988. *Napoleon III and His Carnival Empire*.

84 Bille, S. Corinna. 1992. *Le vrai conte de ma vie. Itinéraire autobiographique établi et annoté par Christiane P. Makward*. Préface de Maurice Chappaz. Lausanne. Ed. Empreintes.

85 Binder, Franz. 1885. *Luise Hensel: Ein Lebensbild nach gedruckten und ungedruckten Quellen*. Freiburg im Br.

86 *Biographie Universelle, Ancienne et Moderne*, Bd. 24. Paris. Michaud. 1819.

87 Blain, Virginia, Patricia Clements & Isobel Grundy. 1990. *The Feminist Companion to Literature in English: Women Writers from the Middle Ages to the Present*. New Haven. Yale UP.

88 Blainey, Ann. 2001. *Fanny and Adelaide: The Lives of the Remarkable Kemble Sisters*. Chicago, Ill. I.R. Dee.

89 Blaman, Anna. 1988 [1948]. *Einsames Abenteuer*. Aus d. Niederl. von Maria Csollány. Zürich. Arche.

90 Blaman, Anna. 1990 (1954). *Auf Leben und Tod*. Aus d. Niederl. von Maria Csollány. Zürich. Arche.

91 Blanchard, Paula. 1987. *The Life of Emily Carr*. Seattle. University of Washington Press.

92 Blank, Alexander S. & Julius Mader. 1979. *Rote Kapelle gegen Hitler*. Berlin. Verlag der Nation.

93 Blasinski, Marianne. 1994. *Marie Schlei: Vom Arbeiterkind zur Ministerin*. Ein biographischer Roman. Sternberg.

94 Blechschmidt, Eva Renate. 1965. *Die Amalien-Bibliothek*. Berlin. Merseburger.

95 Bloch, Karola. 1981. *Aus meinem Leben*. Pfullingen. Neske.

96 Bloch, Karola. 1989. *Die Sehnsucht des Menschen, ein wirklicher Mensch zu werden: Reden und Schriften aus ihrer Tübinger Zeit*. Hg. Anne Frommann & Welf Schröter. Mössingen-Talheim. Talheimer.

97 Bloch, Michael (Hg.). 1992. *Die Windsors – Briefe einer großen Liebe: Die private Korrespondenz aus dem Nachlaß der Herzogin von Windsor*. Aus d. Engl. von Ingeborg Ebel. München. Knaur.

98 Bloemink, Barbara J. 1995. *The Life and Art of Florine Stettheimer*. New Haven/London. Yale UP.

99 Bluemel, Elinor. 1959. *Florence Sabin: Colorado Woman of the Century*. Boulder, Col. University of Colorado Press.

100 Blunt, Alison. 1994. *Travel, Gender and Imperialism: Mary Kingsley and West Africa*. New York/London. The Guilford Press.

101 Bode, Wilhelm. 1914. *Charlotte von Stein*. Berlin.

102 Bodeit, Friderun (Hg.). 1990. *»Ich muß mich ganz hingeben können«: Frauen in Leipzig*. Leipzig. Verlag für die Frau.

103 Böhm, Winfried (Hg.). 1999. *Maria-Montessori-Bibliographie 1896-1996. Internationale Bibliographie der Schriften und der Forschungsliteratur*. Bad Heilbrunn. Julius Klinkhardt.

104 Bogan, Louise. 1968. *The Blue Estuaries: Poems 1923-1968*. New York. Farrar, Straus & Giroux.

105 Bogan, Louise. 1970. *A Poet's Alphabet: Reflections on the Literary Art and Vocation*. Hg. Robert Phelps & Ruth Limmer. New York. McGraw-Hill.

106 Bogan, Louise. 1973. *What the Woman Lived: Selected Letters of Louise Bogan, 1920-1970*. Hg. Ruth Limmer. New York. Harcourt Brace Jovanovich.

107 Bogle, Donald. 1980. *Brown Sugar: Eighty Years of America's Black Female Superstars*. New York. Harmony.

108 Bogle, Donald. 1997. *Dorothy Dandridge: A Biography*. New York. Amistad. Distributed by St. Martin's Press.

109 Bone, Quentin. 1972. *Henrietta Maria: Queen of the Cavaliers*. Urbana, Ill. University of Illinois Press.

110 Bongiovanni, Gianetto. 1941. *Isabella d'Este, Markgräfin von Mantua: Ein Frauenleben in der Renaissance*. Aus d. Ital. von Werner Johann Guggenheim. Zürich. Rascher.

111 Borchard, Beatrix. 1997. »Marie und Eugenie Schumann«, in: *Deutsche Schwestern: Vierzehn biographische Porträts*. Hg. Katharina Raabe. Berlin. Rowohlt, S. 173-213.

112 Borchard, Beatrix & Monika Schwarz-Danuser (Hg.). 1999. *Fanny Hensel, geb. Mendelssohn Bartholdy: Komponieren zwischen Geselligkeitsideal und romantischer Musikästhetik*. Stuttgart/Weimar. Metzler.

113 Bordin, Ruth. 1986. *Frances Willard: A Biography*. Chapel Hill, N.C. Univ. of North Carolina Press.

114 Borkowski, Dieter. 1984. *Rebellin gegen Preußen: Das Leben der Lily Braun*. Frankfurt/M. Fischer.

115 Bornhak, Friederike. 1892. *Anna Amalia, Herzogin von Sachsen-Weimar-Eisenach, die Begründerin der klassischen Zeit Weimars*. Berlin. F. Fontane & Co.

116 Bose, Fritz. 1957. »Anna Amalie von Preußen und Johann Philipp Kirnberger«, in: *Die Musikforschung*, 10, S. 129-135.

117 Bourke-White, Margaret. 1963. *Portrait of Myself*. New York.
118 Bower, Anthony. 1964. »Florine Stettheimer«, in: *Art in America*, 52, Nr. 2, S. 88-93.
119 Boye, Karin. 1992. *Det hungriga ögat: Journalistik 1930-1936. Recensioner och essäer*. Hg. Gunnar Ståhl. Stockholm. Legus.
120 Boye, Karin. 1993 [1947]. *Kallocain: Roman aus dem 21. Jahrhundert*. Aus d. Schwed. von Helga Clemens. Frankfurt/M. Suhrkamp TB 2260.
121 Brabec, F., H. Engel & H. Söding. 1971. »Rose Stoppel – 26.12.1874-20.1.1970«, in: *Ber. Dtsch. Bot. Ges.* Bd. 84, Heft 6 (1971), S. 351-361. [Gekürzte Zusammenfassung von anläßlich eines Gedenkkolloquiums am 12. Januar 1971 gehaltenen Referaten].
122 Brady, Kathleen. 1994. *Lucille: The Life of Lucille Ball*. New York. Hyperion.
123 Braid, Kate. 2000. *Emily Carr: Rebel Artist*. Montreal, Quebec. XYZ Pub.
124 Bramkamp, Agatha C. 1990. *Marie von Ebner-Eschenbach: The Author, her Time, and her Critics*. Bonn. Bouvier.
125 Braun, Lily. 1985 [1909-1911]. *Memoiren einer Sozialistin*. Hg. von Elisabeth Fetscher. München. Piper.
126 Breckinridge, Sophonisba P. & Edith Abbott. 1970 [1936]. *The Tenements of Chicago*. New York. Arno.
127 Brenner, Rachel Feldhay. 1997. *Writing as Resistance: Four Women Confronting the Holocaust: Edith Stein, Simone Weil, Anne Frank, Etty Hillesum*. University Park, Penn. Pennsylvania State UP.
128 Bret, David. 1991. *The Mistinguett Legend*. New York. St. Martin's Press.
129 Breuer, Moses. 1914. *Sophie Bernhardi geb. Tieck als romantische Dichterin: Ein Beitrag zur Geschichte der deutschen Romantik*. Diss. Tübingen.
130 *Briefe von Liselotte von der Pfalz*. Hg. Annedore Haberl. München. Hanser. 1996.
131 *Briefwechsel zwischen dem brit. Staatssekretär für Ausw. Angelegenheiten und dem Botschafter der Vereinigten Staaten in London betreffs der Hinrichtung von Miss Cavell in Brüssel, auf Befehl seiner Majestät beiden Häusern des Parlaments vorgelegt*. London. Darling & Son. 1915.
132 Brinker-Gabler, Gisela (Hg.). 1978. *Deutsche Dichterinnen vom 16. Jahrhundert bis zur Gegenwart: Gedichte und Lebensläufe*. Frankfurt/M. Fischer TB 1994.
133 Brinker-Gabler, Gisela, Karola Ludwig & Angela Wöffen. 1986. *Lexikon deutschsprachiger Schriftstellerinnen 1800-1945*. München. dtv TB 3282.
134 Brodsky, Alyn. 1978. *Imperial Charade: A Biography of Emperor Napoleon III and Empress Eugénie, Nineteenth-Century Europe's most Successful Adventurers*. Indianapolis. Bobbs-Merrill.
135 Brögmann, Nicole. 1996. *Marianne von Werefkin: Œuvres peintes, 1907-1936*. Texte von Madeleine Strobel Neumann u.a. Gingins, Schweiz. Fondation Neumann en coopération avec le Museo communale d'arte moderna, Ascona.
136 Bröhan, Margrit. 1985. »Maria Slavona«, in: *Biographisches Lexikon für Schleswig-Holstein und Lübeck*, Band 7, S. 298-300.
137 Bromberger, Barbara, Hanna Elling, Jutta von Freyberg & Ursula Krause Schmitt. 1988. *Schwestern, vergeßt uns nicht. Frauen im Konzentrationslager: Moringen, Lichtenburg, Ravensbrück 1933-1945*. Frankfurt/M. Verlag f. Akad. Schriften.

138 Brønsted, Mogens (Hg.). 1982. *Nordische Literaturgeschichte*. Bd. 1. München. Wilhelm Fink.
139 Brown, Jordan. 1989. *Elizabeth Blackwell*. New York. Chelsea House.
140 Brown, Kathy Hinton. 1992. *Lotte Lehmann: Artist teacher*. Ann Arbor, Mich. University Microfilms International [=Unversity of Missouri, Kansas City, Dissertation. UMI Dissertation Information Service 5619. 1990].
141 Brückner, Christine. 1981. *Mein schwarzes Sofa: Aufzeichnungen*. Frankfurt/M./Berlin. Ullstein.
142 Brünink, Ann & Helga Grubitzsch (Hg.). 1992. *»Was für eine Frau!« – Porträts aus Ostwestfalen-Lippe*. Bielefeld. Westfalen Verlag.
143 Brunner, Margot. 1996. *Die unaufhaltsame Heimkehr der Rebellin aus Biebrich*. Aktualisierte Neuaufl. des Begleitheftes zur Ausstellung »100 Jahre Toni Sender«, Stadtbibliothek Wiesbaden-Biebrich 29.11.1988-28.2.1989. 26 S. Wiesbaden. Referat Frauenbeauftragte.
144 Bubenicek, Hanna (Hg.). 1986. *Rosa Mayreder*. Köln. Böhlau.
145 Buber-Neumann, Margarete. 1978. *»Freiheit, du bist wieder mein ...« : Die Kraft zu überleben*. München/Wien. Langen-Müller.
146 Buber-Neumann, Margarete. 1990 [1957]. *Von Potsdam nach Moskau: Stationen eines Irrweges*. Berlin. Ullstein TB 685.
147 Buber-Neumann, Margarete. 1992 [1977]. *Milena. Kafkas Freundin: Ein Lebensbild*. Mit einem Nachwort von Gudrun Bouchard. Frankfurt/M./Berlin. Ullstein TB 30248.
148 Buber-Neumann, Margarete. 1993 [1985]. *Als Gefangene bei Stalin und Hitler: Eine Welt im Dunkel*. Frankfurt/M./Berlin. Ullstein.
149 Bucciarelli, Louis L. & Nancy Dworsky. 1980. *Sophie Germain: An Essay on the History of Elasticity*. Dordrecht. Reidel.
150 Buck, Claire (Hg.). 1992. *The Bloomsbury Guide to Women's Literature*. New York u.a. Prentice Hall.
151 Budke, Petra & Jutta Schulze. 1995. *Schriftstellerinnen in Berlin 1871 bis 1945: Ein Lexikon zu Leben und Werk*. Berlin. Orlanda.
152 Bugnion-Secrétan, Perle. 1991. *La mère Angélique Arnauld (1591-1661): Abbesse et réformatrice de Port-Royal; d'après ses écrits*. Paris. Editions du Cerf.
153 Burton, Isabel Lady. 1879. *Arabia, Egypt, India*. London/Belfast.
154 Burton, Isabel Lady. 1897. *The Romance of Isabel, Lady Burton*. London/New York.
155 Busch, Alexandra. 1989. *Ladies of Fashion: Djuna Barnes, Natalie Barney und das Paris der 20er Jahre*. Bielefeld. Cordula Haux.
156 Buske, Peter. 1996. »›Provokant und phantasievoll‹ – Nachruf auf Ruth Berghaus«, in: *Berliner Zeitung*, 27.1.1996.
157 Busta, Christine. 1955. *Lampe und Delphin: Gedichte*. Salzburg. Otto Müller.
158 Busta, Christine. 1959. *Das andere Schaf*. Eingeleitet u. ausgewählt von Viktor Suchy. Graz/Wien. Stiasny.
159 Camacho, M. Dita. 1939. *Judith Gautier: Sa vie et son œuvre*. Paris.
160 Campbell, Ian C. 1992. *Island Kingdom: Tonga Ancient & Modern*. Christchurch/Neuseeland. Canterbury UP.
161 Campbell, Robin. 1995. *Florence Sabin: Scientist*. New York. Chelsea House.
162 Cantarow, Ellen mit Susan Gushee O'Malley & Sharon Hartman Strom. 1980. *Moving the Mountain: Women Working for Social Change*. Old Westbury, N.Y. The Feminist Press.

163 Canth, Minna. 1891. »Selbstbiographie«. Aus d. Finn. von E. Stine, in: *Die Frau* 8, S. 33-37.
164 Caplan, Ralph, John Neuhart & Marilyn Neuhart. 1976. *Connections: The Work of Charles and Ray Eames*. Los Angeles. UCLA Art Council.
165 Cardauns, Herrmann. 1923. *Luise Hensels Lieder.* Vollständige Ausgabe, aufgrund des handschriftl. Nachlasses bearbeitet. Regensburg.
166 Caroli, Flavio. 1987. *Sofonisba Anguissola e le sue sorelle*. Mailand. Mondadori.
167 Carpenter, Angelica Shirley & Jean Shirley. 1990. *Frances Hodgson Burnett: Beyond the Secret Garden*. Minneapolis. Lerner.
168 Carr, Emily. 1978 [1966]. *Hundreds and Thousands: The Journals of Emily Carr*. Toronto/Vancouver. Clarke, Irwin & Co.
169 Carr, Francis. 1983. *Mozart & Constanze*. London. John Murray.
170 Carré, Henri. 1947. *Henriette de France, reine d'Angleterre, 1609-1669*. Paris. Grasset.
171 Castelnau, Jacques. 1948. *Henriette Anne d'Angleterre*. Paris.
172 Castelot, André. 1957. *Madame Royale: Das abenteuerliche Leben der Tochter Marie Antoinettes*. Aus d. Frz. von Albert von Streerbach. Wien/Berlin/Stuttgart. Paul Neff.
173 Castle, Barbara. 1987. *Sylvia and Christabel Pankhurst*. Harmondsworth. Penguin.
174 Castonier, Elisabeth. 1984 [1959]. *Mill Farm und ihre zwei- und vierbeinigen Originale*. München. Herbig.
175 Castonier, Elisabeth. 1988 [1964]. *Stürmisch bis heiter: Memoiren einer Außenseiterin*. Berlin. Ullstein TB.
176 Castonier, Elisabeth. 1989. *Unwahrscheinliche Wahrheiten*. Berlin. Ullstein TB.
177 Cavigelli, Franz & Fritz Senn (Hg.). 1980. *Über Patricia Highsmith: Zeugnisse von Graham Greene bis Peter Handke*. Zürich. Diogenes.
178 Caws, Mary Ann. 2000. *Dora Maar: Die Künstlerin an Picassos Seite*. Vorwort von Heinz Berggruen. Aus d. Engl. von Anja Gundelach. Berlin. Nicolaische Verlagsbuchhandlung.
179 Cazden, Elizabeth. 1983. *Antoinette Brown Blackwell: A Biography*. Old Westbury, N.Y. The Feminist Press.
180 Ceccatty, René de. 1994. *Violette Leduc: Eloge de la Bâtarde*. Paris. Stock.
181 Chalon, Jean. 1980 [1976]. *Porträt einer Verführerin*. Aus d. Frz. von Helmut Kossodo. Reinbek bei Hamburg. rororo TB 4488.
182 Chaplin, Patrice. 1990. *Into the Darkness Laughing: The Story of Jeanne Hébuterne, Modigliani's Last Mistress*. London. Virago.
183 Chappaz, Maurice. 1994. *Das Buch der C.* Frauenfeld. Verlag im Waldgut.
184 Chawla, Navin. 1993 [1992]. *Mutter Teresa*. Autorisierte Biographie. Aus d. Engl. von Kattrin Stier. München. Goldmann.
185 Chester, Giraud. 1951. *Embattled Maiden: The Life of Anna Dickinson*. New York. Putnam.
186 Chiappe, Jean-François (Hg.). o.J. *Die berühmten Frauen der Welt von A-Z*. (Red. d. dt. Ausgabe: Ludwig Knoll). Paris/Gütersloh. Somogy/Bertelsmann.
187 Chissell, Joan. 1957. »Pen Portrait: Dame Myra Hess«, in: *The Musical Times*, Feb. 1957, S. 71f.
188 Chitty, Susan. 1981. *Gwen John*. London. Hodder & Stoughton.

189 Christian, Barbara. 1985. *Black Feminist Criticism: Perspectives on Black Women Writers*. New York. Pergamon.
190 *Christine Brückner: Leben und Werk*. Frankfurt/M./Berlin. Ullstein. 1994.
191 *Christine Busta (1915-1987): Ausstellung zum 75. Geburtstag*, 3.-27. April 1990, Österreichische Nationalbibliothek, Foyer des Hauptlesesaals. Zusammenstellung der Ausstellung: Christa Bader unter Mitarbeit von Wolfgang Duchkowitsch & Toni Gruber. Gestaltung des Katalogs: Christa Bader. Wien. Die Bibliothek. 1990.
192 Christmann, Hans Helmut. 1980. *Frau und »Jüdin« an der Universität: Die Romanistin Elise Richter (Wien 1865-Theresienstadt 1943)*. Wiesbaden. Steiner.
193 Clark, Vèvè, Millicent Hodson & Catrina Neiman. 1988. *The Legend of Maya Deren: A Documentary Biography and Collected Works*, Vol. I, Part 2. New York. Anthology Film Archives/Film Culture.
194 Cleugh, James. 1977 [1975]. *Die Medici: Macht und Glanz einer europäischen Familie*. Mit 300 Abbildungen. Aus d. Engl. von Ulrike von Puttkamer. München/Zürich. Piper.
195 Clinton, Catherine. 2000. *Fanny Kemble's Civil Wars*. New York. Simon & Schuster.
196 Cohn, Jan. 1980. *Improbable Fiction: The Life of Mary Roberts Rinehart*. Pittsburgh. University of Pittsburgh Press.
197 Cole, Margaret Isabel. 1968 [1938]. *Women of To-Day*. Freeport, N.Y. Books for Libraries Press.
198 Collins, Martha (Hg.). 1984. *Critical Essays on Louise Bogan*. Boston. Hall.
199 Colmore, Gertrude. 1913. *The Life of Emily Davison: An Outline*. London. The Woman's Press.
200 Conrad-Martius, Hedwig. 1963-65. *Schriften zur Philosophie* [Teilsammlg.]. Im Einverständnis mit der Verf. hg. von Eberhard Avé-Lallemant. 3 Bde. München. Kösel.
201 Coppi, Hans, Jürgen Danyel & Johannes Tuchel (Hg.). 1994. *Die Rote Kapelle im Widerstand gegen den Nationalsozialismus*. Berlin. Gedenkstätte Deutscher Widerstand und Edition Henrich.
202 Coquart, Elizabeth & Philippe Huet. 1996. *Mistinguett: La reine des Années folles*. Paris. Michel.
203 Cordier, Jacques. 1979 [1966]. *Jeanne d'Arc: Eine Biographie*. Aus d. Frz. von Eva Rapsilber. München. Goldmann TB 11933.
204 Corti, Egon Caesar Conte. 1924. *Maximilian und Charlotte von Mexiko*. 2 Bde. Zürich/Leipzig/Wien. Amalthea.
205 Costin, Lela B. 1983. *Two Sisters for Social Justice: A Biography of Grace and Edith Abbott*. Urbana, Ill. University of Illinois Press.
206 Cott, Nancy F. 1978. »Passionlessness: An Interpretation of Victorian Sexual Ideology, 1790-1850«, in: *Signs* 4.2., S. 219-236.
207 Courtney, Winifred F. 1982. *Young Charles Lamb 1775-1802*. London/Basingstoke. Macmillan.
208 Cowart, David. 1980. »Anne Sexton«, in: *Dictionary of Literary Biography*, Vol. 5, American Poets Since World War II, Part 2, Hg. Donald Griener, S. 225-32. Detroit, Mich. Gale Research Company.
209 Craveri, Benedetta. 1994 [1982]. *Madame Du Deffand and her world* [=Mme du Deffand e il suo mondo]. Übs. Teresa Waugh. Boston. Godine.

210 Cromwell, Otella. 1958. *Lucretia Mott*. Cambridge, Mass. Harvard UP.
211 Cruysse, Dirk van der. 1995 [1988]. *»Madame sein ist ein ellendes Handwerck«: Liselotte von der Pfalz – Eine deutsche Prinzessin am Hof des Sonnenkönigs*. Aus d. Frz. von Inge Leipold. München/Zürich. Serie Piper 2141.
212 Curran, Trisha. 1980. *A New Note on the Film: A Theory of Film Criticism Derived from Susanne K. Langer's Philosophy of Art*. New York. Arno.
213 Cyran, Eberhard. 1977. *Die Memoiren des Friedrich Freiherrn von der Trenck*. Bergisch-Gladbach. Bastei-Lübbe TB 61014.
214 Daffron, Carolyn. 1988. *Margaret Bourke-White*. New York. Chelsea House.
215 Dahl, Linda. 1984. *Stormy Weather: The Music and Lives of a Century of Jazz Women*. London. Quartet Books.
216 Daimler, Renate. 1998. *Diana & Sisi: Zwei Frauen – ein Schicksal*. Wien/München. Deuticke.
217 Dalichow, Bärbel & Allan O. Hagedorff (Hg.). 1997. *Liebe mit achtzig: Asta Nielsen – Christian Theede, Briefe*. Berlin. Jovis.
218 Dalsimer, Adele M. 1990. *Kate O'Brien: A Critical Study*. Boston. Twayne.
219 Daly, Mary. 1981 [1978]. *Gyn/ökologie: Eine Meta-Ethik des radikalen Feminismus*. Aus d. am. Engl. von Erika Wisselinck. München. Frauenoffensive.
220 Damase, Jacques. 1991. *Sonia Delaunay: Mode und Design*. Zürich. Arche.
221 Dandridge, Dorothy & Earl Conrad. 2000. *Everything and Nothing: The Dorothy Dandridge Tragedy*. New York. Harper Perennial.
222 Danzer, Gerhard (Hg.). 1997. »Karen Horney oder Der allmähliche Umbau der Person durch die Kraft der Skepsis«, in: *Frauen in der patriarchalischen Kultur: Psychographien über Rahel Varnhagen, Madame de Staël und Simone de Beauvoir*. Würzburg. Königshausen und Neumann, S.199-266.
223 *Das Verborgene Museum I: Dokumentation der Kunst von Frauen in Berliner öffentlichen Sammlungen*. Hg. Neue Gesellschaft für Bildende Kunst e.V., Berlin. Berlin. Edition Hentrich. 1987.
224 Datta de Albertis, Giulia. 1980 [1941]. *Maria Medici: Florentinerin auf Frankreichs Thron*. Aus d. Ital. von Emma Schneider. Bergisch Gladbach. Bastei-Lübbe TB 61055.
225 Davidis, Henriette. 1872. *Praktisches Kochbuch für die gewöhnliche und feinere Küche: Zuverlässige und selbstgeprüfte Rezepte zur Bereitung der verschiedenartigsten Speisen und Getränke, zum Einmachen etc., und eine Hinweisung auf schnell zu machende Speisen. Mit einem Anhange, enthaltend Arrangements zu kleinen und grösseren Gesellschaften und einen Küchenzettel nach den Jahreszeiten. Mit besonderer Berücksichtigung der Anfängerinnen und angehenden Hausfrauen*. Bielefeld. Velhagen & Klasing.
226 Davidis, Henriette. o.J. [1911]. *Die Hausfrau: Praktische Anleitung zur selbständigen und sparsamen Führung des Haushaltes. Eine Mitgabe für angehende Hausfrauen*. Neue vollständig durchgearbeitete Ausgabe von Elisabeth Schmitz. Regensburg. Habbel.
227 Davies, Nicholas. 1992. *Diana: A Princess and Her Troubled Marriage*. New York. Bantam.
228 Davis, Bette. 1962. *The Lonely Life*. New York. Putnam.
229 De Courtivron, Isabelle. 1985. *Violette Leduc*. Boston. Twayne.
230 *De Nederlandse en Vlaamse Auteurs. Van middeleeuwen tot heden met inbegrip van de Friese auteurs*. Weesp. De Haan. 1985.

231 De Noailles, Anna. 1976. *Le livre de ma vie*. Paris. Mercure de France.
232 DeAngelis, Gina. 2000. *Lucretia Mott*. Philadelphia, Penn. Chelsea House.
233 Dedecius, Karl (Hg.). 1987. *Frauen Quartett/Kwartet zen'ski: Gedichte Polnisch/Deutsch*. Zwei Variationen, instrumentiert von Karl Dedecius. Wydawnictwo Poznan'skie.
234 Deghelt, Frédérique. 1995. *Mistinguett: La valse renversante*. Monaco. Editions Sauret.
235 Dehmel, Ida. 1986 [1927]. »Mannheimer Rede«, in: *Gegenlicht: 60 Jahre Gedok*. Hg. Gedok Berlin. Nachdruck in Ariadne 8/1987.
236 del Mar, Norman. 1962. *Richard Strauss: A Critical Commentary of his Life and Works*. 3 Bde. London. Barrie & Rockliff.
237 Deloria, Ella Cara. 1998. *Speaking of Indians. Introduction to the Bison books edition by Vine Deloria Jr*. Lincoln. University of Nebraska Press.
238 Deppisch, Walter. 1968. *Richard Strauss in Selbstzeugnissen und Bilddokumenten*. Reinbek bei Hamburg. rororo monographie 146.
239 Derblay, Claude. 1950. *Henriette Anne d'Angleterre et sa légende*. Paris.
240 Derosas, R. 1983. *»Corner«, Dizionario biografico degli italiani*. Bd. 29.
241 Dertinger, Antje. 1989. *Frauen der ersten Stunde: Aus den Gründerjahren der Bundesrepublik*. Bonn. Latka.
242 Desternes, Suzanne & H. Chandet. 1957. *Eugenie: Weltdame und Kaiserin*. Aus d. Frz. von Kurt Wagenseil. München. List.
243 Dick, Jutta & Marina Sassenberg (Hg.). 1993. *Jüdische Frauen im 19. und 20. Jahrhundert: Lexikon zu Leben und Werk*. Reinbek bei Hamburg. rororo Handbuch 6344.
244 *Dictionary of Literary Biography*. 1978ff. Detroit. Gale Research Company.
245 Dierks, Margarete, Gabriele Käfer-Dittmar & Gerda Vöge. o.J. *Sie gingen voran: Vier bedeutende Darmstädter Frauen des 19. Jahrhunderts. Regina Josepha von Siebold, Charlotte Heidenreich von Siebold, Louise Dittmar, Luise Büchner*. Darmstadt. Schlapp.
246 DiOrio, Al. 1983. *Barbara Stanwyck. A Biography*. New York. Berkeley Books.
247 Ditlevsen, Tove. 1980 [1971]. *Sucht: Erinnerungen*. Aus d. Dän. von Erna Plett u. Else Kjær. Frankfurt. Suhrkamp.
248 Dölle, Gilla. 1994. »Who is who im Bund Deutscher Frauenvereine«, in: *Ariadne*, Heft 25, 5/1994, S. 55-63.
249 Doig, Desmond. 1972. *Mutter Teresa: Ihr Leben und Werk in Bildern*. Aus d. Engl. von Hans Schmidthüs. Freiburg im Br. Herder.
250 Domellöf, Gunilla. 1986. *I oss är en mångfald levande: Karin Boye som kritiker och prosamodernist*. Stockholm. Almqvist & Wiksell.
251 *Dorothea Lange: Photographs of a Lifetime*. Mit einem Essay von Robert Coles. Nachwort von Therese Heyman. Oakland, Cal. 1982. Aperture, Inc.
252 Downing, Sybil & Jane Valentine Barker. 1992. *Crown of Life: The Story of Mary Roberts Rinehart*. Niwot, Col. Roberts Rinehart.
253 Drake, James A. 1997. *Rosa Ponselle: A Centenary Biography*. Portland, Ore. Amadeus.
254 Drenth, Annemieke van & Francisca de Haan. 1999. *The Rise of Caring Power: Elizabeth Fry and Josephine Butler in Britain and the Netherlands*. Amsterdam. Amsterdam UP.
255 Drewes, Heinz. 1934. *Maria Antonia Walpurgis als Komponistin*. Leipzig.

256 Drewitz, Ingeborg. 1978. *Gestern war Heute. Hundert Jahre Gegenwart.* Düsseldorf. Claassen.
257 Drewitz, Ingeborg. 1981. *Kurz vor 1984: Literatur und Politik.* Stuttgart. Radius.
258 Drewitz, Ingeborg. 1982 [1969]. *Bettine von Arnim: Romantik – Revolution – Utopie.* München. Goldmann TB 9328.
259 Drews, Wolfgang. 1965. *Die Schauspielerin Therese Giehse.* Velber b. Hannover. Friedrich.
260 Driscoll jr., Edgar J. 1985. »Suffragist Florence Luscomb, 98; championed Causes for 60 Years« (Nachruf), in: *The Boston Globe*, 28.10.1985.
261 Driver, Leota. 1933. *Fanny Kemble.* Chapel Hill, N.C. Univ. of North Carolina Press
262 Drudi Demby, Lucia. 1985. *Jeanne: la »mite« compagna di Modigliani.* Foggia. Bastogi.
263 Du Deffand de La Lande, Marie Anne (de Vichy Chamrond) marquise. 1971. *Correspondance complète de la marquise du Deffand avec ses amis.* Genf. Slatkine Reprints.
264 Dubois, Page. 1995. *Sappho is Burning.* Chicago/London. Chicago UP.
265 Duby, Georges & Andrée Duby. 1999. *Die Prozesse der Jeanne d'Arc.* Aus d. Frz. von Eva Moldenhauer. Berlin. Wagenbach TB.
266 Düntzer, Heinrich. 1874. *Charlotte von Stein, Goethes Freundin: Ein Lebensbild mit Benutzung der Familienpapiere entworfen.* 2 Bde. Stuttgart.
267 Duff, David. 1979 [1978]. *Eugenie und Napoleon III.: Biographie.* Aus d. Engl. von Rosemarie Heyd. Düsseldorf u.a. Diederichs.
268 Dulong, Claude. 1980. *Anne d'Autriche.* Paris. Hachette.
269 Dumont, Georges-Henri. 1986. *Elisabeth de Belgique ou les défis d'une reine.*
270 Dungern, Otto Freiherr von. 1916. »Königin Elisabeth von Rumänien«, in: *Deutsche Rundschau*, 67, S. 1-16.
271 Dupuy, Micheline. 1994. *Henriette de France: reine d'Angleterre.* Paris. Perrin.
272 Durant, Will. 1985. *Kulturgeschichte der Menschheit 8: Glanz und Zerfall der italienischen Renaissance.* Köln. Naumann & Göbel.
273 Dvoráková, Zora. 1991. *Milada Horáková.* Prag.
274 Dworetzki, Gertrud. 1987. *Johanna Schopenhauer: Biographische Skizzen.* Düsseldorf. Droste.
275 Earhart, Mary. 1944. *Frances Willard: From Prayers to Politics.* Chicago. University of Chicago Press.
276 Eberts, Erich. 1979. »Lisa Tetzner«, in: *Lexikon der Kinder- und Jugendliteratur*, Band 3. Weinheim. Beltz.
277 Ebner-Eschenbach, Marie von. 1978 [1893]. *Erzählungen. Autobiographische Schriften.* München. Winkler.
278 Ebner-Eschenbach, Marie von. 1988ff. *Tagebücher.* 6 Bde. Hg. Karl Konrad Polheim mit Rainer Baasner. Tübingen. Niemeyer.
279 Edwards, Anne. 1983. *The Road to Tara.* New Haven, Conn. Ticknor & Fields.
280 Eggemann, Maike & Sabine Hering. 1999. *Wegbereiterinnen der modernen Sozialarbeit: Texte und Biographien zur Entwicklung der Wohlfahrtspflege.* Juventa.
281 Ehling, H. & Ripken, P. (Hg.). 1997. *Die Literatur Schwarzafrikas: Ein Lexikon der Autorinnen und Autoren.* München. Beck.

282 Ehre, Ida. 1988. *Gott hat einen größeren Kopf, mein Kind* ... Reinbek bei Hamburg. Rowohlt TB.

283 Ehrlich, A. [1896]. *Berühmte Sängerinnen der Vergangenheit und Gegenwart: Eine Sammlung von 91 Biographien und 90 Porträts*. Leipzig. Payne.

284 Eickhoff, Ekkehard. 1996. *Theophanu und der König: Otto III. und seine Welt*. Stuttgart. Klett-Cotta.

285 Eilersen, Gillian Stead. 1996. *Bessie Head: Thunder Behind Her Ears – Her Life and Writing*. Portsmouth, N.H. Heinemann.

286 *Eldorado: Homosexuelle Frauen und Männer in Berlin 1850-1950. Geschichte, Alltag und Kultur*. Ausstellungskatalog. 1984. Berlin. Frölich & Kaufmann.

287 Elling, Hanna. 1978. *Frauen im deutschen Widerstand 1933-45*. Bibliothek des Widerstandes. Frankfurt. Röderberg.

288 Elvers, Rudolf. 1972. *Fanny Hensel: Dokumente ihres Lebens*. Berlin. Staatsbibliothek Preußischer Kulturbesitz (Ausstellungskatalog 2).

289 Elwenspoek, Curt. 1927. *Charlotte von Mexiko: Der Leidensweg einer Kaiserin*. Stuttgart. Hädecke.

290 *Emy Roeder: Bildwerke, Handzeichnungen*. 5.7.-30.8.1981. Ausstellung der Städtischen Galerie Würzburg.Würzburg 1981. Stürtz.

291 *Encyclopædia Britannica, Inc.: Britannica Book of the Year*. Chicago. 1974ff.

292 Endres, Elisabeth. 1987. *Edith Stein: Christliche Philosophin und jüdische Märtyrerin*. Erweiterte TB-Ausgabe 1998. Freiburg im Br. Herder.

293 Epton, Nina Consuelo. 1971. *Victoria and her Daughters*. New York. Norton.

294 Epton, Nina Consuelo. 1976. *Josephine: The Empress and her Children*.

295 Erdmann-Rajski, Katja. 2000. *Gret Palucca: Tanz und Tanzerfahrung in Deutschland im 20. Jahrhundert: Weimarer Republik, Nationalsozialismus, Deutsche Demokratische Republik*. Vorwort Bernd Krause. Hg. Deutsches Tanzarchiv Köln. Hildesheim. Olms.

296 Ervin, Hazel Arnett. 1993. *Ann Petry: A Bio-Bibliography*. New York. G.K. Hall.

297 Euw, Anton von & Peter Schreiner (Hg.). 1991. *Kaiserin Theophanu: Begegnung des Ostens und Westens um die Wende des ersten Jahrtausends*. Gedenkschrift des Kölner Schnütgen-Museums zum 1000. Todesjahr der Kaiserin. 2 Bde. Köln.

298 Evers, Ulrika. 1983. *Deutsche Künstlerinnen des 20. Jahrhunderts: Malerei, Bildhauerei, Tapisserie*. Hamburg. Schultheis.

299 Eyman, Scott. 1990. *Mary Pickford, America's Sweetheart*. New York. Fine.

300 Eysoldt, Gertrud. 1996. *Der Sturm Elektra: Gertrud Eysoldt/Hugo von Hofmannsthal, Briefe*. Hg. und mit einem Nachwort von Leonhard M. Fiedler. Salzburg. Residenz.

301 Faré, Michel & Fabrice. 1976. *La vie silencieuse en France. La nature morte au XVIIIe siècle*. Fribourg, Schweiz. Office du Livre.

302 Farmer, David Hugh. 1979. *The Oxford Dictionary of Saints*. Oxford. Clarendon Press.

303 Faßbind, Franz. 1960. *Wolfgang Schneiderhan – Irmgard Seefried: Eine Künstler- und Lebensgemeinschaft*. Bern/Stuttgart/Wien. Scherz.

304 Favre, Gilberte. 1981. *Corinna Bille: le vrai conte de sa vie*. Lausanne. 24 Heures – Imprimeries Réunies.

305 Feeney, Mark. 1989. »A constant inquirer and drawer of lessons: Barbara Tuchman, historian, dies at 77« (Nachruf), in: *The Boston Globe*, 7.2.1989.

306 Feldmann, Christian. 1995. *Hildegard von Bingen: Nonne und Genie*. Freiburg im Br. Herder.

307 Feldmann, Christian. 1998. *Edith Stein: Jüdin, Atheistin, Ordensfrau*. Freiburg im Br. Herder.

308 Fellini, Federico. 1974. *Julia und die Geister: Idee und Drehbuch*. Aus d. Ital. von Margaret Carroux, Toni u. Bettina Kienlechner. Zürich. Diogenes.

309 Ferdinandy, Michael. 1977. *Philipp II.: Größe und Niedergang der spanischen Weltmacht*. Wiesbaden. Pressler.

310 Ferguson, Moira (Hg.). 1985. *First Feminists: British Women Writers 1578-1799*. Bloomington, Ind. Indiana UP.

311 Ferino Pagden, Sylvia & Maria Kusche. *Sofonisba Anguissola: A Renaissance Woman*. Washington, D.C. National Museum of Women in the Arts.

312 Fernández-Armesto, Felipe. 1975. *Ferdinand and Isabella*. London. Weidenfeld & Nicolson.

313 *Festschrift für Marianne Hainisch zu ihrem 70. Geburtstag*. Hg. vom Bund österr. Frauenvereine. Wien. Gesellschaft für graphische Industrie. 1909.

314 Feurer, Josef. 1973. »Das tragische Schicksal einer Künstlerin: Die Toggenburger Bauernmalerin Babeli Giezendanner 1831-1905«, in: *Toggenburger Nachrichten* Nr. 18 (2.3.1973), S. 5.

315 Fiedler, Leonhard M. 1975. *Max Reinhardt in Selbstzeugnissen und Bilddokumenten*. Reinbek bei Hamburg. rororo Bildmonographie 228.

316 Fine, Elsa Honig. 1978. *Women and Art: A History of Women Painters and Sculptors from the Renaissance to the 20th Century*. London. Prior.

317 Fischer, Gudrun. 1991. *Die Rolle von Frauen in der Geschichte der (Pflanzen)Ökologie am Beispiel der Vegetationskunde in Deutschland/BRD seit Anfang des 20. Jahrhunderts*. Diplomarbeit am Fachbereich Biologie/Chemie der Universität Bremen. Unveröff. Ms.

318 Fischer, Lisa. 1994. *Lina Loos oder Wenn die Muse sich selbst küßt: Eine Biographie*. Wien/Köln/Weimar. Böhlau.

319 Fischer, Lisa & Emil Brix (Hg.). 1997. *Die Frauen der Wiener Moderne*. Österreichische Forschungsgemeinschaft. München/Wien. Oldenbourg.

320 Flanagan, Sabina. 1989. *Hildegard of Bingen, 1098-1179: A Visionary Life*. New York. Routledge.

321 Flaubert, Gustave & George Sand. 1992. *Eine Freundschaft in Briefen*. Hg. u. erläutert von Alphonse Jacobs. Aus d. Frz. von Annette Lallemand, Helmut u. Tobias Scheffel. München. Beck.

322 Flexner, Eleanor. 1978 [1959; 1972]. *Hundert Jahre Kampf: Die Geschichte der Frauenrechtsbewegung in den Vereinigten Staaten*. Aus d. am. Engl. von Gisela Bock unter Mitarb. von Pieke Biermann u. Anna Kamp. Mit einer Einl. hg. von Gisela Bock. Frankfurt. Syndikat.

323 Flügge, Hans-Ludolf. 1971. *Julie Schrader, der welfische Schwan*. Stade. Heimberg.

324 Fölsing, Ulla. 1990. *Nobel-Frauen: Naturwissenschaftlerinnen im Porträt*. München. Beck.

325 Foster, Shirley & Judy Simons. 1995. *What Katy Read: Feminist Re-Readings of ›Classic‹ Stories for Girls*. Iowa City. Univ. of Iowa Press.

326 Frank, Anne. 1955. *Das Tagebuch der Anne Frank*. Frankfurt/M. Fischer TB 77.

327 Frank, Anne. 1982. *Geschichten und Ereignisse aus dem Hinterhaus*. Frankfurt/M. Fischer TB 7533.

328 Frank, Elizabeth P. 1985. *Louise Bogan: A Portrait*. New York. Knopf.

329 Frank, Gerold. 1975. *Judy*. London. Allen.

330 Frank, Katherine. 1986. *A Voyager Out: The Life of Mary Kingsley*. Boston. Houghton Mifflin.

331 Fraser, Rebecca. 1989. *Charlotte Brontë and Her Family*. New York. Crown Publishers.

332 *Frauen im Design: Berufsbilder und Lebenswege seit 1900/Women in Design: Careers and Life Histories since 1900*. Ausstellungskatalog, 2 Bde. Hg. Angela Oedekoven-Gerischer, Andrea Scholtz, Edith Medek & Petra Kurz. Stuttgart. Landesgewerbeamt Baden-Württemberg. Design Center Stuttgart. 1989.

333 *Frauen in der Geschichte*. Zeitschrift des Vereins »Frauen in der Geschichte« e.V. Leipzig. Heft 3/1993. Verein »Frauen in der Geschichte« e.V. Leipzig.

334 *Frauenbilder aus Österreich: Eine Sammlung von zwölf Essays*. Hg. vom Bund österr. Frauenvereine. Wien. Obelisk. 1955.

335 Frederiksen, Elke (Hg.). 1989. *Women Writers of Germany, Austria, and Switzerland*. New York/Westport, Conn./London. Greenwood.

336 Frederiksen, Elke & Katherine R. Goodman (Hg.). 1995. *Bettina Brentano-von Arnim: Gender and Politics*. Detroit. Wayne State UP.

337 Freer, Martha Walker. 1857. *Elizabeth de Valois, Queen of Spain, and the Court of Philip II. from Numerous Unpublished Sources, in the Archives of France, Italy, and Spain*. 2 Bde. London. Hurst & Blackett.

338 Freund, Gisèle. 1977. *Memoiren des Auges*. Frankfurt. S. Fischer.

339 Freund, Gisèle. 1979. *Photographie und Gesellschaft*. Reinbek bei Hamburg. Rowohlt.

340 Freund, Gisèle. 1993. *Photographien. Mit autobiographischen Texten*. München. Schirmer/Mosel.

341 Freundlich, Elisabeth. 1981. *Sie wußten, was sie wollten: Lebensbilder bedeutender Frauen aus drei Jahrhunderten*. Freiburg im Br. Herderbücherei 893.

342 Friedenthal, Richard. 1963. *Goethe: Sein Leben und seine Zeit*. München. Piper.

343 Friedland, Bea. 1975. *Louise Farrenc 1801-1875: Composer – Performer – Scholar*. Diss. Ann Arbor, Mich. Univ. of Michigan Press.

344 Friedrich, Karin. 2000. *Zeitfunken: Biographie einer Familie*. München. Beck.

345 Friedrich, Otto. 1988. *Markt der schönen Lügen. Die Geschichte Hollywoods in seiner großen Zeit*. Aus d. am. Engl. von Barbara Bortfeldt. Köln. Kiepenheuer & Witsch.

346 Fries, Mauri. 1996. *Mütterlichkeit und Kinderseele: Zum Zusammenhang von Sozialpädagogik, bürgerlicher Frauenbewegung und Kinderpsychologie zwischen 1899 und 1933: Ein Beitrag zur Würdigung Martha Muchows*. Frankfurt/M./New York. Lang.

347 Fröhlich, Roswitha & Jürg Winkler. 1986. *Johanna Spyri – Momente einer Biographie: Ein Dialog*. Zürich. Arche.

348 Frommann, Anne & Welf Schröter (Hg.). 1991. *Ich gehe zu jenen, die mich brauchen: Zum 85. Geburtstag von Karola Bloch*. Mössingen-Talheim. Talheimer.

349 Frommer, Hansjörg. 1993. *Spindel, Kreuz und Krone – Herrscherinnen des Mittelalters: Adelheid, Theophanu, Gisela, Agnes, Richenza, Konstanze.* Karlsruhe. INFO-Verl.-Ges.

350 Fry, Elizabeth. 1972 [1848]. *Memoir of the Life of Elizabeth Fry, with Extracts from her Journal and Letters.* Hg. von ihren Töchtern, Katharine Fry & Rachel Elizabeth Cresswell.Montclair, N.J. Patterson Smith.

351 *Führende Frauen Europas: Elga Kerns Standardwerk von 1928/1930.* Vorwort von Edda Ziegler. Neu hg. u. bearb. von Bettina Conrad & Ulrike Leuschner. München. Reinhardt. 1999.

352 Fürstenau, Moritz. 1879. »Maria Antonia Walpurgis, Kurfürstin von Sachsen: Eine biographische Skizze«, in: *Monatshefte für Musikgeschichte* 11 (1879), S. 167-181.

353 *Fundorte: 200 Jahre Frauenleben und Frauenbewegung in Berlin.* Katalog zur Ausstellung »Kein Ort. Nirgends?« 1987. Hg. Berliner Frauen Kultur Initiative e.V. Berlin. Orlanda.

354 Furnas, Joseph Chamberlain. 1982. *Fanny Kemble: Leading Lady of the Nineteenth Century Stage.* New York. The Dial Press.

355 Fusco, Nicola. 1975. *Elena Lucrezia Cornaro Piscopia, 1646-1684.* Pittsburgh. United States Committee for the Elena Lucrezia Cornaro Piscopia Tercentenary.

356 Fußbroich, Helmut. 1991. *Theophanu: Die Griechin auf dem deutschen Kaiserthron 972-991.* Köln. Wienand.

357 *Gabriele Münter 1877-1962.* Retrospektive, Städt. Galerie im Lenbachhaus, München 29.7.-1.11.1992 und Schirn Kunsthalle Frankfurt 29.11.1992-10.2.1993. Hg. on. Annegret Hoberg & Helmut Friedel. München. Prestel.

358 Gärtner, Heinz. 1986. *Mozarts »Requiem« und die Geschäfte der Constanze Mozart.* München.

359 Gage, Matilda Joslyn. 1980 [1893]. *Woman, Church and State: The Original Exposé of Male Collaboration Against the Female Sex.* Watertown, Mass. Persephone.

360 Gagel, Hanna. 1995. *Den eigenen Augen trauen: Über weibliche und männliche Wahrnehmung in der Kunst.* Gießen. Anabas.

361 Gardiner, Muriel. 1976. *The Deadly Innocents: Portraits of Children who Kill.* Vorwort: Stephen Spender. New York. Basic Books.

362 Gardiner, Muriel. 1983. *Code Name »Mary«: Memoirs of an American Woman in the Austrian Underground.* New Haven/London. Yale UP.

363 Garske, Rolf. 1985. »Das Leben ist ein ewiger Tanz – Drei Kronzeugen geben Auskunft: Martha Graham, Tatjana Gsovsky, Gret Palucca«, *in:* Ballett: Chronik und Bilanz des Ballettjahrs 1985.

364 Gass, René. 1998. *Emmy Ball-Hennings: Wege und Umwege zum Paradies. Biographie.* Zürich. Pendo.

365 Gastellier, Fabian. 1998. *Angélique Arnauld.* Paris. Fayard.

366 Gautier, Judith. 1902. *Le collier des jours.* [Autobiographie]. 3 Bde. Felix Juven.

367 Gaze, Delia. 1997. *Dictionary of Women Artists.* 2 Bde. London.

368 Geierhos, Wolfgang. 1977. *Vera Zasulic und die russische revolutionäre Bewegung.* München/Wien. Oldenbourg.

369 Gerhardt, Marlis (Hg.). 1990. *Irmtraud Morgner: Texte, Daten, Bilder.* Frankfurt/ M. Sammlung Luchterhand 835.

370 *Gerhart Hauptmann und Ida Orloff: Dokumentation einer dichterischen Leidenschaft*. Frankfurt/M. Ullstein. 1969.

371 Gérin, Winifred. 1987. *Charlotte Brontë: The Evolution of Genius*. Oxford Lives. Oxford. Oxford UP.

372 Gerke, Friedrich. 1963. *Emy Roeder: Eine Werkbiographie*. Mit einem Gesamtkatalog der Bildwerke und Zeichnungen. Wiesbaden. Steiner.

373 Gersdorff, Dagmar von. 1996. *Königin Luise und Friedrich Wilhelm III.: Eine Liebe in Preußen*. Berlin. Rowohlt Berlin.

374 Ghosh, Ranjan Kumar. 1979. *Aesthetic Theory and Art: A Study in Susanne K. Langer*. Delhi. Ajanti.

375 Giebel, Marion. 1980. *Sappho in Selbstzeugnissen und Bilddokumenten*. Reinbek bei Hamburg. rororo monographie 291.

376 Giehse, Therese. 1976 [1973]. *»Ich hab nichts zum Sagen«: Gespräche mit Monika Sperr*. Reinbek bei Hamburg. rororo TB 1914.

377 Gies, Miep. 1987. *Meine Zeit mit Anne Frank*. München. Scherz.

378 Gilbert, Julie Goldsmith. 1997 [1995]. *Erich Maria Remarque und Paulette Goddard: Biographie einer Liebe*. Aus d. am. Engl. von Nikolaus Gatter. Düsseldorf/München. List.

379 Gilchrist, Anne. 1883. *Mary Lamb*. Boston. Roberts Bros.

380 Gilleir, Anke. 2000. *Johanna Schopenhauer und die Weimarer Klassik: Betrachtungen über die Selbstpositionierung weiblichen Schreibens*. Hildesheim. Olms.

381 Gilson, David. 1997. *A Bibliography of Jane Austen. New introduction and corrections by the author*. Winchester u.a. St Paul's Bibliographies.

382 Givner, Joan. 1982. *Katherine Anne Porter: A Life*. New York. Simon & Schuster.

383 Glimm, Adele. 2000. *Elizabeth Blackwell: First Woman Doctor of Modern Times*. New York. McGraw-Hill.

384 Goch, Klaus. 1985. »Elisabeth Förster-Nietzsche (1846-1935): Ein biographisches Portrait«, in: Pusch, Luise F. (Hg.). 1985. *Schwestern berühmter Männer*, S. 361-413.

385 Goch, Klaus. 1994. »Franziska Nietzsche (1826-1897)«, in: Pusch, Luise F. (Hg.). 1994. *Mütter berühmter Männer: Zwölf biographische Portraits*. Frankfurt/M. Insel TB 1356, S. 325-401.

386 Goch, Klaus. 1994. *Franziska Nietzsche*. Frankfurt/M. Insel TB 1623.

387 Gössmann, Elisabeth (Hg.). 1991. *Japan – ein Land der Frauen?* München. Iudicium.

388 Goldberg, Vicki. 1986. *Margaret Bourke-White: A Biography*. New York. Harper & Row.

389 Golther, Wolfgang (Hg.). 1904. *Richard Wagner an Mathilde und Otto Wesendonck: Tagebuchblätter und Briefe 1853-1871*. Leipzig.

390 Gonzáles de Amezúa y Mayo, Agustín. 1949. *Isabel de Valois, reina de España (1546[!]-1568); estudio biográfico*. 4 Bände. Madrid. Gráficas Ultra.

391 Gorbatschowa, Raissa. 1991. *Leben heißt hoffen: Erinnerungen und Gedanken*. Aus d. Engl. von Christa Broermann, Gabriele Burkhardt & Reinhard Tiffert. Bergisch Gladbach. Lübbe.

392 Gourse, Leslie (Hg.). 1998. *The Ella Fitzgerald Companion: Seven Decades of Commentary*. London/New York/Sydney. Omnibus.

393 Grant, Maurice H. 1956. *Rachel Ruysch 1664-1750*.

394 Grebe, Karl. 1968/69. »Lebenswerk einer Komponistin«, in: *Jahrbuch »Zwanzig« 1968/69*. Hamburg. Freie Akademie der Künste.

395 Grebing, Renate. 1976. *Mite Kremnitz (1852-1916): Eine Vermittlerin der rumänischen Kultur in Deutschland*. Europäische Hochschulschriften Reihe 34: Osteuropäische Studien 1. Frankfurt/Bern. Lang.

396 Green, Carol Hurd & Mary Grimley Mason. 1994. *American Women Writers: A Critical Reference Guide from Colonial Times to the Present in five Volumes*. Vol. 5: Supplement.

397 Green, Martin. 1980 [1974]. *Else und Frieda, die Richthofen-Schwestern*. Aus d. am. Engl. von Edwin Ortmann. München. dtv TB 1607.

398 Greer, Germaine. 1980 [1979]. *Das unterdrückte Talent: Die Rolle der Frauen in der Bildenden Kunst*. Aus d. Engl. von Rainer Redies & Ingrid Krüger. Berlin/Frankfurt/M./Wien. Ullstein.

399 *Grethe Jürgens und Gerta Overbeck*. 1982. Arbeiten der zwanziger Jahre. Ausstellungskatalog Bonner Kunstverein.

400 Gridley, Marion E. (Hg.). 1960 [1936]. *Indians of Today*. Third Edition. Chicago. Towertown.

401 Griebel, Regina, Marlies Coburger & Heinrich Scheel (Hg.). 1992. *Erfaßt? Das Gestapo-Album zur Roten Kapelle*. Eine Foto-Dokumentation, hg. in Verbindung mit der Gedenkstätte Deutscher Widerstand. Halle/S. audioscop.

402 Grieser, Dietmar. 1981. *Musen leben länger: Begegnungen mit Dichterwitwen*. München/Wien. Langen Müller.

403 Grieser, Dietmar. 1989. *Eine Liebe in Wien*. St. Pölten/Wien. Verlag Niederösterreichisches Pressehaus.

404 *Große Frauen der Weltgeschichte: Tausend berühmte Frauen in Wort und Bild*. o.J. Wiesbaden. R. Löwit.

405 Grossmann, Atina. 1995. *Reforming Sex: The German Movement for Birth Control and Abortion Reform, 1920-1950*. New York/Oxford. Oxford UP.

406 Grubitzsch, Helga, Hannelore Cyrus & Elke Haarbusch (Hg.). 1985. *Grenzgängerinnen: Revolutionäre Frauen im 18. und 19. Jahrhundert. Weibliche Wirklichkeit und männliche Phantasien*. Düsseldorf. Schwann.

407 Günzel, Klaus. 1993. *Die Brentanos: Eine deutsche Familiengeschichte*. Zürich. Artemis & Winkler.

408 Guernsey, Jane Howard. 1999. *The Lady Cornaro: Pride and Prodigy of Venice*. Clinton Corners, N.Y. College Avenue Press.

409 Guerri, Giordano Bruno. 1984. *Povera santa, povero assassino: La vera storia di Maria Goretti*. Mailand. Mondadori.

410 Gürtler, Christa & Sigrid Schmid-Bortenschlager. 1998. *Eigensinn und Widerstand: Schriftstellerinnen der Habsburgermonarchie*. Wien. Ueberreuter.

411 Hadleigh, Boze. 1994. *Hollywood Lesbians*. New York. Barricade Books.

412 Härtel, Susanne & Magdalena Köster. 1994. *Reisefrauen*. Weinheim/Basel. Beltz.

413 Häussermann, Ulrich. 1961. *Friedrich Hölderlin in Selbstzeugnissen und Bilddokumenten*. Reinbek bei Hamburg. rororo monographie 53.

414 Hahn, Barbara (Hg.). 1994. *Frauen in den Kulturwissenschaften: Von Lou Andreas-Salomé bis Hannah Arendt*. München. Beck.

415 Hamann, Brigitte. 1982. *Elisabeth, Kaiserin wider Willen*. Wien/München. Amalthea.

416 Hamann, Brigitte. 1988. *Die Habsburger: Ein biographisches Lexikon*. München. Piper.

417 Hamilton, Alice. 1985 [1943]. *Exploring the Dangerous Trades: The Autobiography of Alice Hamilton, M.D.* Vorwort Barbara Sicherman. Boston. Northeastern UP.

418 Hampel, Heide (Hg.). 1998. *Wer schrieb Franziska Linkerhand? – Brigitte Reimann, 1933-1973: Fragen zu Person und Werk*. Neubrandenburg. Literaturzentrum Neubrandenburg.

419 Hanel, Stephanie. 1995. *Literarischer Widerstand zwischen Phantastischem und Alltäglichem: Das Romanwerk Irmtraud Morgners*. Pfaffenweiler. Centaurus.

420 Happ, Alfred. 1982. *Lotte Reiniger: Schauspieler-Silhouetten – Mozart-Opern – Andersen-Märchen; Aspekte eines Lebenswerkes*. Eine Ausstellung im Sommer 1982. Hg. Kulturamt der Stadt Tübingen. Tübinger Kataloge 17. Tübingen. Tübinger Chronik eG.

421 Hareide, Jorunn. 1998. *Skrift, kropp og selv: Nytt lys på Camilla Collett*. Oslo. Emilia.

422 *Harenbergs Lexikon der Weltliteratur: Autoren – Werke – Begriffe*. 5 Bde. Dortmund. Harenberg Lexikon-Verlag. 1989.

423 Harnetz, Aljean. 1981. *The Making of the Wizard of Oz*. New York. Knopf.

424 Harries, Meirion & Susie. 1989. *A Pilgrim Soul: The Life and Work of Elisabeth Lutyens*. London/Boston. Faber & Faber.

425 Harris, Ann Sutherland & Linda Nochlin. 1984 [1976]. *Women Artists 1550-1950*. New York. Knopf.

426 Harris, Warren G. 1988. *Natalie & R.J.: Hollywood's Star-Crossed Lovers*. New York. Doubleday.

427 Harrison, Russell. 1997. *Patricia Highsmith*. New York. Twayne.

428 Haskins, Jim. 1992. *Ella Fitzgerald: Sing Me A Swing Song And Let Me Dance*. Wien. Hannibal.

429 Hasler, Eveline. 1991. *Die Wachsflügelfrau: Geschichte der Emily Kempin-Spyri*. Roman. Zürich/Frauenfeld. Nagel & Kimche.

430 Haslett, Caroline. 1942. *Household Electricity*. London. English universities press.

431 Haslett, Caroline. 1942. *Munitions Girl: A Handbook for the Women of the Industrial Army*. London. English universities press.

432 Haslip, Joan. 1982. *The Emperor & the Actress : The Love Story of Emperor Franz Josef & Katharina Schratt*. New York. Dial Press.

433 Hasselblatt, Dora. 1933. *Elisabeth Fry: Ein Leben im Dienst an Menschen in Not*. Berlin. Acker.

434 Hayes, Deborah. 1990. *Peggy Glanville-Hicks: A Bio-Bibliography*. Westport, Conn. Greenwood.

435 Hayes, Deborah. 1991. »Peggy Glanville-Hicks: A Voice from the Inner World«. In: Zaimont, Judith Lang. 1991. *The Musical Woman. An International Perspective*. Bd. 2, 1986-1990. Westport, Conn. Greenwood, S. 371-409.

436 Hayes, Helen mit Katherine Hatch. 1990. *My Life in Three Acts*. San Diego. Harcourt Brace Jovanovich.

437 Hayes, Helen mit Lewis Funke. 1965. *A Gift of Joy*. New York. Evans & Co.

438 Hayes, Helen mit Sandford Dody. 1969. *On Reflection*. New York. Fawcett Crest.

439 Hays, Elinor Rice. 1967. *Those Extraordinary Blackwells: The Story of a Journey to a Better World*. London. Longmans.

440 Head, Bessie. 1993 [1977]. *Die Schatzsammlerin.* Erzählungen. München. dtv.

441 Head, Bessie. 1999 [1989]. *Orangen und Zitronen: Geschichten von Zärtlichkeit und Macht.* Aus d. Engl. von Hilde Schruff. Mit einem Vorwort von Gillian Stead Eilersen. Göttingen. Lamuv TB 254.

442 Head, Bessie. 2000 [1969]. *RegenWolkenZeit.* Roman. Aus d. Engl. und mit einem Nachwort von Gisela Feurle & Detlev Gohrbandt. Göttingen. Lamuv TB 288.

443 Hebenstreit, Sigurd. 1999. *Maria Montessori: Eine Einführung in ihr Leben und Werk.* Freiburg im Br. Herder.

444 Hecker, Jutta. 1973. *Corona: Das Leben der Schauspielerin Corona Schröter.* Roman. 4. Aufl. Berlin. Verlag der Nation.

445 Hedrick, Joan D. 1994. *Harriet Beecher Stowe: A Life.* New York. Oxford UP.

446 Heijst, Annelies van. 1993. *Leesbaar lichaam: Verhalen van lijden bij Blaman en Dorrestein.* Kampen. Kok Agora.

447 Heiligman, Deborah. 1995. *Mary Leakey: In Search of Human Beginnings.* New York. Freeman.

448 Heinzlmeier, Adolf, Berndt Schulz & Karsten Witte. 1982. *Die Unsterblichen des Kinos: Stummfilmzeit und die goldenen 30er Jahre.* Frankfurt/M. Fischer TB 3666.

449 Heiskanen, Christine & Piltti. 1980. *Die Sterne sind geblieben.* Zürich. Werner Classen.

450 Helleberg, Maria. 1996. *»Und sei es bis zur Hölle« — Das Leben der Königin Mathilde.* Roman. Aus d. Dän. von Gabriele Haefs. München. Heyne.

451 Hellman, Lillian. 1989 [1973]. *Pentimento: Erinnerungen.* Aus d. Engl. von Eva Buchmann. München. Frauenbuchverlag.

452 Hellwig, Renate (Hg.). 1984. *Frauen in der Politik — Die Christdemokratinnen: »Unterwegs zur Partnerschaft«.* Stuttgart/Herford. Seewald.

453 Hendrick, George.1965. *Katherine Anne Porter.* New York. Twayne.

454 Hendrick, Willene. 1988. *Katherine Anne Porter.* Boston. Twayne.

455 Herbstrith, Waltraud (Hg.). 1987 [1983]. *Edith Stein: Ein neues Lebensbild in Zeugnissen und Selbstzeugnissen.* 4. Aufl. Freiburg im Br. Herder TB 1035.

456 Herdan-Zuckmayer, Alice. 1956 [1949]. *Die Farm in den grünen Bergen.* Frankfurt/M. Fischer TB 142.

457 Herdan-Zuckmayer, Alice. 1981 [1979]. *Genies sind im Lehrplan nicht vorgesehen.* Frankfurt/M. Fischer TB 5092.

458 Herold, Christopher. 1982 [1960]. *Madame de Staël: Dichterin und Geliebte.* Aus d. Engl. von Lilly von Sauter. München. Heyne TB 99.

459 Herrmann, Dorothy. 1998. *Helen Keller: A Life.* New York. Knopf.

460 Hervé, Florence & Ingeborg Nödlinger (Hg.). 1996. *Lexikon der Rebellinnen von A bis Z.* Dortmund. edition ebersbach.

461 Herzog, Anne F. & Janet E. Kaufman. 1999. *How Shall We Tell Each Other of the Poet? The Life and Writing of Muriel Rukeyser.* New York. St. Martin's Press.

462 Hes, Else. 1914. *Charlotte Birch-Pfeiffer als Dramatikerin: Ein Beitrag zur Theatergeschichte des 19. Jahrhunderts.* Stuttgart. Metzler.

463 Hetmann, Frederik. 1980. *Drei Frauen zum Beispiel: Die Lebensgeschichte der Simone Weil, Isabel Burton und Karoline von Günderrode.* Weinheim/Basel. Beltz & Gelberg.

464 Heuer, Wolfgang. 1987. *Hannah Arendt in Selbstzeugnissen und Bilddokumenten*. Reinbek bei Hamburg. rororo monographie 379.

465 Heuser, Friedrich W. J. 1961. »Das Leben Ida Orloffs und ihre Beziehungen zu Hauptmann«, in: *Gerhart Hauptmann: Zu seinem Leben und Schaffen*. Tübingen. Niemeyer, S. 100-154.

466 Heyden-Rynsch, Verena von der. 1989. »Lebefrau des Geistes«, in: *ZeitMagazin* 2/1989, S. 82-88.

467 Heymann, Dagmar, Angelika Moser & Agnes Sandner. o.J. [1997]. *Bedeutende Naturwissenschaftlerinnen*. FiT Frauen in der Technik, Darmstadt in Zusammenarbeit mit dem Bundesministerium für Bildung, Wissenschaft, Forschung und Technologie.

468 Hickethier, Knut. 1986. *Grenzgänger zwischen Theater und Kino: Schauspielerporträts aus dem Berlin der zwanziger Jahre*. Berlin. Ästhetik und Kommunikation.

469 Higham, Charles. 1986. *Lucy: The Life of Lucille Ball*. New York. St. Martin's Press.

470 Higham, Charles. 1988. *The Duchess of Windsor: The Secret Life*. New York u.a. McGraw Hill.

471 Hildebrandt, Irma. 1987. *Zwischen Suppenküche und Salon: 18 Berlinerinnen*. München. Eugen Diederichs.

472 Hildebrandt, Irma. 1994. *Die Frauenzimmer kommen: 15 Zürcher Porträts*. München. Eugen Diederichs.

473 Hildebrandt, Irma. 2000. *Tun wir den nächsten Schritt: 18 Frankfurter Frauenporträts*. München. Hugendubel (Diederichs).

474 *Hildegard von Bingen: Prophetin durch die Zeiten*. Zum 900. Geburtstag. hg. von Edeltraud Forster und dem Konvent der Benedikterinnenabtei St. Hildegard. Freiburg im Br. Herder. 1997.

475 Hill, James. 1983. *Rita Hayworth: A Memoir*. New York. Simon & Schuster.

476 Hillesum, Etty. 1983 [1981]. *Das denkende Herz der Baracke: Die Tagebücher von Etty Hillesum*. Hg. und eingel. von J. G. Gaarlandt. Aus d. Niederl. von Maria Csollány. Freiburg/Heidelberg. Kerle.

477 Hillesum, Etty. 1986 [1982]. *Letters From Westerbork*. Einleitung. u. Anm. G. Gaarlandt. Aus d. Niederl. von Arno Pomerans. New York. Pantheon.

478 Hills, Patricia. 1983. *Alice Neel*. New York. Abrams.

479 Hilt, Kathryn & Ruth M. Alvarez. 1990. *Katherine Anne Porter: An Annotated Bibliography*. New York. Garland.

480 Hine, Darlene Clark (Hg.). 1994 [1993]. *Black Women in America: An Historical Encyclopedia*. Mit-Hg. Elsa Barkley Brown & Rosalynn Terborg-Penn. Bloomington, Ind./ Indianapolis, Ind. Indiana UP.

481 Hirsch, Helmut. 1987. *Bettine von Arnim in Selbstzeugnissen und Bilddokumenten*. Reinbek bei Hamburg. rororo monographie.

482 Hirschbach, Denny & Sonia Nowoselsky. 1993. *Zwischen Aufbruch und Verfolgung: Künstlerinnen der zwanziger und dreißiger Jahre*. Bremen. Zeichen + Spuren.

483 Hixon, Don L. & Don Hennessee. 1975. *Women in Music: A Biobibliography*. Metuchen, N.J. Scarecrow.

484 Hock, Erich. 1995. *Dort drüben, in Westphalen: Hölderlins Reise nach Bad Driburg mit Wilhelm Heinse und Susette Gontard*. Stuttgart. Metzler.

485 Hodge, Jane Aiken. 1984. *The Private World of Georgette Heyer*. London/ Sydney/Toronto. The Bodley Head.

486 Hodin, Josef Paul. 1979. *Aus den Erinnerungen von Else Meidner: Eine Würdigung ihres Werkes*. Mit einem Beitrag von Max Peter Maass und einem Nachwort von Heinz Winfried Sabais. Darmstadt. Liebig.
487 Höcker, Karla. 1961. *Erna Berger*. Berlin. Rembrandt.
488 Höfer, Josef & Karl Rahner. 1960. *Lexikon für Theologie und Kirche*. Freiburg im Br. Herder.
489 Höhne, Heinz. 1970. *Kennwort: Direktor: Die Geschichte der Roten Kapelle*. Frankfurt/M. Fischer.
490 Hörner, Unda. 1993. *Das Romanwerk Elsa Triolets: Im Spannungsfeld von Avantgarde und sozialistischem Realismus*. Essen. Blaue Eule.
491 Hörner, Unda. 1998 [1996]. *Die realen Frauen der Surrealisten: Simone Breton, Gala Eluard, Elsa Triolet*. Frankfurt/M. Suhrkamp TB 2816.
492 Hoffman, Malvina. 1936. *Heads and Tales*. London. Charles Scribner's Sons.
493 Hoffman, Malvina. 1937. *Sculpture Inside and Out*. London. G. Allen & Unwin.
494 Hoffman, Malvina. 1965 [1937]. *Yesterday Is Tomorrow: A Personal History*. New York. Crown.
495 Hoffmann, Gabriele. 1995. *Frauen machen Geschichte*. Bergisch Gladbach. Gustav Lübbe.
496 Hohmann, Klaus. 1998. *Luise Hensel in ihrer Zeit: Ein Lebensabriß*. Berlin. Morus.
497 Holladay, Hilary. 1996. *Ann Petry*. New York. Twayne.
498 Holt, Hazel. 1990. *A Lot to Ask: A Life of Barbara Pym*. London. Macmillan.
499 Holum, Kenneth. 1982. *Theodosian Empresses: Women and Imperial Dominion in Late Antiquity*. Berkeley & Los Angeles. Univ. of California Press.
500 Homer, Anne. 1973. *Louise Homer and the Golden Age of Opera*. New York. Morrow.
501 Homer, Sidney. 1978 [1939]. *My Wife and I: The Story of Louise and Sidney Homer*. New York. Da Capo.
502 Honolka, Kurt. 1982. *Die großen Primadonnen: Vom Barock bis zur Gegenwart*. Wilhelmshaven. Heinrichshofen's Vlg.
503 Horney, Brigitte. 1992. *So oder so ist das Leben. Eine unvergeßliche Schauspielerin erzählt ihr Leben*. Aufgezeichnet von Gerd Höst-Heyerdahl. München. Scherz.
504 Horney, Karen. *Die Psychologie der Frau*. Ges. Aufsätze. Frankfurt/M. Fischer TB 42246.
505 Horst, Eberhard. 1997. *Geliebte Theophanu: Deutsche Kaiserin aus Byzanz*. Romanbiographie. Reinbek bei Hamburg. rororo TB 13934.
506 Huber, Antje (Hg.). 1984. *Frauen in der Politik – Die Sozialdemokratinnen: »Verdient die Nachtigall Lob, wenn sie singt?«* Stuttgart/Herford. Seewald.
507 Huch, Ricarda. 1980. *Erinnerungen an das eigene Leben*. Frankfurt/M./Berlin/Wien. Ullstein TB 37012.
508 Huffmann, Ursula, Dorothea Frandsen & Annette Kuhn (Hg.). 1987. *Frauen in Wissenschaft und Politik*. Düsseldorf. Schwann.
509 Humphrey, Doris. 1972. *An Artist First: An Autobiography*. Hg. und vervollständigt von Selma Jeanne Cohen. Middletown, Conn. Wesleyan UP.
510 Humphrey, Doris. 1985 [1959]. *Die Kunst, Tänze zu machen*. Wilhelmshaven. Heinrichshofen's Verlag.

511 Huser, France. 1993. *Charlotte Corday ou L'ange de la colère*. Paris. Laffont.

512 Ibarbourou, Juana de. 1971. *Juan, soldado*. Biblioteca Clasica y Contemporanea. Buenos Aires. Losada.

513 Ibarbourou, Juana de. 1972. *Poesia y Prosa 1919-1971*. Vorwort und Auswahl von Jorge Abeleche. Biblioteca Clasica y Contemporanea. Buenos Aires. Losada.

514 Iggers, Wilma A. 1995. *Women of Prague: Ethnic Diversity and Social Change from the Eighteenth Century to the Present*. Providence, R.I. Berghahn.

515 *Im Vertrauen: Hannah Arendt – Mary McCarthy: Briefwechsel 1949-1975*. Hg. u. Einf. Carol Brightman. Aus d. am. Engl. von Ursula Ludz & Hans Moll. München 1995. Serie Piper 2475.

516 *Ingeborg Drewitz: Materialien zu Werk und Wirken*. Unter Mitarbeit von Christa Melchinger und Bernhard Drewitz hg. von Titus Häussermann. Stuttgart. Radius. 1988.

517 *Irmgard Seefried – Ein Porträt*. Reihe »Dokumente«. DG 410 847-1 bei Polydor. 6 Langspielplatten.

518 Jablonskaja, Mjuda N. 1990. *Russische Künstlerinnen 1900-1935*. Hg. Anthony Parton. Bergisch Gladbach. Gustav Lübbe.

519 Jackson, Carlton.1989. *Hattie: The Life of Hattie McDaniel*. New York. Madison.

520 Jacobson, Laurie. 1984. *Hollywood Heartbreak: The Tragic and Mysterious Deaths of Hollywood's Most Remarkable Legends*. New York. Simon & Schuster.

521 Jansiti, Carlo. 1999. *Violette Leduc*. Paris. Grasset.

522 Jarchow, Peter & Ralf Stabel. 1997. *Palucca: Aus ihrem Leben – Über ihre Kunst*. Berlin. Henschel.

523 Jay, Karla. 1988. *The Amazon and the Page: Natalie Clifford Barney and Renée Vivien*. Bloomington, Ind. Indiana UP.

524 *Jeanne Mammen 1890-1976*. Hg. von der Jeanne-Mammen-Gesellschaft in Verbindung mit der Berlinischen Galerie. Bildende Kunst in Berlin, Bd. 5. Stuttgart-Bad Cannstadt. Edition Cantz. 1978.

525 *Jeanne Mammen: Köpfe und Szenen 1920-1933*. Ausstellungskatalog. Redaktion Marga Döpping et al. Bonn. VG Bildkunst.

526 Jefferson, Alan. 1991 [1988]. *Lotte Lehmann: Eine Biographie*. Aus d. Engl. von Ulrike & Manfred Halbe-Bauer. Zürich. Schweizer Verlagshaus.

527 *Jewish American Women Writers: A Bio-Bibliographical and Critical Sourcebook*. Hg. Ann R. Shapiro, Sara R. Horowitz, Ellen Schiff & Miriyam Glazer. Westport, Conn. Greenwood.

528 Jezic, Diane Peacock. 1988. *Women Composers: The Lost Tradition Found*. Vorwort Elizabeth Wood. New York. The Feminist Press.

529 Joeres, Ruth-Ellen Boetcher. 1983. *Die Anfänge der deutschen Frauenbewegung: Louise Otto-Peters*. Frankfurt/M. Fischer TB 3729.

530 *Johanna Spyri – Conrad Ferdinand Meyer: Briefwechsel 1877-1897*. Mit einem Anhang: Briefe der Johanna Spyri an die Mutter und die Schwester C.F. Meyers 1853-1897. Hg. Hans & Rosmarie Zeller. Kilchberg. Mirio Romano 1977.

531 Juchacz, Marie. 1955. *Sie lebten für eine bessere Welt: Lebensbilder führender Frauen des 19. und 20. Jahrhunderts*. Berlin/Hannover. Dietz Verlag Nachf.

532 Judson, H. 1941. *Edith Cavell.*
533 Jürgens, Urda. 1990. *Raissa Gorbatschowa*. Düsseldorf u.a. Econ.
534 Jürgs, Michael.1991. *Der Fall Romy Schneider: Eine Biographie*. München/Leipzig. List.
535 Juneau, James. 1974. *Judy Garland. Ihre Filme – ihr Leben*. München. Heyne.
536 Kaiser, Joachim. 1979. »Ein selbstgewähltes Schicksal: Zum Tod von Gertrud Kückelmann«, in: *Süddeutsche Zeitung*, 19.1.1979.
537 Kapp, Julius. 1951. *Richard Wagner und die Frauen*. Berlin. Hesse & Becker.
538 Karlin, Alma M. 1929. *Einsame Weltreise*. Minden. Köhler.
539 Karlin, Alma M. 1933. *Erlebte Welt: Das Schicksal einer Frau* [=gekürzte Neuaufl. d. zweibändigen Reisewerks]. Minden. Köhler.
540 Katarzyna Kobro, 1898-1951. *Ausstellung und Katalog: Jaromir Jedlinski*. Hg.: Muzeum Sztuki w Lódzi & Städtisches Museum Abteiberg, Mönchengladbach. Köln. Wienand. 1991.
541 Kay, Karyn. 1977. *Myrna Loy*. New York. Pyramid.
542 Keil, Ulrike B. 1996. *Luise Adolpha Le Beau und ihre Zeit*. Frankfurt/M. Lang.
543 Keitel, Evelyne. 1985. »Mary Lamb (1764-1847): Mary Lamb, die englische Romantik und ein Muttermord«, in: Pusch, Luise F. (Hg.). 1985. *Schwestern berühmter Männer*, S. 155-192.
544 Keitel, Evelyne. 1999. »Kate Chopin (1850-1904): Der Wahnsinn des Literaturbetriebs«, in: Duda, Sibylle & Luise F. Pusch (Hg.). 1999. *Wahnsinns-Frauen*. Dritter Band. Frankfurt/M. suhrkamp TB 2493, S. 111-138.
545 Keller, Helen. 1956 [1955]. *Meine Lehrerin und Freundin Ann Sullivan*. Aus d. am. Engl. von Werner de Haas. Bern. Scherz.
546 Kemble, Fanny. 2000. *Fanny Kemble's Journals*. Hg. u. Einleitung. Catherine Clinton. Cambridge, Mass. Harvard UP.
547 Kent, John. 1962. *Elizabeth Fry*. London. Batsford.
548 Kerber, Linda K. 1986 [1980]. *Women of the Republic: Intellect and Ideology in Revolutionary America*. New York/London. Norton.
549 Kerschbaumer, Marie-Therese. 1982 (1980). *Der weibliche Name des Widerstands: Sieben Berichte*. München. dtv 6338.
550 Kestenholz, Salomé. 1988. *Die Gleichheit vor dem Schafott: Porträts französischer Revolutionärinnen*. Darmstadt/Neuwied. Sammlung Luchterhand 818.
551 Kesting, Jürgen. 1986. *Die großen Sänger*. 3 Bde. Düsseldorf. Claassen.
552 Key, Ellen. 1899/1900. »Ernst Ahlgren (Victoria Benedictsson)«, in: *Die Frau*, 7, 1899/1900, S. 678-691, 740-758.
553 Kezich, Tullio. 1989. *Fellini: Eine Biographie*. Aus d. Ital. von Sylvia Höfer. Zürich. Diogenes.
554 Kienle, Else. 1989 [1931]. *Frauen – Aus dem Tagebuch einer Ärztin*. Mit historischen Erläuterungen von Maja Riepl-Schmidt. Stuttgart. Schmetterling.
555 Kingsley, Mary Henrietta. 1993. *Travels in West Africa*. London. J.M. Dent.
556 Kinkel, Gottfried. 1931. *Selbstbiographie 1838-48*. Bonn. Fr. Cohen.
557 Kinkel, Johanna. 1860. *Hans Ibeles in London*. Stuttgart. Cotta.
558 Kinkel, Johanna & Gottfried. 1849. *Erzählungen*. Stuttgart. Cotta.
559 Kircher, Susanne. 1976. *Roman Scandal: The Story of Beatrice Cenci*. Roman. New York. Mason/Charter.

560 Kirkham, Pat. 1995. *Charles and Ray Eames: Designers of the Twentieth Century*. Cambridge Mass. MIT Press.

561 Kittredge, Mary. 1990. *Helen Hayes*. New York. Chelsea House.

562 Klein, Dagmar. 1997. *Frauen in der Gießener Geschichte: 52 Biographien und sozio-kulturelle Hintergründe*. Hg. Ursula Passarge, Frauenbeauftragte beim Oberbürgermeisteramt der Stadt Gießen. Gießen.

563 Kleine, Gisela. 1997. *Gabriele Münter und die Kinderwelt*. Mit farbigen Abbildungen. Frankfurt. Insel TB 1924.

564 Kleine, Gisela. 1998. *Gabriele Münter und Wassily Kandinsky*. Frankfurt/M. Suhrkamp TB 2807.

565 Kleinman, Ruth. 1985. *Anne of Austria: Queen of France*. Columbus, O. Ohio State UP.

566 Klens, Ulrike. 1994. *Mathematikerinnen im 18. Jahrhundert: Maria Gaetana Agnesi, Gabrielle-Emilie du Châtelet, Sophie Germain*. Pfaffenweiler. Centaurus.

567 Knauss, Sibylle. 1981. *Ach Elise, oder Lieben ist ein einsames Geschäft*. Hamburg. Hoffmann und Campe.

568 Knauss, Sibylle. 1988. *Charlotte Corday*. Roman. Hamburg. Hoffmann und Campe.

569 Knef, Hildegard. 1983. *Romy: Betrachtung eines Lebens*. Hamburg. Knaus.

570 Knorr, Birgit & Rosemarie Wehling. 1993. *Frauen im deutschen Südwesten*. Schriften zur politischen Landeskunde Baden-Württembergs. Stuttgart/Berlin/Köln. Kohlhammer.

571 Kobal, John. 1982 [1977]. *Rita Hayworth: The Time, the Place, and the Woman*. London. W. H. Allen.

572 Koegler, Horst. 1955. »Gsovsky and the Dance Theatre – Berlin«, in: *Dance Magazine*, Oktober 1955.

573 Koenen, Anna. 1986. »Männer – die übelsten Primaten der Erde: Die Kurzgeschichten von James Tiptree jr.«, in: Barbara Holland-Cunz (Hg.). 1986. *Feministische Utopien – Aufbruch in die postpatriarchale Gesellschaft*. Edition Futurum Band 9. Meitingen. Corian.

574 Koepcke, Cordula. 1981. *Louise Otto-Peters: Die rote Demokratin*. Freiburg im Br. Herderbücherei 855.

575 Köpenick, Lutz. 1997. »En-gendering Mass Culture: The Case of Zarah Leander«, in: Patricia Herminghouse & Magda Mueller (Hg.). *Gender and Germanness: Cultural Productions of Nation*. Providence, R.I. Berghahn, S. 161-175.

576 Kohut, Adolph. o.J. *Die Gesangsköniginnen in den letzten drei Jahrhunderten*. 2 Bde. Berlin. Kuhz.

577 Kokula, Ilse. 1989. »Sophie Höchstetter (1873-1943)«, in: *Ariadne* 4/1989, S. 16-21.

578 Kolinska, Krystyna. 1983. *Listy do nie kochanych*. Katowice. Slask.

579 Kollontai, Alexandra. 1970. *Autobiographie einer sexuell emanzipierten Kommunistin*. Nachwort Iring Fetscher. München. Rogner & Bernhard.

580 Kollontai, Alexandra. 1975. *Die Situation der Frau in der gesellschaftlichen Entwicklung: Vierzehn Vorlesungen vor Arbeiterinnen und Bäuerinnen*. Aus d. Schwed. von Claudia Sternberg. Frankfurt/M. Neue Kritik.

581 Kollontai, Alexandra. 1979. *Der weite Weg: Erzählungen. Aufsätze, Kommentare*. Aus d. Russ. von Gertraude Krueger und Eva Pilz. Frankfurt/M. Neue Kritik.

582 *Kontrapunkt – GEDOK gestern, heute: Dokumentation der GEDOK Rhein-Main-Taunus zum 50. Todesjahr der GEDOK-Gründerin Ida Dehmel (1870-1942)*. Hg. Margarete Sorg & Margarete Sorg-Rose. Mainz. GEDOK Rhein-Main-Taunus. 1992.
583 Kord, Susanne. 1992. *Ein Blick hinter die Kulissen: Deutschsprachige Dramatikerinnen im 18. und 19. Jahrhundert*. Stuttgart. Metzler.
584 Kotsilibas-Davis, James & Myrna Loy. 1987. *Myrna Loy: Being and Becoming*. New York. Knopf.
585 Krajewska, Barbara. 1993. *»Du cœur à l'esprit«: Mlle de Scudéry et ses samedis*. Paris. Editions Kimé.
586 Krause, Barbara. 2000. *Der blaue Vogel auf meiner Hand: Marianne Werefkin und Alexej Jawlensky*. Romanbiographie. 2. neuausgestatt. Aufl. Freiburg im Br. Herder Spektrum.
587 Kraushaar, Luise (Hg.). 1970. *Deutsche Widerstandskämpfer 1933-1945*. Bd. 1. Berlin. Dietz.
588 Kravinskij-Stepnjak, Sergej. 1883. *Podpol'naja Rossija*. London. Smith, Elder & Co.
589 Kreis, Gabriele. 1988. *Frauen im Exil*. Darmstadt/Neuwied. Sammlung Luchterhand 813.
590 Kreis, Gabriele. 1993. *»›Schreiben aus eigener Erfahrung ...‹. Drei Schriftstellerinnen im Exil: Lili Körber, Irmgard Keun, Adrienne Thomas«*, in: Hirschbach & Nowoselsky (Hg.). 1993, S. 65-80.
591 Kremnitz, Mite. o.J. *Carmen Sylva: Eine Biographie*. Leipzig. Haberland.
592 Kreyder, Laura. 1987. *L'Enfance des saints et des autres*. Essai sur la Comtesse de Ségur. Fasano (Italien). Schena-Nizet.
593 Kroll, Renate. 1985. »Nathalie Sarraute«, in: *Kritisches Lexikon zur deutschsprachigen Gegenwartsliteratur*. Hg. Heinz Ludwig Arnold. München. Edition text + kritik.
594 Kronstadt, Janet. 1990. *Florence Sabin*. New York. Chelsea House.
595 Krüger, Hanna. 1936. *Die unbequeme Frau: Käthe Schirmacher im Kampf für die Freiheit der Frau und die Freiheit der Nation 1865-1930*. Berlin.
596 Krüll, Marianne. 1991. *Im Netz der Zauberer: Eine andere Geschichte der Familie Mann*. Zürich. Arche.
597 Krull, Edith & Werner Gommlich. 1964. *Palucca*. Berlin. Henschel 1972.
598 Kühn, Dieter. 1980. *Josephine: Aus der öffentlichen Biographie der Josephine Baker*. Frankfurt/M. Suhrkamp TB 587.
599 Kunc, Jaroslav. 1945. *Slovnik soudobych ceskych spisovatelu 1918-1945*. Prag. Orbis.
600 Kurtz, Harold. 1965. *Eugénie: Kaiserin der Franzosen (1826-1920)*. Aus. d. Engl. von E. M. Krauss. Tübingen. Wunderlich.
601 Kuthy, Sandor & Kuniko Satonobu. 1991. *Sonia & Robert Delaunay: Künstlerpaare – Künstlerfreunde; dialogues d'artiste — résonances*. Aus d. Frz. von Hubertus von Gemmingen. Stuttgart. Gerd Hatje.
602 Kutsch, Karl Josef & Leo Riemens. 1975. *Unvergängliche Stimmen: Sängerlexikon*. Bern/München. Francke.
603 Kuzniar, Alice A. 1999. *»Zarah Leander and Transgender Specularity«*, in: Film Criticism, Winter-Spring, 1999, S. 74ff.
604 La Mara [=Marie Lipsius]. 1902. *Musikalische Studienköpfe*. Band 5: Die Frauen im Tonleben der Gegenwart. 3. neubearb. Aufl. Mit 24 Bildnissen. Leipzig. Breitkopf & Härtel.

605 La Rochefoucauld, Edmée de. 1976. *Anna de Noailles*. Paris. Mercure de France.

606 Lac, Christine. 1988. *Women and Children First: A Comparative Study of Louisa May Alcott and Sophie de Ségur* (Rostoptchine). Diss. Univ. of Nebraska.

607 Ladero (Quesada), Miguel Angel. 1992 [1989]. *Das Spanien der Katholischen Könige: Ferdinand von Aragon und Isabella von Kastilien (1469-1516)*. Aus d. Span. von Elsbeth Horn. Innsbruck. Haymon.

608 Lamb, Charles und Mary. 1903-05. *The Works of Charles and Mary Lamb*. 7 Bde. Hg. E.V. Lucas. London/New York. Methuen & Putnam's.

609 Langdale, Cecily & David Fraser Jenkins.1986. *Gwen John: An Interior Life. With a catalogue raisonné of the paintings and a selection of the drawings*. New York. Rizzoli.

610 Lange, Helene. 1924-25. »Dr. Marie Heim-Vögtlin – die erste Schweizer Ärztin«, in: *Die Frau*, 32. Jg. 1924/25, S. 197-204.

611 Langer, Susanne Knauth. 1942. *Philosophy in a New Key*. Cambridge, Mass. Harvard UP.

612 Langner, Martin-M. 1988. *Der Brief als Problem der Edition, dargestellt an der Korrespondenz von Christine Hebbel, und: Briefe von Christine Hebbel* (Ergänzungsband zu »Der Brief als Problem der Edition«). Wissenschaft und Forschung 3. Berlin. Weidler.

613 Larsen, Egon. 1987. *Die Welt der Gabriele Tergit: Aus dem Leben einer ewig jungen Berlinerin*. München. Auerbach.

614 Lash, Joseph. 1980. *Helen and Teacher: The Story of Helen Keller and Ann Sullivan Macy*.

615 Lasser, Carol & Marlene Deahl Merrill (Hg.). 1987. *Friends and Sisters: Letters between Lucy Stone and Antoinette Brown Blackwell, 1846-93*. Urbana, Ill. Univ. of Illinois Press.

616 Lassimonne, Denise. 1966. *Myra Hess: By her Friends*. Zusammenstellung. Denise Lassimonne. Hg. u. Einleitung. Howard Ferguson. London. Hamilton.

617 Laubichler, Manfred D. 1999. *Oskar and Cécile Vogt: From the Neo-Cortex to Bumble Bees*. Berlin. Max-Planck-Inst. für Wissenschaftsgeschichte.

618 Laures, Johannes. 1957. *Gracia Hosokawa*. Kaldenkirchen. Steyler.

619 Lavater-Sloman, Mary. 1979 [1956]. *Elisabeth I.: Herrin der Meere*. Bergisch Gladbach. Bastei-Lübbe TB 61039.

620 Le Beau, Luise Adolpha. 1910. *Lebenserinnerungen einer Komponistin*. Baden-Baden. Sommermayer.

621 Le Gallienne, Eva. 1974 [1953]. *With a Quiet Heart: An Autobiography*. Westport, Conn. Greenwood.

622 Leach, Joseph. 1970. *Bright Particular Star: The Life and Times of Charlotte Cushman*. New Haven, Conn. Yale UP.

623 Leakey, Mary D. 1979. *Olduvai Gorge: My Search for Early Man*. London. Collins.

624 Leakey, Mary D. 1984. *Disclosing the Past: An Autobiography*. Garden City, N.Y. Doubleday.

625 Leaming, Barbara. 1989. *If this was Happiness: A Biography of Rita Hayworth*. New York. Viking.

626 Leander, Zarah. 1973. *Es war so wunderbar! Mein Leben*. Hamburg. Hoffmann und Campe.

627 Lebrige, Arlette. 1991 [1986]. *Liselotte von der Pfalz*. Aus d. Frz. von Andrea Spingler. München. Heyne TB 12/202.
628 Leduc, Violette. 1965 [1964]. *Die Bastardin*. München/Zürich. Piper.
629 Lee, Carol A. 2000. *Anne Frank: Eine Biographie*. Aus d. Engl. von Bernd Rullkötter & Bärbel Schäfer. München. Piper.
630 Lehmann, Lotte. 1937. *Anfang und Aufstieg: Lebenserinnerungen*. Wien/Leipzig/Zürich. Herbert Reichner.
631 Lehmann, Lotte. 1948. *My many Lives*. New York. Boosey & Hawkes.
632 Lehmann, Lotte. 1971. *Eighteen Song Cycles: Studies in their Interpretation*. Vorwort Neville Cardus. London. Cassell.
633 Lehmann, Rosamond. 1987. *Der Schwan am Abend: Fragmente eines Lebens*. Die Frau in der Gesellschaft. Frankfurt/M. Fischer TB 3772.
634 Lehmann, Rosamond. 1989. *Dunkle Antwort*. Die Frau in der Gesellschaft. Frankfurt/M. Fischer TB 3771.
635 Lehnhardt, Rolf. 1973. *Die Lucie-Mannheim-Story: Geschichte eines Schauspielerlebens*. Remagen-Rolandseck. Rommerskirchen.
636 Leitich, Ann Tizia. 1967. *Eine rätselhafte Frau: Madame Récamier und ihre Freunde*. Hamburg. Marion von Schröder.
637 Leitner, Ingrid. 1999. *Die Attentäterin Vera Zasulic*. Freiburg im Br. Kore.
638 Leitner, Maria. 1988 [1932]. *Eine Frau reist durch die Welt: Ein Reisebericht*. Berlin. Dietz.
639 Leitner, Maria. 1999. *Reportagen aus Amerika: Eine Frauenreise durch die Welt der Arbeit in den 1920er Jahren*. Hg., bearb. und Nachwort von Gabriele Habinger. [Orig. Ausg. Berlin 1932 unter dem Titel: *Eine Frau reist durch die Welt*]. Wien. Promedia.
640 Leitner, Thea. 1994 [1987]. *Habsburgs verkaufte Töchter*. München. Serie Piper.
641 Leitner, Thea. 1994 [1989]. *Habsburgs vergessene Kinder*. München. Serie Piper.
642 Leitner, Thea. 1995 [1993]. *Skandal bei Hof: Frauenschicksale an europäischen Königshöfen*. München. Serie Piper.
643 Lennartz, Franz. 1969. *Deutsche Dichter und Schriftsteller unserer Zeit: Einzeldarstellungen zur Schönen Literatur in deutscher Sprache*. 10. erw. Auflage. Stuttgart. Kröners Taschenausgabe 151.
644 Lensing, Elise. 1928. *Briefe an Friedrich und Christine Hebbel*. Hg. im Auftrage des Hebbel-Museums in Wesselburen von Rudolf Kardel. Berlin/Leipzig. Behrs Verlag – Friedrich Feddersen.
645 Lerner, Gerda. 1987.«Where Biographers Fear to Tread«, in: *The Women's Review of Books*, 9/1987, S. 11-12.
646 LeStourgeon, Diana E. 1965. *Rosamond Lehmann*. New York. Twayne.
647 Levaillant, Maurice. 1958. *The Passionate Exiles: Madame de Staël and Madame Récamier*. Aus d. Frz. von Malcolm Barnes. New York. Farrar, Straus & Cudahy.
648 Levi, Jan Heller (Hg.). 1994. *A Muriel Rukeyser Reader*. New York u.a. Norton.
649 Levin, Carole. 1994. *»The Heart and Stomach of a King«: Elizabeth I. and the Politics of Sex and Power*. Philadelphia. Univ. of Philadelphia Press.
650 *Lexikon ceské literatury. Osobnosti, díla, instituce*. 1985. 5 Bände. Prag. Academia.

651 *Lexikon der Frau.* 1953/4. 2 Bände. Zürich. Enzyklios oder Ex Libris (Lizenzausgabe).

652 Liddington, Jill. 1978. *One Hand Tied Behind Us: The Rise of the Women's Suffrage Movement.* London. Virago.

653 Liedtke, Max. 1968. *Johann Heinrich Pestalozzi in Selbstzeugnissen und Bilddokumenten.* Reinbek bei Hamburg. rororo monographie 138.

654 Lindtke, Gustav. 1957. »Maria Slavona«, in: *Der Wagen,* 1957, S. 87-98.

655 Linsmayer, Charles. 1989. *Literaturszene Schweiz: 157 Kurzporträts von Rousseau bis Gertrud Leutenegger.* Zürich. Unionsverlag.

656 Lischke, Ute. 2000. *Lily Braun, 1865-1916: German writer, feminist, socialist.* Rochester, N.Y. Camden House.

657 Liss, Peggy K. 1992. *Isabel the Queen: Life and Times.* New York/Oxford. Oxford UP.

658 Ljungdahl, Lesley A.D. 1993. »*Catherine Helen Spence: From ›a Colonist of 1839‹ to ›the Grand Old Woman of Australia‹*«(Ph.D. thesis, University of New South Wales), Dissertation Abstracts International, Bd. 55, Nr. 2, 8/1994.

659 Loos, Lina. 1986. *Das Buch ohne Titel: Erlebte Geschichten.* Hg. Adolf Opel & Herbert Schimek. Wien/Graz/Köln. Böhlau.

660 Lord, James. 1998. *Picasso und Dora Maar.* Aus d. am. Engl. von Astrid von dem Borne & Irmengard Gabler. Frankfurt. Fischer TB 13798.

661 *Louise Otto-Peters: Ihr literarisches und publizistisches Werk.* Katalog zur Ausstellung, hg. im Auftrag der Louise-Otto-Peters-Gesellschaft e.V. von Johanna Ludwig & Rita Jorek. Leipzig 1995. Leipziger Universitätsverlag.

662 Lovell, Mary S. 1987. *Leben für Afrika.* München. Goldmann.

663 Lovell, Mary S. 1998. *A Rage to Live: A Biography of Richard and Isabel Burton.* New York. Norton.

664 Lühe, Irmela von der. 1997 [1993]. *Erika Mann: Eine Biographie.* Frankfurt/M. Fischer TB 12598.

665 Lühe, Irmgard von der. 1980. *Eine Frau im Widerstand: Elisabeth von Thadden und das Dritte Reich.* Freiburg im Br. Herderbücherei 785.

666 Lührs, Corrie. 1976. *Mijn zuster Anna Blaman.* Amsterdam. Meulenhoff Nederland.

667 Lütgens, Annelie. 1991. »*Nur ein Paar Augen sein –*« *: Jeanne Mammen, eine Künstlerin in ihrer Zeit.* Berlin. Reimer.

668 Lütkehaus, Ludger (Hg.). 1997. *Die Schopenhauers: Der Familienbriefwechsel von Adele, Arthur, Heinrich Floris und Johanna Schopenhauer.* Zürich. Haffmans.

669 Luke, Sir Harry. 1954. *Queen Salote and her Kingdom.* London. Putnam.

670 Lutyens, Elisabeth. 1972. *A Goldfish Bowl: The Autobiography of Elisabeth Lutyens.* London. Cassel & Co.

671 Lyon, Christopher & Susan Doll (Hg.). 1986. *The International Dictionary of Films and Filmmakers.* Bd. 2: Directors/Filmmakers. London. St. James Press.

672 Lyons, Len. 1983. *The Great Jazz Pianists.* New York. Morrow.

673 MacCaffrey, Wallace. 1993. *Elizabeth I.* London u.a. Arnold.

674 MacDonald, Ruth K. 1983. *Louisa May Alcott.* Boston. Twayne.

675 MacDougall, Dorothy. 1972 [1938]. *Mlle de Scudéry: Her Romantic Life and Death.* New York. Benjamin Blom.

676 Mackenzie, Midge. 1988 [1975]. *Shoulder to Shoulder: A Documentary*. New York. Random House.
677 Mackinnon, Lachlan. 1992. *The Lives of Elsa Triolet*. London. Chatto & Windus.
678 MacLeod, Charlotte. 1994. *Had She But Known: A Biography of Mary Roberts Rinehart*. New York. Mysterious.
679 Madsen, Axel. 1989. *Sonia Delaunay: Artist of the Lost Generation*. New York. McGraw-Hill.
680 Madsen, Axel. 1994. *Stanwyck*. New York. Harper Collins.
681 Magarey, Susan. 1985. *Unbridling the Tongues of Women: A Biography of Catherine Helen Spence*. Sydney. Hale & Ironmonger.
682 Magnani, Franca. 1990. *Eine italienische Familie: Autobiographie*. Köln. Kiepenheuer & Witsch.
683 Magnani, Franca. 1997. *Mein Italien*. Hg. Sabina Magnani von Petersdorff & Marco Magnani. Köln. Kiepenheuer & Witsch.
684 Mahler-Werfel, Alma. 1963 [1960]. *Mein Leben*. Frankfurt/M. Fischer TB 545.
685 Mainiero, Lina (Hg.). 1980. American Women Writers. New York. Ungar.
686 Malamani, V. 1910. *Rosalba Carriera*. Bergamo.
687 Maletzke, Elsemarie. 1988. *Das Leben der Brontës*. Frankfurt/M. Frankfurter Verlagsanstalt.
688 Maletzke, Elsemarie. 1997. *Jane Austen: Eine Biographie*. Frankfurt/M. Schöffling.
689 Maltin, Leonard. 1976. *Carole Lombard*. Pyramid.
690 Mander, Gertrud. 1998. *Königin Luise*. Berlin. Stapp.
691 Mann, Erika. 1938. *Zehn Millionen Kinder: Die Erziehung der Jugend im Dritten Reich*. Mit einem Geleitwort von Thomas Mann. Amsterdam.
692 Mann, Erika. 1956. *Das letzte Jahr: Bericht über meinen Vater*. Frankfurt/M.
693 Mann, Erika. 1988 [1984]. *Briefe und Antworten 1922-1969*. 2 Bde. Hg. Anna Zanco Prestel. München. dtv 10864.
694 Manns, Peter (Hg.). 1975. *Die Heiligen: Alle Biographien zum Regionalkalender für das deutsche Sprachgebiet*. Mainz. Matthias-Grünewald-Verlag.
695 Marañón, Gregorio. 1959 [1947]. *Antonio Pérez, der Staatssekretär Philipps II*. Wiesbaden. Insel.
696 Marbach, Felix Stanislaus. 1940. *Isabelle Kaiser: Der Dichterin Leben und Werk*. Rapperswil. Berti.
697 *Maria Slavona 1865-1931: Eine deutsche Impressionistin*. Ausstellungskatalog. Berlin, Sammlung Bröhan – Lübeck, St.-Annen-Museum. Katalog u. Organisation Margrit Bröhan. Berlin. Sammlung Stiftung Bröhan. 1981.
698 Maria von Rumänien. 1935. *Traum und Leben einer Königin*. Leipzig. Paul List [o.J.].
699 *Marianne Werefkin: Gemälde und Skizzen*. 1980. Ausstellungskatalog. Wiesbaden. Museum Wiesbaden.
700 *Marie Baum: Ein Leben in sozialer Verantwortung*. Hg. Werner Moritz. Bearb. von Petra Schaffrodt. Reihe Archiv und Museum der Universität Heidelberg. verlag regionalkultur.
701 Markham, Beryl. 1988 [1987]. *Rivalen der Wüste und andere Erzählungen aus Afrika*. Aus d. Engl. von Christa Seibicke. München. Nymphenburger.
702 Markham, Beryl. 1995. *Westwärts mit der Nacht: Mein Leben in Afrika*. Aus d. Engl. von Günter Panske. München. Goldmann TB 9283.

703 Marko, Gerda. 1995. *Schreibende Paare: Liebe, Freundschaft, Konkurrenz.* Zürich; Düsseldorf. Artemis & Winkler.
704 Markus, Georg. 1988. *Katharina Schratt, die heimliche Frau des Kaisers.* München/Berlin/Wien. Ullstein TB 20987.
705 Marshall, Rosalind Kay. 1991. *Henrietta Maria, the Intrepid Queen.* Owings Mills, Md. Stemmer House.
706 Martin, Ralph G. 1976 [1973]. *Hab ich nur deine Liebe: Die Geschichte der Herzogin von Windsor.* Aus d. Engl. von Deli Walter. München. Blanvalet.
707 Martynkewicz, Wolfgang. 1995. *Jane Austen in Selbstzeugnissen und Bilddokumenten.* Reinbek bei Hamburg. rororo monographie.
708 Marx, Bruni. 1995. *Leben für Demokratie und Gerechtigkeit: Die Riederwälder Familie Tesch.* Frankfurt/M. Geschichtswerkstatt Riederwald.
709 Maschietto, Francesco Ludovico. 1978. *Elena Lucrezia Cornaro Piscopia, 1646-1684: prima donna laureata nel mondo.* Padua. Antenore.
710 Masina, Giulietta. 1975. *Il diario degli altri.* Turin. Società editrice internazionale.
711 Masina, Giulietta. 1991. *Giulietta Masina / [Interview mit] Tullio Kezich.* Bologna. Cappelli.
712 Maurer, Doris. 1985. *Charlotte von Stein: Ein Frauenleben der Goethezeit.* Bonn.
713 Maurois, André. 1966. *Napoleon in Selbstzeugnissen und Bilddokumenten.* Aus d. Frz. von Ingeborg Esterer. Reinbek bei Hamburg. rororo monographie 112.
714 Mayo, Katherine. 1969 [1927]. *Mother India.* New York. Greenwood.
715 Mayreder, Rosa. 1998. *Zur Kritik der Weiblichkeit: Essays.* Auf-Edition. Nachwort von Eva Geber. Mandelbaum.
716 McFerran, Ann. 1966. *Elizabeth Blackwell, First Woman Doctor.* New York. Grosset & Dunlap.
717 McGrayne, Sharon Bertsche. 1993. *Nobel Prize Women in Science: Their Lives, Struggles, and Momentous Discoveries.* New York. Birch Lane.
718 McKenna, Marian C. 1976. *Myra Hess: A Portrait.* London. Hamilton.
719 McNaron, Toni A.H. (Hg.). 1985. *The Sister Bond: A Feminist View of a Timeless Connection.* New York u.a. Pergamon.
720 Meetz, Anni. 1973. *Friedrich Hebbel.* Stuttgart. Sammlung Metzler 18.
721 Meidinger-Geise, Inge (Hg.). 1985. *Frauengestalten in Franken.* Weidlich. Würzburg.
722 *Meine liebe, gute Freundin! – Die Briefe Kaiser Franz Josephs an Katharina Schratt aus dem Besitz der Österreichischen Nationalbibliothek.* Hg. und kommentiert von Brigitte Hamann. Wien 1992. Ueberreuter.
723 Meltzer, Milton. 2000 [1978]. *Dorothea Lange: A Photographer's Life.* Vorwort Naomi Rosenblum. Syracuse, N.Y. Syracuse UP.
724 *Memorie di donne terroriste: Vera Zasulic, Olga Ljubatovic, Elizaveta Kovalskaja.* Rom. Savelli. 1979.
725 Mendelssohn, Fanny. 1985. *Ein Portrait in Briefen.* Hg. u. Nachwort Eva Weissweiler. Frankfurt/M./Berlin/Wien. Ullstein TB 30171.
726 Merrill, Lisa. 1999. *When Romeo Was a Woman: Charlotte Cushman and her Circle of Female Spectators.* Ann Arbor, Mich. Univ. of Michigan Press.
727 Messmer, Franzpeter. 1994. *Richard Strauss: Biographie eines Klangzauberers.* Zürich/St. Gallen. M&T Verlag.

728 *Metzler Autorinnen Lexikon*. Hg. von Hechtfischer, Ute, Renate Hof, Inge Stephan & Flora Veit-Wild. 1998. Stuttgart/Weimar. Metzler. 1998.
729 Meyer-Zundel, Suzanne. 1968. »Requiem pour Judith«, in: *Les nouvelles littéraires*, 25.1.1968.
730 Michel, Marianne Roland. 1970. *Anne Vallayer-Coster*. Paris.
731 Michelet, Jules. 1984 [1913]. *Die Frauen der Revolution*. Hg. und aus d. Frz. übersetzt von Gisela Etzel. Frankfurt/M. Insel TB 726.
732 Middlebrook, Diane Wood. 1993. *Zwischen Therapie und Tod. Das Leben der Dichterin Anne Sexton*. Aus d. Engl. von Barbara von Bechtolsheim & Silvia Morawetz. Hamburg. Arche.
733 Miller, Elaine. 1989. »Through all Changes and Through all Chance: The Relationship of Ellen Nussey and Charlotte Brontë«, in: Lesbian History Group (Hg.). *Not a Passing Phase: Reclaiming Lesbians in History 1840-1985*. London. The Woman's Press.
734 Millin, Sarah Gertrude. 1955. *The Measure of My Days*. Bulawayo, Südafrika. Kingstons Ltd.
735 Mitchell, Irene Musillo. 1991. *Beatrice Cenci*. New York/San Francisco/Bern u.a. Lang.
736 *Modern American Women Writers*. Hg. Elaine Showalter, Lea Baechler & A. Walton Litz. New York 1991. Charles Scribner's Sons.
737 Moewes, Franz. 1910. »Die Astronomin Lepaute«, in: *Die Frau*, 17, 1909/10, S. 335-337.
738 Moldanová, Dobrava. 1976. *Božena Benešová*. Prag. Melantrich.
739 Mongrédien, Georges. 1946. *Madeleine de Scudéry et son salon*. Paris. Editions Tallandier.
740 Monjau, Heide. 1998. *Wilhelmine Reichard – erste deutsche Ballonfahrerin 1788 bis 1848: »Gleich einem Sonnenstäubchen im Weltall ...«*. Eine dokumentarische Biographie. Otto Verlag.
741 Montessori, Maria. 1981 [1952]. *Kinder sind anders*. Bearbeitet im Auftrag der Erben der Verfasserin von Helene Helming. Aus d. Ital. von Percy Eckstein & Ulrich Weber. Frankfurt/M./Berlin/Wien. Ullstein TB 39002.
742 Montreynaud, Florence. 1989. *Le XXe siècle des femmes*. Paris. Nathan.
743 Morais, Fernando. 1985. *Olga: Das Leben einer mutigen Frau*. Aus d. Portugiesischen. Köln. Volksblatt-Verlag.
744 Morell, Virginia. 1995. *Ancestral Passions: The Leakey Family and the Quest for Humankind's Beginnings*. New York. Simon & Schuster.
745 Morella, Joe. 1985. *Paulette: The adventurous life of Paulette Goddard*. New York. St. Martin's Press.
746 Morella, Joe & Edward Z. Epstein. 1983. *Rita*. Seacaucus, N.J. Stuart.
747 Morella, Joe & Edward Z. Epstein. 1986. *Forever Lucy: The Life of Lucille Ball*. Seacaucus, N.J. Stuart.
748 Morgenstern, Lina (Hg.). 1888-91. *Die Frauen des 19. Jahrhunderts: Biographische und culturhistorische Zeit- und Charactergemälde*. Mit Illustrationen. Berlin. Verlag der deutschen Hausfrauenzeitung.
749 Morgner, Irmtraud. 1990. »Jetzt oder nie! Die Frauen sind die Hälfte des Volkes!« Interview mit Alice Schwarzer, in: *Emma* 2/1990, S. 32-39.
750 Morton, Andrew. 1994. *Diana: Ihr neues Leben*. Aus d. Engl. von Heike Rosbach. Rastatt. Hestia.
751 Muchow, Martha. 1931. »Zur Frage einer lebensraum- und epochaltypologi-

schen Entwicklungspsychologie des Kindes und Jugendlichen«, in: *Festschrift William Stern*. Hg. von seinen Mitarbeitern am Psychologischen Institut Hamburg. Beiheft 59 zur Zs. für angewandte Psychologie. Leipzig. Barth, S. 185-202.

752 Muchow, Martha. 1949. *Aus der Welt des Kindes: Beiträge zum Verständnis des Kindergarten- und Grundschulalters*. Hg. Hans Heinrich Muchow. Mit einem Lebensbild Martha Muchows von Elfriede Strand. Ravensburg. Otto Maier.

753 Muchow, Martha & Hans Muchow. 1978 [1935]. *Der Lebensraum des Großstadtkindes*. Mit einer Einführung von Jürgen Zinnecker. Bensheim. päd. extra Buchverlag.

754 Müller, Ingrid. 1978. *Untersuchungen zum Bild der Frau in den Romanen von Hedwig Courths-Mahler*. Bielefeld. Pfeffer.

755 Müller, Karoline. 1993. »An der Spitze der Frauenbewegung«, in: *Die Zeit* Nr. 27, 2.7.1993, S. 62.

756 Munzinger, L. (Hg.). *Munzinger Archiv; Internationales biographisches Archiv*. Ravensburg.

757 Murray, Patricia. 1975. »Ishikawa Fusae & the lonely red carpet«, in: *Japan Interpreter*, 2/10, 1975, S. 171-189.

758 Muth, Hanswernfried. 1978. *Emy Roeder 1890-1971: Eine Bildhauerin aus Würzburg*. Würzburg. Echter.

759 Myer, Valerie Grosvenor. 1998. *Jane Austen: Ein Leben*. Aus d. Engl. von Christine Frick-Gerke. Frankfurt/M. Fischer.

760 Napoleon Bonaparte. 1985. *Liebesbriefe an Josephine*. Hg. Jean Tulard u.a. Aus d. Frz. von Werner Rappel. Frankfurt/M.

761 Nardin, Jane.1985. *Barbara Pym*. Boston. Twayne.

762 Natan, Alex. o.J. [um 1962]. *Primadonna: Lob der Stimmen*. Basel/Stuttgart. Basilius.

763 *National Museum of Women in the Arts*. New York. Abrams. 1987.

764 Natori, Jun'ichi. 1956. *The Life of Gracia Tama Hosokawa: A great Christian Woman in Japan*. Tokyo. Hokuseido Press.

765 Neef, Sigrid. 1989. »Ruth Berghaus und Heiner Müller im Gespräch«, in: *Sinn und Form* 1989/1.

766 Neef, Sigrid. 1990. *Das Theater der Ruth Berghaus: Eine Wort-Bild-Monographie*. Frankfurt /M. Fischer.

767 Neri, Nadia. 1999. *Un'estrema compassione: Etty Hillesum testimone e vittima del lager*. Milano. Mondadori.

768 Nette, Herbert. 1977. *Jeanne d'Arc in Selbstzeugnissen und Bilddokumenten*. Reinbek bei Hamburg. rororo monographie.

769 Nettesheim, Josefine (Hg.). 1962. *Luise Hensel und Christoph Bernhard Schlüter: Briefe aus dem deutschen Biedermeier, 1832-1876*. Mit Einführung und Erläuterungen unter Benutzung neuer Quellen. Münster.

770 *Neue Deutsche Biographie. 1953-1985*. Hg. von d. Historischen Kommission bei der Bayer. Akademie der Wissenschaften. Bd. 1-14. Berlin. Duncker & Humblot.

771 Neuhart, John, Marilyn Neuhart & Ray Eames (Hg.). 1989. *Eames Design: The Work of the Office of Charles and Ray Eames*. New York. Harry N. Abrams.

772 Newman, Barbara. 1987. *Sister of Wisdom: St. Hildegard's Theology of the Feminine*. Berkeley. Univ. of California Press.

773 Newman, Barbara et al. 1995. *Vision: The Life And Music of Hildegard von Bingen*. Zusammenstellung u. Hg. Jane Bobko. Text Barbara Newman. Kommentar Matthew Fox. New York. Penguin Studio.
774 Nicholson, Stuart. 1993. *Ella: Die Stimme des Jazz*. München. Bertelsmann.
775 Niderst, Alain. 1976. *Madeleine Scudéry, Paul Pellisson et leur monde*. Paris. Presses Universitaires de France.
776 Nielsen, Asta. 1977 (1945/6). *Die schweigende Muse*. Aus d. Dän. von H. Georg Kemlein. München. Hanser.
777 Niemann, Carsten. 1988. *Gertrud Eysoldt (1870-1955): Bilder aus einem Schauspielerleben*. Ausstellungskatalog zur Ausstellung der Stadt Bensheim im Parktheater Bensheim, 26.11.1988-9.1.1989. Bensheim. Stadt Bensheim (Hg.).
778 Niemann, Carsten. 1993. *Die Schauspielerin Gertrud Eysoldt als Darstellerin der Salome, Lulu, Nastja, Elektra und des Puck im Berliner Max-Reinhardt-Ensemble*. Unveröff. Diss. Univ. Frankfurt/M.
779 Niemann, Carsten. 1995. *»Das Herz meiner Künstlerschaft ist Mut: Die Max-Reinhardt-Schauspielerin Gertrud Eysoldt*. Mit einem Beitr. von Leonhard M. Fiedler. Hannover. Niedersächs. Staatstheater, Theatermuseum und -archiv.
780 Nijinsky, Romola. 1974 [1934]. *Nijinsky: Der Gott des Tanzes*. Vorwort von Paul Claudel. Aus d. Engl. von Hans Bütow. Frankfurt/M. Insel TB 566.
781 Nijinsky, Tamara. 1990. *Nijinsky and Romola: A Biography*. London. Bachman & Turner.
782 Nochlin, Linda. 1980. »Florine Stettheimer: Rococo subversive«, in: *Art in America* 68, Nr. 9, S. 64-83.
783 Nokes, David. 1997. *Jane Austen: A Life*. London. Fourth Estate.
784 Nolden, Rainer. 1986. *Ella Fitzgerald: Ihr Leben. Ihre Musik. Ihre Schallplatten*. Gauting-Buchendorf. Oreos.
785 *Notable American Women: A Biographical Dictionary*. 1971. Hg. Edward T. James, Janet Wilson James & Paul S. Boyer. 3 Bde. Cambridge, Mass. The Belknap Press of Harvard UP.
786 *Notable American Women: The Modern Period*. 1980. Hg. Barbara Sicherman, Carol Hurd Green, Irene Kantrov & Harriet Walker. Cambridge, Mass./London. The Belknap Press of Harvard UP.
787 O'Connor, Patrick & Bryan Hammond. 1988. *Josephine Baker*. London. Cape.
788 Obermüller, Klara. 1980. »Irmtraud Morgner«, in: *Puknus* 1980, S. 178-185.
789 Ogilvie, Marilyn Bailey. 1986. *Women in Science – Antiquity through the Nineteenth Century: A Biographical Dictionary with annotated Bibliography*. Cambridge, Mass. MIT Press.
790 Ogilvie, Marilyn Bailey with Kerry Lynne Meek. 1996. *Women and Science – An Annotated Bibliography*. New York/London. Garland.
791 Ohff, Heinz. 1989. *Ein Stern in Wetterwolken: Königin Luise von Preußen*. Eine Biographie. München. Piper.
792 Ohrn, Karen Becker. 1980. *Dorothea Lange and the Documentary Tradition*. Baton Rouge. Louisiana State UP.
793 Oliver, Caroline. 1982. *Western Women in Colonial Africa*. Westport, Conn./London. Greenwood.
794 Olivier, Antje. 1997. *Mendelssohns Schwester Fanny Hensel: Musikerin, Komponistin, Dirigentin*. Düsseldorf. Droste.

795 Olivier, Antje & Karin Weingartz-Perschel. 1988. *Komponistinnen von A-Z.* Düsseldorf. TOKKATA Verlag für Frauenforschung.
796 Ollivier, Albert (Hg.). 1961. *Memoiren der Herzogin von Abrantes.* Aus d. Frz. von Margarete Montgelas. Stuttgart. Koehler.
797 Olson, Judith E. 1986. »Luise Adolpha Le Beau: Composer in Late Nineteenth-Century Germany.«, in: Bowers, Jane & Judith Tick (Hg.). *Women Making Music: The Western Art Tradition, 1150-1950.* Urbana/Chicago. Univ. of Illinois Press, S. 282-303.
798 Olvedi, Ulli. 1992. *Frauen um Freud: Die Pionierinnen der Psychoanalyse.* Freiburg im Br. Herder Spektrum TB 4057.
799 Opel, Adolf (Hg.). 1994. *Lina Loos: Wie man wird, was man ist. Lebens-Geschichten.* Wien. Deuticke.
800 Orlowa-Kopelew, Raissa. 1984. *Die Türen öffnen sich langsam.* Aus d. Russ. von Heddy Pross-Weerth. München. Knaus.
801 Orlowa-Kopelew, Raissa. 1985. *Eine Vergangenheit, die nicht vergeht: Rückblicke aus fünf Jahrzehnten.* Aus d. Russ. von Elisabeth Markstein. München. Knaus.
802 Orlowa-Kopelew, Raissa & Lew Kopelew. 1987. *Wir lebten in Moskau.* Aus d. Russ. von Marianne Wiebe. München. Knaus.
803 Osen, Lynn M. 1974. *Women in Mathematics.* Cambridge, Mass. MIT Press.
804 Otto, Christine. 1995. *Variationen des »poetischen Tendenzromans«: Das Erzählwerk von Louise Otto-Peters.* Pfaffenweiler. Centaurus.
805 Packard, Jerrold M. 1998. *Victoria's Daughters.* New York. St. Martin's Press.
806 Page, Denys. 1955. *Sappho and Alcaeus: An Introduction to the Study of Ancient Lesbian Poetry.* Oxford. Clarendon.
807 Pahlen, Kurt. 1971. *Große Sänger unserer Zeit.* Gütersloh/Wien. Bertelsmann.
808 Pakula, Hannah. 1995. *An Uncommon Woman: The Empress Frederick, Daughter of Queen Victoria, Wife of the Crown Prince of Prussia, Mother of Kaiser Wilhelm.* New York. Simon & Schuster.
809 *Palucca: Porträt einer Künstlerin.* Hg. u. eingel. von Gerhard Schumann. Berlin. Henschel 1972.
810 *Palucca Schule Dresden: Geschichte und Geschichten.* Hg. Ralf Stabel. Amsterdam. Verlag der Kunst 2000.
811 Pankhurst, Sylvia. 1931. *The Suffragette Movement.* London. Longmans (Reprint Virago 1977).
812 Pargner, Birgit. 1999. *Zwischen Tränen und Kommerz: Das Rührtheater Charlotte Birch-Pfeiffers (1800 -1868) in seiner künstlerischen und kommerziellen Verwertung.* Quellenforschung am Handschriften-Nachlass. [Diss. München 1998]. Bielefeld. Aisthesis-Verl.
813 Parker, Geoffrey. 1979. *Philip II.* London. Hutchinson.
814 Partridge, Elizabeth. 1998. *Restless Spirit: The Life and Work of Dorothea Lange.* New York. Viking.
815 Passez, Anne-Marie. 1973. *Adelaide Labille-Guiard: Biographie et catalogue raisonné de son œuvre.* Paris.
816 Patalas, Enno. 1963. *Sozialgeschichte der Stars.* Hamburg. Marion von Schröder.
817 *Pathos, Klatsch und Ehrlichkeit: Liselotte von der Pfalz am Hofe des Son-*

nenkönigs. Romanica et Comparatistica, hg. von Klaus J. Mattheier & Paul Valentin. Tübingen. Stauffenberg. 1990.

818 Paul, Elfriede. 1987. *Ein Sprechzimmer der Roten Kapelle*. Berlin. Militärverlag der DDR.

819 Payne, Elizabeth Rogers. 1962. *Ann Whitney Sculptor*. (Reprint from Art Quarterly, Autumn 1962, S. 244-261.) New York.

820 Peary, Gerald. 1981 [1975]. *Rita Hayworth: Ihre Filme – ihr Leben*. Aus d. Engl. von Bernd Eckhardt. München. Heyne Filmbibliothek 30.

821 Pénet, Martin.1995. *Mistinguett: La reine du music-hall*. Monaco. Editions du Rocher.

822 Pentzoldt, Fritz. 1939. *Alt-Rhapsodie: Sigrid Onégins Leben und Werk*. Magdeburg.

823 Pérez, Joseph. 1989. *Ferdinand und Isabella: Spanien zur Zeit der katholischen Könige*. Aus d. Frz. von Antoinette Gittinger. München. Callwey.

824 Perlingieri, Ilya Sandra. 1992. *Sofonisba Anguissola: The First Great Woman Artist of the Renaissance*. New York. Rizzoli.

825 Petersen, Karen u. J.J.Wilson. 1978. *Women Artists: Recognition and Reappraisal from the Early Middle Ages to the Twentieth Century*. London. The Women's Press.

826 Petri, Wolfgang. 1994. *Fräulein Maria von Jever: Studien zur Persönlichkeit und Herrschaftspraxis*. Diss. 1993. Aurich. Ostfries. Landschaft.

827 Petry, Ann Lane. 1991 [1946]. *The Street*. Boston. Houghton Mifflin.

828 Petzet, Wolfgang. 1973. *Theater: Die Münchner Kammerspiele 1911-1973*. München. Desch.

829 Petzinger, Renate & Volker Rattemeyer (Hg.). 1990. *Künstlerinnen des 20. Jahrhunderts*. Ausstellungskatalog Museum Wiesbaden 1.9.-25.11.1990. Kassel. Weber & Weidemeyer.

830 Pfandl, Ludwig. 1951. *Philipp II.: Gemälde eines Lebens und einer Zeit*. München. Callwey.

831 Pfister, Gertrud. 1989. *Fliegen – ihr Leben: Die ersten Pilotinnen*. Berlin. Orlanda.

832 Phillips-Matz, Mary Jane. 1997. *Rosa Ponselle: American Diva*. Vorwort von Beverly Sills. Boston. Northeastern UP.

833 Pickenhayn, Jorge Oscar. 1980. *Vida y obra de Juana de Ibarbourou*. Buenos Aires. Plus Ultra.

834 Pickford, Mary. 1935. *My Rendezvous with Life*. New York. Kinsey.

835 Pierard, Christiane. 1956-57. »Douard«, in: *Biographie Nationale*. Bd. XXIX, Sp. 359-368. Brüssel. Académie royale de Belgique.

836 Pierrot, Jean. 1990. *Nathalie Sarraute*. Paris. J. Corti.

837 Pinessi, Orietta. 1998. *Sofonisba Anguissola: Un »pittore« alla corte di Filippo II*. Mailand. Selene.

838 Pirchan, Emil. 1942. *Therese Krones: Die Theaterkönigin Altwiens*. Wien. Wallishausser.

839 Pistorius, Siegfried M. 1992. *Hedwig Courths-Mahler: Ihr Leben*. Bergisch Gladbach. Gustav Lübbe.

840 Placksin, Sally. 1985 [1982]. *Jazzwomen: 1900 to the Present. Their Words, Lives and Music*. London. Pluto.

841 Plaschke, Olga. 1899. *Amalie Joachim: Blätter der Erinnerung*. Berlin. Harmonie.

842 Plat, Hélène. 1994. *Lucie Delarue-Mardrus: Une femme de lettres des années folles*. Paris. Grasset.
843 Plothow, Anna. 1907 [5. Aufl.]. *Die Begründerinnen der deutschen Frauenbewegung*. Leipzig. Friedrich Rothbarth.
844 Ponselle, Rosa & James A. Drake. 1982. *Ponselle: A Singer's Life*. Vorwort von Luciano Pavarotti. Garden City, N.Y. Doubleday.
845 Porter, Cathy. 1980. *Alexandra Kollontai: A Biography*. London. Virago.
846 Potts, Lydia (Hg.). 1988. *Aufbruch und Abenteuer: Frauen-Reisen um die Welt ab 1785*. Berlin. Orlanda.
847 Powers, Elizabeth. 1976. *The Journal of Madame Royale*. New York. Walker.
848 Poynter, Margaret. 1997. *The Leakeys: Uncovering the Origins of Humankind*. Springfield, N.J. Enslow.
849 Prescott, William H. 1842. *Ferdinand und Isabella, die Katholischen, und ihre Zeit: Geschichte der Regierung Ferdinand's und Isabella's der Katholischen von Spanien*. 2 Bände. Leipzig. Brockhaus.
850 Prokosch, Frederic. 1955. *A Tale for Midnight*. Roman. Boston. Little, Brown & Co.
851 Prole, Lozania. 1973. *The Queen's Daughters*. London. Hale.
852 Proll, Astrid. 1998. *Hans und Grete: Die RAF 1967-1977*. Göttingen. Steidl.
853 Pujmanová, Marie. 1935. *Božena Benešová*. Prag.
854 Puknus, Heinz (Hg.). 1980. *Neue Literatur der Frauen: Deutschsprachige Autorinnen der Gegenwart*. Mit einem einleitenden Essay von Elisabeth Endres. München. Beck.
855 Puritz, Gerd. 1993. *Elisabeth Schumann: A Biography*. Hg. u. übersetzt von Joy Puritz. London. Deutsch.
856 Pusch, Luise F. (Hg.).1985. *Schwestern berühmter Männer: Zwölf biographische Portraits*. Frankfurt/M. Insel TB 796.
857 Pym, Barbara. 1985 [1984]. *A very Private Eye: An Autobiography in Diaries and Letters*. Hg. Hazel Holt & Hilary Pym. New York. Vintage Books.
858 Pyron, Darden Asbury. 1992 [1991]. *Southern Daughter: The Life of Margaret Mitchell*. New York. Harper Perennial.
859 *Quarto. Zeitschrift des Schweizerischen Literaturarchivs* (SLA) Heft 6, 12/1995. Dossier S. Corinna Bille.
860 Quirk, Lawrence J. 1980. *The Films of Myrna Loy*. Seacaucus, N.J. Citadel.
861 Rabinovitz, Lauren. 1991. *Points of Resistance: Women, Power & Politics in the New York Avant-Garde Cinema, 1943-71*. Urbana. Univ. of Illinois Press.
862 Rageot, Gaston.1937. *Madame du Deffand*. Paris. Michel.
863 »Raisa Gorbachev, wife of the former Soviet President, Mikhail Gorbachev, died of leukaemia« [Nachruf], in: *The Times*, 21.9.1999
864 Ramnefalk, Marie Louise & Anna Westberg (Hg.). 1981. *Kvinnornas Litteratur Historia*. Lund. Författarförlaget.
865 Randall, Mercedes M. 1964. *Improper Bostonian: Emily Greene Balch, Nobel Peace Laureate*, 1946. New York. Twayne.
866 Randall, Mercedes M. (Hg.). 1972. *Beyond Nationalism: The Social Thought of Emily Greene Balch*. New York. Twayne.
867 Reich-Ranicki, Marcel. 1991. *Reden auf Hilde Spiel*. München. List.
868 Reichel, Sabine. 1996. *Bad Girls: Hollywoods böse Beauties*. München. Heyne Filmbibliothek 231.
869 Reicke, Ilse. 1984. *Die großen Frauen der Weimarer Republik: Erlebnisse im Berliner Frühling*. Freiburg im Br. Herderbücherei 1029.

870 Reid, Doris Fielding. 1967. *Edith Hamilton: An Intimate Portrait*. New York. Norton.

871 Reimann, Brigitte. 1993. *Sei gegrüßt und lebe: Eine Freundschaft in Briefen, 1964-1973*. Berlin. Aufbau.

872 Reimann, Brigitte. 1995. *Aber wir schaffen es, verlass dich drauf: Briefe an eine Freundin im Westen*. Hg. Ingrid Krüger. Berlin. ElefantenPress.

873 Reimann, Brigitte. 1997. *Ich bedaure nichts*. Hg. Angela Drescher. Berlin. Aufbau.

874 Reimann, Brigitte. 1998. *Alles schmeckt nach Abschied: Tagebücher 1964-1970*. Berlin. Aufbau.

875 Reinhardt, Max. 1986. »Georgette Heyer«, in: *The dictionary of national biography 1971-1980*. Hg. Lord Blake & C.S. Nichols. Oxford/New York. Oxford UP, S. 404f.

876 Reinicke, Dietrich & Elisabeth Schwarzhaupt. 1957. *Die Gleichberechtigung von Mann und Frau nach dem Gesetz vom 18. Juni 1957*. Stuttgart. Kohlhammer.

877 Reiniger, Lotte. 1981. *Schattentheater, Schattenpuppen, Schattenfilm*. Eine Anleitung. Tübingen. texte verlag.

878 Reitzes, Lisa B. 1994. »The Political Voice of the Artist: Anne Whitney's Roma and Harriet Martineau«, in: *American Art* (National Museum of American Art, Smithsonian) 8/1994, Nr. 2, S. 45-65.

879 Reynolds, Lorna. 1987. *Kate O'Brien: A Literary Portrait*. Irish Literary Studies. Gerrards Cross. Colin Smythe.

880 Ricci, Corrado. 1923. *Beatrice Cenci*. 2 Bde.: Il parricido; Il supplizio. Mailand. Fratelli Treves.

881 Richardson, Joanna. 1986. *Judith Gautier: A Biography*. London/New York. Quartet Books.

882 Richter, Elise. 1997. *Summe des Lebens*. Hg. vom Verband der Akademikerinnen Österreichs. Wien. WUV Universitätsverlag.

883 Rieger, Eva. 1981. *Frau, Musik und Männerherrschaft*. Berlin. Ullstein TB. Neuaufl.: Furore 1988.

884 Rieger, Eva. 1990. *Nannerl Mozart: Leben einer Künstlerin im 18. Jahrhundert*. Frankfurt/M. Insel.

885 Rieger, Eva. 1992. »Emilie Kempin (1853-1901): ›Mein Name ist mit dem Odium der Geisteskrankheit behaftet‹«, in: Duda, Sibylle & Luise F. Pusch (Hg.). 1992. *WahnsinnsFrauen*. Frankfurt/M. Suhrkamp TB 1876, S. 76-95.

886 Rieger, Eva (Hg.). 1980. *Frau und Musik. Mit Texten von Nina d'Aubigny, Adele Gerhard, Johanna Kinkel, Alma Mahler-Werfel, Clara Schumann, Louise Adolpha Le Beau u.a.* Frankfurt/M. Fischer TB 2257.

887 Rieger, Eva. (in Vorb.) »Eugenie Schumann und Marie Fillunger«, in: Horsley, Joey & Luise F. Pusch (Hg.). *Berühmte Frauenpaare*. Frankfurt/M. Suhrkamp. (ca. 2001).

888 Riess, Curt. 1974. *Kein Traum blieb ungeträumt: Der märchenhafte Aufstieg der Hedwig Courths-Mahler*. München. Lichtenberg.

889 Rinehart, Mary Roberts. 1980 [1948]. *My Story: A new Edition and Seventeen New Years*. New York. Arno.

890 Rinehart, Mary Roberts. 1988 [1940]. *Der große Fehler*. Aus d. am. Engl. von Sascha Mantscheff. Köln. DuMont.

891 Roma, Catherine. 1996. *The Choral Music of Twentieth-Century Women*

Composers: Elisabeth Lutyens, Elizabeth Maconchy, and Thea Musgrave. Vorwort Karin Pendle. Westport, Conn. Greenwood.
892 Romani, Cinzia. 1982. *Die Filmdivas des Dritten Reiches*. München. Bahia.
893 *Rosa Mayreder 1858-1938*. Mitteilungen des Instituts für Wissenschaft und Kunst Wien. 44. Jg., Nr. 1 (1989).
894 *Rosalba Carriera: Lettere, diari, frammenti*. Hg. Bernardina Sani. Florenz. Olschki. 1985.
895 Rose, June. 1980. *Elizabeth Fry*. New York. St. Martin's Press.
896 Rose, Phyllis. 1989. *Jazz Cleopatra: Josephine Baker in Her Time*. New York. Doubleday.
897 Rosen, Marjorie. 1974. *Popcorn Venus*. 3. Aufl. New York. Avon Books.
898 Rosendahl, Erich. 1929. *Niedersachsens Frauen*. Hg. Erich Rosendahl. Niedersächsische Hausbücherei Bd. 4. Hannover. Helwing.
899 Rossi, Alice (Hg.). 1973. *The Feminist Papers From Adams to de Beauvoir*. New York. Bantam.
900 Roster, Danielle. 1995. *Allein mit meiner Musik: Komponistinnen in der europäischen Musikgeschichte*. Echternach, Luxemburg. Editions Phi.
901 Rothenstein, John. 1976. *Modern English painters: Sickert to Smith*. London. Macdonald & Jane's.
902 Rubin, Martin. 1977. *Sarah Gertrude Millin: A South African Life*. Johannesburg. Donker.
903 Rubin, Nancy. 1991. *Isabella of Castile: The first Renaissance Queen*. New York. St. Martin's Press.
904 Rubin, Susan Goldman. 1999. *Margaret Bourke-White: Her Pictures were her Life*. Photographs by Margaret Bourke-White. New York. Abrams.
905 Rubins, Jack L. 1983 [1978]. *Karen Horney: Sanfte Rebellin der Psychoanalyse*. Aus d. am. Engl. von Ute Seeßlen. Frankfurt/M. Fischer TB 5624.
906 Rüegg, A. 1956. *Philipp II., Antonio Pérez und die Prinzessin von Eboli*. Basel.
907 Rühle von Lilienstern, Helga. 1997. *Dunkelgraf und Dunkelgräfin im Spiegel von Zeugen und Mitwissern*. Hildburghausen. Frankenschwelle.
908 Rukeyser, Muriel. 1979. *The Collected Poems of Muriel Rukeyser*. New York. McGraw-Hill.
909 Rule, Jane. 1979 [1975]. *Bilder und Schatten: Die lesbische Frau in der Literatur*. Aus d. am. Engl. von Cornelia Holfelder-v. d. Tann, Daniela v. Raffay und Marianne Preuß. Berlin. Amazonen Verlag.
910 Rullmann, Marit, Gudrun Gründken & Marlies Mrotzek. 1993. *Philosophinnen: Von der Antike bis zur Aufklärung*. Dortmund. edition ebersbach im eFeF-Verlag.
911 Rullmann, Marit (Hg.). 1995. *Philosophinnen: Von der Romantik bis zur Moderne*. Dortmund. edition ebersbach im eFeF-Verlag.
912 Rutherford, Noel. 1977. *Friendly Islands: A History of Tonga*. Oxford UP.
913 Ryder, Rowland. 1975. *Edith Cavell*. London. Hamish Hamilton.
914 Rykner, Arnaud. 1991. *Nathalie Sarraute*. Paris. Seuil.
915 Sabin, Florence Rena. 1934. *Franklin Paine Mall: The Story of a Mind*. Baltimore. The Johns Hopkins UP.
916 Sachs, Curt. 1910. »Prinzessin Amalie von Preußen als Musikerin«, in: *Hohenzollern Jb.*, S. 181-191.
917 Sachsen-Altenburg, Friedrich-Ernst Prinz von. 1991. *Das Rätsel der Madame*

Royale: Marie Thérèse Charlotte von Frankreich – Ein zweihundertjähriges Geheimnis im Licht neuerer Forschungen. Hildburghausen. Frankenschwelle.

918 Sackville-West, Vita. 1992 [1936]. *Jeanne d'Arc: Die Jungfrau von Orleans.* Nachwort Rita Hortmann. Frankfurt/M./Berlin. Ullstein TB.

919 Salentin, Ursula. 1986. *Elisabeth Schwarzhaupt, erste Ministerin der Bundesrepublik: Ein demokratischer Lebensweg.* Freiburg im Br. Herder.

920 Samozwaniec, Magdalena. 1987. *Maria i Magdalena.* Szczecin. Glob.

921 Sand, George. 1978. *Geschichte meines Lebens.* Aus ihrem autobiographischen Werk ausgewählt und mit einer Einleitung von Renate Wiggershaus. Frankfurt/M. Insel TB 313.

922 Sand, George. 1990. *Nimm Deinen Mut in beide Hände: Briefe.* Aus d. Frz. von Annedore Haberl. München. dtv.

923 Sanders, Coyne S. & Tom Gilbert. 1993. *Desilu: The Story of Lucille Ball and Desi Arnaz.* New York. Morrow.

924 Sani, Bernardina.1988. *Rosalba Carriera.* Turin. Allemandi.

925 *Sappho: Muse des äolischen Eresos.* Neu übertragen und kommentiert von Stefanie Preiswerk-Zumstein. Frankfurt/M. 1990. Insel.

926 Sarraute, Nathalie. 1987. *Nathalie Sarraute / [conversations avec] Simone Benmussa.* Lyon. La Manufacture.

927 Sarraute, Nathalie. 1996. *Œuvres complètes.* Edition publiée sous la direction de Jean-Yves Tadié, avec la collaboration de Viviane Forrester ... [et al.]. Paris. Gallimard.

928 Sartori, Eva Martin & Dorothy Wynne Zimmerman. 1991. *French Women Writers: A Bio-Bibliographical Source Book.* New York. Greenwood.

929 Satter, Heinrich. 1967. *Weder Engel noch Teufel: Ida Orloff.* München. Scherz.

930 Satzinger, Helga. 1998. *Die Geschichte der genetisch orientierten Hirnforschung von Cécile und Oskar Vogt in der Zeit von 1895 bis ca. 1927.* Braunschweiger Veröffentlichungen zur Geschichte der Pharmazie und der Naturwissenschaften. Bd. 41. Stuttgart. Deutscher Apotheker Verlag.

931 Saxton, Martha. 1977. *Louisa May: A Modern Biography of Louisa May Alcott.* Boston. Houghton Mifflin.

932 Sayre, Anne 1975. *Rosalind Franklin and DNA.* New York. W.W. Norton & Company.

933 Scarpa, Annalisa. 1997. *Omaggio a Rosalba Carriera: Miniature e pastelli nelle collezioni private.* Venezia. Edizioni ProVenice international.

934 Schaake, Marlet. 1986. »Sie mag nur starke Stücke. Interview mit Giulietta Masina«, in: *Cosmopolitan* , Heft 8/1986, S. 33.

935 Schanke, Robert A. 1989. *Eva Le Gallienne: A Bio-Bibliography.* New York. Greenwood.

936 Schanke, Robert A. 1992. *Shattered Applause: The Lives of Eva Le Gallienne.* Vorwort May Sarton. New York. Barricade.

937 Schiese, Rudolf. o.J. *Olga Benario Prestes 1908-1942.* Berlin. Lichtenburger Leseheft.

938 Schifferli, Dagmar. 1998. *Anna Pestalozzi-Schulthess 1738-1815: Ihr Leben mit Heinrich Pestalozzi.* Zürich. Pendo.

939 Schindler, Regine. 1997. *Johanna Spyri: Spurensuche.* Zürich. Pendo.

940 Schipperges, Heinrich. 1995. *Hildegard von Bingen.* München. Beck.

941 Schleucher, Kurt. 1978. *Das Leben der Amalie Schoppe und Johanna Schopenhauer*. Darmstadt. Turris.

942 Schlientz, Gisela. 1987. *George Sand: Leben und Werk in Bildern und Texten*. Frankfurt/M. Insel TB 565.

943 Schlientz, Gisela. 1989. *Ich liebe, also bin ich: Leben und Werk von George Sand*. München. Beck.

944 Schmalenbach, Werner. 1990. *Modigliani*. München. Prestel.

945 Schnabel, Ernst. 1958. *Anne Frank – Spur eines Kindes*. Frankfurt/M. Fischer TB 589.

946 Schneider, Dieter (Hg.). 1988. *Sie waren die ersten: Frauen in der Arbeiterbewegung*. Vorwort Monika Wulf-Mathies. Frankfurt/M. Büchergilde Gutenberg.

947 Schneider, Romy. 1988. *Ich, Romy: Tagebuch eines Lebens*. Hg. Renate Seydel. München. Langen Müller.

948 Schönfeld, Walther. 1947. *Frauen in der abendländischen Heilkunde vom klassischen Altertum bis zum Ausgang des 19. Jahrhunderts*. Stuttgart. Enke.

949 Scholz, Hannelore. 1997. »Sophie Tieck-Bernhardis Korrespondenz mit ihrem Bruder Ludwig. Ein unveröffentlichter Brief aus Rom«, in: von der Lühe, Irmela & Anita Runge (Hg.). *Wechsel der Orte: Studien zum Wandel des literarischen Geschichtsbewußtseins*. Festschrift für Anke Bennholdt-Thomsen. Göttingen. Wallstein, S.265-276.

950 Schopenhauer, Johanna. 1986. *Im Wechsel der Zeiten, im Gedränge der Welt*. Jugenderinnerungen, Tagebücher, Briefe. [Neuausgabe von Jugendleben und Wanderbilder, 1839]. Hg. Rolf Weber. München. Winkler.

951 Schoppmann, Claudia (Hg.). 1991. *Im Fluchtgepäck die Sprache: Deutschsprachige Schriftstellerinnen im Exil*. Berlin. Orlanda.

952 Schrader, Julie. 1974. *Julie Schrader, z. Zt. postlagernd: Die Correspondencen der Pusteblume*. Hg. Berndt W. Wessling. München. Piper.

953 Schrader, Julie. 1982. *»Es bohrt der Liebe Rosenfinger: Prosa, Poeme und Briefe des »Welfischen Schwans«*. Hg. Berndt W. Wessling. München. Goldmann TB 6476.

954 Schroeder, Hiltrud (Hg.). 1991. *Sophie & Co.: Bedeutende Frauen Hannovers*. Hannover. Fackelträger.

955 Schüßler, Wilhelm (Hg.). 1920. *Die Tagebücher des Freiherrn Reinhard von Dalwigk zu Lichtenfels aus den Jahren 1860-71. Deutsche Geschichtsquellen des 19. Jahrhunderts*. Hg. von der Historischen Kommission bei der Bayrischen Akademie der Wissenschaften. Bd. 2. Osnabrück. Biblio. [Nachdruck 1967].

956 Schuh, Willi. 1976. *Richard Strauss: Jugend und frühe Meisterjahre – Lebenschronik 1864-1898*. Zürich. Atlantis.

957 Schultz, Hans Jürgen (Hg.). 1988. *Liebespaare*. Stuttgart. Kreuz.

958 Schumann, Eugenie. 1931. *Robert Schumann: Ein Lebensbild meines Vaters*. Leipzig. Koehler & Amelang.

959 Schumann, Eugenie. 1995 [1925]. *Claras Kinder*. Gedichte von Felix Schumann. [Neuauflage der Erinnerungen von E. Schumann, 1925]. Hg. und Nachwort von Eva Weissweiler. Köln. Dittrich.

960 Schupp, Renate & Dietrich Steinwede (Hg.). 1991. *Unbeirrbar: Lebensbilder*. Lahr. Kaufmann.

961 Schurig, Arthur. 1922. *Konstanze Mozart: Briefe, Aufzeichnungen, Dokumente 1782-1842*. Dresden. Aretz.

962 Schwarzer, Alice. 1990. »Irmtraud Morgner ist tot«. Nachruf auf Irmtraud Morgner (Grabrede), in: *Emma*, 6/1990, S. 32-33.
963 Schwarzer, Alice. 1998. *Romy Schneider: Mythos und Leben*. Köln. Kiepenheuer & Witsch.
964 Schwegman, Marjan. 2000. *Maria Montessori 1870-1952: Kind ihrer Zeit – Frau von Welt*. Aus d. Niederl. von Verena Kiefer. Primus
965 Schweikert, Uwe. 1987. *Ingeborg Drewitz: »Die ganze Welt umwenden«. Ein engagiertes Leben*. Vorwort von Erich Fried. Düsseldorf. Claassen.
966 *Schweizer Frauen der Tat*. 1929. 3 Bde. Zürich/Leipzig/Stuttgart. Rascher.
967 Scott, Eva. 1936. *Die Stuarts*. München.
968 Scurla, Herbert. 1980 [1962]. *Rahel Varnhagen: Die große Frauengestalt der deutschen Romantik – Eine Biographie*. Frankfurt/M. Fischer TB 2245.
969 Seiler, Harald. 1976. *Grete Jürgens*. Göttingen. Musterschmidt.
970 Seiler, Paul. 1982. *Wollt ihr einen Star sehen? Zarah Leander*. Berlin. Albino.
971 Sello, Gottfried. 1988. *Malerinnen aus fünf Jahrhunderten*. Hamburg. Ellert & Richter.
972 Sender, Toni. 1981 [1939]. *Autobiographie einer deutschen Rebellin*. Hg. und Einleitung Gisela Brinker-Gabler. Aus d. Engl. von Brigitte Stein. Frankfurt/M. Fischer TB 2044.
973 Sexton, Anne. 1985. *No Evil Star: Selected Essays, Interviews, and Prose*. Hg. Steven E. Colburn. Ann Arbor. Univ. of Michigan Press.
974 Sexton, Anne. 1998. *Buch der Torheit. Das ehrfürchtige Rudern hin zu Gott: Gedichte*. Dt./Engl. Hg. Elisabeth Bronfen. Aus d. am. Engl. von Silvia Morawetz. Frankfurt/M. Fischer.
975 Sexton, Linda Gray. 1997. *Auf der Suche nach meiner Mutter, Anne Sexton*. Aus d. am. Engl. von Silvia Morawetz. Frankfurt/M. Fischer TB 13009.
976 Seydel, Renate & Allan Hagedorff (Hg.). 1981. *Asta Nielsen: Ihr Leben in Fotodokumenten, Selbstzeugnissen und zeitgenössischen Betrachtungen*. Gestaltet von Bernd Meier. München. Universitas.
977 Seyersted, Per. 1969/1970. *Kate Chopin: A Critical Biography*. Oslo/Louisiana. Universitetsforlaget/Louisiana State UP.
978 Shadbolt, Doris. 1990. *Emily Carr*. Vancouver. Douglas & McIntyre.
979 Sheean, Vincent. 1964 [1963]. *Dorothy und Red: Die Geschichte von Dorothy Thompson und Sinclair Lewis*. Aus d. am. Engl. von Fritz Jaffe. München/Zürich. Knaur.
980 Sheehy, Helen. 1996. *Eva Le Gallienne: A Biography*. New York. Knopf.
981 Sichelschmidt, Gustav. 1967. *Hedwig Courths-Mahler: Deutschlands erfolgreichste Autorin. Eine literatursoziologische Studie*. Bonn. Bouvier.
982 Siebel, Johanna. 1933. *Das Leben von Frau Dr. Marie Heim-Vögtlin, der ersten Schweizer Ärztin, 1845-1916*. Zürich. Rascher.
983 Sieburg, Friedrich. 1967. *Robespierre – Napoleon – Chateaubriand*. Stuttgart. Deutsche Verlagsanstalt.
984 Siegel, Eva-Maria. 1993. *Jugend, Frauen, Drittes Reich: Autorinnen im Exil, 1933-1945*. Pfaffenweiler. Centaurus.
985 Siegel, Marcia B. 1987. *Days on Earth: The Dance of Doris Humphrey*. New Haven/London. Yale UP.
986 Siegel, Mark. 1988 [1985]. »Die Kurzgeschichten von James Tiptree, Jr.« Aus d. am. Engl. von Franz Rottensteiner. In: Wolfgang Jeschke (Hg.). 1988. *Das Science Fiction Jahr*, Ausgabe 1988. München. Heyne.

987 Silber, Käte. 1932. *Anna Pestalozzi Schulthess und der Frauenkreis um Pestalozzi*. Berlin.
988 Silverberg, Robert. 1981 [1975]. »Einleitung: Wer, was ist Tiptree?«, in: James Tiptree, Jr. 1981. *Warme Welten und andere*. Aus d. am. Engl. von René Mahlow. München. Heyne.
989 Simons, Judy. 1992. *Rosamond Lehmann*. New York. St. Martin's Press.
990 Simpson, Wallis. 1957 [1956]. *Mein Herz hatte recht: Die Memoiren der Herzogin von Windsor*. Aus d. Engl. von Helene Scheu-Riesz. Wien u.a. Rorum.
991 Sinclair, Andrew. 1981. *The other Victoria: The Princess Royal and the Great Game of Europe*. London. Weidenfeld & Nicolson.
992 Sleight, John. 1988. *One-way Ticket to Epsom: A Journalist's Enquiry into the Heroic Story of Emily Wilding Davison*. Morpeth, Northumberland. Bridge Studios.
993 Slessarev, Helga. 1988. »Irmtraud Morgner«, in: *Dictionary of Literary Biography*, Bd. 75. Contemporary German Fiction Writers, 2. Folge. Hg. Wolfgang D. Elfe & James Hardin. Detroit. Broccoli Clark.
994 Smith, Lorna. 1975. *Judy – With Love*. London. Robert Hale & Co.
995 *Sofonisba Anguissola: Erste Malerin der Renaissance*. Katalog der Ausstellung. Kunsthistorisches Museum Wien. 1995.
996 Somerset, Anne. 1992. *Elizabeth I*. New York. Knopf.
997 Sorrell, Walter. 1965. »Tatjana Gsovsky: A Prayer to the Deity«, in: *Dance Magazine*, August 1965.
998 Spek, Inez van der. 2000. *Alien Plots: Female Subjectivity and the Divine in the Light of James Tiptree's ›A Momentary Taste of Being‹*. Liverpool. Liverpool UP.
999 Spender, Dale. 1982. *Women of Ideas (and What Men Have Done to Them): From Aphra Behn to Adrienne Rich*. London/Boston/Melbourne. Ark PB.
1000 Spender, Dale. 1988. *Writing a New World: Two Centuries of Australian Women Writers*. London/New York. Pandora.
1001 Spender, Lynne. 1983. »Matilda Joslyn Gage: Active Intellectual (1826-1898)«, in: Dale Spender (Hg.). *Feminist Theorists: Three Centuries of Key Women Thinkers*. New York. Pantheon, S. 137-145.
1002 Spengler, Tilman. 1991. *Lenins Hirn*. Roman. Reinbek bei Hamburg. Rowohlt.
1003 Spiel, Hilde. 1989. *Die hellen und die finsteren Zeiten: Erinnerungen 1911-1946*. München.
1004 Spiel, Hilde. 1990. *Welche Welt ist meine Welt? Erinnerungen 1946-1989*. München.
1005 Spitzer, Leo & Helene Adolf. 1947/48. »In Memoriam Elise Richter«, in: *Romance Philology*, Vol. I, 1947/48, S. 329-341.
1006 Stadler-Labhart, Verena. 1981. *Erste Studentinnen der Rechts- und Staatswissenschaften in Zürich*. Zürich.
1007 Stambolis, Barbara. 1999. *Luise Hensel (1798-1876): Frauenleben in historischen Umbruchszeiten*. Paderborner Beiträge zur Geschichte: Nr. 8, Paderborn. SH-Verlag.
1008 Standing, E. M. 1957. *Maria Montessori: Her Life and Work*. Fresno, Cal. Academy Library Guild.

1009 Stankiewicz, Karl. 1979. »Gertrud Kückelmann hatte Krebs. Krankheit nicht mehr ertragen? Sie sprang in den Tod«, in: *Kölner Stadtanzeiger*, 19.1.1979.

1010 Steele, James. 1994. *Eames House: Charles and Ray Eames*. London. Phaidon.

1011 Stein, Edith. 1960. *Briefe an Hedwig Conrad-Martius*. Hg. Hedwig Conrad-Martius. München. Kösel.

1012 Stein, Edith. 1987. *Aus meinem Leben*. [Sonderausgabe von »Aus dem Leben einer jüdischen Familie«, Edith Steins Werke, Band VII, 1985]. Freiburg im Br. Herder.

1013 Steinbeck, Dietrich. 1993. »Tanz ... Tanz ... Tanz: Tatjana Gsovsky – Ein dokumentarisches Porträt«, in: *Deutsche Oper Berlin*, Spielzeit 1992/93, Beiträge zum Musiktheater, XII, S. 199-217.

1014 Steinecke, Verena. 1992. *Ich mußte zuerst Rebellin werden. Trotz Bedrohung und Gefahr – das gute und wunderbare Leben der Ärztin Else Kienle*. Stuttgart. Schmetterling.

1015 Steinfeld, Torill. 1996. *Den unge Camilla Collett: Et kvinnehjertes historie*. Oslo. Gyldendal norsk forlag.

1016 Sterling, Dorothy. 1999. *Lucretia Mott, Gentle Warrior*. New York. Feminist Press at the City University of New York.

1017 Stern, Carola. 1994. *»Der Text meines Herzens«: Das Leben der Rahel Varnhagen*. Reinbek bei Hamburg. Rowohlt.

1018 Stern, Madeleine B. 1950. *Louisa May Alcott*. Norman, Okla. Univ. of Oklahoma Press.

1019 Sternburg, Janet (Hg.). 1980. *The Writer on Her Work*. New York. Norton.

1020 Stevenson, Catherine Barnes. 1982. *Victorian Women Travel Writers in Africa*. Boston. Twayne.

1021 Stodelle, Ernestine. 1986. *Doris Humphrey und ihre Tanztechnik. Ein Arbeitsbuch*. Frankfurt/M. Fricke.

1022 Stomberg, John. 1998. *Power and Paper: Margaret Bourke-White, Modernity, and the Documentary Mode: Exhibition and Catalogue*. Einleitung Kim Sichel. Boston. Boston University Art Gallery.

1023 Stoppel, Rose. 1910. *Über den Einfluß des Lichtes auf das Öffnen und Schließen einiger Blüten*. Jena. Fischer.

1024 Stoppel, Rose. 1926. *Pflanzenphysiologische Studien*. Jena. Fischer.

1025 Stout, Janis P. 1995. *Katherine Anne Porter: A Sense of the Times*. Charlottesville, Va. Univ. Press of Virginia.

1026 Strobel, Christel. 1993. *Lotte Reiniger: Materialien zu ihren Märchen- und Musikfilmen*. München. Agentur für Primrose Productions, 80993 München, Werner-Friedmann-Bogen 18; in Zusammenarbeit mit atlas film + av, Duisburg [darin Verzeichnis ihrer Filme und verfügbarer Videokopien].

1027 Strom, Sharon Hartman. 2001. *Political Woman: Florence Luscomb and the Legacy of Radical Reform*. Philadelphia, Penn. Temple UP.

1028 Strotdrees, Gisbert. 1992. *Es gab nicht nur die Droste: Sechzig Lebensbilder westfälischer Frauen*. Münster – Hiltrup. Landwirtschaftsverlag.

1029 Stump, Doris. 1994. »Isabelle Kaiser (1866-1925)«, in: *Quarto. Zeitschrift des Schweizerischen Literaturarchivs*, Heft 3, 10/1994.

1030 Stump, Doris, Maya Widmer & Regula Wyss. 1993. *Deutschsprachige Schriftstellerinnen in der Schweiz 1700-1945: Eine Bibliographie*. Zürich. Limmat.

1031 Sudre, Alain-Alcide. 1996. *Dialogues théoriques avec Maya Deren: Du cinéma expérimental au film ethnographique*. Paris. L'Harmattan.
1032 Süllwold, Erika. 1999. *Das gezeichnete und ausgezeichnete Subjekt: Kritik der Moderne bei Emmy Hennings und Hugo Ball*. Stuttgart. Metzler.
1033 Sullivan, Moira. 1997. *An Anagram of the Ideas of Filmmaker Maya Deren: Creative Work in Motion Pictures*. Stockholm. Univ. Stockholm.
1034 Susman, Margarete. 1951. *Deutung einer grossen Liebe: Goethe und Charlotte von Stein*. Zürich. Artemis.
1035 Syberg, Karen. 1997. *Tove Ditlevsen: Myte og liv*. Kopenhagen. Tiderne skifter.
1036 Szypowska, Maria. 1985. *Konopnicka jakiej nie znamy*. Sczcecin. Glob.
1037 Taack, Merete von. 1981 [1978]. *Königin Luise: Die unbesiegbare Liebe*. München. Heyne TB 83.
1038 Taubman, Mary. 1985. *Gwen John: The Artist and Her Work*. Ithaca, N.Y. Cornell UP.
1039 Taussig, Helen. 1960. *Congenital Malformations of the Heart*. Cambridge Mass. Harvard UP.
1040 Tergit, Gabriele. 1978 [1951]. *Effingers*. Roman. Frankfurt/M. Krüger.
1041 Tergit, Gabriele. 1983. *Etwas Seltenes überhaupt: Erinnerungen*. Frankfurt/M./Berlin/Wien. Ullstein.
1042 Tergit, Gabriele. 1988 [1931]. *Käsebier erobert den Kurfürstendamm*. Roman. Berlin. Arani.
1043 Tewarson, Heidi Thomann. 1988. *Rahel Levin Varnhagen*. Reinbek bei Hamburg. rororo monographie 406.
1044 *The Europa Biographical Dictionary of British Women: Over 1000 Notable Women from Britain's Past*. Hg. Anne Crawford u.a. London. Europa Publications. 1983.
1045 *The Films of Charles and Ray Eames*. 2 Videocassetten. Santa Monica, Cal. Pyramid Film: Voyager. 1989.
1046 *The Norton/Grove Dictionary of Women Composers*. Hg. Julie Anne Sadie & Rhian Samuel. New York/London. Norton. 1994.
1047 Thimig-Reinhardt, Helene. 1973. *Wie Max Reinhardt lebte ... eine Handbreit über dem Boden*. Percha am Starnberger See. Schulz.
1048 Thomamüller, Klaus. 1974. *Ade, rosenfingriger Mond! – Auf dem Wege zum ursprünglichen Text der lesbischen Dichterin Sappho*. Bern. Lang.
1049 Thomas, Adrienne.1930. *Die Katrin wird Soldat. Ein Roman aus Elsaß-Lothringen*. Berlin. Propyläen.
1050 Thomas, Adrienne.1947. *Reisen Sie ab, Mademoiselle!* Mit einem Vorwort von Peggy Parnass und einem Nachwort von Gabriele Kreis. Amsterdam. de Lange. Reprint 1982.
1051 Thomson, David. 1980. *A Biographical Dictionary of the Cinema*. London. Secker & Warburg.
1052 Thomson, Helen. 1983. »Catherine Helen Spence: Pragmatic Utopian«, in: Shirley Walker (Hg.). *Who Is She?* New York. St. Martin's Press, S. 12-25.
1053 Thorp, Margaret Farrand. 1965. *The Literary Sculptors*. Durham, N.C. Duke UP.
1054 *Three Pioneers of Polish Avant-garde* [Wladyslaw Strzeminski, Katarzyna Kobro, Henryk Stazewski]. Mit einem Appendix über Franciska Clausen. Odense. Fyns kunstmuseum. 1985.

1055 Thwaite, Ann. 1991 [1974]. *Waiting for the Party: The Life of Frances Hodgson Burnett.* Boston. Godine.

1056 Tiburtius, Franziska. 1923. *Erinnerungen einer Achtzigjährigen.* Berlin. Schwetschke.

1057 Tichomirowa, Katja u. Gisbert Mrozek. 1999. »Den Grauschleier weggezogen: Raissa Gorbatschowa ist tot« [Nachruf], in: *Berliner Zeitung,* 21.9.1999.

1058 Tieck-Bernhardi, Sophie. 2000. *Wunderbilder und Träume in elf Märchen.* Hg. und mit einem Nachwort von Hannelore Scholz. Berlin. Trafo.

1059 Tietz, Gunther (Hg.). 1990. *Über Christine Brückner: Aufsätze, Rezensionen, Interviews.* Mit Originalbeiträgen von Sigrid Bauschinger, Joachim Biener und Heinz Gockel. Frankfurt/M./Berlin. Ullstein.

1060 Tillard, Françoise. 1994. *Die verkannte Schwester: Die späte Entdeckung der Komponistin Fanny Mendelssohn Bartholdy.* München. Kindler.

1061 Timm, Willy. 1979. »Henriette Davidis«, in: *Westfälische Lebensbilder* 12, S. 88-103.

1062 Tindall, Gillian. 1985. *Rosamond Lehmann: An Appreciation.* London. Chatto & Windus.

1063 Tippett, Maria. 1979. *Emily Carr: A Biography.* Oxford. Oxford UP.

1064 Tiptree, Jr., James. 1987 [1978]. *Sternenlieder eines alten Primaten.* Vorwort von Ursula K. LeGuin. Aus d. am. Engl. von Irene Bonhorst, Walter Brumm, Jürgen Langowski, Sylvia Pukallus. München. Heyne.

1065 Todd, Janet (Hg.). 1989. *British Women Writers.* New York. Continuum.

1066 Toegel, Edith. 1997. *Marie von Ebner-Eschenbach: Leben und Werk.* New York. Lang.

1067 Tomalin, Claire. 1997. *Jane Austen: A Life.* New York. Knopf.

1068 Torti, Luigia.1977. *Rosalba Carriera.* Pavia. Aurora.

1069 Toth, Emily. 1990. *Kate Chopin.* New York.

1070 *Toward Equality: Proceedings of the American and Finnish Workshop on Minna Canth, June 19-20th, 1985, Kuopio.* Hg. Sirkka Sinkkonen & Anneli Milén. Kuopio. University of Kuopio. 1986.

1071 Trenner, F. 1954. *Richard Strauss: Dokumente seines Lebens und Schaffens.* München. Beck.

1072 Trepper, Leopold. 1995. *Die Wahrheit: Autobiographie des »Grand Chef« der Roten Kapelle.* Freiburg im Br. Ahriman.

1073 Trouncer, Margaret Lahey. 1957. *Reluctant Abbess: Angélique Arnauld of Port-Royal (1591-1661).* London. Shed & Ward/Hutchinson & Co.

1074 Tuchman, Barbara. 1981 [1966]. *Der stolze Turm: Ein Portrait der Welt vor dem Ersten Weltkrieg 1890-1914.* Aus d. am. Engl. von Hartmut Garding. München/Zürich. Knaur TB 3671.

1075 Tuchman, Barbara.1984. *Die Torheit der Regierenden. Von Troja bis Vietnam.* Frankfurt/M. Fischer.

1076 Tufts, Eleanor (Hg.). 1987. *American Women Artists 1830-1930.* Washington, D.C. The National Museum of Women in the Arts.

1077 Turner, Jane (Hg.). 1996. *The Dictionary of Art.* London. Macmillan.

1078 Turner, Robyn. 1994. *Dorothea Lange.* Boston. Little, Brown.

1079 Uecker, Heiko. 1990. *Die Klassiker der skandinavischen Literatur. Hermes Handlexikon.* Düsseldorf. Econ.

1080 Uglow, Jennifer S. (Hg.). 1989. *The Continuum Dictionary of Women's Biography.* New expanded edition. New York. Continuum.

1081 Unterbrink, Mary. 1983. *Jazz Women at the Keyboard.* Jefferson, N.C./London. McFarland.

1082 Ursula I. Meyer & Heidemarie Bennent-Vahle (Hg.). 1994. *Philosophinnenlexikon.* Aachen. einFACH Verlag.

1083 Varnhagen, Rahel. 1983. *Gesammelte Werke.* Rahel-Bibliothek. 10 Bde. Hg. von Konrad Feilchenfeld, Uwe Schweikert & Rahel E. Steiner. München. Matthes & Seitz.

1084 Vassar College Art Gallery. 1972. *The White Marmorean Flock: Nineteenth-Century American Women Neoclassical Sculptors.*

1085 Vergine, Lea. 1982. *L'autre moitié de l'avantgarde 1910/1940.* Paris. Des femmes.

1086 Vermilye, Jerry. 1988. *Barbara Stanwyck: Ihre Filme – ihr Leben.* Aus d. am. Engl. von Claudia Walter. München. Heyne-Filmbibliothek 125.

1087 Vermilye, Jerry. 1988. *Bette Davis: Ihre Filme – ihr Leben.* 2. aktualisierte Aufl. München. Heyne Filmbibliothek 4.

1088 Vermorcken, Elizabeth Moorhead. 1977 [1950]. *These too were here: Louise Homer and Willa Cather.* Norwood, Penn. Norwood Editions.

1089 Vester, Karl-Egon (Hg.). 1988. *Gabriele Münter: Ausstellungskatalog* (Kunstverein in Hamburg 9.4.-29.5.1988; Hessisches Landesmuseum, Darmstadt, 29.6.-21.8.1988; Sammlung Eisenmann, Aichtal-Aich, 3.9.-25.9.1988). Hamburg. Kunstverein.

1090 Victoria, Queen of Great Britain. 1971. *Your dear letter: Private Correspondence of Queen Victoria and the Crown Princess of Prussia, 1865-1871.* Hg. Roger Fulford. London. Evans Bros.

1091 Vinson, James, Christopher Lyon & Greg S. Faller (Hg.). 1986. *The International Dictionary of Films and Filmmakers.* Bd. 3: Actors and Actresses. London. St. James Press.

1092 Voigt, Thomas. 1989. »In memoriam Irmgard Seefried«, in: *Opernwelt* 30.1 [1989], S. 11-14.

1093 Vonhoegen, Corinna. 1996. *Das Weiss öffnen, um das Schwarz hervorkommen zu lassen: Zur Schrift in der Dramatik Victoria Benedictssons und Cecilie Løveids.* Frankfurt/M. Lang.

1094 Wade, Eileen K. 1971. *Olave Baden-Powell: The authorized Biography of the World Chief Guide.* London. Hodder & Stoughton.

1095 Wagner, Renate. 1990. »Schicksale im Schatten: Die Frauen um Wolfgang Amadeus«, in: Csobádi, Peter (Hg.). *Wolfgang Amadeus. Summa summarum. Das Phänomen Mozart: Leben, Werk, Wirkung.* Wien. Neff.

1096 Wagner, Renate. 1995. *Heimat bist du großer Töchter: Weitere Portraits.* Wien. Edition S. Verlag der Österr. Staatsdruckerei.

1097 Wagner, Sally Roesch. 1980. *»Introduction« to Matilda Joslyn Gage (1893): Woman, Church and State.* Watertown, Mass. Persephone. S. xv-xxxix.

1098 Wakeman, John (Hg.). 1975. *World Authors 1950-1970: A Companion Volume to Twentieth Century Authors.* New York. H.W. Wilson Co.

1099 Waldstein, Edith. 1988. *Bettine von Arnim and the Politics of Romantic Conversation.* Columbia, S.C. Camden House.

1100 Wall, Renate. 1988. *Verbrannt, verboten, vergessen: Kleines Lexikon deutschsprachiger Schriftstellerinnen 1933-1945.* Köln. Pahl-Rugenstein.

1101 Wallach, Janet. 1999 [1996]. *Königin der Wüste: Das außergewöhnliche*

Leben der Gertrude Bell. Aus d. am. Engl. von Bringfried Schröder. München. Goldmann.

1102 Walter, Karin (Hg.). 1990. *Sanft und rebellisch: Mütter der Christenheit – von Frauen neu entdeckt*. Freiburg im Br./Basel/Wien. Herder.

1103 Walzer, Anke. 1991. *Käthe Schirmacher: Eine deutsche Frauenrechtlerin auf dem Wege vom Liberalismus zum konservativen Nationalismus*. Pfaffenweiler. Centaurus.

1104 *Warum ich lebe: Texte von und über Orlowa*. Aus d. Russ. von Eva Rönnau. Göttingen. Steidl. 1990.

1105 Watson, James D. 1969. *Die Doppel-Helix: Ein persönlicher Bericht über die Entdeckung der DNS-Struktur*. Einführung Heinz Haber. Aus d. Engl. von Vilma Fritsch. Reinbek bei Hamburg. Rowohlt.

1106 Weber, Karl von. 1857. *Maria Antonia Walpurgis, Churfürstin zu Sachsen*. Dresden. Teubner.

1107 Weber, Marianne. 1926. *Max Weber: Ein Lebensbild*. Tübingen. Mohr.

1108 Weber, Marianne. 1948. *Lebenserinnerungen*. Bremen. J. Storm.

1109 Weber-Reich, Traudel (Hg.). 1993. *»Des Kennenlernens werth«: Bedeutende Frauen Göttingens*. Göttingen. Wallstein.

1110 Weidle, Barbara (Hg.). 1999. *Marianne Werefkin: Die Farbe beisst mich ans Herz*. Vorwort Margarethe Jochimsen. Illustr. Fondazione M. Werefkin, Ascona. Bonn. August Macke Haus.

1111 Weiland, Daniela. 1983. *Geschichte der Frauenemanzipation in Deutschland und Österreich*. Biographien, Progamme, Organisationen. Hermes Handlexikon. Düsseldorf. Econ TB.

1112 Weiss, Andrea. 1996. *Paris war eine Frau*. Aus d. am. Engl. von Susanne Goerdt. München. Antje Kunstmann.

1113 Weissweiler, Eva. 1981. *Komponistinnen aus 500 Jahren: Eine Kultur- und Wirkungsgeschichte in Biographien und Werkbeispielen*. Frankfurt/M. Fischer TB 3714.

1114 Wenzl, Aloys, Alois Dempf u.a. (Hg.). 1958. *Festschrift für Hedwig Conrad-Martius*. Freiburg im Br./München. Alber.

1115 Werefkin, Marianne. 1960. *Briefe an einen Unbekannten 1901-1905*. Hg. von Clemens Weiler. Köln.

1116 Werner, Richard Maria. 1913. »Christine Hebbel«, in: *Biographisches Jahrbuch und deutscher Nekrolog* (ed. Anton Bettelheim) 15. Berlin. Reimer. S. 210-218.

1117 Werner, Ruth. 1962. *Olga Benario: Die Geschichte eines tapferen Lebens*. Berlin. Neues Leben.

1118 Wessling, Anni Julie. 1981. *Meine Tante – Deine Tante: Erinnerungen an den »Welfischen Schwan« Julie Schrader*. München. Goldmann TB 6387.

1119 Wessling, Berndt W. 1969. *Lotte Lehmann ... mehr als eine Sängerin*. Salzburg. Residenz.

1120 Wessling, Berndt W. 1995. *Lotte Lehmann: »Sie sang, daß es Sterne rührte«. Eine Biographie*. Köln-Rodenkirchen. Tonger.

1121 Westkott, Marcia. 1988. *The Feminist Legacy of Karen Horney*. New Haven, Conn. Yale UP.

1122 Whitfield, Eileen. 2000. *Pickford, the Woman who Made Hollywood*. New York. Farrar, Straus and Giroux.

1123 *Who Was Who in the Theater: 1912-1976*. Gale Composite Biographical Dictionary Series, No. 3. Detroit. Gale Research Co. 1978.

1124 Widmer, Otmar. 1937. »'s Giezendanners Babeli – Anna Barbara Aemisegger-Giezendanner (1831-1905) von Hemberg, gebürtig von Kappel: Lebensbild einer Zeichnerin und Malerin aus dem Volke. Ein Beitrag zur Kenntnis der bäuerlichen Volkskunst im Toggenburg« [Separatum aus dem Fremdenblatt], in: *Das Toggenburg*, 12. Jahrgang, Nr. 6 (24.7.1937). Gais. J. Kern & Sohn.

1125 Wieser, Harald. 1984. »Eine Optimistin voller Angst«, in: *Der Spiegel* 29/1984, S. 123-127.

1126 Wiesinger-Stock, Sandra. 1996. *Hilde Spiel: Ein Leben ohne Heimat?* Vorwort von Erika Weinzierl. Wien. Verlag für Gesellschaftskritik.

1127 Wiggershaus, Renate. 1982. *George Sand in Selbstzeugnissen und Bilddokumenten*. Reinbek bei Hamburg. rororo monographie 309.

1128 Willard, Frances. 1889. *Glimpses of Fifty Years: The Autobiography of an American Woman*. Chicago. Women's Christian Temperance Publishing Association.

1129 Willard, Frances E. 1995. *Writing Out My Heart: Selections from the Journal of Frances E. Willard, 1855-96*. Hg. Carolyn de Swarte Gifford. Urbana/Chicago. Univ. of Illinois Press.

1130 Williams, Neville. 1981 [1969]. *Elisabeth I. von England: Beherrscherin eines Weltreichs*. Aus d. Engl. von Liselotte Mickel. München. Heyne TB 28.

1131 Wilpert, Gero von. 1988. *Deutsches Dichterlexikon: Biographisch-bibliographisches Handwörterbuch zur deutschen Literaturgeschichte*. 3., erw. Aufl. Stuttgart. Kröner.

1132 Wilson, A.N. 1993. *Aufstieg und Fall des Hauses Windsor*. Aus d. Engl. von Alice Villon-Lechner. Reinbek bei Hamburg. Wunderlich.

1133 Wilson, Katharina M. 1991. *An Encyclopedia of Continental Women Writers*. 2 Bde. New York/London. Garland.

1134 Wimmer, Reiner. 1990. *Vier jüdische Philosophinnen* [Weil, Luxemburg, Stein, Arendt]. Tübingen. Attempto. Studium Generale Universität Tübingen.

1135 Winge, Mette. 1981. »Tove Ditlevsen«, in: Brostrøm & Winge (Hg.). 1981. *Danske digtere i det 20 århundrede*. Kopenhagen. Gad, S. 241-257.

1136 Winkler, Jürg. 1986. *Johanna Spyri: Aus dem Leben der »Heidi«-Autorin*. Rüschlikon/Zürich. Müller.

1137 Winnifrith, Tom. 1988. *A New Life of Charlotte Brontë*. New York. St. Martin's Press.

1138 Winsloe, Christa. 1983 [1934]. *Mädchen in Uniform*. Nachwort: Christa Reinig. München. Frauenoffensive.

1139 Winstone, Harry V. F. 1978. *Gertrude Bell*. London. Cape.

1140 Wöhler, Norbert. 1878. »Sibylla Schwarz, die Pommersche Dichterin und ihre Zeit (1621-38)«, in: *Zeitschrift für Preußische Geschichte und Landeskunde*, XV, S. 70-89.

1141 Wohlfahrt, Friedrich. 1948. »Ilse Fromm-Michaels«, in: *Musica* II, 1948.

1142 Wolbe, Eugen. 1933. *Carmen Sylva: Der Lebensweg einer einsamen Königin*. Leipzig. Koehler & Amelang.

1143 Wolter, Bettina-Martine & Bernhart Schwenk (Hg.). 1992. *Die große Utopie: Die russische Avantgarde 1915-32*. Katalog zur Ausstellung Schirn Kunsthalle März bis Mai 1992. Frankfurt/M.

1144 Wood, Lana. 1984. *Natalie: A Memoir by her Sister*. New York. Putnam's.

1145 Wright, William. 1986. *Lillian Hellman: The Image, the Woman*. New York. Ballantine.

1146 Wurm, Ernst. 1969. *Helene Thimig: Bildnis einer Persönlichkeit*. Wien/München. Österr. Bundesverlag.

1147 Wyatt-Brown, Anne M. 1992. *Barbara Pym: A Critical Biography*. Columbia u.a. Univ. of Missouri Press.

1148 Young, Elizabeth. 1999. *Disarming the Nation: Women's Writing and the American Civil War*. Chicago. Univ. of Chicago Press.

1149 Young, William C. 1975. *Famous Actors and Actresses on the American Stage*. New York/London. Bowker.

1150 Young-Bruehl, Elisabeth. 1991 [1982]. *Hannah Arendt: Leben, Werk und Zeit*. Frankfurt/M. Fischer TB 10531.

1151 Zander, Brigitte. 1979. »Gertrud Kückelmann gestorben«, in: *Rheinische Post*, 19.1.1979.

1152 Zeemann, Dorothea. 1983. *Eine unsympathische Frau*. Frankfurt/M. Suhrkamp.

1153 Zeemann, Dorothea. 1997. *Einübung in Katastrophen: 1913-1945. Jungfrau und Reptil: 1945-1972*. Frankfurt/M. Suhrkamp TB 2637.

1154 *Zeiten der Barmherzigkeit: Texte von Mutter Teresa*. Hg. u. eingel. von Leonie Höhren. Freiburg im Br. Herder. 1995.

1155 Zelger-Vogt, Marianne. 1996. »Oper als intellektuelle Herausforderung: Ruth Berghaus gestorben«, in: *Neue Zürcher Zeitung*, 27./28.1.1996, S. 33.

1156 Ziefle, Helmut. 1975. *Sibylla Schwarz. Leben und Werk*. Bonn. Bouvier.

1157 Zuckmayer, Carl. 1969. *Als wär's ein Stück von mir: Horen der Freundschaft*. Frankfurt/M. Fischer TB 5214.

1158 Zumkeller, Cornelia. 1988. *Zarah Leander: Ihre Filme – ihr Leben*. München. Heyne.

1159 Zweig, Friederike Maria (Hg.). 1949. *Güte, Wissen, Verstehen: Drei Lebensbilder großer amerikanischer Erzieher*. Mit einem Geleitwort von Theodor Bäuerle. Esslingen. Bechtle.

Register chronologisch

Register nach Nationalitäten

Frankreich
Anna von Österreich, Arnauld, Baker, Corday, Deffand, Delaunay, Delarue-Mardrus, Elisabeth von Valois, Eugénie von Frankreich, Farrenc, Freund, Gautier, Germain, Hébuterne, Henriette Anne d'Angleterre, Henriette Marie von Frankreich, Jeanne d'Arc, Labille-Guiard, Leduc, Maar, Maria von Medici, Marie-Thérèse Herzogin von Angoulême, Mistinguett, Noailles, Récamier, Sand, Sarraute, Scudéry, Schneider, Ségur, Vallayer-Coster, Triolet

Griechenland
Sappho

Irland
O'Brien

Indien
Mutter Teresa

Italien
Anguissola, Carriera, Cenci, Cornaro Piscopia, Goretti, Isabella d'Este Gonzaga, Magnani, Maria von Medici, Masina, Montessori

Japan
Ariyoshi, Hosokawa, Ichikawa

Kanada
Carr

Lettland
Kobro

Niederlande
Blaman, Hillesum, Ruysch

Norwegen
Collett

Österreich
Busta, Ebner-Eschenbach, Fillunger, Hainisch, Herdan-Zuckmayer, Joachim, Karlin, Krones, Leitner, Loos, Mayreder, Mozart, Richter, Schneider, Schratt, Seefried, Spiel, Thimig-Reinhardt, Thomas, Wilt, Zeemann

Ostrom
Pulcheria (Aelia)

Polen
Bloch, Kobro, Konopnicka, Pawlikowska-Jasnorzewska

Rumänien
Carmen Sylva

Register der Haupttätigkeiten und Berufe

Abenteuer, Reisen, Affären, Skandale

Bell, Burton, Cenci, Corday, Karlin, Kingsley, Marie-Thérèse, Herzogin von Angoulême, Markham

Bildende Kunst

Bildhauerinnen: Douard, Hoffman, Kobro, Roeder, Savage, Whitney
Collagen-Künstlerin: Nielsen
Designerinnen: Delaunay, Eames
Fotografinnen: Freund, Lange, Maar
Grafikerinnen: Mammen, Münter, Roeder
Gründerin der Gedok (Interessenverband für Künstlerinnen): Dehmel
Malerinnen: Aemisegger, Anguissola, Carr, Carriera, Delaunay, Douard, Hébuterne, Jürgens, Labille-Guiard, Maar, Mammen, Maria Antonia Walpurgis, Maria von Medici, Mayreder, Meidner, Münter, Neel, Overbeck, Ruysch, Schröter, Slavona, Stepanowa, Stettheimer, Vallayer-Coster, Viktoria von Preußen (Kaiserin Friedrich), Werefkin

Darstellende Kunst

Choreographinnen: Berghaus, Gsovsky, Humphrey
Filmemacherin: Deren
Film-Theoretikerin: Deren
Kabarettistinnen: Giehse, Loos
Opernregisseurin: Berghaus
Regisseurinnen: Ehre, Giehse, Le Gallienne, Mannheim
Schauspielerinnen: Ball, Ball-Hennings, Birch-Pfeiffer, Cushman, Dandridge, Davis, Ehre, Enghaus, Eysoldt, Garland, Giehse, Goddard, Hayes, Hayworth, Horney, Kemble, Krones, Kückelmann, Le Gallienne, Leander, Lombard, Loos, Loy, Mannheim, Masina, McDaniel, Mistinguett, Nielsen, Orloff, Pickford, Porten, Schneider, Schratt, Schröter, Stanwyck, Thimig, Reinhardt, Wood
Tänzerinnen: Baker, Dandridge, Garland, Gsovsky, Hayworth, Humphrey, Mistinguett, Nijinsky, Palucca,
Theaterleiterinnen: Ariyoshi, Berghaus, Ehre, Le Gallienne, Thimig-Reinhardt
Theater-Produzentin: Le Gallienne
Trickfilm-Pionierin: Reiniger

Die Frau als relatives Wesen

Frauen berühmter Männer: Arnim, Ball-Hennings, Berghaus, Bloch, Bourke-White, Dehmel, Delaunay, Diana Princess of Wales, Elisabeth von Valois, Enghaus, Eugénie von Frankreich, Gautier, Goddard, Gorbatschowa, Hayworth, Hen-

riette Marie von Frankreich, Herdan-Zuckmayer, Kopelew, Leakey, Liselotte von der Pfalz, Loos, Maria von Medici, Masina, Meidner, Mozart, Nijinsky, Pestalozzi, Seefried, Simpson (Herzogin von Windsor), Strauss, Triolet, Vogt, Weber
Freundinnen berühmter Frauen: Arnim, Anderson, Barney, Boye, Brontë, Cushman, Dickinson, Fillunger, Keller, Winsloe
Freundinnen berühmter Männer: Gontard, Hébuterne, Récamier, Charlotte von Stein
Mütter berühmter Frauen: Garland, Henriette Marie von Frankreich, Karen Horney, Nietzsche, Schopenhauer
Mütter berühmter Männer: Anna von Österreich, Henriette Marie von Frankreich, Luise von Preußen, Maria von Medici, Nietzsche, Schopenhauer, Viktoria von Preußen (Kaiserin Friedrich)
Schwestern berühmter Frauen: Abbott, Alcott, Alice von Hessen, Austen, Blackwell, Brontë, Caroline Mathilde von Dänemark, Carriera, Hamilton, Isabella d'Este Gonzaga, Pankhurst, Ponselle, Pym, Stowe, Viktoria von Preußen (Kaiserin Friedrich)
Schwestern berühmter Männer: Alice von Hessen, Anna Amalie von Preußen, Arnim, Caroline Mathilde von Dänemark, Hensel, Mendelssohn, Tieck, Viktoria von Preußen (Kaiserin Friedrich)
Töchter berühmter Frauen: Alice von Hessen, Elisabeth von Valois, Henriette Marie von Frankreich, Brigitte Horney, Marie-Thérèse, Herzogin von Angoulême, Pankhurst, Eugenie Schumann, Viktoria von Preußen (Kaiserin Friedrich),
Töchter berühmter Männer: Gautier, Henriette Marie von Frankreich, Eugenie Schumann

Kirche, Religion

Äbtissinnen: Arnauld, Hildegard von Bingen
Christin (in Japan): Hosokawa
Heilige: Hildegard von Bingen
Märtyrerin: Goretti
Mystikerinnen: Hildegard von Bingen, Hillesum
Nonne: Mutter Teresa
Pastorin: Antoinette Brown Blackwell
Predigerin: Spence

Musik

Arrangeurin: Williams
Cembalistin: Anna Amalie von Preußen
Komponistinnen: Anna Amalie von Preußen, Anna Amalie von Sachsen-Weimar, Berberian, Farrenc, Fromm-Michaels, Glanville-Hicks, Hess, Hildegard von Bingen, Kinkel, Le Beau, Lutyens, Maria Antonia Walpurgis, Mendelssohn, Schröter, Williams
Musikkritikerin: Glanville-Hicks
Musik-Mäzenin: Elisabeth von Belgien
Musikwissenschaftlerin: Farrenc

Pianistinnen: Anna Amalie von Preußen, Farrenc, Fromm-Michaels, Hess, Kinkel, Le Beau, Mendelssohn, Williams
Sängerinnen: Baker, Berberian, Berger, Cushman, Dandridge, Fillunger, Fitzgerald, Garland, Homer, Joachim, Leander, Lehmann, McDaniel, Onégin, Ponselle, Sack, Schröter, Schumann, Seefried, Strauss, Washington, Wilt

Pädagogik

Abbott, Bâ, Baden-Powell, Berberian, Dickinson, Gsovsky, Hamilton, Langer, Le Beau, Macauley, Montessori, Palucca, Ponselle, Schmidt, Thadden, Thimig-Reinhardt, Willard

Politik

Abolitionistinnen: Kemble, Mott
Aktivistinnen: Ensslin, Rukeyser, Spence
Bürgerrechtlerinnen: Baker, Kopelew
Diplomatin: Kollontai
Feministinnen, Frauenrechtlerinnen: Antoinette Brown Blackwell, Braun, Canth, Collett, Davison, Dickinson, Gage, Hainisch, Horáková, Ichikawa, Kienle, Luscomb, Macauley, Mayreder, Mott, Otto-Peters, Pankhurst, Rukeyser, Schirmacher, Schmidt, Spence, Viktoria von Preußen (Kaiserin Friedrich), Willard
First Lady: Gorbatschowa
Hofdame: Eboli
Königinnen, Kaiserinnen, Mitglieder von Herrscherhäusern: Alice von Hessen, Carmen Sylva, Caroline Mathilde von Dänemark, Charlotte von Mexiko, Elisabeth I. von England, Elisabeth von Belgien, Elisabeth von Valois, Eugénie von Frankreich, Henriette Anne d'Angleterre, Henriette Marie von Frankreich, Hosokawa, Isabella von Kastilien, Liselotte von der Pfalz, Luise von Preußen, Maria von Medici, Pulcheria (Aelia), Salote, Viktoria von Preußen (Kaiserin Friedrich)
Landesherrin: Maria von Jever
Nationalheldinnen: Jeanne d'Arc
Patriotin: Cavell
Pazifistinnen: Balch, Hainisch
Politikerinnen: Baum, Berghaus, Hainisch, Horáková, Ichikawa, Isabella d'Este Gonzaga, Rankin, Sabin, Schirmacher, Schlei, Schwarzhaupt, Sender, Tesch, Wright
Reformerinnen: Abbott, Balch, Fry
Regentinnen: Anna Amalie von Sachsen-Weimar, Anna von Österreich, Theophano d. J.
Republikanerin: Corday
Revolutionärinnen: Kollontai, Sassulitsch
Spionin: Cavell
Temperenzlerin: Willard
Terroristin: Ensslin
Widerstandskämpferinnen: Andreas-Friedrich, Benario, Brockdorff, Coppi, Gardiner, Horáková, Tesch, Thadden

Schreiben, Literaturbetrieb

Dichterinnen: Bogan, Busta, Hensel, Ibarbourou, Konopnicka, Maria Antonia Walpurgis, Pawlikowska-Jasnorzewska, Rukeyser, Sappho, Schrader, Schwarz, Sexton, Whitney
Journalistinnen: Beradt, Leitner, Magnani, Mayo, Otto-Peters, Petry, Spiel
Literaturkritikerin: Langer
Photoreporterin: Bourke-White
Salonières: Barney, Deffand, Récamier
Schriftstellerinnen: Birch-Pfeiffer, Krones, Alcott, Anderson, Andreas-Friedrich, Ariyoshi, Arnauld, Arnim, Austen, Bâ, Balch, Ball-Hennings, Bambara, Barney, Bell, Benedictsson, Benesová, Beradt, Bille, Blackwell, Antoinette Brown, Blaman, Boye, Braun, Brontë, Brückner, Buber-Neumann, Burnett, Burton, Canth, Carmen Sylva, Carr, Castonier, Chopin, Collett, Courths-Mahler, Davidis, Deffand, Delarue-Mardrus, Dickinson, Ditlevsen, Drewitz, Ebner-Eschenbach, Eugenie, Frank, Gautier, Hamilton, Head, Herdan-Zuckmayer, Heyer, Highsmith, Hildegard von Bingen, Hillesum, Hoechstetter, Karen Horney, Kaiser, Karlin, Keller, Kemble, Kingsley, Kinkel, Kollontai, Kopelew, Lamb, Le Gallienne, Leduc, Rosamond Lehmann, Leitner, Liselotte von der Pfalz, Loos, Markham, Mayo, Mayreder, Millin, Mitchell, Morgner, Nielsen, Noailles, O'Brien, Peck, Petry, Porter, Pym, Récamier, Reimann, Rinehart, Sand, Sarraute, Schirmacher, Schmidt, Schopenhauer, Eugenie Schumann, Scudéry, Ségur, Sheldon (James Tiptree), Spence, Spiel, Spyri, Charlotte von Stein, Stowe, Tergit, Thomas, Tieck, Triolet, Tuchman, Varnhagen, Weber, Winsloe, Zeemann
Übersetzerinnen: Bogan, Le Gallienne

Sport

Ballonfahrerin: Reichard
Bergsteigerinnen: Bell, Peck
Fliegerin: Markham
Pferdetrainerin: Markham

Wissenschaft

Exakte Wissenschaften
Ärztinnen: Elizabeth Blackwell, Heim-Vögtlin, Kienle, Montessori, Sabin, Tiburtius
Architektin: Bloch
Biophysikerin: Franklin
Botanikerin: Stoppel
Chemikerin: Baum
Chirurgin: Taussig
Elektroingenieurin: Haslett
Endokrinologin: Taussig
Heilkundige: Hildegard von Bingen

Hirnforscherin: Vogt
Kardiologin: Taussig
Kristallographin: Franklin
Molekularbiologin: Franklin
Pflanzenphysiologin: Stoppel
Physikerin: Germain
Physiologin: Vogt

Geisteswissenschaften
Altphilologin: Hamilton
Amerikanistin: Kopelew
Anglistin: Richter
Anthropologinnen: Deloria, Kingsley
Archäologin: Bell
Gelehrte: Cornaro Piscopia
Historikerinnen: Macauley, Spiel, Tuchman, Weber, Wright
Juristinnen: Kempin-Spyri, Sarraute, Schwarzhaupt
Linguistinnen: Deloria, Richter
Literaturwissenschaftlerin: Kopelew
Mathematikerin: Germain
Nationalökonominnen: Abbott, Balch
Orientalistin: Bell
Paläontologin: Leakey
Philosophinnen: Arendt, Conrad-Martius, Hildegard von Bingen, Langer, Macauley, Mayreder, Stein,
Phonetikerin: Richter
Politologin: Arendt
Psychoanalytikerinnen: Gardiner, Karen Horney
Psychologin: Muchow
Romanistinnen: Richter, Schirmacher
Soziologinnen: Arendt, Freund, Gorbatschowa, Mayreder

Wirtschaft, Verwaltung

Theater-Produzentin: Le Gallienne
TV-Produzentin: Ball
Filmproduzentin: Porten
Weltführerin der Pfadfinderinnen: Baden-Powell

Wohltätigkeit

Baker, Cavell, Cushman, Diana Princess of Wales, Elisabeth von Belgien, Fry, Isabella d'Este Gonzaga, Mutter Teresa

Geburtstagsregister

03.01.1793 Lucretia Mott
03.01.1929 Gertrud Kückelmann
05.01.1762 Constanze Mozart
05.01.1932 Raissa Gorbatschowa
06.01.1412 Jeanne d'Arc
07.01.1890 Henny Porten
07.01.1901 Elisabeth Schwarzhaupt
08.01.1867 Emily Greene Balch
08.01.1902 Gret Palucca
10.01.1923 Ingeborg Drewitz
11.01.1899 Eva Le Gallienne
14.01.1870 Ida Dehmel
14.01.1751 Corona Schröter
15.01.1914 Etty Hillesum
16.01.1898 Gerta Overbeck
17.01.1885 Emmy Ball-Hennings
19.01.1921 Patricia Highsmith
19.01.1892 Maria Leitner
19.01.0399 Pulcheria (Aelia)
20.01.1931 Sawako Ariyoshi
22.01.1897 Rosa Ponselle
22.01.1905 Karola Bloch
23.01.1813 Camilla Collett
24.01.1867 Katherine Mayo
24.01.1843 Franziska Tiburtius
26.01.1898 Katarzyna Kobro
27.01.1850 Marie Fillunger
28.01.1900 Alice Neel
30.01.1888 Ella Cara Deloria
30.01.1890 Emy Roeder
30.01.1912 Barbara Tuchman
30.01.1833 Marie Wilt
31.01.1905 Anna Blaman
02.02.1826 Franziska Nietzsche
03.02.1901 Rosamond Lehmann
03.02.1821 Elizabeth Blackwell
04.02.1862 Pauline Strauss
06.02.1887 Florence Luscomb
06.02.1577 Beatrice Cenci
06.02.1898 Erna Sack
06.02.1913 Mary Leakey
08.02.1851 Kate Chopin
09.02.1817 Christine Enghaus
09.02.1769 Susette Gontard
12.02.1908 Olga Benario-Prestes
13.02.1880 Lucie Delarue-Mardrus
13.02.1889 Ida Orloff
14.02.1621 Sibylla Schwarz
15.02.1899 Grete Jürgens
18.02.1867 Hedwig Courths-Mahler
19.02.1877 Gabriele Münter
19.02.1891 Romola Nijinsky
22.02.1889 Olave Baden-Powell
22.02.1921 Giulietta Masina
25.02.1890 Myra Hess
26.02.1902 Beryl Markham
27.02.1888 Lotte Lehmann
27.02.1888 Hedwig Conrad-Martius
28.02.1775 Sophie Tieck
29.02.1892 Augusta Christine Savage
01.03.1801 Henriette Davidis
02.03.1865 Elise Richter
04.03.1894 Gabriele Tergit
06.03.1850 Victoria Benedictsson
06.03.1894 Elisabeth Castonier
06.03.1898 Therese Giehse
08.03.1895 Juana de Ibarbourou
10.03.1776 Luise von Preußen
13.03.1900 Salote Königin von Tonga
14.03.1865 Maria Slavona
15.03.1907 Zarah Leander
18.03.1901 Tatjana Gsovsky
19.03.1844 Minna Canth
19.03.1889 Sarah Gertrude Millin
20.03.1831 Isabel Burton
23.03.1874 Marie Baum
24.03.1875 Johanna Tesch
25.03.1939 Toni Cade Bambara
25.03.1839 Marianne Hainisch
25.03.1826 Matilda Joslyn Gage
26.03.1819 Louise Otto-Peters
27.03.1875 Cécile Vogt
29.03.1911 Brigitte Horney
30.03.1798 Luise Hensel
31.03.1872 Alexandra Kollontai
31.03.1889 Muriel Hazel Wright
01.04.1776 Sophie Germain
02.04.1731 Catherine Macauley
02.04.1788 Wilhelmine Reichard
04.04.1785 Bettine von Arnim
04.04.1901 Alice Herdan-Zuckmayer

05.04.1908 Bette Davis
05.04.1875 Mistinguett
06.04.1898 Jeanne Hébuterne
07.04.1907 Violette Leduc
08.04.1893 Mary Pickford
11.04.1749 Adélaïde Labille-Guiard
20.04.1909 Dorothea Zeemann
21.04.1816 Charlotte Brontë
22.04.1451 Isabella von Kastilien
23.04.1915 Christine Busta
25.04.1843 Alice von Hessen
25.04.1917 Ella Fitzgerald
25.04.1850 Louise Adolpha Le Beau
26.04.1573 Maria von Medici
29.04.1917 Maya Deren
29.04.1911 Erika von Brockdorff
30.04.1871 Louise Homer
30.04.1899 Lucie Mannheim
05.05.1826 Eugénie von Frankreich
05.05.1882 Sylvia Pankhurst
08.05.1910 Mary Lou Williams
10.05.1839 Amalie Joachim
15.05.1893 Fusaye Ichikawa
15.05.1890 Katherine Anne Porter
19.05.1771 Rahel Varnhagen
20.05.1825 Antoinette Brown Blackwell
21.05.1780 Elizabeth Fry
23.05.1842 Maria Konopnicka
24.05.1898 Helen Brooke Taussig
26.05.1895 Dorothea Lange
27.05.1652 Liselotte von der Pfalz
29.05.1831 Anna Barbara Aemisegger
30.05.1909 Hilde Coppi
31.05.1804 Louise Farrenc
01.06.1925 Franca Magnani
01.06.1889 Sigrid Onégin
02.06.1899 Lotte Reiniger
03.06.1906 Josephine Baker
03.06.1910 Paulette Goddard
05.06.1889 Helene Thimig-Reinhardt
06.06.1913 Barbara Pym
07.06.1840 Charlotte von Mexiko
10.06.1895 Hattie McDaniel
10.06.1922 Judy Garland
11.06.1880 Jeannette Pickering Rankin
12.06.1929 Anne Frank
12.06.1827 Johanna Spyri
13.06.1888 Elisabeth Schumann
14.06.1904 Margaret Bourke-White
14.06.1811 Harriet Beecher Stowe
15.06.1885 Malvina Hoffman
16.06.1644 Henriette Anne d'Angleterre
19.06.1896 Wallis Simpson Herzogin von Windsor
23.06.1800 Charlotte Birch-Pfeiffer
24.06.1897 Adrienne Thomas
25.06.1646 Elena Lucrezia Cornaro Piscopia
26.06.1900 Else Kienle
27.06.1880 Helen Keller
29.06.1474 Isabella d'Este Gonzaga
29.06.1540 Ana Fürstin Eboli
01.07.1804 George Sand
01.07.1961 Diana Princess of Wales
02.07.1927 Ruth Berghaus
02.07.1865 Lily Braun
04.07.1928 Cathy Berberian
06.07.1937 Bessie Head
08.07.1810 Johanna Kinkel
09.07.1900 Ida Ehre
09.07.1906 Elizabeth Lutyens
09.07.1766 Johanna Schopenhauer
14.07.1868 Gertrude Bell
16.07.1907 Barbara Stanwyck
18.07.1724 Maria Antonia Walpurgis
18.07.1902 Nathalie Sarraute
19.07.1799 Sophie Gräfin von Ségur
20.07.1938 Natalie Wood
21.07.1933 Brigitte Reimann
22.07.1751 Caroline Mathilde von Dänemark
23.07.1816 Charlotte Cushman
23.07.1918 Raissa Orlowa Kopelew
25.07.1876 Elisabeth von Belgien
25.07.1920 Rosalind Elsie Franklin
29.07.1890 Elisabeth von Thadden
02.08.1905 Myrna Loy
02.08.1870 Marianne Weber
03.08.1833 Auguste Schmidt
06.08.1911 Lucille Ball
06.08.1858 Käthe Schirmacher
08.08.1849 Vera Iwanowna Sassulitsch
09.08.1738 Anna Pestalozzi
11.08.1897 Louise Bogan

12.08.1867 Edith Hamilton
12.08.1876 Mary Roberts Rinehart
15.08.1940 Gudrun Ensslin
15.08.1873 Sophie Höchstetter
16.08.1902 Georgette Heyer
17.08.1895 Caroline Haslett
19.08.1871 Florine Stettheimer
22.08.1933 Irmtraud Morgner
24.08.1845 Judith Gautier
24.08.1915 Alice Sheldon (James Tiptree)
27.08.1768 Charlotte Corday
27.08.1910 Mutter Teresa
29.08.1912 S. Corinna Bille
29.08.1924 Dinah Washington
31.08.1870 Maria Montessori
02.09.1821 Anne Whitney
02.09.1901 Else Meidner
05.09.1500 Maria von Jever
07.09.1533 Elisabeth I. von England
08.09.1591 Angélique Arnauld
11.09.1881 Asta Nielsen
11.09.1853 Katharina Schratt
11.09.1860 Marianne Werefkin
13.09.1830 Marie von Ebner-Eschenbach
16.09.1885 Karen Horney
22.09.1601 Anna von Österreich
23.09.1901 Ruth Andreas-Friedrich
23.09.1938 Romy Schneider
25.09.1892 Martha Muchow
25.09.1896 Elsa Triolet
26.09.1876 Edith Abbott
28.09.1839 Frances Willard
02.10.1866 Isabelle Kaiser
06.10.1908 Carole Lombard
07.10.1845 Marie Heim-Vögtlin
07.10.1675 Rosalba Carriera
07.10.1801 Therese Krones
09.10.1882 Lina Loos
09.10.1919 Irmgard Seefried
10.10.1900 Helen Hayes
11.10.1872 Emily Wilding Davison
12.10.1911 Ann Petry
12.10.1889 Alma Maximiliana Karlin
12.10.1891 Edith Stein
13.10.1862 Mary Henrietta Kingsley
14.10.1906 Hannah Arendt
15.10.1607 Madeleine de Scudéry
16.10.1890 Maria Goretti
17.10.1918 Rita Hayworth
17.10.1895 Doris Humphrey
19.10.1900 Erna Berger
19.10.1850 Annie Smith Peck
19.10.1911 Hilde Spiel
21.10.1901 Margarete Buber-Neumann
24.10.1739 Anna Amalie von Sachsen-Weimar
26.10.1900 Karin Boye
28.10.1842 Anna Elizabeth Dickinson
31.10.1876 Natalie Clifford Barney
31.10.1825 Catherine Helen Spence
05.11.1894 Warwara Stepanowa
08.11.1900 Margaret Mitchell
09.11.1723 Anna Amalie von Preußen
09.11.1922 Dorothy Dandridge
09.11.1871 Florence Rena Sabin
09.11.1928 Anne Sexton
14.11.1885 Sonia Delaunay
14.11.1805 Fanny Mendelssohn (Hensel)
15.11.1876 Anne-Elisabeth de Noailles
21.11.1890 Jeanne Mammen
21.11.1840 Viktoria von Preußen (Kaiserin Friedrich)
22.11.1545 Elisabeth von Valois
22.11.1907 Dora Maar
23.11.1901 Muriel Gardiner
24.11.1886 Margaret Anderson
24.11.1849 Frances Hodgson Burnett
24.11.1891 Maria Pawlikowska-Jasnorzewska
25.11.1609 Henriette Marie von Frankreich
26.11.1919 Marie Schlei
27.11.1809 Fanny Kemble
29.11.1832 Louisa May Alcott
29.11.1888 Toni Sender
30.11.1873 Božena Benešová
30.11.1870 Gertrud Eysoldt
30.11.1858 Rosa Mayreder
01.12.1851 Eugenie Schumann
03.12.1764 Mary Lamb

03.12.1897 Kate O'Brien
04.12.1777 Jeanne-Françoise-Julie-Adélaïde Récamier
04.12.1865 Edith Cavell
07.12.1901 Charlotte Beradt
09.12.1881 Julie Schrader
10.12.1921 Christine Brückner
13.12.1871 Emily Carr
14.12.1918 Tove Ditlevsen
15.12.1912 Ray Eames
15.12.1913 Muriel Rukeyser
16.12.1775 Jane Austen
19.12.1778 Marie Thérèse Herzogin von Angoulême
19.12.1912 Gisèle Freund
20.12.1895 Susanne K. Langer
21.12.1744 Anne Vallayer-Coster
23.12.1888 Christa Winsloe
25.12.1697 Marie Anne Marquise du Deffand
25.12.1901 Milada Horáková
25.12.1742 Charlotte von Stein
26.12.1874 Rose Stoppel
29.12.1912 Peggy Glanville-Hicks
29.12.1843 Carmen Sylva
30.12.1888 Ilse Fromm-Michaels
31.12.1866 Cécile Douard

Bildnachweis

Ala-Verlag, Zürich: S. 111; Arche Verlag, Zürich: S. 46; Archiv für Kunst und Geschichte, Berlin: S. 19, 72, 152, 244, 290; Hannah Arendt Estate, Library of Congress, Washington: S. 20; mit freundlicher Genehmigung von Tamao Ariyoshi: S. 21; Bildarchiv der Österreichischen Nationalbibliothek, Wien: S. 200, 264, 272, 289; Bildarchiv Preußischer Kulturbesitz, Berlin: S. 92, 185, 221, 253; Jane Bown, London: S. 187; Cinetext, Frankfurt/M.: S. 29, 113, 182, 254, 274, 306; Christians Verlag, Hamburg (Fritz Deutschmann, »Orchideen« – Erinnerungen eines Hamburger Botanikers, 1998): S. 279; Deutsches Institut für Filmkunde, Frankfurt/M.: S. 127, 168; Deutsches Theatermuseum, München, Archiv Ilse Buhs/Jürgen Remmler: S. 122; S. Fischer Verlag, Frankfurt/M.: S. 172, 293 (Jerry Bauer); Freies Deutsches Hochstift, Frankfurt/M.: S. 275 (Ursula Edelmann), 295; Brigitte Friedrich, Köln: S. 166; Mark Gerson, London: S. 179, 232; Jennifer Glynn, Cambridge: S. 107; Goethe-Museum, Düsseldorf: S. 18; Goethe-Schiller-Archiv, Weimar: S. 214; Hebbel-Museum, Wesselburen: S. 98; Heyne-Verlag, München: S. 268; Historisches Museum, Hanau: S. 23; Historisches Museum der Stadt Wien: S. 167; Internationales Institut für Sozialgeschichte, Amsterdam: S. 51, 249; Institut für Stadtgeschichte, Frankfurt/M.: S. 285; Kupferstichkabinett, Staatliche Museen zu Berlin – Preußischer Kulturbesitz, Foto: Jörg P. Anders: S. 134; Luchterhand Literaturverlag, München, Foto Hubert Limprecht: S. 236; Mansell Collection, London: S. 12, 131; Otto Müller Verlag, Salzburg: S. 58; National Portrait Gallery, London: S. 24, 53, 56, 110, 189; Isolde Ohlbaum, München: S. 38, 54, 90, 207, 237, 248; Piper Verlag, München, Foto Jerry Bauer: S. 176; Robert-Schumann-Haus, Zwickau: S. 104 (Archiv-Nr.: 11934-B2), 260 (Archiv-Nr. 5759-B2); Roger-Viollet, Paris: S. 157, 257; Maria Steinfeldt, Berlin: S. 41; Stiftung Weimarer Klassik: S. 255, 258; Uitgeverij Balans, Amsterdam: S. 140; Ullstein Bilderdienst, Berlin: S. 26, 39, 40, 55, 64, 71, 81, 86, 120 (Matthias Jüschke), 123, 160, 190 (Ingrid von Kruse), 206, 269, 286, 305; Willy Maywald, © VG Bild-Kunst, Bonn 2001: S. 292; Keiko Yamane, Tokyo: S. 147; Paul Zsolnay Verlag, Wien: S. 137.

Weitere Nachweise über das Bildarchiv des Insel Verlags.

Inhalt

Berühmte Frauen 1
300 Porträts
Herausgegeben von Luise F. Pusch
und Susanne Gretter
384 Seiten. Klappenbroschur

»Die 300 Porträts setzen allen ein Denkmal, die große Leistungen erbracht haben – und dennoch in Vergessenheit versanken oder erst gar nicht bekannt wurden ... Man kann in dem Band interessante, informative Entdeckungen machen, gezielt suchen oder einfach querlesen. Eine aufschlußreiche Lektüre, die viel Stoff für Biographien liefern könnte.« *Allgemeine Zeitung Mainz*

Berühmte Frauen
Ein Spiel
Herausgegeben von Luise F. Pusch
und Susanne Gretter
it 2593. 66 Spielkarten und
ein Begleitbuch von 88 Seiten
im Karton

Wenn Sie Ihre Kenntnisse über große Frauen der Geschichte mühelos erweitern oder auffrischen wollen, ist dieses Spiel genau das richtige. 2 x 33 Porträts von bedeutenden Frauen aus zwei Jahrtausenden laden zu variantenreichem Spiel ein und ein informatives Begleitbuch zum Schwelgen in weiblicher Geschichte.